Windows Registry Hacks

PC Underground

Windows Registry Hacks

Julian von Heyl

DATA BECKER

Copyright	© by DATA BECKER GmbH & Co. KG Merowingerstr. 30 40223 Düsseldorf
Produktmanagement und Lektorat	Henrik Hoppe
Umschlaggestaltung	Inhouse-Agentur DATA BECKER
Textmanagement	Jutta Brunemann (jbrunemann@databecker.de) Korrektorat: Andreas Weiss
Textbearbeitung & Gestaltung	Cornelia Dörr
Produktionsleitung	Claudia Lötschert (cloetschert@databecker.de)
Druck	Media-Print, Paderborn
E-Mail	buch@databecker.de

ISBN 3-8158-2271-8

Wichtiger Hinweis

Inhaltsverzeichnis

1. Operieren am offenen Herzen: an der Registry arbeiten

Jedes Ding hat zwei Seiten, auch Windows: Auf der einen Seite bietet das Betriebssystem eine bunte und leicht zu bedienende Oberfläche, die sich auch Anfängern leicht und sofort erschließt - oder dies wenigstens sollte. Auf der anderen Seite gibt es so etwas wie einen genormten Computer nicht, und auch wenn sich in einzelnen Bauteilen und Komponenten bestimmte Standards etabliert haben, muss jede Hardwarekonfiguration - und sei sie auch noch so exotisch - vom Betriebssystem zuverlässig erkannt und dann mittels der passenden Treiber korrekt verwaltet und angesteuert werden - Schwerstarbeit für Windows, von der Sie im optimalen Falle überhaupt nichts mitbekommen.

Läuft die Hardware rund und funktionieren alle angeschlossenen Peripherie-Geräte fehlerfrei, ist dies allerdings erst die halbe Miete: Hinzu kommt noch die ganze Software, entweder von Microsoft selbst oder von Fremdanbietern, deren Einstellungen sich das Betriebssystem merken muss.

Während sich die Einstellungen für Hard- und Software in den frühen Tagen von Windows auf eine große Zahl von Systemdateien verteilten, finden sich nun alle Parameter, die das System erwartet und braucht, an zentraler Stelle: nämlich in der so genannten Registrierungsdatenbank, kurz auch als Registry bezeichnet. Es handelt sich hierbei um keine Einzeldatei, sondern um einen Verbund aus mehreren Systemdateien, der die Funktionen früherer Windows-Systemdateien wie *Win.ini*, *System.ini*, *Config.sys* und *Autoexec.bat* in einer Datenbank und unter einer übersichtlichen Benutzeroberfläche bündelt. Programmhistorisch besehen ist es eine Weiterentwicklung der Datenbank *Reg.dat*, die es schon unter Windows 3.1 gab.

Aber wir wollen Sie nicht lange mit grauer Theorie langweilen - daher im Folgenden nur kurz ein paar Zeilen darüber, was die Registry eigentlich ist, wie sie arbeitet und wie sie aufgebaut ist.

1.1 Das müssen Sie wissen, bevor es losgeht: Das passiert in der Registry

Sie haben noch nie Werte in der Registry geändert? Doch, mit Sicherheit haben Sie das schon: Denn ganz gleich, ob Sie Einstellungen in der Systemsteuerung vornehmen, die Optionen von Programmen festlegen oder in anderen Dialogboxen von Windows Ihr ganz persönliches Look & Feel festlegen: Praktisch immer werden die Ergebnisse Ihrer Mausklicks in die Registry geschrieben und dort verankert.

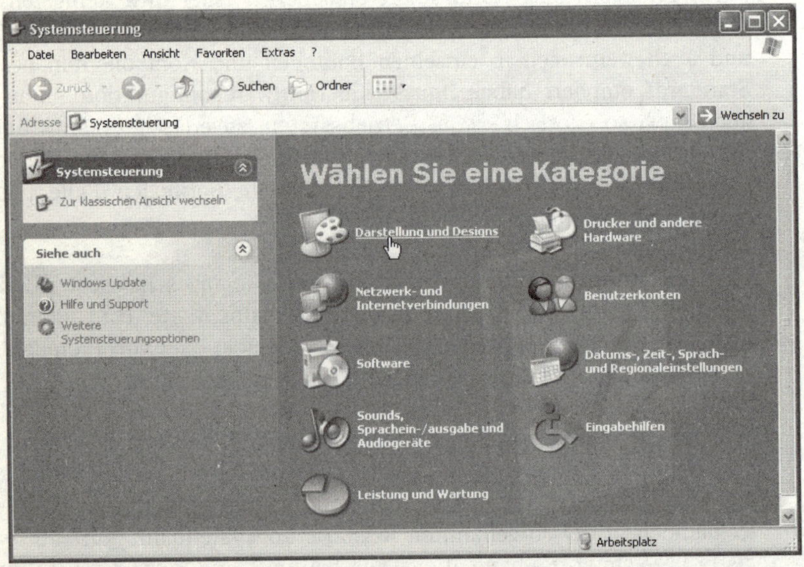

Alles so schön bunt hier: Die Systemsteuerung ist nichts weiter als eine benutzerfreundliche Schaltzentrale für Änderungen in der Registry.

Aber auch ohne Ihr direktes Zutun verändert sich der Inhalt der Registry laufend: Neue Einträge werden etwa angelegt oder alte Einträge überschrieben, wenn Sie neue Programme installieren oder neue Hardware anschließen.

Ohne sie geht nichts: die Windows-Schaltzentrale unter der Profi-Lupe

Aber was passiert nun eigentlich wirklich in der Registry? Um das zu veranschaulichen, drehen wir die Frage einfach mal um: Woher weiß Windows, was passieren soll, wenn Sie auf eine Datei eines bestimmten Typs doppelklicken, etwa auf eine Textdatei? Nun, in diesem Falle registriert das Betriebssystem, dass es sich um eine Datei mit der Endung *.txt* handelt, und sucht in der Registrierungsdatenbank nach weiteren Informationen zu dieser Endung.

INFO

Auf meinem System werden keine Dateiendungen angezeigt

Wenn bei Ihnen die Dateiendungen nicht angezeigt werden, also eine Datei *Brief.txt* beispielsweise nur als *Brief* dargestellt wird, können – und sollten! – Sie dies mit wenigen Mausklicks ändern. Wählen Sie dazu in einem beliebigen Ordner den Befehl *Extras/Ordneroptionen* und wechseln Sie zur Registerkarte *Ansicht*. Entfernen Sie dann das Häkchen vor der Option *Erweiterungen bei bekannten Dateitypen ausblenden*. Nach einem Klick auf *Übernehmen* werden nun alle Dateien mit ihrem vollen Namen angezeigt.

Fündig wird Windows in der Registry unter dem Hauptschlüssel – dem so genannten Hive Key – *HKEY_CLASSES_ROOT*, unterhalb dem alle Informationen zu Dateiendungen gespeichert sind:

1 Der Schlüssel *HKEY_CLASSES_ROOT* enthält den Unterschlüssel *.txt*, und hier erfährt Windows, dass es sich bei Dateien mit der Endung *.txt* um Dateien des Typs *txtfile* handelt.

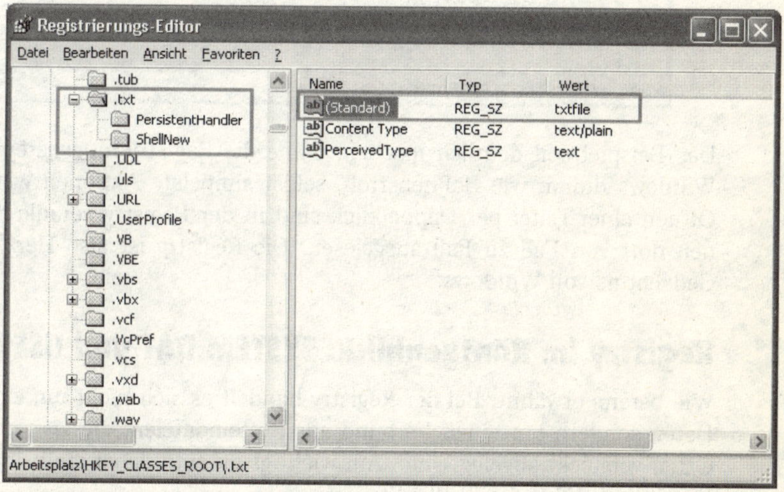

2 Nun weiß Windows aber immer noch nicht, was es mit der Datei machen soll, und sucht, dem Verweis folgend, nach dem Unterschlüssel *txtfile*. Unter diesem Schlüssel sind nun schon mehr Informationen zu finden: Der Eintrag *HKEY_CLASSES_ROOT\txtfile\DefaultIcon* etwa legt fest, mit welchem Symbol Textdateien dargestellt werden sollen, und unter *HKEY_CLASSES_ROOT\txtfile\shell\open\command* findet Windows schließlich auch die Anweisung, was nach einem Doppelklick - oder dem *Öffnen*-Befehl aus dem Kontextmenü - zu machen ist: Die Datei soll mit dem Windows-Editor *Notepad.exe* geöffnet werden, der Standardanwendung für Textdateien.

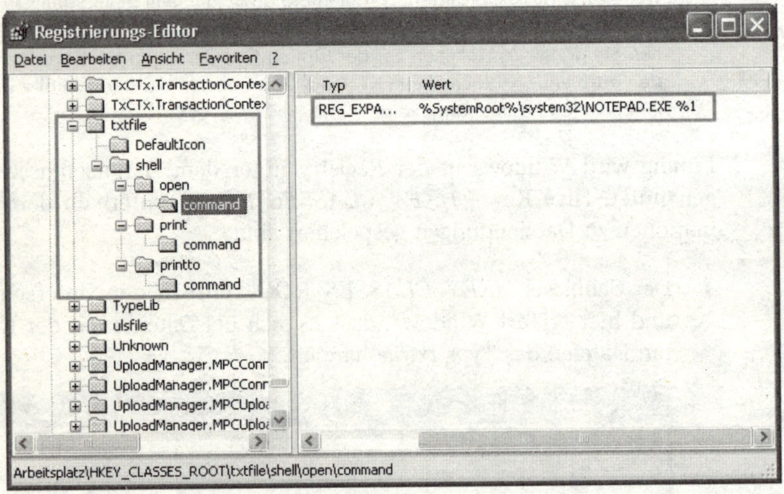

Das Beispiel soll deutlich machen: Ohne die Registrierungsdatenbank wäre Windows dumm wie Bohnenstroh, selbst simpelste Aktionen wie eben das Öffnen einer Datei per Doppelklick sind in der Registry verankert und werden dort von Fall zu Fall ausgelesen. Die Registry ist also Herz, Hirn und Gedächtnis von Windows.

Registry im Röntgenblick: SYSTEM.DAT und USER.DAT

Wie bereits erwähnt: Bei der Registry handelt es sich nicht um eine einzelne Datei, sondern um einen Verbund aus Systemdateien, die an verschiedenen Orten versteckt abgelegt sind. Am wichtigsten sind dabei die beiden Dateien *SYSTEM.DAT* und *USER.DAT*:

- In der Datei *SYSTEM.DAT* sind alle systemweiten Einstellungen zu Soft- und Hardware hinterlegt, die keinem bestimmten Benutzer zugeordnet sind.
- Die Datei *USER.DAT* hingegen beinhaltet benutzerspezifische Einstellungen: Daher gibt es auch - wenn die Windows-Mehrbenutzerverwaltung aktiviert ist - mehrere Dateien dieses Namens, von denen je nach angemeldetem Benutzer die diesem Benutzer zugeordnete Datei geladen wird.
- Je nach Windows-Version kann sich die Registry aber auch aus noch mehr Dateien zusammensetzen, etwa der *CLASSES.DAT* ab Windows ME.

INFO

Weitere DAT-Dateien bei Windows XP

Bei den Windows-Versionen NT, 2000 und XP kommen neben den erwähnten Dateien noch weitere DAT-Dateien hinzu. Im Einzelnen sind das die Systemdateien *default.dat, sam.dat, security.dat, software.dat, system.dat, userdiff.dat* und *ntuser.dat*.

Aufgrund der Wichtigkeit der DAT-Dateien hat Microsoft es dem unerfahrenen Anwender praktisch unmöglich gemacht, diese anzusehen oder gar zu editieren oder zu löschen. Und das ist auch gut so: Denn sicher wäre es Ihnen auch nicht recht, wenn jeder Fahrer Ihres Autos auf simplen Knopfdruck hin alle Daten des Bordcomputers wie gefahrene Kilometer oder Motor-Feineinstellungen löschen könnte. Wenn Sie dennoch einen Blick riskieren wollen, gehen Sie folgendermaßen vor:

1 Wählen Sie zunächst in einem beliebigen Ordner den Befehl *Extras/ Ordneroptionen* und wechseln Sie zur Registerkarte *Ansicht*. Entfernen Sie hier die Häkchen vor den Optionen *Erweiterungen bei bekannten Dateitypen ausblenden* sowie *Geschützte Systemdateien ausblenden*. Setzen Sie nun noch ein Häkchen vor *Inhalte von Systemordnern anzeigen* und wählen Sie schließlich noch im Bereich *Versteckte Dateien und Ordner* die Option *Alle Dateien und Ordner anzeigen*. Schließen Sie dann die Dialogbox mit einem Klick auf *OK*.

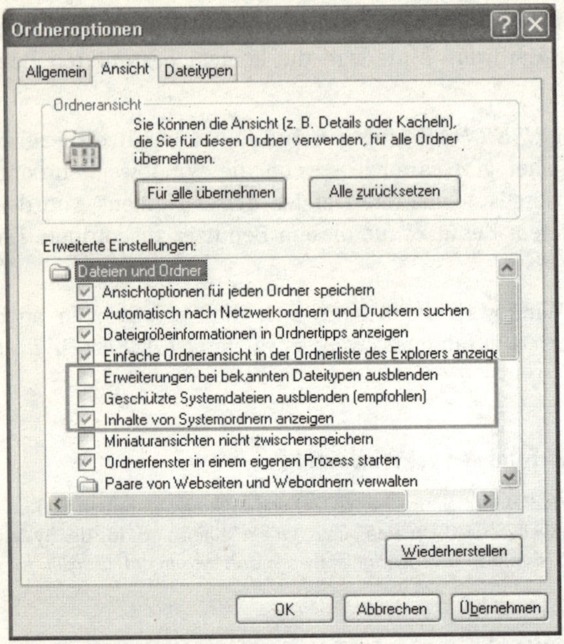

2 Jetzt erst werden Ihnen Systemdateien wie die *USER.DAT* oder die *SYSTEM.DAT* angezeigt. Wenn Sie nun beispielsweise im Ordner *C:\Windows* auf die Datei *SYSTEM.DAT* doppelklicken, bekommen Sie den Inhalt immer noch nicht angezeigt. Es erscheint zunächst eine Warnmeldung, die Sie darauf hinweist, dass das Bearbeiten einer DAT-Datei eventuell das System beschädigen kann. Mit einem Klick auf *Öffnen mit* können Sie die Datei aber dennoch öffnen.

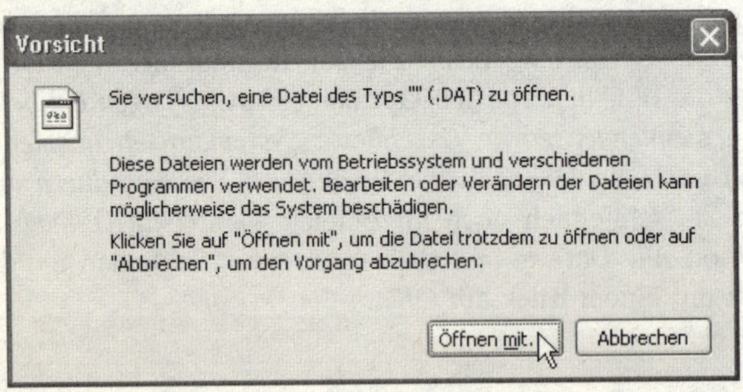

3 Eine weitere Meldung weist Sie nun darauf hin, dass die Datei nicht geöffnet werden kann, da kein dafür geeignetes Programm bekannt ist. Wählen Sie hier die Option *Programm aus einer Liste auswählen* und klicken Sie auf *OK*.

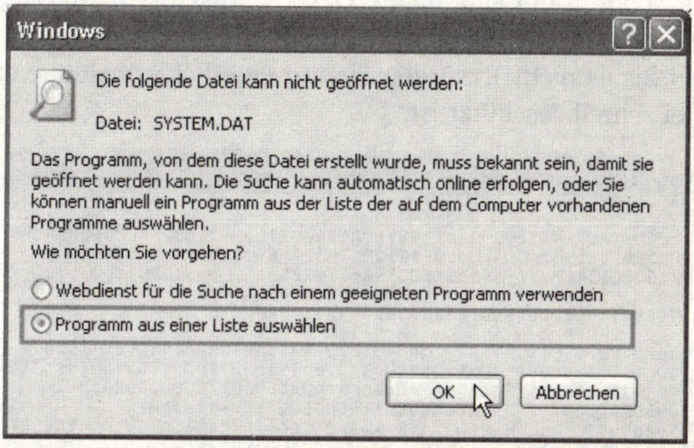

4 Ganz oben im Bereich *Empfohlene Programme* wird Ihnen nun der Editor vorgeschlagen. Klicken Sie nochmals auf *OK*, um die Datei *SYSTEM.DAT* mit dem Windows-Editor zu öffnen.

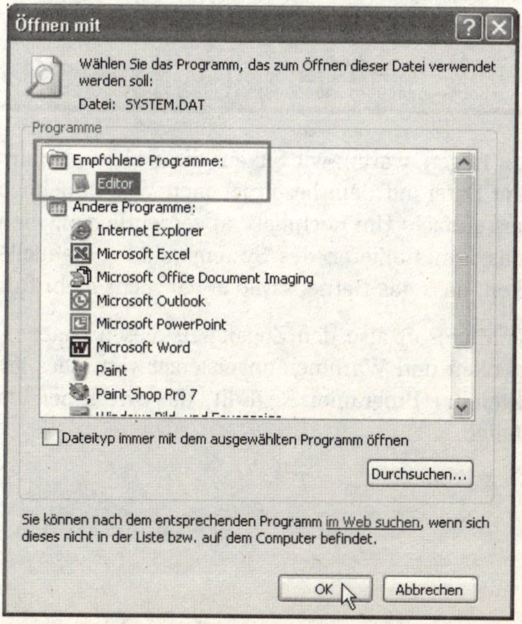

5 Nun haben Sie die Datei *SYSTEM.DAT* endlich auf dem Bildschirm, aber viel anfangen können Sie damit bestimmt nicht: Zu sehen ist nur eine chaotische Ansammlung von wirren Zeichen, die scheinbar keinen Sinn ergibt. Dies liegt daran, dass es sich eben nicht um eine Textdatei handelt, sondern um eine binäre Datei. Und selbst wenn Sie jetzt versuchen würden, Änderungen zu machen und das Resultat zu speichern (machen Sie es nicht!), würden Sie nur eine Fehlermeldung erhalten, da die Datei schreibgeschützt ist.

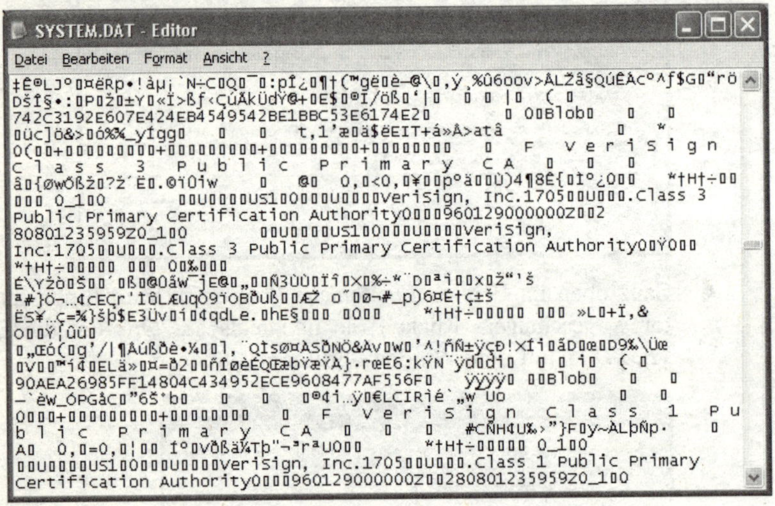

Sie werden sich nun fragen, warum wir Sie auf diese kleine Irrfahrt geschickt haben, wenn Sie die Datei auf dem beschriebenen Weg ohnehin nicht bearbeiten können. Ganz einfach: Um nochmals zu verdeutlichen, wie wichtig die DAT-Dateien für das Funktionieren des Systems sind - manuelle Änderungen können bewirken, dass das Betriebssystem gar nicht mehr funktioniert.

Nicht umsonst hat Microsoft also den Zugang zu diesen Dateien mit einem Verhau aus Dialogboxen und Warnmeldungen erschwert. Dies gilt natürlich auch für Änderungen im Programm RegEdit, das wir Ihnen im nächsten Hauptkapitel vorstellen.

Die Geheimnisse von HKEY entschlüsselt: die Hauptzweige der Registry

Die Registrierungsdatenbank ist - ähnlich wie die Ordnerstruktur - hierarchisch aufgebaut, verästelt sich also von Hauptschlüsseln immer weiter in Unterschlüssel, die wiederum bestimmte Werte enthalten. In der obersten Ebene der Hierarchie finden sich hierbei die so genannten Hive Keys, deren Name entsprechend immer mit *HKEY_* beginnt und die sämtliche Unterschlüssel und wiederum deren Unterschlüssel enthalten. Ein Beispiel: Unter *HKEY_LOCAL_MACHINE* finden Sie globale Soft- und Hardwareeinstellungen, unter *HKEY_LOCAL_MACHINE\SOFTWARE* dann Einstellungen speziell zur Software. Unter *HKEY_LOCAL_MACHINE\SOFTWARE\Microsoft* gelangen Sie zu Einstellungen zu Software von Microsoft, und unter *HKEY_LOCAL_MACHINE\SOFTWARE\Microsoft\Internet Explorer* schließlich finden Sie Einstellungen zum Internet Explorer. Darunter gehen die Einstellungsmöglichkeiten noch in mehreren Ebenen weiter, unter dem ellenlangen Schlüssel *HKEY_LOCAL_MACHINE\SOFTWARE\Microsoft\Internet Explorer\Default HTML Editor\shell\edit\command* etwa ist das Standardprogramm zum Bearbeiten von HTML-Dateien hinterlegt.

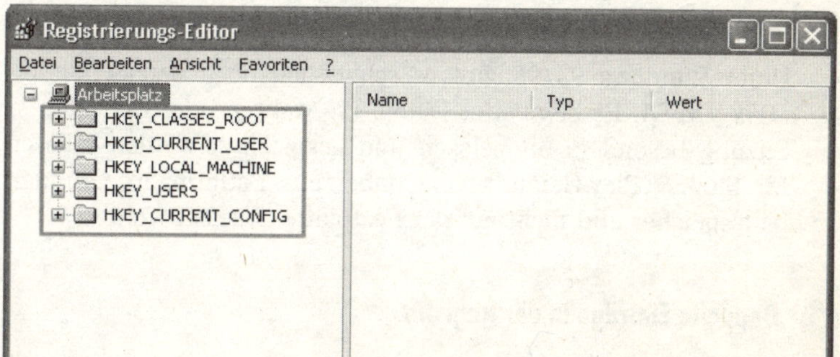

Die Hive Keys bilden die Hauptschlüssel in der Struktur der Registry und enthalten sämtliche Unterschlüssel.

Die einzelnen Hauptschlüssel - Hive Keys - haben folgende Bedeutungen und Funktionen:

- Unter *HKEY_CLASSES_ROOT* sind sämtliche Informationen zu Dateiendungen gespeichert, aber auch zu Treibern und OLE-Funktionen (**O**bject **L**inking und **E**mbedding). Hier wird der Start von Programmen geregelt, aber auch kompliziertere Vorgänge, etwa wenn Sie über OLE ein MS-Paint-Bild in Word einfügen.
- Unter *HKEY_USERS* sind die individuellen Benutzereinstellungen aller Benutzer gespeichert, für die unter Windows Profile angelegt wurden.
- *HKEY_CURRENT_USER* verwaltet die Benutzereinstellungen für den gerade angemeldeten Benutzer. Es handelt sich dabei lediglich um einen Verweis auf die entsprechenden Untereinträge von *HKEY_USERS*. So bekommt der gerade angemeldete Benutzer hier nur seine Einstellungen zu sehen.
- Der Hive Key *HKEY_LOCAL_MACHINE* verwaltet systemweite Einstellungen zum Computer, etwa eine Liste der installierten Hardware und Treiber. Hier sind auch unterschiedliche Hardwarekonfigurationen speicherbar, die über den Geräte-Manager festgelegt werden.
- Beim Hauptschlüssel *HKEY_CURRENT_CONFIG* handelt es sich wiederum nur um einen Verweis, nämlich auf die gerade aktive Konfiguration unter *HKEY_LOCAL_MACHINE*.
- Unter Windows 95/98 gibt es schließlich noch den Schlüssel *HKEY_DYN_DATA*: Er beinhaltet Daten, die während der aktuellen Windows-Sitzung besonders oft gelesen und gespeichert werden müssen - etwa für Plug & Play-Geräte - und daher aus Performance-Gründen im Arbeitsspeicher und nicht auf der Festplatte abgelegt werden.

INFO

Doppelte Einträge in der Registry

Viele Einträge in der Registry werden Sie doppelt vorfinden, etwa unter *HKEY_LOCAL_MACHINE* genauso wie unter *HKEY_CURRENT_USER*. Meistens ist dann der eine Eintrag nur eine Verknüpfung zum anderen Eintrag, das heißt, eine Änderung wirkt sich an beiden Stellen aus. In manchen Fällen finden sich aber auch widersprüchliche Angaben: Dann haben die auf den Benutzer bezogenen Einstellungen (etwa unter *HKEY_CURRENT_USER*) stets Vorrang vor den systemweiten Einstellungen (etwa unter *HKEY_LOCAL_MACHINE*).

Und hier werden die Weichen gestellt: die verschiedenen Registry-Werte

Auch die Schlüssel können schon - allein durch ihre Existenz oder durch einen reservierten Namen - ein bestimmtes Verhalten des Betriebssystems bewirken, denn jedem Schlüssel wird ein Standardwert zugeordnet, in dem ein bestimmter Wert noch nicht gesetzt ist. Von der Struktur her hat jeder Wert folgenden Aufbau:

```
Wertname - Werttyp: Wert
```

In unserem obigen Beispiel, woran Windows erkennt, dass es bei einem Doppelklick auf TXT-Dateien den Windows-Editor starten soll, ist unter dem Schlüssel *HKEY_CLASSES_ROOT\txtfile\shell\open\command* der Wert *(Standard)* vom Typ *REG_EXPAND_SZ* mit dem Inhalt *%SystemRoot%\system32\NOTEPAD.EXE %1* hinterlegt, also:

```
(Standard) - REG_EXPAND_SZ: %SystemRoot%\system32\NOTEPAD.EXE %1
```

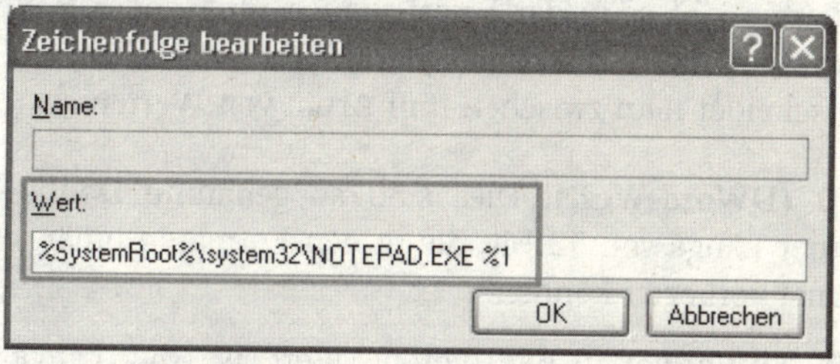

Bei den Registry-Werten handelt es sich oft um simple Textinformationen.

Der eigentliche Name des Wertes ist in unserem Beispiel eher unwichtig, entscheidend ist, dass er unter dem Unterschlüssel ...*\open\command* zu finden ist. Die Anweisung *%SystemRoot%\system32\NOTEPAD.EXE %1* ist schlicht der Pfad zum Programm *Notepad.exe*, wobei *%SystemRoot%* eine Umgebungsvariable ist, die auf das Windows-Verzeichnis zeigt. Der letzte Parameter *%1* schließlich steht für die aktuelle Datei, auf die doppelt geklickt wurde. Doppelklicken Sie etwa auf eine Datei *Brief.txt*, wird der obige Aufruf in einer Windows-Standardinstallation übersetzt zu *C:\Windows\system32\NOTEPAD.EXE Brief.txt* - was nichts anderes ist als die Anweisung an Windows, die Datei *Brief.txt* aus dem aktuellen Ordner mit dem Programm *Notepad.exe* zu starten, das sich im Ordner *C:\Windows\system32* befindet.

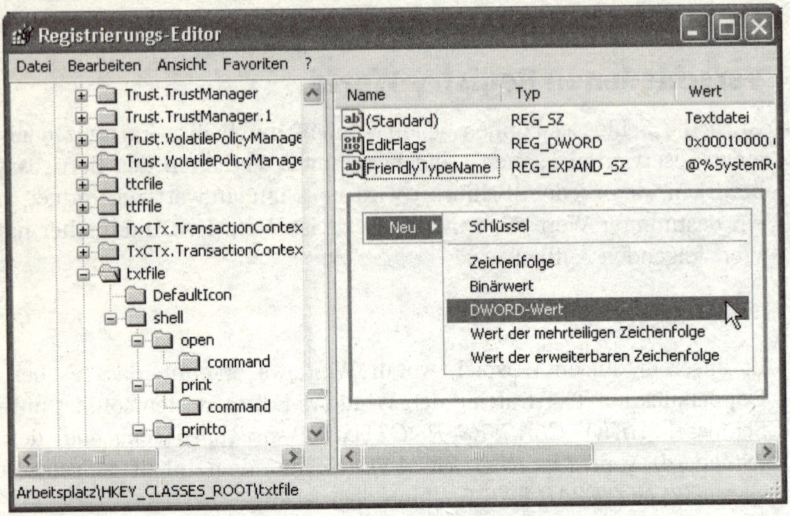

Unter Windows XP verwaltet die Registry fünf verschiedene Arten von Werten.

Doch neben Textwerten gibt es in der Registry auch Binär- oder Hex-Werte, bei denen die Funktion nicht direkt aus dem Wert ersichtlich ist. Unter Windows XP unterscheidet man zwischen fünf Arten von Werten:

- **REG_DWORD (DWord-Wert)**: Dies sind so genannte **D**ouble-**Word**-Dateien mit einer Länge von 32 Bit, die in den Formaten binär, dezimal oder hexadezimal vorliegen können.
- **REG_BINARY (Binärwert)**: Bei diesem Wert ist die Länge unbestimmt, das Format kann binär oder hexadezimal sein.
- **REG_SZ (Zeichenfolge)**: Hierbei handelt es sich um Einträge unbestimmter Länge im Textformat wie etwa Pfadangaben.
- **REG_EXPAND_SZ (Wert der erweiterbaren Zeichenfolge)**: eine erweiterte Form der Zeichenfolge speziell unter Windows XP.
- **REG_MULTI_SZ (Wert der mehrteiligen Zeichenfolge)**: ebenfalls eine erweiterte Form der Zeichenfolge speziell unter Windows XP, die auch mehrzeilige Eingaben zulässt.

Darüber hinaus gibt es noch weitere spezielle Werttypen, die sich auf spezielle Hardware oder Treiber beziehen, die aber im Kontext dieses Buches keine Rolle spielen.

INI, SYS & Co.: Systemdateien und was sie wirklich bedeuten

Die Entwicklung von Windows von der Version 3.1 über Windows 95, 98 und Millennium bis hin zu Windows XP verlief evolutionär und stellte die Entwickler vor das Problem, dass jede Version zur Vorgängerversion zumindest in gewissen Grenzen abwärtskompatibel sein musste. So kommt es, dass Windows ME-Anwender immer noch die unterdessen unnötig gewordene *Autoexec.bat* mit sich herumschleppen und unter Windows XP auch noch die *Win.ini* aus seligen Windows-3.1-Zeiten ein Schattendasein fristet.

Unterdessen überflüssig: DOS- und Windows-Startdateien

Alte Computerhasen erinnern sich immer gern mit einer Mischung aus Grausen und Stolz daran, welche Feinarbeit früher notwendig war, um komplexe Systeme mit gezieltem Tuning der Startdateien *Autoexec.bat* und *Config.sys* ans Laufen zu bringen: 16-Bit- und 32-Bit-Programme und -Treiber mussten irgendwie unter einen Hut gebracht werden, und oftmals sorgte ein liebevoll handgeschmiedetes Startmenü in der *Config.sys* dafür, dass für unterschiedliche Zwecke wie Spielen oder Arbeiten die jeweils optimalen Einstellungen geladen wurden.

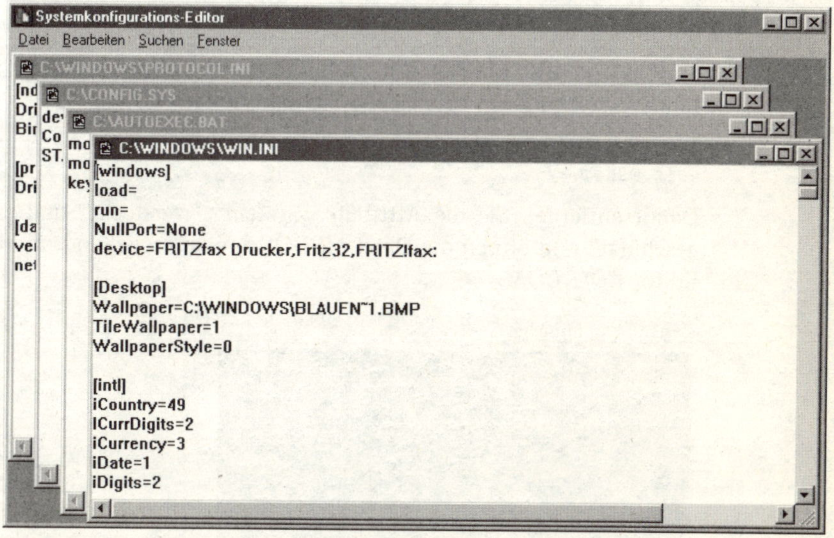

Das waren noch Zeiten: mühsame Konfiguration mit einem Mix aus DOS- und Windows-Startdateien.

War die DOS-Hürde dann überwunden, mussten auch alle Einstellungen in der *System.ini* - hier wurde die Hardware verwaltet - und in der *Win.ini* - diese Datei war für die Software zuständig - stimmen und eventuell mühsam von Hand angepasst werden.

INFO

Vergessen Sie die alten Startdateien unter Windows XP!

In den neueren Windows-Versionen wie ME oder XP können Sie die vier oben genannten Dateien getrost vergessen. Sie werden nur noch teilweise aus Kompatibilitätsgründen „mitgeschleppt", damit Sie zum Beispiel unter Windows XP auch noch ältere 16-Bit-Anwendungen installieren können, die ihre Konfigurationsinformationen in die *Win.ini* schreiben. Sämtliche Informationen der *Win.ini* und der *System.ini* werden unter XP parallel in der Registry verwaltet und laufend abgeglichen, sodass es „doppelt gemoppelt" wäre, diese Dateien direkt zu bearbeiten.

Startoptionen unter Windows 98/ME: die MSDOS.SYS

Eine besondere Rolle unter Windows 98 und ME spielt die Datei *MSDOS. SYS*. Unter reinen DOS-Systemen bildete sie früher zusammen mit der Datei *IO.SYS* den Kern von MS-DOS, ab Windows 95 degenerierte sie dann zur reinen Textdatei, die aber einige Steuerungen des Startverhaltens erlaubt. Die versteckte und schreibgeschützte Datei editieren Sie am besten direkt in einem MS-DOS-Fenster. Die möglichen Parameter entnehmen Sie der nachfolgenden Tabelle:

1 Starten Sie die MS-DOS-Eingabeaufforderung und wechseln Sie ins Root-Verzeichnis von *C:*. Geben Sie dann Folgendes ein:

```
attrib msdos.sys -s -h -r
edit msdos.sys
```

Damit entfernen Sie die Attribute „System", „versteckt" und „schreibgeschützt" und öffnen die Datei *MSDOS.SYS* anschließend im MS-DOS-Editor *EDIT.COM*.

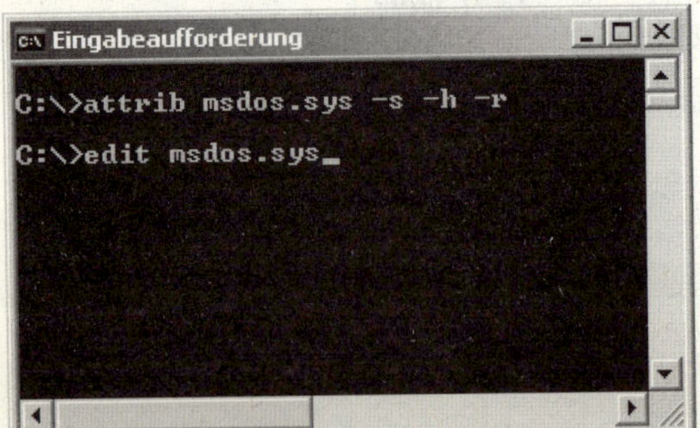

2 Im MS-DOS-Editor können Sie nun die gewünschten Änderungen vornehmen. Achtung: Entfernen Sie nicht die xxx-Zeilen im unteren Teil der Datei: Diese sorgen dafür, dass die Datei größer als 1.024 Byte bleibt und sind aus Gründen der Abwärtskompatibilität wichtig, da manche Virenscanner sonst unbegründet Alarm schlagen würden.

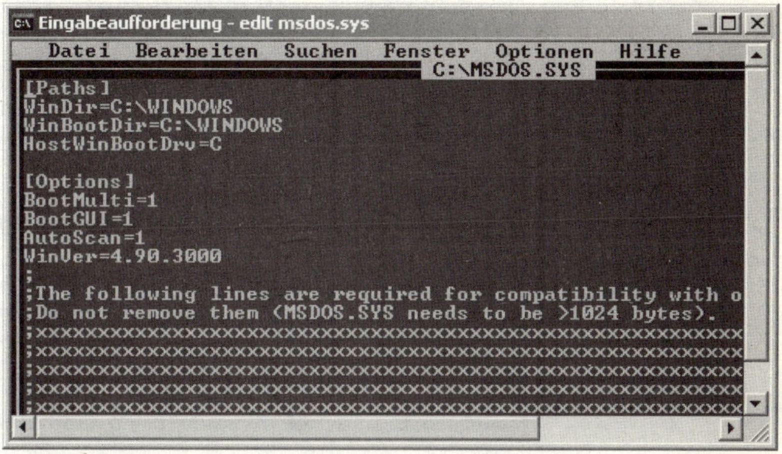

3 Nachdem Sie die gewünschten Änderungen ausgeführt, die Datei gesichert und den MS-DOS-Editor beendet haben, setzen Sie mit dem Befehl *attrib msdos.sys +s +h +r* wieder oben genannte Dateiattribute und verlassen dann mit *exit* das MS-DOS-Fenster.

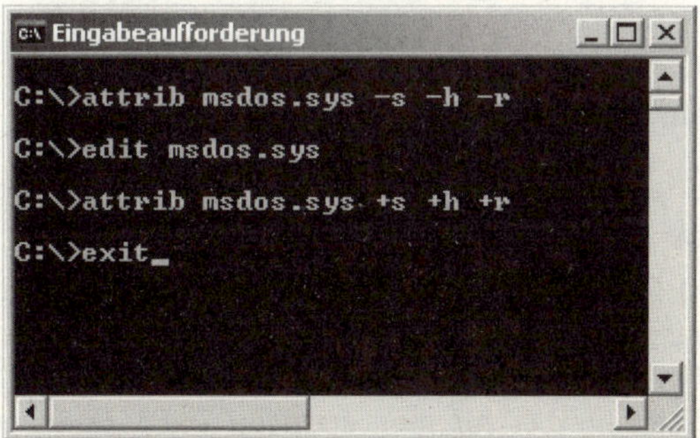

Die wichtigsten möglichen Befehle im Bereich *[Options]* der *MSDOS.SYS* entnehmen Sie folgender Tabelle:

Option	Bedeutung
BootMulti=1 *BootGUI=1*	Gilt nur für Windows 98: Die beiden Parameter legen fest, ob parallel auch DOS mit der Taste [F4] gestartet werden kann (*BootMulti*) bzw. ob beim Start direkt die grafische Windows-Oberfläche geladen werden soll (jeweils 1 = ja, 0 = nein).
BootMenu=1 *BootKeys=1* *BootMenuDefault=x* *BootMenuDelay=x*	Auch diese Optionen gelten nur für Windows 98 und betreffen das Boot-Menü unter DOS, das unter Windows ME nicht mehr existiert. Mit *Boot-Menu=1* wird die Anzeige des Boot-Menüs erzwungen, *BootKeys=1* gibt die Tasten [F5], [F6] und [F8] zur Steuerung des Startverhaltens frei, mit *BootMenuDefault=1 (2, 3, 4, 5)* bestimmen Sie den Default-Eintrag des Menüs und mit *BootMenuDelay=30* die Länge des Countdowns (hier: 30 Sekunden).
DoubleBuffer=1	Diese Option beeinflusst das Buffering, also den Cache für SCSI-Geräte. Mit 1 wird der Cache nur aktiviert, wenn er von SCSI-Controllern angefordert wird, mit 2 wird er immer aktiviert und mit 0 nie.
AutoScan=1	Mit diesem Eintrag (Standard) wird ScanDisk zur Überprüfung der Festplattenlaufwerke gestartet, nachdem Windows nicht korrekt beendet wurde oder nach einem Windows-Crash. Mit dem Wert 2 wird ScanDisk bei jedem Windows-Start ausgeführt, mit dem Wert 0 nie.
Logo=1	Nervt Sie das Windows-Logo bei jedem Start? Mit *Logo=0* können Sie die Anzeige unterbinden, was den Windows-Start um einige Sekunden beschleunigt.

Für die Registry relevante Systemdateien

Einige Systemdateien spielen im Zusammenhang mit der Registry eine wichtige Rolle, etwa für den Import oder Export von Registry-Informationen. Hier eine kleine Übersicht über die Dateiformate:

- **DAT**: In DAT-Dateien, besonders in der *USER.DAT* und der *SYSTEM.DAT*, sind die eigentlichen Registry-Informationen verankert.
- **REG**: Mittels der Registrierungsdateien können Sie ausgewählte Schlüssel oder sogar die ganze Registry exportieren und importieren.
- **INF**: Bei diesem Dateityp handelt es sich um so genannte Informationsdateien, mit denen Sie Programme oder Treiber über den Kontextmenü-Befehl *Installieren* nachträglich einbinden können. Der Name *AUTORUN.INF* ist hierbei für eine spezielle Datei reserviert, die das Startverhalten von CD-ROMs und Wechsellaufwerken beim Einlegen steuert.

Die Registry kann darüber hinaus auch durch weitere Dateitypen manipuliert werden, beispielsweise Active-Hypertext (HTA) oder **V**isual **B**asic-**S**kripte (VBS).

1.2 Das Geheimnis der RESTORE-Ordner: die Systemwiederherstellung

Wenn Sie in den Ordneroptionen der Systemsteuerung eingestellt haben, dass auch versteckte Dateien und Ordner angezeigt werden sollen, haben Sie sich vielleicht schon über versteckte Ordner namens *_RESTORE* gewundert. Hier speichert Windows Informationen zur Systemwiederherstellung. Diese bereits unter Windows ME eingeführte Funktion überwacht - in Verbindung mit dem Systemdateischutz - permanent die Funktionsfähigkeit des Systems, legt von allen wichtigen Systemdateien Sicherheitskopien an und ist in der Lage, nach einem Crash das System wiederherzustellen.

Der Werkschutz mit der Stechuhr: automatische Systemprüfpunkte

Das Schöne an der Systemwiederherstellung: Im Gegensatz zu manuellen Backup-Lösungen merkt sich Windows XP den aktuellen Zustand des Systems ganz automatisch zu bestimmten Zeitintervallen und zu bestimmten Ereignissen und setzt dann einen so genannten Systemprüfpunkt mit Datum und Uhrzeit. „Crasht" das System, können Sie es auf jeden Fall auf den Zustand zum Zeitpunkt des letzten automatischen Prüfpunkts zurücksetzen - wobei auch die Registrierungsdatenbank zurückgesichert wird. Prüfpunkte werden von Windows automatisch immer dann gesetzt:

- **Nach der Erstinstallation**: Natürlich wird nach erfolgter Installation bzw. Update von Windows gleich ein Prüfpunkt gesetzt, sodass Sie das System zumindest immer in den „Urzustand" zurückversetzen können.
- **Regelmäßige Prüfpunkte**: Prüfpunkte werden stets im 24-Stunden-Takt, also einmal täglich, angelegt. Wird der Rechner nicht täglich genutzt, wird der nächste Prüfpunkt spätestens beim nächsten Systemstart wieder genutzt.
- **Vor Installationen**: Windows XP erkennt alle Installationen, die auf dem Programm InstallShield (ab V. 6.1 Pro) oder dem Windows Installer aufsetzen, und setzt dann einen Prüfpunkt.
- **Vor Windows-Update**: Nutzen Sie die Windows-Update-Funktion über das Internet, wird ebenfalls automatisch ein Prüfpunkt gesetzt.

- **Vor Treiberinstallationen**: Installieren Sie einen nicht signierten Treiber, setzt Windows zur Sicherheit auch einen Prüfpunkt.

Clever bei jeder Programminstallation: Wiederherstellungspunkt manuell erstellen

Wie Sie sehen, ist Windows nicht geizig mit den automatischen Prüfpunkten. Dennoch, Vertrauen ist gut, Kontrolle ist besser, und deshalb sollten Sie unabhängig von den automatischen Prüfpunkten zu folgenden Zeitpunkten auch manuelle Wiederherstellungspunkte setzen:

- **Vor Installationen**: Da Windows Installationen mit älteren bzw. proprietären Installationsroutinen nicht erkennt, sollten Sie vor solchen Installationen manuell einen Wiederherstellungspunkt setzen.
- **Vor Hardware- und Treiberinstallationen**: Auch wenn Sie neue Hardware anschließen bzw. einbauen oder neue Treiber installieren, sollten Sie vorher einen Wiederherstellungspunkt definieren.
- **Vor größeren Systemänderungen**: Setzen Sie auch einen Wiederherstellungspunkt, wenn Sie von Hand Eingriffe in Systemdateien vornehmen, vor allem vor größeren Änderungen in der Registry.
- **Vor Deinstallationen**: Sicher ist sicher: Auch wenn Sie Programme deinstallieren, sollten Sie das System vorher mit einem Wiederherstellungspunkt schützen. Denn manchmal werden irrtümlich auch gemeinsam genutzte Dateien oder Programmbibliotheken (DLLs) entfernt, die dann anderen Programmen fehlen.

Das Setzen eines Wiederherstellungspunkts ist dabei ganz einfach und in wenigen Sekunden erledigt:

1. Starten Sie die Systemwiederherstellung mit dem Befehl *Start/Alle Programme/Zubehör/Systemprogramme/Systemwiederherstellung*. Wählen Sie dann die Option *Einen Wiederherstellungspunkt erstellen* und klicken Sie auf *Weiter*.

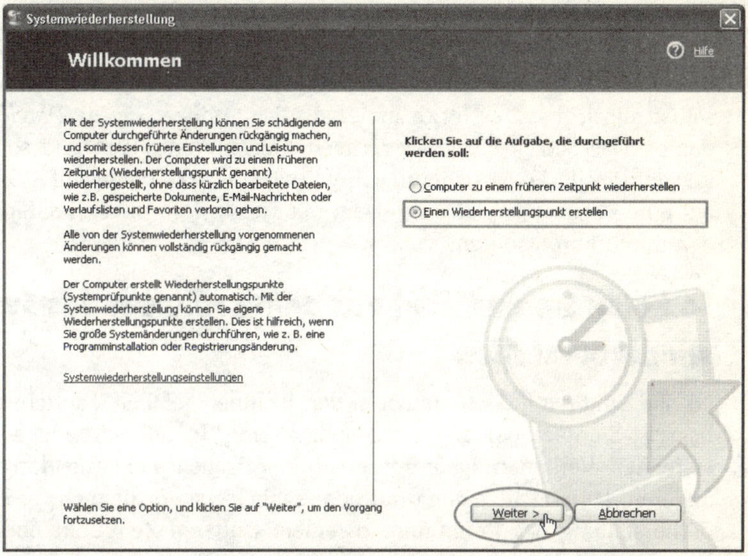

2 Geben Sie nun im Textfeld *Beschreibung des Wiederherstellungspunkts* eine prägnante Beschreibung ein, anhand derer Sie sich später erinnern können, warum Sie den Wiederherstellungspunkt erstellt haben. Datum und Uhrzeit werden der Beschreibung automatisch hinzugefügt. Mit einem Klick auf *Erstellen* wird der Wiederherstellungspunkt nun erstellt, was einige Sekunden dauern kann.

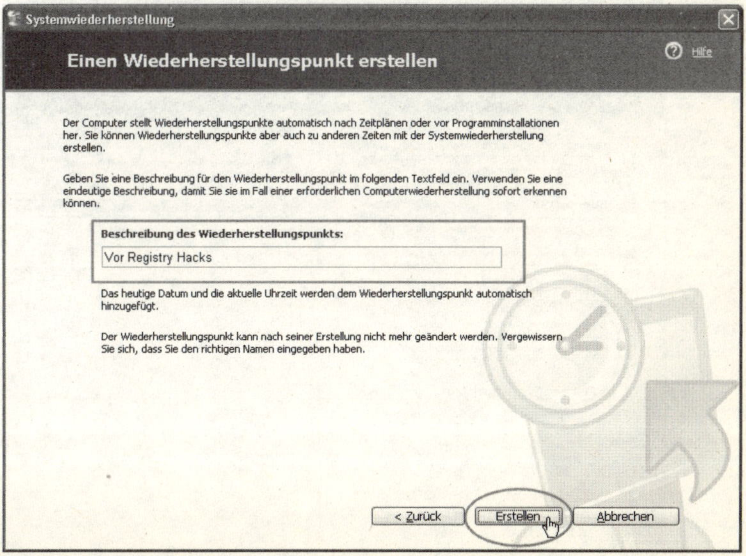

Beachten Sie aber: Mit dem Setzen eines Wiederherstellungspunkts merkt sich Windows ab dann alle Veränderungen aller relevanten Systemdateien, nicht betroffen davon sind aber beispielsweise Dateien und Ordner, die Sie selbst angelegt haben, etwa innerhalb des Ordners *Eigene Dateien*. Das bedeutet: Das Setzen eines Wiederherstellungspunkts kann und soll nicht die konventionelle Datensicherung Ihrer persönlichen Daten auf CD-ROM oder auf eine zweite Festplatte ersetzen, die Sie sowieso in regelmäßigen Abständen durchführen sollten.

So holen Sie das Kind aus dem Brunnen: das System wiederherstellen

Ist das Kind dann doch einmal in den Brunnen gefallen - sprich: das System begrüßt Sie nach einem Treiber-Update, einer Installation oder anderen gravierenden Veränderungen mit einer kryptischen Fehlermeldung nach der anderen, läuft nicht mehr rund oder schlicht gar nicht mehr -, ist die Wiederherstellung des Computers zu einem früheren Zeitpunkt ebenfalls ganz leicht:

1 Starten Sie wieder die Systemwiederherstellung mit *Start/Alle Programme/Zubehör/Systemprogramme/Systemwiederherstellung*. Bei besonders gravierenden Fehlern erscheint die Dialogbox mit den Wiederherstellungsoptionen ohnehin automatisch. Wählen Sie jetzt die Option *Computer zu einem früheren Zeitpunkt wiederherstellen* und klicken Sie auf *Weiter*.

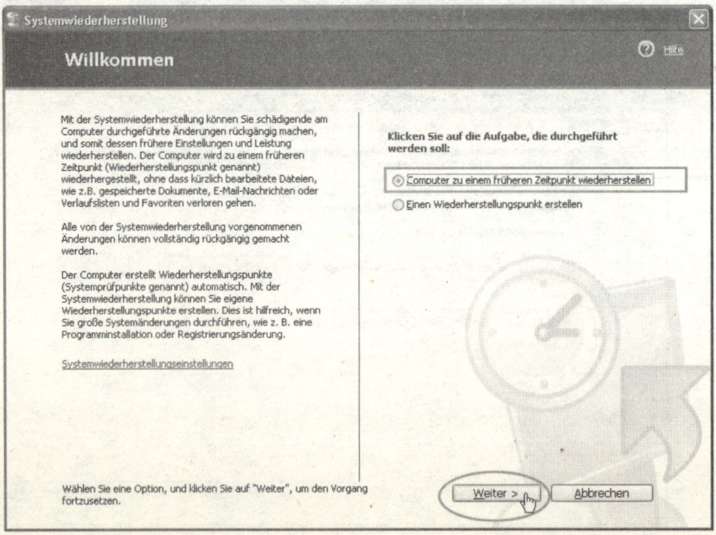

2 Es erscheint eine kalendarische Übersicht, innerhalb der alle Tage, an denen ein Wiederherstellungspunkt erstellt wurde, fett hervorgehoben dargestellt sind. Klicken Sie auf das gewünschte Datum und markieren Sie dann in der rechten Liste den gewünschten Wiederherstellungspunkt. Klicken Sie anschließend auf *Weiter*.

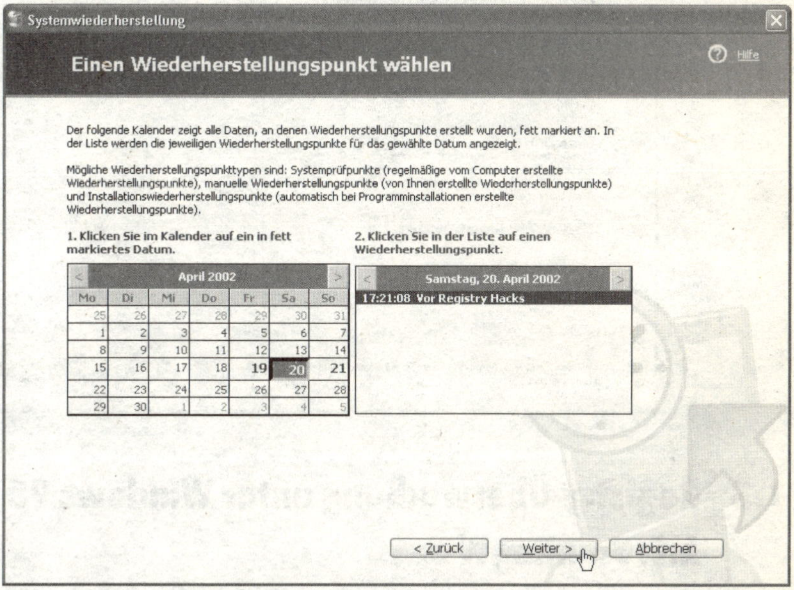

3 Sie werden nun in einer Warnmeldung darauf aufmerksam gemacht, dass der Computer während der Wiederherstellung neu gestartet wird. Speichern Sie alle offenen Dateien, beenden Sie alle laufenden Programme und klicken Sie dann auf *Weiter*. Nun erfolgt die eigentliche Wiederherstellung, die - je nach Umfang der seit dem letzten Wiederherstellungspunkt erfolgten Änderungen am System - eine Zeit lang dauern kann. Wichtig: Sie können die Wiederherstellung wieder komplett zurücknehmen - wenn Sie die Systemwiederherstellung das nächste Mal aufrufen, finden Sie hierzu die Option *Letzte Wiederherstellung rückgängig machen* im Hauptfenster.

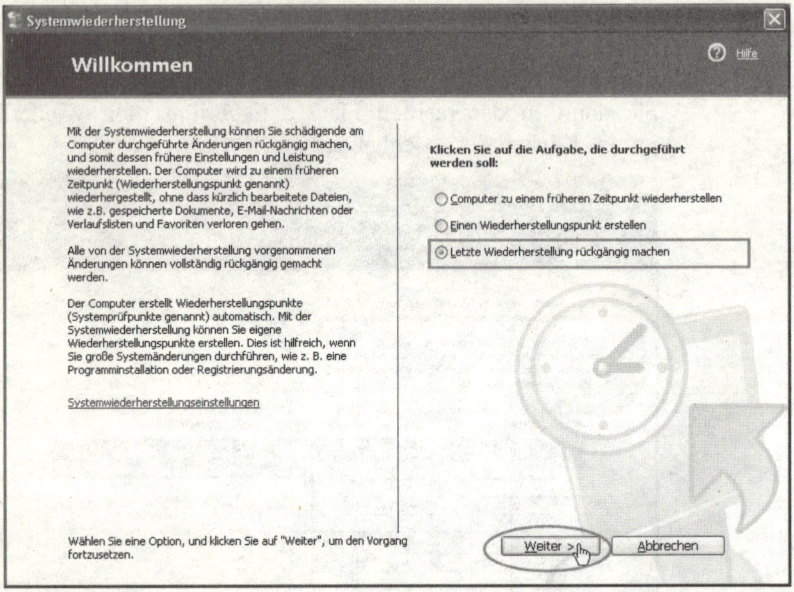

1.3 Registry-Überwachung unter Windows 98 und ME: ScanRegW

Auch unter Windows ME gibt es schon die Systemwiederherstellung, allerdings arbeitet sie noch nicht so ausgereift wie die weiterentwickelte Version unter Windows XP. Speziell für die Sicherung der Registry nutzt Windows ME (und Windows 98) allerdings ein anderes nützliches Tool: das Programm *ScanRegW.exe*, das im Folgenden kurz vorgestellt werden soll.

Automatische Kopien bei jedem Systemstart

Beruhigend zu wissen: Bei jedem ersten erfolgreichen Systemstart eines Tages erstellt Windows ME automatisch und ohne Ihr Zutun eine Sicherheitskopie der Registry. Diese Sicherheitskopien finden Sie im versteckten Ordner *C:\Windows\Sysbckup* - dort werden automatisch bis zu fünf komprimierte CAB-Dateien angelegt. Nach Art des Windows-Papierkorbs wird jeweils die älteste CAB-Datei gelöscht, wenn eine neue Datei angelegt wird.

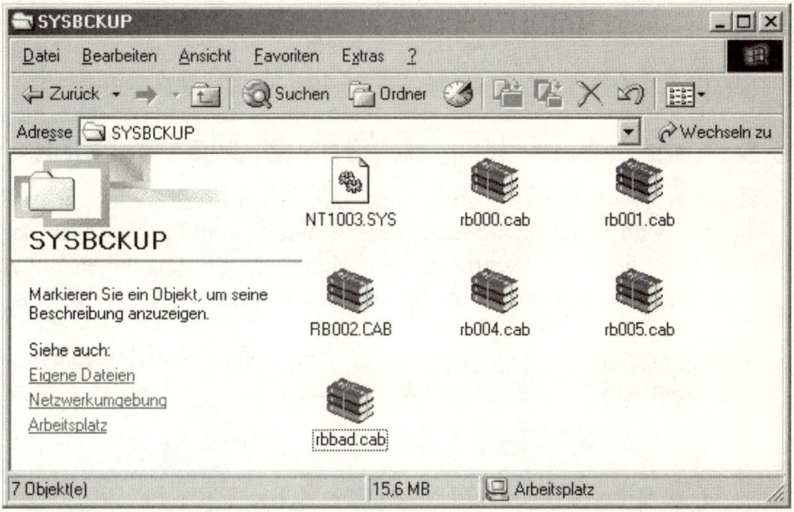

Beruhigend: Bis zu fünf Sicherheitskopien der Registry werden bei jedem Systemstart automatisch angelegt.

Wenn Sie eine der fünf CAB-Dateien *rb000.cab* bis *rb005.cab* im Windows-Explorer oder mit einem geeigneten Tool wie etwa WinZip oder WinRAR öffnen, werden Sie feststellen, dass jeweils fünf Dateien enthalten sind, nämlich die eigentlichen Registry-Dateien *system.dat*, *user.dat* und *classes.dat* sowie - aus Gründen der Abwärtskompatibilität - die Initialisierungsdateien *system.ini* und *win.ini*.

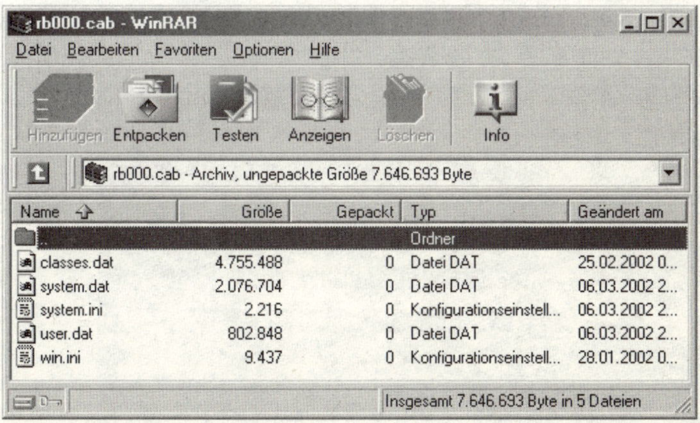

In den CAB-Dateien sind alle für die Registry relevanten Systemdateien enthalten.

Haben Sie die Registry also einmal gründlich „verbastelt" oder funktioniert das System aus anderen Gründen nicht mehr, können Sie im Zweifel immer auf diese letzten fünf automatischen Sicherungen zurückgreifen.

Scannen, überprüfen, sichern mit drei Mausklicks

Nehmen Sie oft intensive Änderungen an Ihrem System vor, sollten Sie sich allerdings nicht auf die automatische Sicherungsfunktion von ScanRegW verlassen, sondern das Programm „von Hand" starten. So haben Sie absolute Kontrolle über den Zeitpunkt der letzten Sicherung:

1 Sie starten ScanRegW, indem Sie den Befehl *Start/Ausführen* wählen, „ScanRegW" eingeben und auf *OK* klicken.

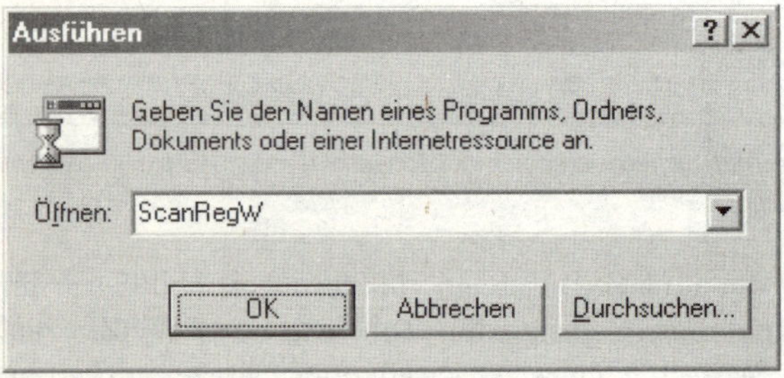

2 Die Registrierungsdatenbank wird nun automatisch auf Fehler überprüft. Anschließend erscheint eine Dialogbox, die Sie - hoffentlich! - darauf hinweist, dass keine Fehler gefunden wurden. Klicken Sie auf *Ja*, um die Registry nun zu sichern. Wurden irreparable Fehler gefunden, sollten Sie natürlich auf eine Sicherung verzichten und stattdessen versuchen, eine ältere Sicherung wiederherzustellen.

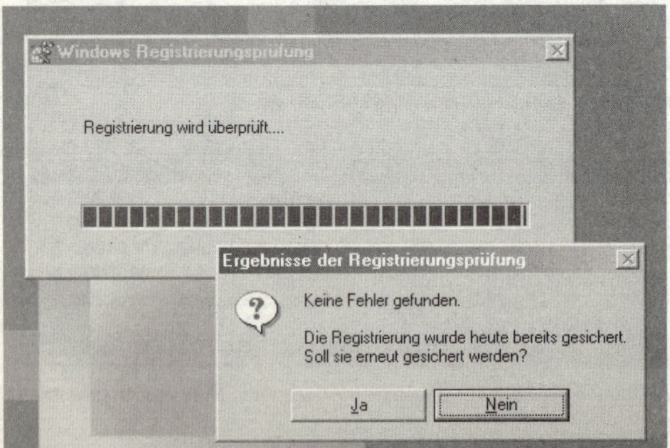

3 Nun erfolgt die Sicherung der Registrierungsdatenbank, anschließend bekommen Sie eine Erfolgsmeldung zu sehen, die Sie mit *OK* bestätigen.

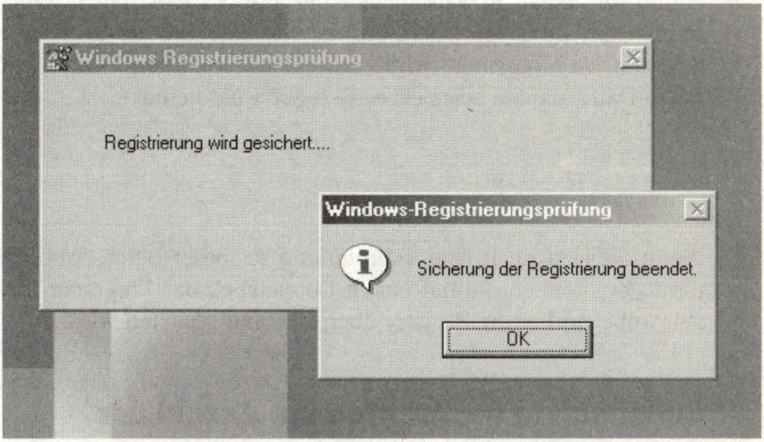

Ganz ausgefuchst: ScanRegW mit Parametern optimieren

Das Programm ScanRegW kann auch mit verschiedenen Parametern aufgerufen werden, von denen zwei besonders interessant sind:

- **ScanRegW /AutoScan**: Dieser Befehl veranlasst eine Überprüfung mit anschließender Sicherung - ohne Rückfrage, ob eine Sicherung vom gleichen Tag überschrieben werden soll.
- **ScanRegW /Scanonly**: Mit diesem Befehl überprüft ScanRegW die Registry lediglich auf Fehler, eine Sicherungskopie wird dabei nicht erstellt.

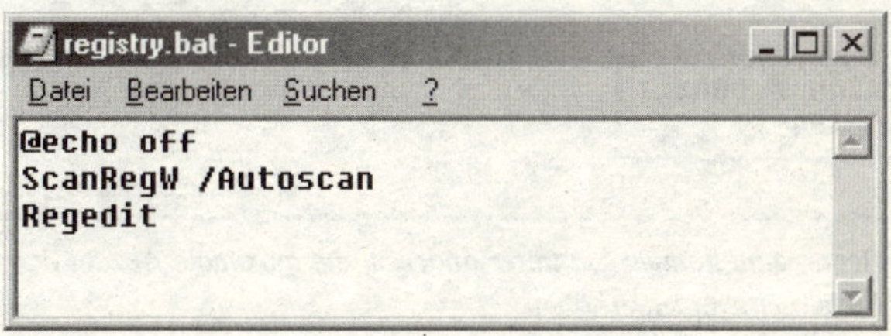

Mit einer kleinen Batch-Datei können Sie die Registry automatisch sichern lassen, bevor Sie sie bearbeiten.

Wenn Sie ScanRegW mit einem der obigen Parameter aufrufen, erhalten Sie lediglich eine Bildschirmrückmeldung, wenn etwas nicht geklappt hat, ansonsten läuft der Prozess völlig im Hintergrund. Besonders nützlich sind die Parameter daher in Zusammenhang mit Batch-Dateien. Wollen Sie beispielsweise, dass vor jedem Aufruf von RegEdit die Registry automatisch gescannt und gesichert wird, schreiben Sie folgende drei Zeilen in eine Batch-Datei, die Sie beispielsweise *registry.bat* nennen:

```
@echo off
ScanRegW /Autoscan
Regedit
```

Wenn Sie jetzt noch eine Verknüpfung zu dieser Batch-Datei auf den Desktop legen, können Sie mit einem Doppelklick das Programm RegEdit aufrufen, wobei vorher die Registry überprüft und gesichert wird.

Geheimnisse der Scanreg.ini: Anzahl der Sicherheitskopien erhöhen

Sie können das Verhalten des Programms ScanRegW aber nicht nur mit oben genannten Parametern beeinflussen, sondern über die Konfigurationsdatei *Scanreg.ini*, die Sie in Ihrem Windows-Verzeichnis finden, auch noch feiner anpassen.

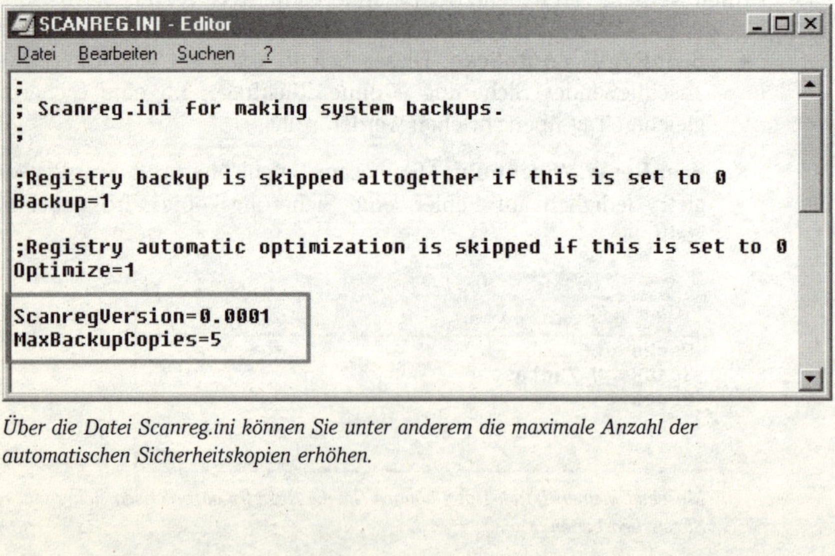

Über die Datei Scanreg.ini können Sie unter anderem die maximale Anzahl der automatischen Sicherheitskopien erhöhen.

Hierzu öffnen Sie die Textdatei ganz einfach mit dem Windows-Editor und tragen die gewünschten Parameter ein bzw. ändern sie ab. In den Kommentarzeilen, denen ein Semikolon vorangestellt ist, finden Sie weitere Erläuterungen, die wichtigsten Parameter entnehmen Sie folgender Tabelle:

Option	Bedeutung
Backup=	Mit der Vorgabe *Backup=1* ist die automatische Sicherung aktiviert, mit *Backup=0* deaktivieren Sie die automatische Sicherung – was aber wenig empfehlenswert ist.
Optimize=	Auch diese Option sollten Sie nicht verändern: *Optimize=1* (Standard) bewirkt eine Optimierung der Registry, *Optimize=0* schaltet die Optimierung ab.
MaxBackupCopies=	Sicher die interessanteste Option: Mit diesem Wert können Sie die Anzahl der maximal möglichen Kopien (Standard: *Max BackupCopies=5*) auf bis zu 99 erhöhen. Sinnvoll sind allerdings nur Werte bis zu 15 oder 20 – auch wegen des erforderlichen Speicherplatzes.
BackupDirectory=	Hier können Sie das Standardverzeichnis C:*Windows**Sysbckup* ändern und ein alternatives Verzeichnis angeben, etwa auf einem anderen Laufwerk.
Files=	An dieser Stelle können Sie eine Liste weiterer zu sichernder Dateien einfügen, wobei Sie die Bedeutung der Ordner-Codes den Kommentarzeilen entnehmen können. Der Eintrag *Files=30, autoexec.bat,config.sys* sichert beispielsweise zusätzlich zu den Registry-Daten die Startdateien *autoexec.bat* und *config.sys*.

Alles kaputt? Jetzt muss ScanReg ran!

Sicher haben Sie sich auf den vorangegangenen Seiten schon ein paar Mal gefragt, wie Sie die von Hand oder automatisch erzeugten Sicherheitskopien denn nun im Falle der eingetretenen Katastrophe zurückspielen können. Netterweise hat das Programm ScanRegW für diesen Fall einen kleinen Bruder, das Programm ScanReg, das nur unter MS-DOS arbeitet. Und mit MS-DOS ist hier der MS-DOS-Modus gemeint, den Sie unter Windows ME nur mit einer Startdiskette erreichen. Versuchen Sie, ScanReg in einem MS-DOS-Fenster zu starten, wird stattdessen lediglich ScanRegW gestartet. Der Grund ist, dass Windows bei laufendem Betrieb die Registry-Dateien gegen Operationen wie das Überschreiben sperrt. Außerdem können Sie im schlimmsten Fall Windows vielleicht auch gar nicht mehr starten.

INFO

Hilfe, ich habe keine Startdiskette!

Haben Sie nicht schon bei der Installation von Windows ME eine Startdiskette erstellt oder diese verlegt, können Sie die Startdiskette natürlich auch nachträglich erstellen: Rufen Sie dafür mit *Start/Einstellungen/Systemsteuerung* die Systemsteuerung auf und doppelklicken Sie auf das Modul *Software*. Wechseln Sie zur Registerkarte *Startdiskette*, legen Sie eine leere und formatierte Diskette ins Diskettenlaufwerk und klicken Sie auf *Diskette erstellen*. Die Startdiskette wird daraufhin erstellt.

Um eine der vorhandenen Sicherheitskopien wiederherzustellen, starten Sie Windows ME mit der Startdiskette. Geben Sie nun folgenden Befehl ein:

```
Scanreg /restore
```

Daraufhin wird die DOS-Variante von ScanReg gestartet und die Microsoft-Registrierungsprüfung wird durchgeführt:

1 In einer Liste werden Ihnen nun - nach Datum sortiert - alle vorhandenen Sicherungen angezeigt. Markieren Sie die gewünschte Sicherung - in der Regel die jüngste - und klicken Sie dann auf *Wiederherstellen*.

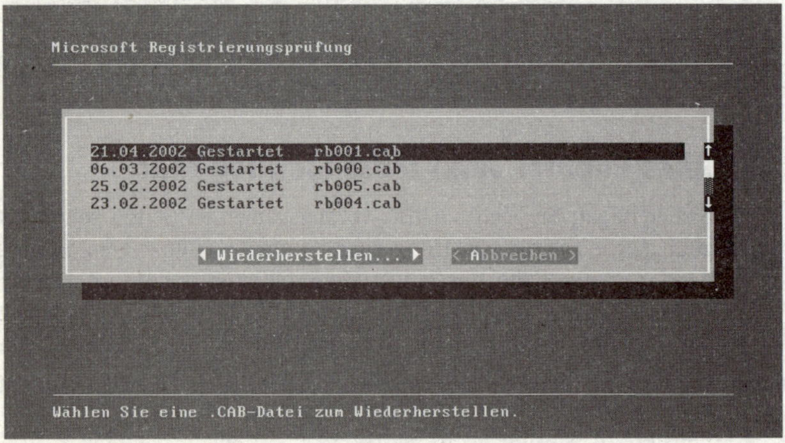

2 Wenn die Erfolgsmeldung *Eine fehlerfreie Registrierung wurde wiederhergestellt* erscheint, entfernen Sie die Startdiskette aus dem Diskettenlaufwerk und wählen *Neu starten*, um den Computer neu zu starten. War die Wiederherstellung nicht erfolgreich, müssen Sie die obigen Schritte wiederholen und eine ältere Sicherung auswählen.

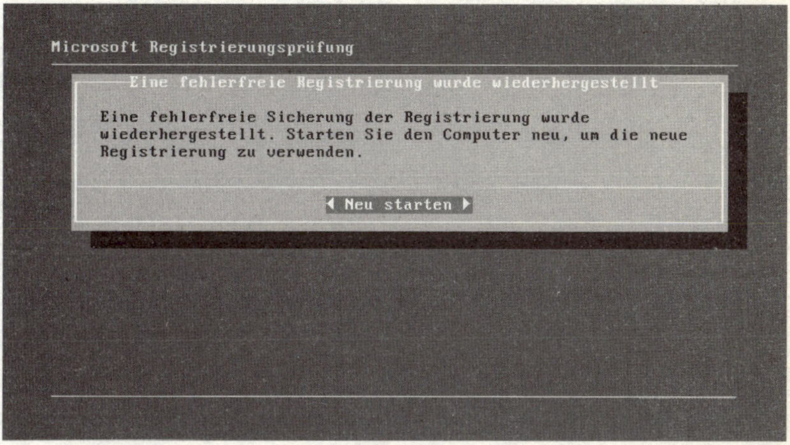

2. Windows undokumentiert: Alles ist möglich mit RegEdit!

In der Registrierungsdatenbank sind alle Systemeinstellungen bezüglich Software, Hardware und Betriebssystem gespeichert. Insofern liegt es auf der Hand, dass der Editor zum Bearbeiten der Registry, RegEdit, ein äußerst machtvolles Werkzeug darstellt. Nicht nur können hier - theoretisch - sämtliche Einstellungen direkt vorgenommen werden, die Sie sonst über die Systemsteuerung, Taskleiste, Geräte-Manager oder andere Dialogboxen steuern, nein, es sind auch unzählige weitere Feineinstellungen und undokumentierte Funktionen realisierbar. Kurz, mit RegEdit ist (fast) alles möglich!

2.1 RegEdit: Schaltzentrale der Registrierungsdatenbank

Der Registrierungs-Editor, nach dem Dateinamen kurz RegEdit genannt, ist die Schaltzentrale, in der die einzelnen Registry-Dateien wie *User.dat*, *System.dat* oder *Classes.dat* unter einer einheitlichen Programmoberfläche zusammengeführt und lesbar bzw. editierbar gemacht werden. Hier können nicht nur bestehende Schlüssel und Werte geändert und gelöscht, sondern auch neue Schlüssel und Werte angelegt werden. Außerdem haben Sie über RegEdit die Möglichkeit, die komplette Registry oder Teile davon zu importieren oder zu exportieren, Sie können für bestimmte Schlüssel Rechte vergeben, Schlüssel auf Änderungen überwachen lassen oder eine Lesezeichen-Liste (Favoriten) von Schlüsseln anlegen, die Sie besonders oft bearbeiten.

Das unsichtbare Programm: So starten Sie RegEdit

Es gibt Programme, die gibt es gar nicht - wenigstens, wenn es nach Microsoft geht. Denn wenn Sie nach dem Programm RegEdit suchen, werden Sie weder im Startmenü noch in anderen Dialogboxen fündig. Der Grund dafür ist simpel: Mit RegEdit ist zwar fast alles möglich, was Änderungen und Anpassungen des Systems angeht, man kann mit dem Programm bei unsachgemäßer oder leichtsinniger Handhabung aber auch schweren Schaden anrichten. Daher hat es die Redmonder Softwareschmiede vor weniger erfahrenen Anwendern wohlweislich ein wenig versteckt.

INFO

Achtung! Änderungen lassen sich nicht zurücknehmen!

Wenn Sie mit RegEdit arbeiten, sollten Sie sich darüber im Klaren sein, dass das Programm keine *Bearbeiten/Rückgängig*-Funktion wie Word oder andere Editoren kennt: Alle Änderungen und Löschungen werden sofort wirksam. Sie sollten also vor jeder Änderung die Registry vorher sichern und beim Arbeiten mit RegEdit äußerst konzentriert und sorgfältig vorgehen.

Prinzipiell haben Sie zwei Möglichkeiten, RegEdit zu starten. Zum einen können Sie mit dem Windows-Explorer in den Windows-Ordner wechseln und auf die Programmdatei *regedit.exe* doppelklicken.

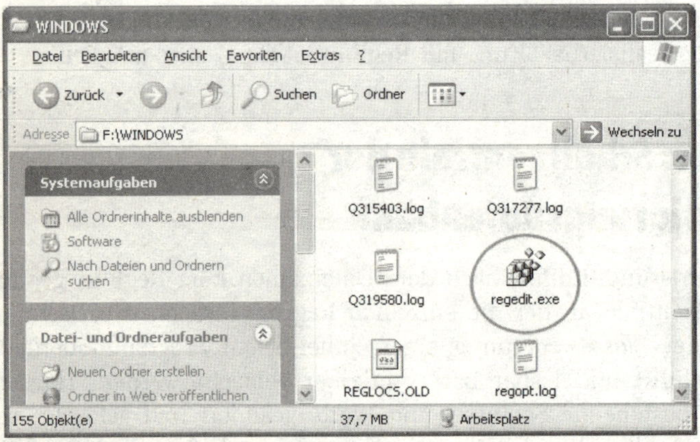

Die Programmdatei regedit.exe finden Sie im Windows-Verzeichnis.

Sehr viel einfacher und schneller geht es, indem Sie auf die *Start*-Schaltfläche klicken und dann den Befehl *Ausführen* wählen. Im Textfeld *Öffnen* geben Sie nun „regedit" (ohne Anführungszeichen) ein, anschließend klicken Sie auf *OK* oder drücken [Enter]. Das Programm wird sofort gestartet.

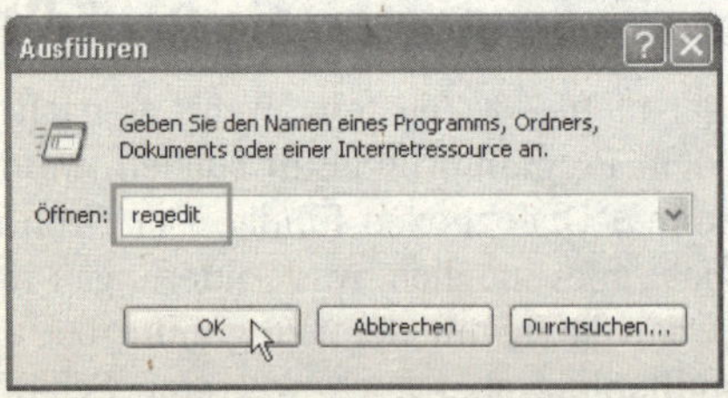

RegEdit starten Sie am schnellsten über den Ausführen-Dialog.

Übrigens: Ganz blitzschnell erreichen Sie den *Ausführen*-Dialog mit der Tastenkombination [Win]+[E], also die Windows-Taste gedrückt halten und dann auf die Taste [E] drücken.

Start auf Mausklick: RegEdit ins Startmenü von Windows ME oder XP integrieren

Anstatt RegEdit immer über den *Ausführen*-Dialog zu starten, können Sie natürlich auch eine Verknüpfung ins Startmenü oder auf den Desktop legen. Hierzu gehen Sie folgendermaßen vor:

1 Klicken Sie mit der rechten Maustaste auf die *Start*-Schaltfläche und wählen Sie aus dem Kontextmenü unter Windows ME den Befehl *Explorer* bzw. unter Windows XP den Befehl *Explorer - Alle Benutzer*. Thematisch am besten ist RegEdit im Ordner *Systemprogramme* aufgehoben. Sie können die Verknüpfung aber natürlich auch direkt im Ordner *Startmenü* oder im Unterordner *Programme* integrieren. Um die Verknüpfung unter *Systemprogramme* anzulegen, klicken Sie ausgehend vom Ordner *Startmenü* nacheinander auf die Unterordner *Programme*, *Zubehör* und *Systemprogramme*. Klicken Sie dann mit der rechten Maustaste auf eine freie Fläche im rechten Fenster und wählen Sie aus dem Kontextmenü den Befehl *Neu/Verknüpfung*.

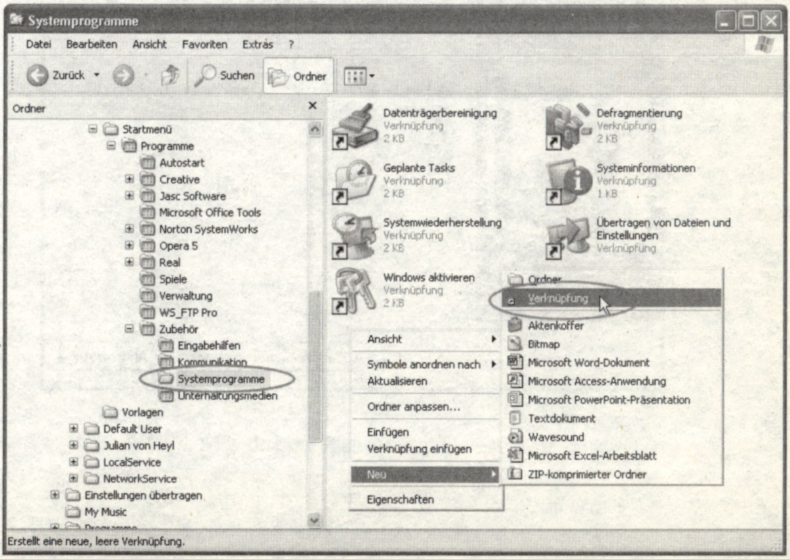

2 Geben Sie jetzt im Textfeld zum Speicherort „C:\WINDOWS\ regedit. exe“ ein oder selektieren Sie die Datei über die *Durchsuchen*-Schaltfläche. Klicken Sie dann auf *Weiter*.

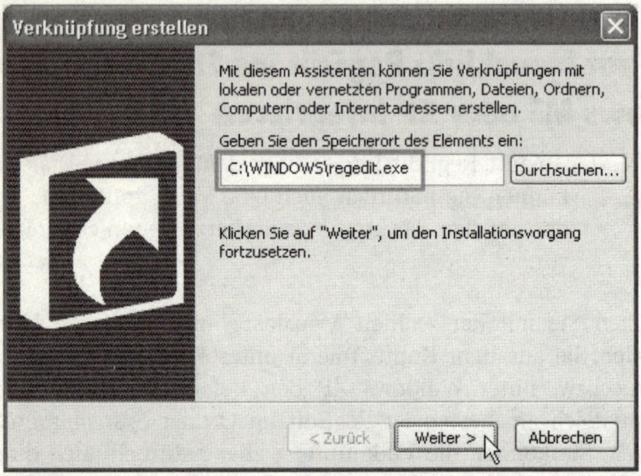

3 Geben Sie nun als Namen für die Verknüpfung „Registrierungs-Editor“ ein und klicken Sie auf *Fertig stellen*. In Zukunft können Sie den Registrierungs-Editor bequem über das Startmenü starten.

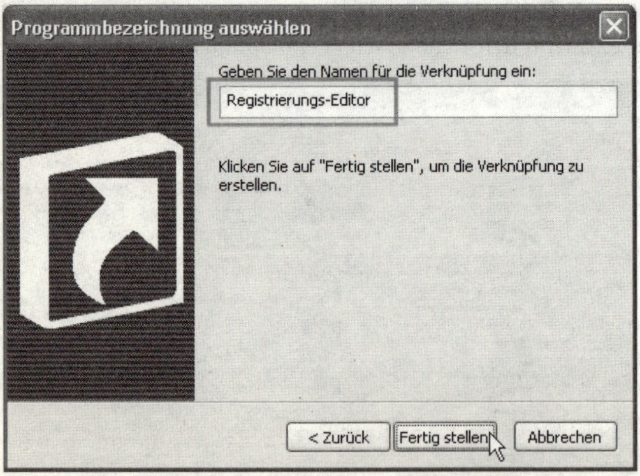

INFO

Verknüpfung blitzschnell auf dem Desktop anlegen

Wollen Sie eine Verknüpfung zu RegEdit auf dem Desktop haben, ist dies sehr schnell erledigt: Starten Sie den Windows-Explorer und wechseln Sie in den Windows-Ordner (in der Regel *C:\Windows*). Klicken Sie nun mit der rechten Maustaste auf die Programmdatei *regedit*.exe und wählen Sie aus dem Kontextmenü den Befehl *Senden an/Desktop (Verknüpfung erstellen)*. Daraufhin wird sofort eine Verknüpfung auf dem Desktop erstellt, die Sie anschließend in *Registrierungs-Editor* umbenennen sollten.

Das ist ja einfach: Struktur und Aufbau von RegEdit

Wenn Sie den Registrierungs-Editor das erste Mal starten, werden Sie schnell feststellen, dass er in Struktur und Aufbau sehr eng an den Windows-Explorer und ähnliche Programme angelehnt ist. Alle Konfigurationsdaten werden hierarchisch geordnet verwaltet und sind im linken Fenster - entsprechend der Ordner-Verwaltung - über eine Baumstruktur ansteuerbar. Im rechten Fenster erscheinen dann - entsprechend den einzelnen Dateien eines Ordners - die dem jeweiligen Schlüssel zugeordneten Werte.

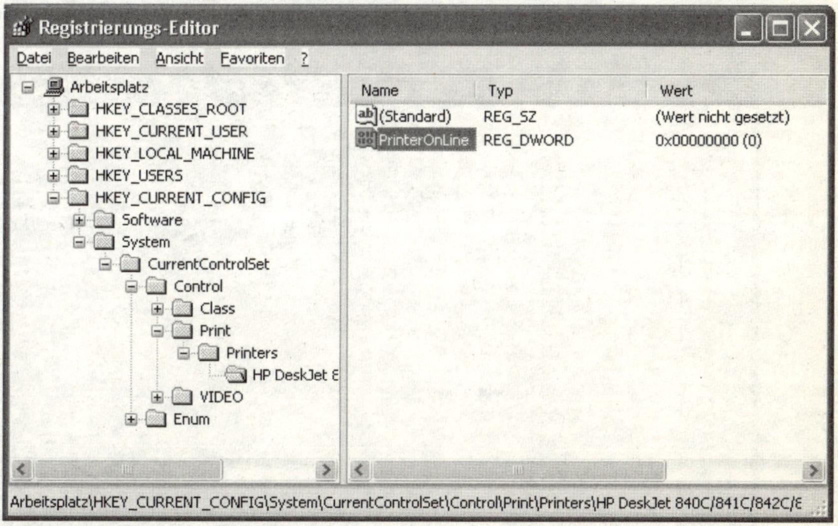

In Aufbau und Benutzerführung lehnt sich der Registrierungs-Editor an den Windows-Explorer an.

Oberster Eintrag der Baumstruktur im linken Fenster ist *Arbeitsplatz*: Dieser hat für sich keine Funktion, sondern dient nur als Ausgangsbasis zur Darstellung der Haupt-Hierarchiezweige. *Arbeitsplatz* hat übrigens nichts zu tun mit dem gleichnamigen Windows-Systemordner, die Bezeichnung wurde vermutlich nur aus Gründen der Einheitlichkeit gewählt.

Unterhalb von *Arbeitsplatz* schließen sich die fünf Haupt-Hierarchiezweige bzw. Hauptschlüssel an, die so genannten Hive Keys, deren grundsätzliche Bedeutung bereits auf Seite 27 erläutert wurde. Nur der Vollständigkeit halber sei erwähnt, dass es noch einen sechsten Hauptschlüssel namens *HKEY_PERFORMANCE_DATA* gibt, der im Registrierungs-Editor aber nicht angezeigt wird und also auch nicht editierbar ist.

Von den fünf Hauptschlüsseln aus verzweigen sich Unterschlüssel in teilweise sehr viele Ebenen, wodurch die Registry thematisch gegliedert wird. Ein Beispiel: Unter dem Schlüssel *HKEY_LOCAL_MACHINE\SOFTWARE\Microsoft\Windows\CurrentVersion\Run* sind auf der rechten Seite als Werte die Programme und Treiber eingetragen, die Windows beim Systemstart automatisch lädt (unabhängig vom Inhalt des Ordners *Autostart* im Startmenü).

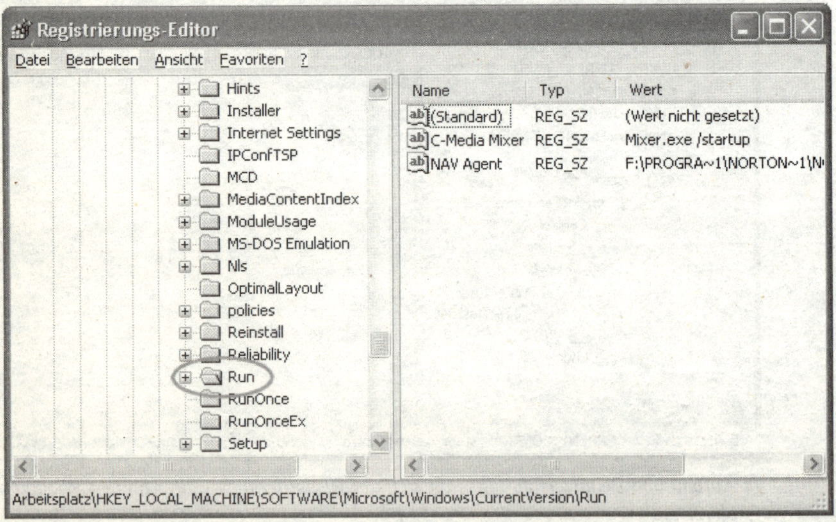

Die hierarchische Ordnung der Schlüssel dient der thematischen Gliederung.

Im rechten Fenster finden Sie nun einen oder mehrere Wertnamen, die jeweils einem bestimmten Typ (z. B. binäres Format, hexadezimale Zahlen, dezimale Zahlen, reiner Text) entsprechen und für die jeweils ein bestimmter Wert gesetzt ist. Als Standardeintrag hat dabei jeder Schlüssel mindestens den Wertnamen *(Standard)* vom Typ *REG_SZ* mit nicht gesetztem Wert.

Um bei unserem Beispiel zu bleiben: Unter dem Schlüssel *HKEY_LOCAL_MACHINE\SOFTWARE\Microsoft\Windows\CurrentVersion\Run* finden Sie auf der rechten Seite den Wertnamen *Nav Agent*: Es handelt sich dabei um den Überwachungsagenten von Norton AntiVirus, der bei jedem Systemstart mitgeladen wird und im Hintergrund nach Viren Ausschau hält. Als Werttyp ist *REG_SZ* festgelegt, das bedeutet: einfacher Text. Als eigentlicher Wert ist der Texteintrag *F:\PROGRA~1\NORTON~1\NORTON~1\navapw32.exe* festgelegt, also der Pfadname zum Programm in der MS-DOS-Schreibweise der kurzen 8:3-Dateinamen. Kurz: Durch den Schlüsselnamen *Run* weiß Windows, dass der Nav Agent beim Systemstart geladen werden soll, und der Wert gibt an, wo das Programm zu finden ist.

2.2 Safety first: gezielt sichern mit RegEdit

Ein sehr praktisches Feature bei RegEdit sind die ausgefeilten Export- und Importfunktionen, die es erlauben, entweder die komplette Registry oder bestimmte Teilschlüssel zusammen mit ihren Unterschlüsseln zu exportieren bzw. zu importieren. Vor allem für eine gezielte Sicherung bestimmter Einstellungen bieten sich diese Funktionen an.

Komplette Registry unter Windows 98/ME exportieren

98ME Besonders für Nutzer von Windows 98, die nicht auf die Systemwiederherstellung zurückgreifen können, ist die Möglichkeit interessant, über die Exportfunktion von RegEdit die komplette Registry in eine Datei des Typs REG zu sichern. Kommt es zum Totalabsturz und lässt sich Windows gar nicht mehr starten, kann man dann über MS-DOS die Sicherheitskopie wieder einlesen lassen.

INFO

Komplett-Export: Nicht unter Windows XP!

Wenn Sie die komplette Registry exportieren, kann diese nur im MS-DOS-Modus wieder eingelesen werden. Der Grund: Während des Betriebs von Windows sind immer einige Registry-Zweige geöffnet, auf die dann der Zugriff gesperrt ist. Da es bei Windows XP keine (echte) DOS-Ebene mehr gibt, können Sie unter dieser Windows-Version die Registry zwar komplett exportieren, aber anschließend nicht mehr importieren. Diese Form der Registry-Sicherung bietet sich also nur für Nutzer von Windows 98 oder ME an.

Es sei gleich hinzugesagt, dass es sich um eine Methode handelt, die Sie nur im absoluten Notfall anwenden sollten. Denn eine einwandfreie Funktion des Betriebssystems danach ist nur sichergestellt, wenn Sie auf eine ganz frische Exportdatei der Registry zurückgreifen können, wenn es also in der Zwischenzeit keine oder nur wenig Änderungen gegeben hat. Und so geht's:

1 Starten Sie RegEdit. Um die komplette Registry zu exportieren, wählen Sie dann den Befehl *Registrierung/Registrierungsdatei exportieren*.

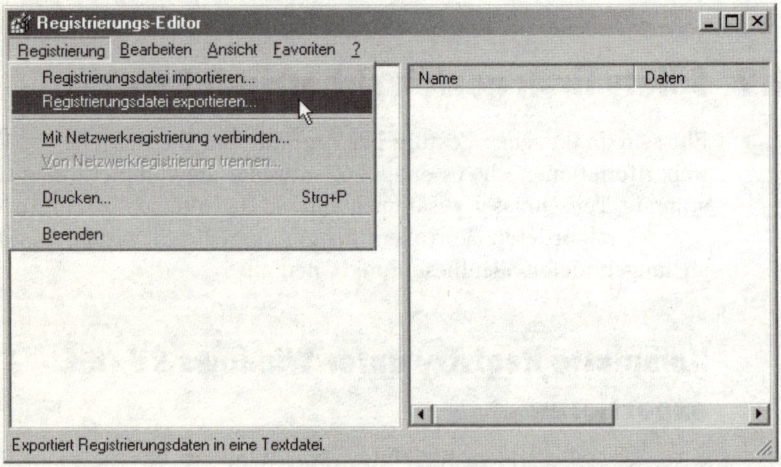

2 Im daraufhin erscheinenden Speichern-Dialog wählen Sie einen passenden Ordner oder eine Festplatte, zum Beispiel einfach C:, und geben im Feld *Dateiname* den gewünschten Namen für die Datei an. Um Probleme mit dem MS-DOS-Dateisystem zu vermeiden, sollten Sie den Namen auf acht Zeichen beschränken und keine Umlaute, Leerzeichen oder Sonderzeichen verwenden (z. B. einfach *registry*). Die Dateiendung *.reg* brauchen Sie nicht mit anzugeben, sie wird automatisch angehängt. Stellen

Sie dann sicher, dass unter *Dateityp Registrierungsdateien (*.reg)* eingestellt ist und unter *Exportbereich* die Option *Alles*, und klicken Sie auf *Speichern*.

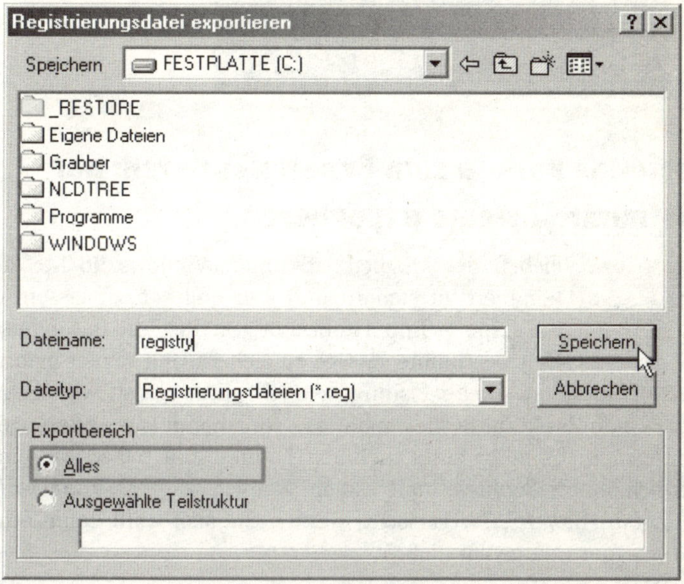

3 Ist nun tatsächlich einmal das Betriebssystem so „zerschossen", dass es sich nicht mehr starten lässt, fahren Sie den Computer im MS-DOS-Modus hoch, indem Sie bei Windows 98 mit [F8] das Boot-Menü aufrufen und bei Windows ME die Startdiskette verwenden. Starten Sie den Computer dann ohne CD-ROM-Unterstützung. An der Eingabeaufforderung geben Sie nun den Befehl „regedit /c c:\registry.reg" ein.

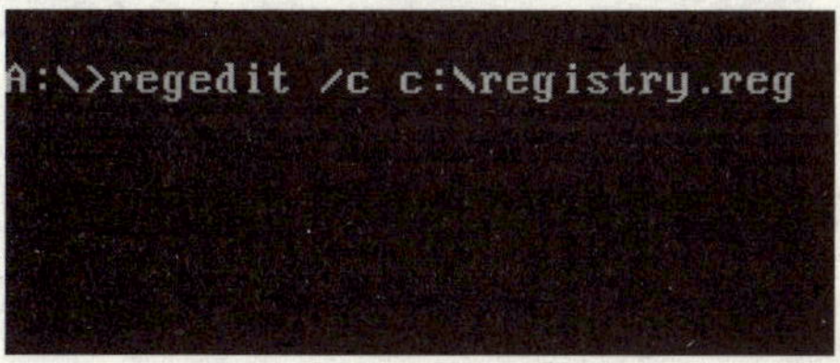

4 Und nun heißt es warten, warten, warten. Bei einem durchschnittlich ausgestatteten System kann das komplette Zurücklesen der Registry bis zu 48 Stunden (!!!) dauern. Ja, Sie haben richtig gelesen, ein bis zwei Tage müssen Sie Ihren Rechner schon arbeiten lassen. Immerhin: Eine prozentuale Fortschrittsanzeige informiert Sie über das Geschehen. Nach einem Neustart sollte Windows dann wieder klaglos hochfahren.

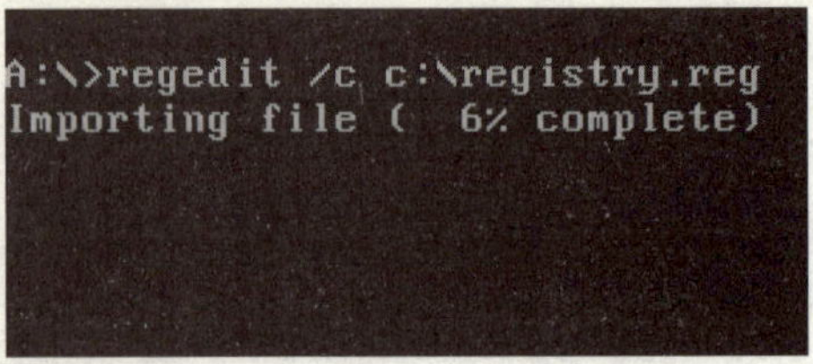

Gezieltes Backup zum Experimentieren: nur bestimmte Zweige exportieren

Neben der Möglichkeit, unter Windows 98/ME die Registry komplett zu sichern und neu einlesen zu lassen, eignet sich die Export-/Importfunktion von RegEdit besonders dafür, gezielt bestimmte Zweige zu sichern, mit denen man gerade herumexperimentiert. Dies ist sinnvoll, da RegEdit selbst, wie schon erwähnt, keine Undo-Funktion besitzt, man also vorgenommene Änderungen oder Löschungen nicht mehr zurücknehmen kann. Denn haben Sie einmal versehentlich einen Schlüssel mit einem Namen wie *{2179C5D3-EBFF-11CF-B6FD-00AA00B4E220}* gelöscht, werden Sie sich wohl kaum erinnern können, wie der nun genau hieß.

Ein Beispiel: Sie haben AOL von Ihrem Rechner deinstalliert, in der Registry findet sich aber immer noch der Eintrag *HKEY_LOCAL_MACHINE\SOFTWARE\AOL*. Sie wollen den Eintrag löschen, sind sich aber nicht ganz sicher, ob dies nicht negative Auswirkungen auf die Systemstabilität haben könnte.

Gehen Sie in einem solchen Fall folgendermaßen vor:

1 Wechseln Sie zu dem Schlüssel, den Sie editieren oder löschen wollen - in unserem Beispiel *HKEY_LOCAL_MACHINE\SOFTWARE\AOL*. Wählen Sie dann den Befehl *Datei/Exportieren* oder klicken Sie mit der rechten Maustaste auf den Schlüssel und wählen aus dem Kontextmenü den Befehl *Exportieren*.

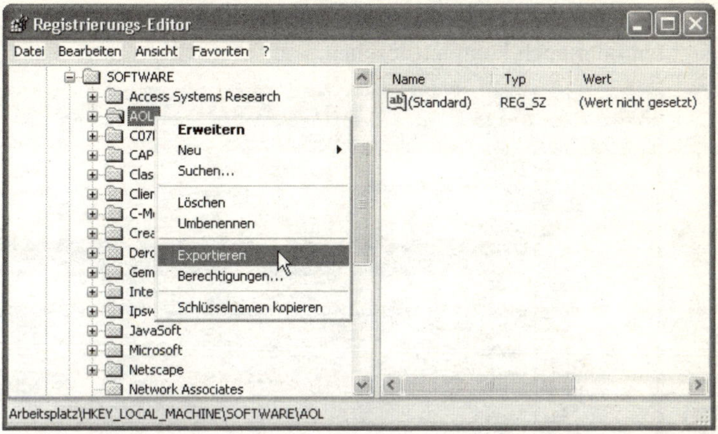

2 Im daraufhin erscheinenden Speichern-Dialog wählen Sie den gewünschten Ordner, zum Beispiel einfach *Desktop*, und geben im Feld *Dateiname* einen passenden Namen ein, beispielsweise „AOL". Die Dateiendung *.reg* brauchen Sie nicht mit anzugeben, sie wird automatisch angehängt. Stellen Sie dann sicher, dass unter *Dateityp Registrierungsdateien (*.reg)* eingestellt ist und unter *Exportbereich* die Option *Ausgewählte Teilstruktur*, und klicken Sie auf *Speichern*.

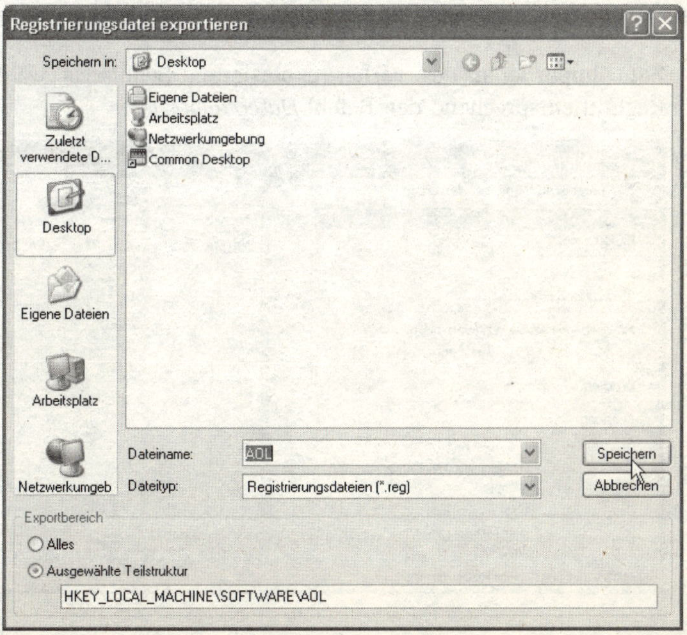

3 Nun können Sie den betreffenden Schlüssel ruhigen Gewissens bearbeiten oder auch komplett löschen.

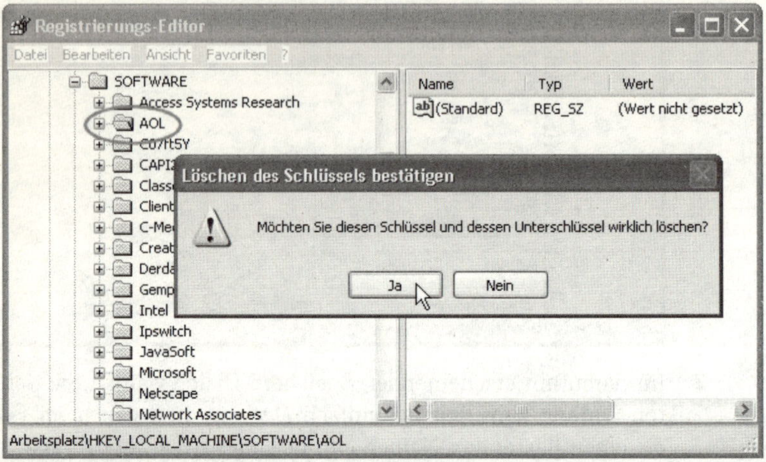

So kommen die Infos zurück: REG-Datei importieren

Sollte es nötig sein, einen vorher exportierten Schlüssel wieder in die Registry zurückzuschreiben, ist dies mit wenigen Mausklicks bewerkstelligt:

1 Zum Importieren des vorher exportierten Schlüssels wählen Sie in RegEdit entsprechend den Befehl *Datei/Importieren*.

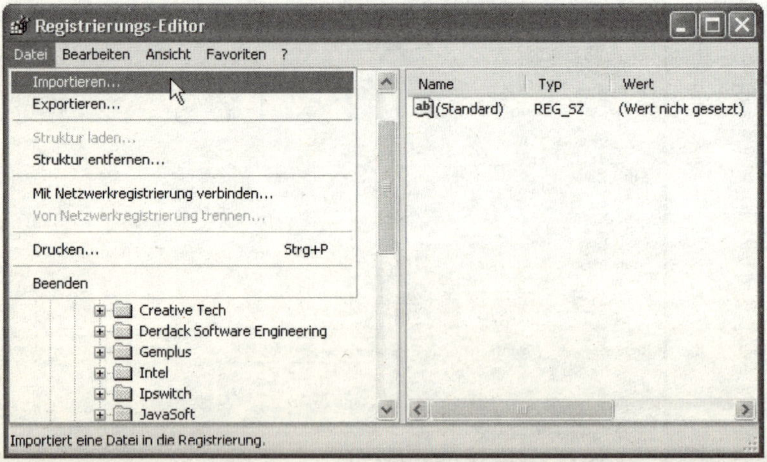

2 Markieren Sie im daraufhin erscheinenden Öffnen-Dialog die vorher gesicherte Datei *AOL.reg* und klicken Sie auf *Öffnen*. Der Schlüssel wird daraufhin wiederhergestellt.

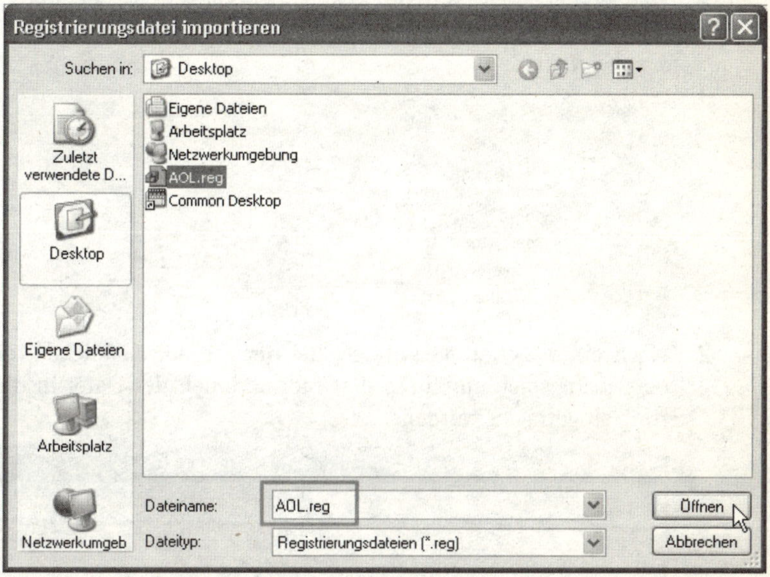

Struktur und Aufbau einer REG-Datei

Wie ist eine REG-Datei nun aufgebaut? Es handelt sich um reine Textdateien, in denen die Schlüssel und Unterschlüssel einfach untereinander aufgelistet sind. Wenn Sie unsere Beispieldatei *AOL.reg* einmal mit dem Windows-Editor öffnen, werden Sie sehen, dass der exportierte Schlüssel dort in eckigen Klammern steht, darunter sehen Sie die Unterschlüssel.

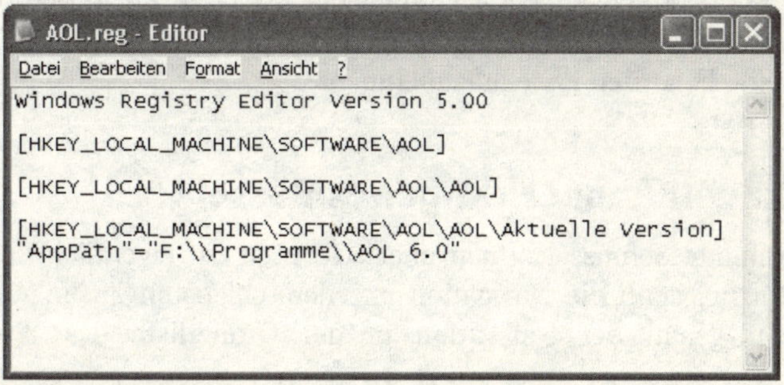

Bei REG-Dateien handelt es sich um reine Textdateien.

Übrigens können Sie Dateien des Typs REG auch noch einfacher in die Registry importieren als mit RegEdit:

1 Doppelklicken Sie auf die Datei oder klicken Sie sie mit der rechten Maustaste an und wählen Sie aus dem Kontextmenü den Befehl *Zusammenführen*.

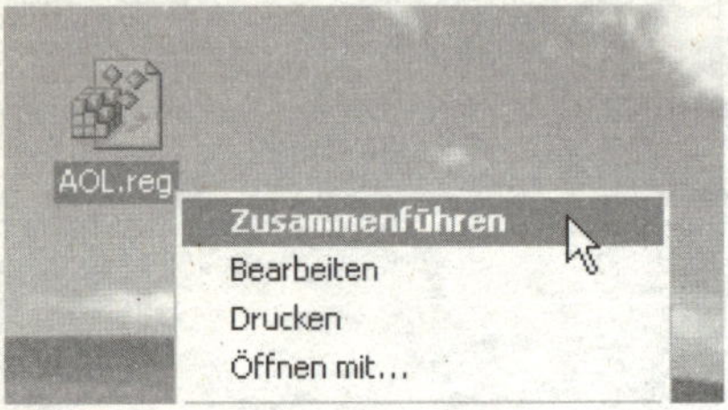

2 Nach einer Sicherheitsabfrage, bei der Sie auf *Ja* klicken, erhalten Sie eine Erfolgsmeldung, dass die Informationen der Datei in die Registrierung eingetragen wurden.

2.3 Die richtige Navigation

Das Programm RegEdit bietet Ihnen mannigfaltige Möglichkeiten der Navigation bzw. der Bearbeitung: Sie können bestimmte Schlüssel oder Werte entweder „zu Fuß“ selektieren und öffnen oder Sie können die mächtige Suchfunktion nutzen. Praktisch ist auch ist Möglichkeit, bestimmte Schlüssel als „Lesezeichen“ in eine Favoriten-Liste aufzunehmen.

„Durchhangeln“ zum richtigen Schlüssel

Wie Sie bestimmte Schlüssel öffnen oder schließen, ist eigentlich kaum erklärungsbedürftig, denn die Navigation im Hierarchiebaum im linken Fenster entspricht genau der Navigation in der Ordnerliste des Windows-Explorer.

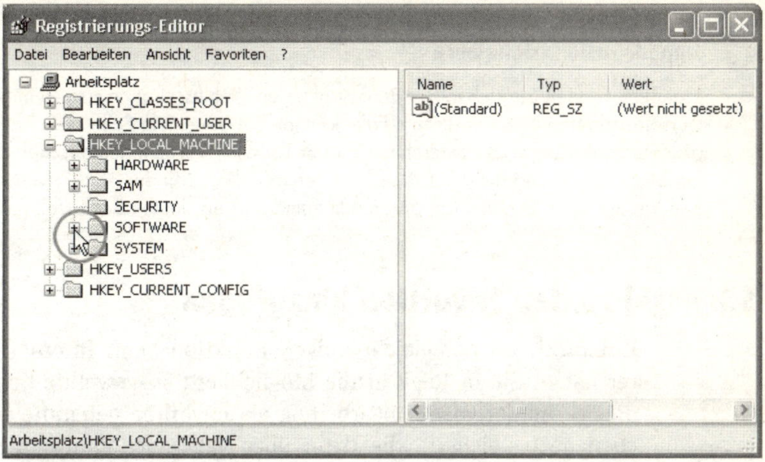

Im Hierarchiebaum der Schlüssel navigieren Sie genauso wie im Windows-Explorer.

An einem vorangestellten Pluszeichen erkennen Sie, ob ein Schlüssel weitere Unterschlüssel enthält. Wenn Sie einmal auf das Pluszeichen klicken, werden diese Unterschlüssel dargestellt und das Pluszeichen wird zum Minuszeichen. Alternativ können Sie auch auf den übergeordneten Schlüssel doppelklicken. Den jeweils markierten Schlüssel erkennen Sie an der blauen Unterlegung oder, wenn Sie etwas im rechten Fenster markiert haben, am Symbol des aufgeklappten Ordners.

INFO

Gutes Gedächtnis: RegEdit merkt sich die letzte Bearbeitung

Wenn Sie einen bestimmten Schlüssel geöffnet und markiert haben und RegEdit dann beenden, wird dieser Schlüssel beim nächsten Start des Programms automatisch wieder geöffnet. Dies ist besonders praktisch, wenn Sie an einer bestimmten Stelle mit Änderungen experimentieren, die jeweils einen Neustart erfordern. So müssen Sie nicht jedes Mal wieder mühsam den zuletzt bearbeiteten Schlüssel erneut öffnen.

Das Schließen einer Untergruppe von Schlüsseln funktioniert entsprechend: Doppelklicken Sie auf den übergeordneten Schlüssel oder klicken Sie auf das Minuszeichen davor. Die Untergruppe wird dann geschlossen und das Minuszeichen wieder zum Pluszeichen.

INFO

Tipp für Tastatur-Jongleure

Natürlich können Sie sich in der Baumstruktur der Schlüssel auch schnell mit den Cursortasten bewegen. In diesem Falle können Sie die einem Schlüssel untergeordnete Schlüsselgruppe blitzschnell mit der Taste [+] auf dem numerischen Ziffernblock öffnen und mit der Taste [-] wieder schließen. Mit der [Rück]-Taste springen Sie aus einer Schlüsselgruppe direkt zum übergeordneten Schlüssel.

Schlüssel zu den Favoriten hinzufügen

XP ME

Entsprechend der gleichnamigen Funktion beim Internet Explorer haben Sie in RegEdit die Möglichkeit, ausgewählte Schlüssel, die Sie immer wieder bearbeiten, als Favoriten genannte Lesezeichen abzuspeichern, die dann über das gleichnamige Menü erreichbar sind:

1 Um beispielsweise den Schlüssel *HKEY_LOCAL_MACHINE\SOFTWARE\Microsoft\Office*, der in seinen Unterschlüsseln Einstellungen zu MS-Office enthält, als Favorit aufzunehmen, markieren Sie den Schlüssel zunächst und wählen dann den Befehl *Favoriten/Zu Favoriten hinzufügen*.

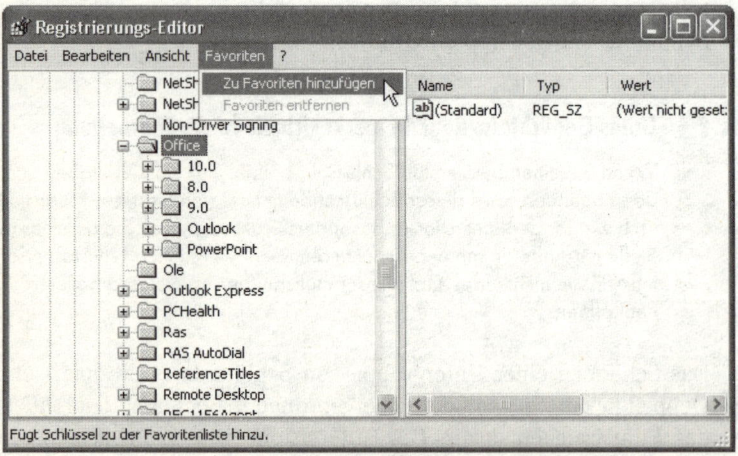

2 Im nächsten Schritt können Sie einen Namen für den neuen Favoriten festlegen, wobei der Schlüsselname - in unserem Beispiel *Office* - vorgegeben ist. Zumeist ist es sinnvoll, die Vorgabe so zu ergänzen, dass Sie später noch wissen, um was es bei dem Schlüssel ging, beispielsweise in *MS Office XP*. Mit einem Klick auf *OK* nehmen Sie den neuen Favoriten ins Menü auf.

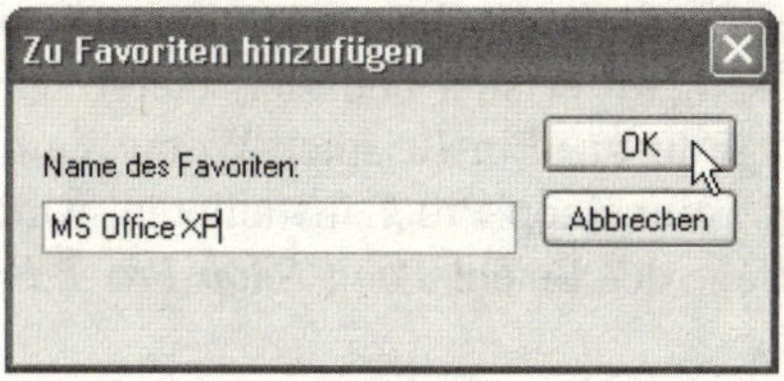

3 Wenn Sie das Menü *Favoriten* nun das nächste Mal öffnen, ist der neue Eintrag sichtbar und anwählbar. Wählen Sie nun den neuen Befehl *Favoriten/MS Office XP*, wird der entsprechende Schlüssel sofort geöffnet. Wollen Sie einen Favoriten aus dem Menü entfernen, wählen Sie den Befehl *Favoriten/Favoriten entfernen*.

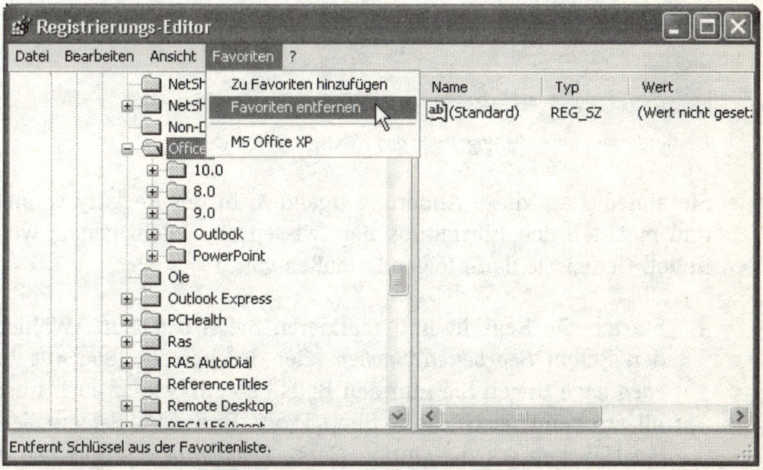

4 Es erscheint eine Liste aller gespeicherten Favoriten. Um einen Favoriten zu entfernen, markieren Sie den Eintrag und klicken dann auf *OK*.

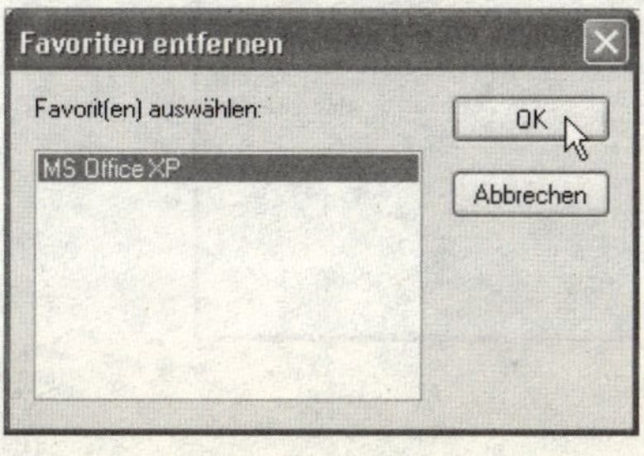

Gesucht, gefunden: Schlüssel oder Wert mit der Suchfunktion aufspüren

Wenn Sie einen bestimmten Wert oder Eintrag suchen, aber nicht genau wissen, wo er sich befindet, bietet sich die Suchfunktion von RegEdit an. Ein Beispiel: Wenn Sie das beliebte Grafikprogramm Paint Shop Pro 7 installieren, wird dem Kontextmenü von Ordnern ungefragt der Befehl *Paint Shop Pro 7 Browser* hinzugefügt.

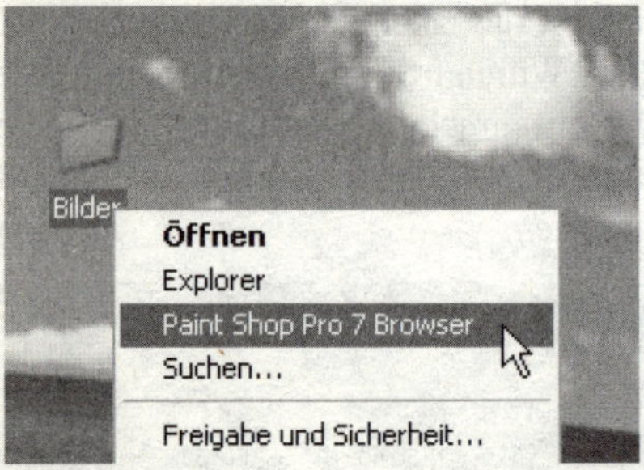

Lästig: Programme, die ungefragt das Kontextmenü erweitern.

Sie ahnen, dass diese Änderung irgendwo in der Registry verankert wurde, und möchten den Eintrag löschen, wissen aber nicht genau, wo er sich befindet. Gehen Sie dann folgendermaßen vor:

1 Starten Sie RegEdit und markieren Sie *Arbeitsplatz*. Wählen Sie dann den Befehl *Bearbeiten/Suchen* oder drücken Sie Strg+F. Im Feld *Suchen nach* tragen Sie nun den Befehl so ein, wie er auch im Kontextmenü erscheint, also „Paint Shop Pro 7 Browser“. Setzen Sie dann noch ein Häkchen vor die Option *Ganze Zeichenfolge vergleichen* und klicken Sie auf *Weitersuchen*.

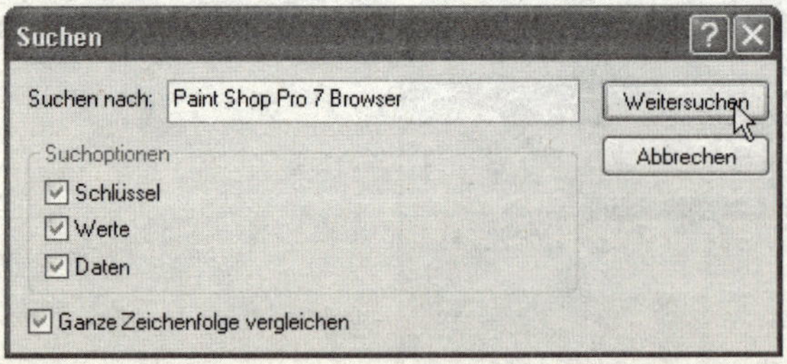

2 Findet RegEdit den eingegebenen Such-String, wird der betreffende Schlüssel automatisch geöffnet und markiert. In unserem Beispiel ist das der Schlüssel *HKEY_CLASSES_ROOT\Folder\shell\Paint Shop Pro 7 Browser*: Wenn Sie diesen Schlüssel löschen, verschwindet auch umgehend der unerwünschte Befehl aus dem Kontextmenü der Ordner.

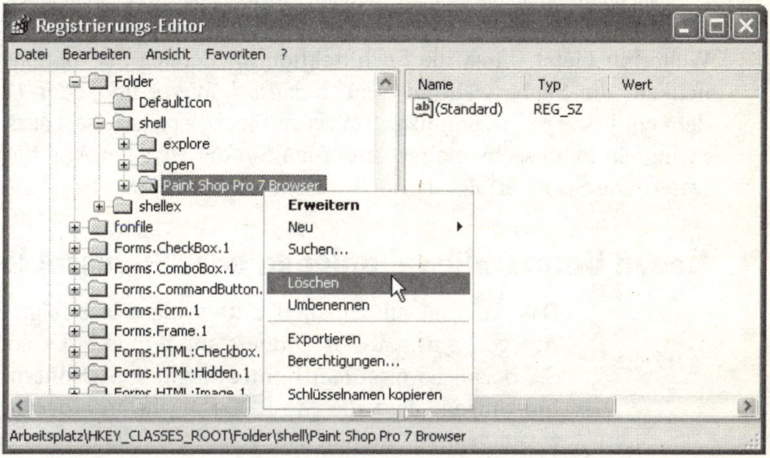

Schlüssel doppelt vorhanden, was nun?

In unserem Beispiel ist der Schlüssel *Paint Shop Pro 7 Browser* scheinbar doppelt vorhanden, nämlich einmal als *HKEY_CLASSES_ROOT\Folder\shell\Paint Shop Pro 7 Browser* und dann nochmals als *HKEY_LOCAL_MACHINE\SOFTWARE\Classes\Folder\shell\Paint Shop Pro 7 Browser*. Tatsächlich handelt es sich um ein und denselben Eintrag, da, wie bereits eingangs erwähnt, alle Unterschlüssel von *HKEY_CLASSES_ROOT* nur Verknüpfungen zu den Unterschlüsseln von *HKEY_LOCAL_MACHINE\SOFTWARE\Classes* darstellen. Konkret bedeutet das: Löschen Sie den einen Schlüssel, verschwindet auch der andere.

Möchten Sie überprüfen, ob ein bestimmter Such-String mehrmals in der Registry auftaucht, wählen Sie einfach den Befehl *Bearbeiten/Weitersuchen* oder drücken die Taste [F3]. Die Suche wird dann mit dem gleichen Such-String weiter fortgesetzt, ohne dass der *Suchen*-Dialog nochmals erscheint. Beachten Sie, dass die Suche stets von oben nach unten erfolgt. Sie sollten also für jede neue Suche zunächst wieder *Arbeitsplatz* markieren.

INFO

Schnelles Springen in Listen mit Tastatureingabe

Befinden Sie sich in einer längeren Schlüssel-Liste und suchen einen bestimmten Schlüssel, dessen Namen Sie kennen, können Sie ausgehend vom markierten ersten Eintrag in der Liste schnell zum Anfangsbuchstaben des gesuchten Schlüssels springen, indem Sie den Buchstaben einfach auf der Tastatur eingeben.

Weiterhin bietet Ihnen die Suchfunktion im Bereich *Suchoptionen* die Möglichkeit, die Suche wahlweise auf *Schlüssel*, *Werte* und/oder *Daten* auszudehnen bzw. zu beschränken. Wissen Sie beispielsweise, dass der Such-String ein Schlüsselname ist, entfernen Sie die Häkchen vor *Werte* und vor *Daten*. Die Suche erfolgt dadurch wesentlich schneller.

Neuen Unterschlüssel anlegen oder Schlüssel löschen

Das Anlegen eines neuen Unterschlüssels erfolgt analog zum Anlegen eines neuen Ordners im Windows-Explorer. Wollen Sie beispielsweise dem Kontextmenü von Ordnern den Befehl hinzufügen, dass die MS-DOS-Eingabeaufforderung ordnerbezogen geöffnet werden soll, gehen Sie folgendermaßen vor:

1 Starten Sie RegEdit und wechseln Sie zum Schlüssel *HKEY_CLASSES_ROOT\Folder*. Unterhalb dieses Schlüssels werden unter anderem die Einträge verwaltet, die im Kontextmenü erscheinen, wenn Sie mit der rechten Maustaste auf einen Ordner klicken. Wählen Sie nun den Befehl *Bearbeiten/Neu/Schlüssel* oder klicken Sie mit der rechten Maustaste auf den Schlüssel, unterhalb dessen Sie einen neuen Schlüssel anlegen wollen, und wählen Sie aus dem Kontextmenü den Befehl *Neu/Schlüssel*.

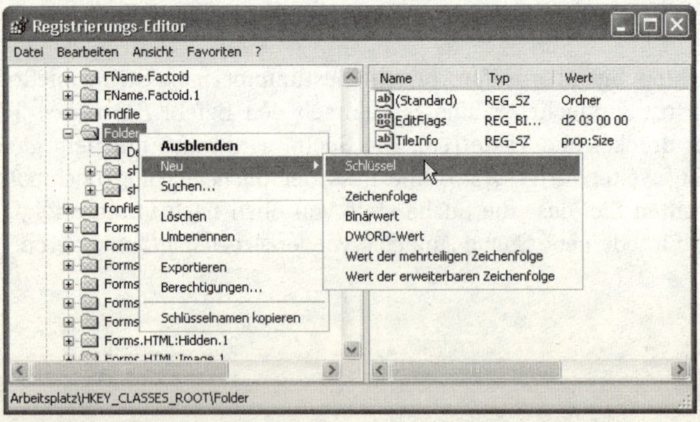

2 Es wird ein neuer Schlüssel angelegt mit dem Standardnamen *Neuer Schlüssel #1*. Der Name erscheint dabei im Editiermodus, das heißt, Sie können ihn sofort umbenennen, indem Sie den Standardnamen einfach überschreiben. Haben Sie sich „verklickt“ und dadurch den Editiermodus beendet, benennen Sie einen Schlüssel um, indem Sie aus dem Menü *Bearbeiten* den Befehl *Umbenennen* bzw. den gleichnamigen Befehl aus dem Kontextmenü wählen. Noch schneller geht's mit der Taste [F2]. In unserem Beispiel entspricht die Bezeichnung des Schlüssels dem Namen des neuen Befehls im Kontextmenü der Ordner, also beispielsweise *MS-DOS-Eingabeaufforderung*.

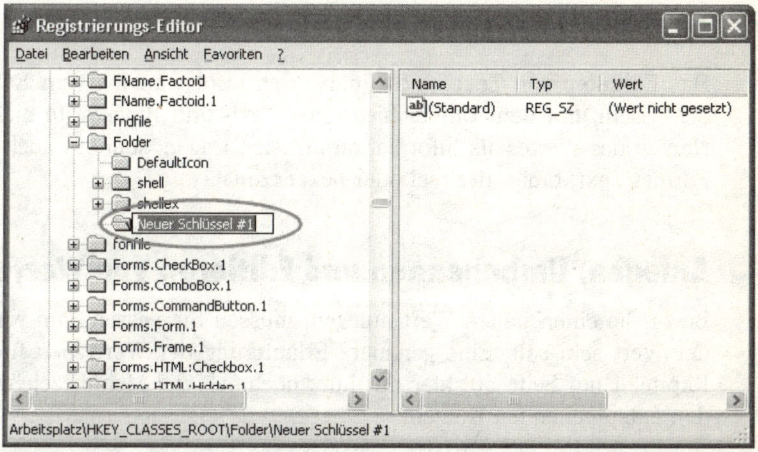

3 Wollen Sie einen Schlüssel mit seinen eventuell vorhandenen Unterschlüsseln löschen, wählen Sie dafür den Befehl *Löschen* aus dem *Bearbeiten*-Menü oder aus dem Kontextmenü oder drücken einfach die Taste [Entf]. In jedem Fall erscheint vor dem Löschvorgang eine Sicherheitsabfrage. Löschen Sie Schlüssel nur, wenn Sie ganz sicher sind, und sichern Sie vorher die Registry oder zumindest den Schlüssel, den Sie löschen wollen. Bedenken Sie, dass sich der Löschvorgang nicht rückgängig machen lässt.

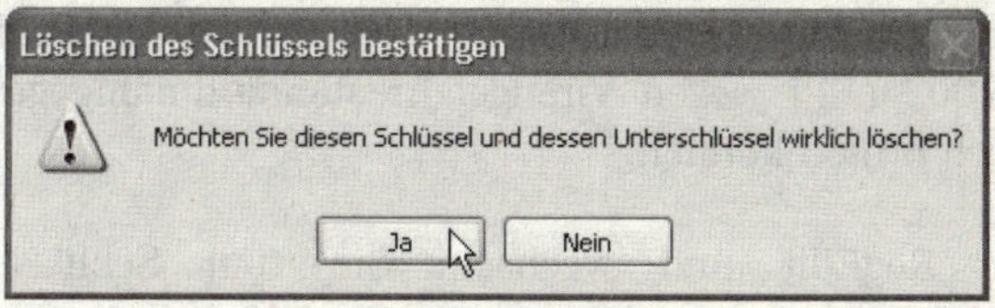

INFO

Standardwert bei jedem neuen Schlüssel

Jeder neu angelegte Schlüssel erhält automatisch einen Standardwert des Typs *REG_SZ* (= Zeichenfolge). Dieser Standardwert ist leer, enthält also keine Informationen. In unserem Beispiel würden wir in diesen Standardwert den Pfad zum Kommandozeileninterpreter hineinschreiben:

Für Windows XP: *cmd.exe /k cd "%1"*
Für Windows 98/ME: *command.com /k cd "%1"*

2.4 Text- und Binärwerte voll im Griff

Das Editieren von Text- und Binärwerten erfolgt analog zum Editieren von Schlüsseln, mit dem Unterschied, dass Text- und Binärwerte nicht nur den Namen des Wertes als Information mit sich tragen, sondern auch Inhalte im Format Text, binär, dezimal oder hexadezimal.

Anlegen, Umbenennen und Editieren von Werten

Bevor Sie einen neuen Wert anlegen, müssen Sie wissen, von welchem Typ der Wert sein soll. Eine genauere Erläuterung der Werttypen finden Sie in Kapitel 1 auf Seite 30, hier nur kurz nochmals die Menübezeichnungen mit den entsprechenden Kürzeln:

Menübezeichnung	Kürzel/Bezeichnung in der Spalte Typ
Zeichenfolge	*REG_SZ*
Binärwert	*REG_BINARY*
DWord-Wert	*REG_DWORD*
Wert der mehrteiligen Zeichenfolge	*REG_MULTI_SZ*
Wert der erweiterbaren Zeichenfolge	*REG_EXPAND_SZ*

Als Beispiel zeigen wir, wie Sie durch das Anlegen eines neuen Registry-Wertes erreichen, dass Sie Attachments mit bestimmten Dateiendungen, die unter Outlook 2002 (XP) wegen Virengefahr standardmäßig gesperrt sind (Level 1), dennoch öffnen können:

1 Starten Sie RegEdit und wechseln Sie zum Schlüssel *HKEY_CURRENT_USER\Software\Microsoft\Office\10.0\Outlook\Security*. Hier müssen Sie nun einen neuen *REG_SZ*-Wert anlegen, also eine neue Zeichenfolge. Klicken Sie hierzu auf eine freie Fläche im rechten Fenster

und wählen Sie aus dem Kontextmenü den Befehl *Neu/Zeichenfolge*. Alternativ können Sie auch den Menübefehl *Bearbeiten/Neu/Zeichenfolge* wählen.

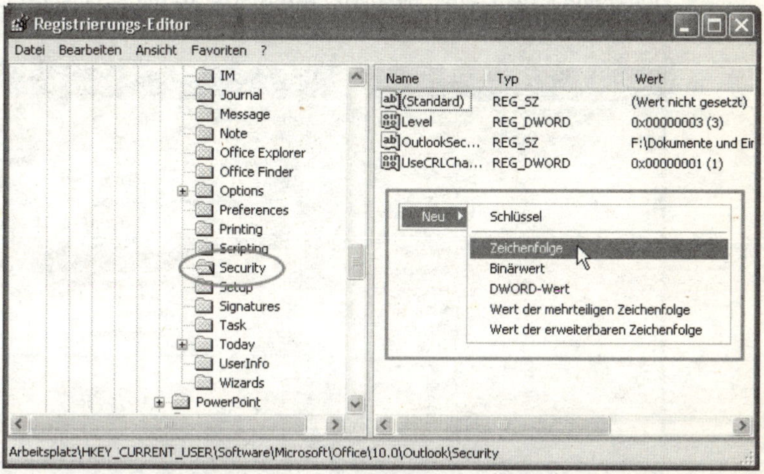

2 Es wird ein neuer Wert angelegt mit dem Standardnamen *Neuer Wert #1*. Auch hier können Sie den Standardnamen direkt überschreiben: In unserem Beispiel überschreiben Sie ihn mit der Bezeichnung „Level1Remove". Wollen Sie einen Wert nachträglich umbenennen, geht dies mit dem Befehl *Umbenennen* aus dem Kontextmenü oder dem Menü *Bearbeiten* oder mit der Taste [F2].

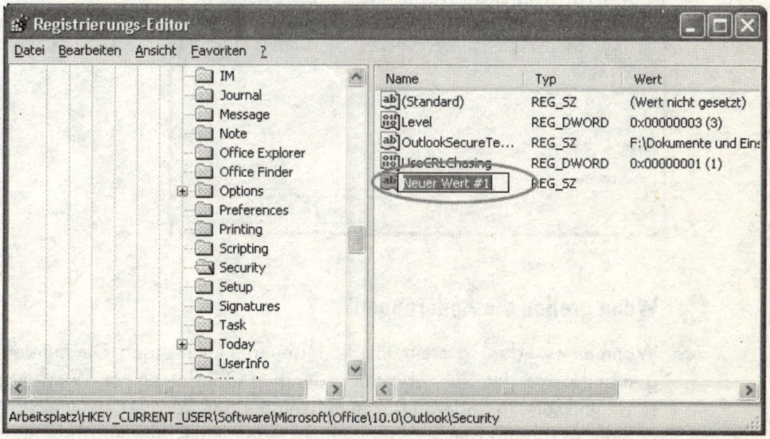

3 Der neue Wert ist jetzt zwar angelegt und trägt den richtigen Namen, er enthält aber noch keine Informationen. Um den Wert zu ändern, wählen Sie aus dem Kontextmenü den Befehl *Ändern* oder aus dem Hauptmenü den Befehl *Bearbeiten/Ändern*. Alternativ können Sie ganz einfach auf den Wert doppelklicken, um ihn zu ändern.

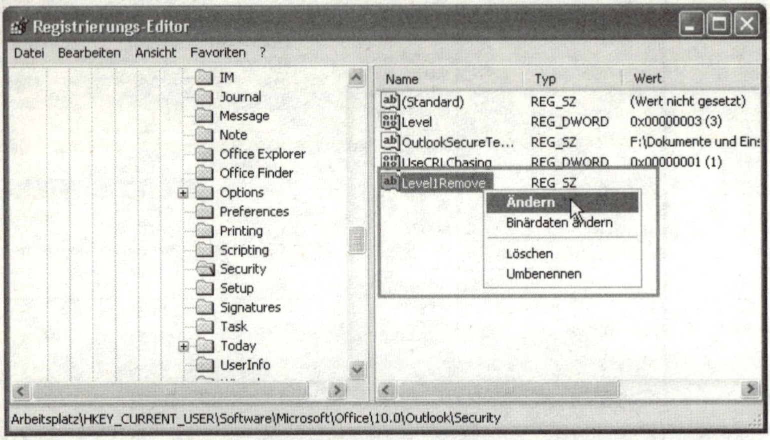

4 Es erscheint eine neue Dialogbox, in der Sie in das Textfeld unter *Wert* beliebige Textinformationen eintragen können. Im Beispiel werden hier für die Attachment-Dateien, die Sie zukünftig in Outlook öffnen können wollen, die Dateiendungen, getrennt durch Semikola, eingetragen, also beispielsweise „com;bat;exe;hlp". Mit einem Klick auf *OK* werden die neuen Informationen dem Wert zugewiesen.

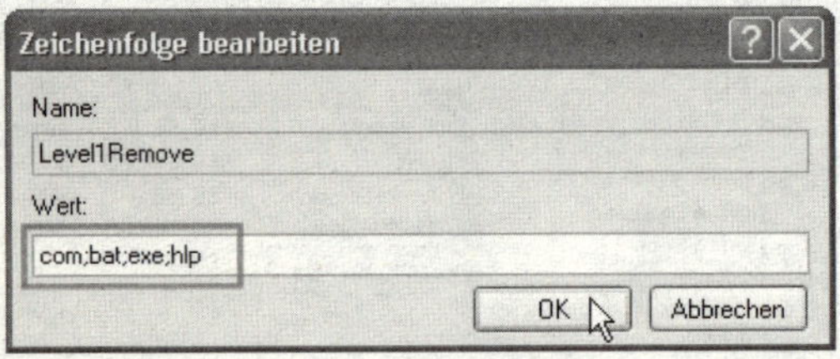

INFO

Wann greifen die Änderungen?

Wann eine Änderung greift, lässt sich generell nicht sagen. Die meisten Änderungen betreffend der GUI, also der grafischen Oberfläche von Windows, werden sofort wirksam. In anderen Fällen müssen Sie den Rechner erst neu starten, bevor sich die Änderung bemerkbar macht. In jedem Falle werden Änderungen in RegEdit sofort gespeichert, es gibt also keinen expliziten Speichern-Befehl.

So behalten Sie den Überblick: Kommentare in die Registry eintragen

Genau wie in Batch- oder INI-Dateien können Sie auch in die Registry Kommentarzeilen eintragen. Dies kann sehr nützlich sein als Erinnerungsstütze, welche Änderungen Sie an welchen Stellen vorgenommen haben. Um einen Kommentar einzutragen, erstellen Sie einfach eine neue Zeichenfolge mit dem reservierten Namen *REM* (für „Remark“ = „Anmerkung“). In diesen Wert können Sie nun beliebigen Text hereinschreiben, der Wert hat keinerlei Auswirkungen auf das System.

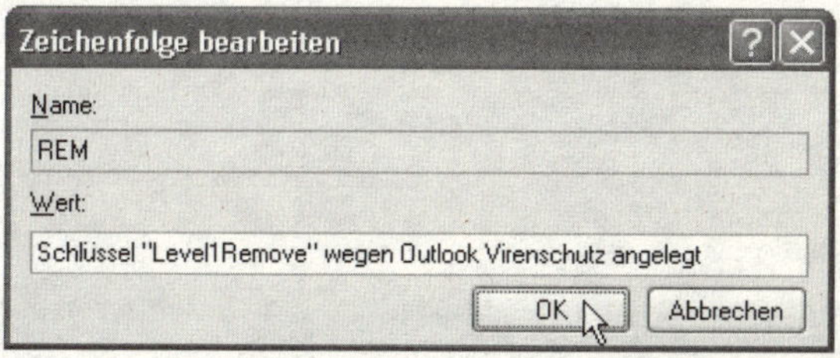

Mit Kommentarzeilen behalten Sie den Überblick über Ihre Änderungen.

Wenn Sie bei jedem Schlüssel, bei dem Sie Änderungen vorgenommen haben, eine oder mehrere Kommentarzeilen anlegen, können Sie sich sehr leicht einen Überblick über alle Änderungen verschaffen, indem Sie mit der Suchfunktion nach der Zeichenkette „REM“ suchen.

3. Big Brother Microsoft, nein danke! So lösen Sie die Zwangsumklammerung

Als Windows XP auf den Markt kam, gab es nicht nur Lob, sondern auch herbe Kritik: Denn Microsoft hat die neue Windows-Version eng mit seinen Internetangeboten verknüpft, sei es mittels des neuen, speziell auf die MSN-Dienste zugeschnittenen Browsers MSN Explorer, sei es mit dem Windows Messenger oder sei es mit der .NET-Passport-Strategie, mit der Microsoft alle Nutzerdaten unter ein Dach bringen und Anwender an seine MSN-Services binden will. In unserem Schwerpunktkapitel zeigen wir, auf welch mannigfaltige Weise Windows XP mit Microsoft-Servern Kontakt aufnimmt und wie Sie sich dagegen wehren können. Die Tipps sind dabei nicht auf Registry-Änderungen beschränkt, angesichts des brisanten Themas sollte aber das Ziel entscheidend sein, nicht der Weg.

3.1 Paranoia ist begründet – Überwachungsfunktionen von Windows XP

Manche Dialogboxen und Hinweise unter Windows XP lassen bei Internetneulingen den Eindruck entstehen, eine Nutzung des Internets sei ohne ein .NET-Passport-Konto oder ohne den MSN Explorer gar nicht möglich.

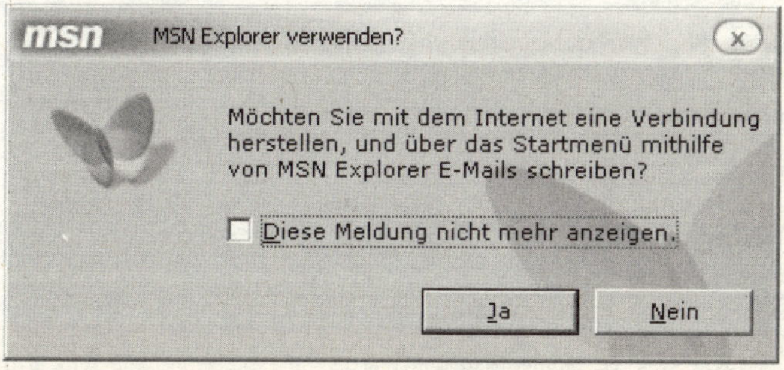

E-Mails schreiben? Das geht aber auch ohne MSN Explorer!

Kritiker und Datenschützer haben die vielfältigen Aktivitäten von Microsoft, die Internetnutzung der Anwender mit den eigenen Angeboten zu verzahnen, unter dem prägnanten Begriff „phone home“, dem bekannten Zitat aus dem Spielberg-Film „E. T.“, zusammengefasst: Ständig will das Betriebssystem „nach Hause telefonieren“. Selbstverständlich versichert Microsoft unermüdlich, dass weder bei der viel kritisierten Zwangsregistrierung noch bei anderen „Verbandelungen“ mit eigenen Angeboten persönliche User-Daten übertragen werden. Aber kann man dem Redmonder Riesen diesbezüglich wirklich 100%ig trauen? Wer wirklich auf der sicheren Seite sein will, kann mit den in den nächsten Kapiteln vorgestellten Tipps und Tricks dem Informationshunger von Microsoft jedenfalls einen wirksamen Riegel vorschieben.

RegDone – Onlinesystemüberprüfung durch Microsoft verhindern

Die Funktion Windows Update ist eigentlich eine prima Sache: Per Internet wird Ihr Betriebssystem stets auf dem neusten Stand gehalten. Weniger schön ist, dass für die Aktivierung der Update-Funktion zunächst eine Onlineregistrierung vonnöten ist. Dabei wird neben Ihren persönlichen Daten auch eine eindeutige ID übertragen. Natürlich bestreitet Microsoft, dass diese Daten in irgendeiner Form ausgewertet werden, aber sicherer ist es doch, die Daten erst gar nicht zu schicken, oder?

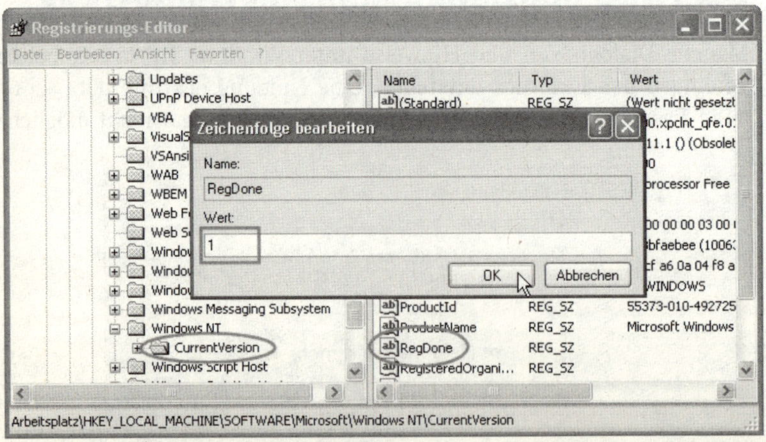

Microsoft überlistet: Das Setzen des RegDone-Wertes auf 1 täuscht eine bereits erfolgte Registrierung für die Update-Funktion vor.

Und das ist mit einem kleinen Eingriff in die Registry ganz leicht möglich: Denn nach erfolgter Registrierung wird dort der Wert *RegDone* auf 1 gesetzt. Setzen Sie diesen Wert von Hand auf 1, können Sie dem System damit vorgaukeln, dass die Registrierung bereits stattgefunden hat, auch wenn dies gar nicht der Fall ist.

RegDone-Wert unter Windows 98 und ME

Auch unter Windows 98 oder Windows ME können Sie den Wert *RegDone* von Hand auf 1 setzen: Unter diesen Windows-Versionen finden Sie den Wert unter dem Schlüssel *HKEY_LOCAL_MACHINE\SOFTWARE\Microsoft\Windows\CurrentVersion*. Außerdem sollten Sie unter *HKEY_LOCAL_MACHINE\SOFTWARE\Microsoft\Windows\CurrentVersion\Welcome\RegWiz* die Zeichenfolge @ auf 1 setzen.

Um den Wert *RegDone* unter Windows XP auf 1 zu setzen, wechseln Sie in RegEdit zum Schlüssel *HKEY_LOCAL_MACHINE\SOFTWARE\Microsoft\Windows NT\CurrentVersion*. Hier doppelklicken Sie im rechten Fenster auf den Wert *RegDone* und tragen in der Dialogbox *Zeichenfolge bearbeiten* im Textfeld eine „1" ein. Bestätigen Sie die Änderung mit *OK* und schließen Sie den Registrierungs-Editor. Und schon haben Sie Microsoft erfolgreich überlistet.

RegDone-Wert nicht vorhanden?

Eventuell ist der Wert *RegDone* bei Ihnen unter der angegebenen Adresse noch nicht vorhanden. In diesem Falle erstellen Sie ihn mit dem Befehl *Bearbeiten/Neu/Zeichenfolge* einfach neu, benennen ihn in *RegDone* um und setzen ihn anschließend auf 1.

Kampf der heimlichen Datenschnüffelei: Alexa-Service als Spyware abschalten

Seit der Version 5 verfügt der Internet Explorer über den neuen Befehl *Extras/Verwandte Links anzeigen*, mit dem Sie sich Seiten anzeigen lassen können, die mit der aktuellen Seite themenverwandt sind. Für dieses Feature greift Microsoft auf eine Software der Firma Alexa zurück. Das Tückische: Auch wenn Sie den Befehl nicht verwenden, werkelt die Alexa-Software ständig unbemerkt im Hintergrund, überwacht Ihr Surfverhalten und sammelt fleißig Informationen. Unter anderem werden folgende Daten übermittelt:

- **Ihre IP-Adresse**: Das ist besonders verhängnisvoll, wenn Sie eine statische IP-Adresse haben, da dann Ihr Rechner ganz genau lokalisiert werden kann.
- **Die kompletten URLs aller Webseiten, die Sie besucht haben**: Wo Sie sich im Web so herumtreiben, geht ja wohl nur Sie selbst etwas an, oder?
- **Informationen über Ihren Browser und über Ihr Betriebssystem**: Was auch schon ein Puzzleteil hin zu einem ausführlichen User-Profil ist.
- **Eine eindeutige Alexa-Cookie-Nummer**: So können alle Infos eindeutig einem Rechner zugeordnet werden.
- **Der Zeitpunkt der Aufzeichnung**: Wann Sie im Internet surfen, geht auch niemanden etwas an.

Genauere Informationen über die Sammelwut von Alexa finden Sie unter der Internetadresse *http://www.alexa.com/company/privacy.html*: Hier ist - sinngemäß aus dem Englischen übersetzt - schwarz auf weiß nachzulesen:

„Alexa sammelt und speichert Informationen über die Webseiten, die Sie sich ansehen, und die Daten, die Sie in Onlineformulare und Suchfelder eingeben ..."

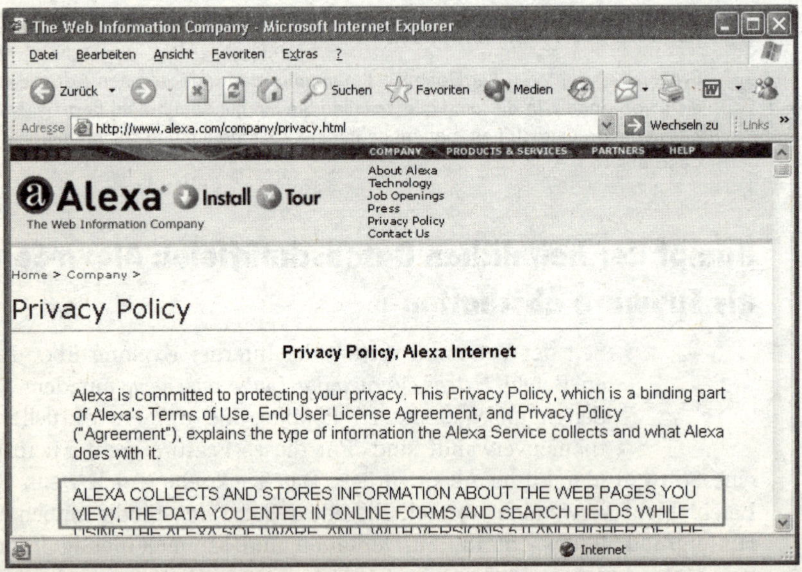

Der Datensammelwut von Alexa sollten Sie einen Riegel vorschieben.

Natürlich versichert auch Alexa, dass die Daten weder verkauft noch kommerziell ausgewertet werden, aber Vorsicht ist bekanntlich die Mutter der Porzellankiste. Zum Glück können Sie dem unheimlichen Alexa-Treiben mit einer simplen Löschung eines Registry-Schlüssels einen dicken Strich durch die Rechnung machen:

1 Wechseln Sie in RegEdit zum Schlüssel *HKEY_LOCAL_MACHINE\SOFTWARE\Microsoft\InternetExplorer\Extensions\{c95fe080-8f5d-11d2-a20b-00aa003c157a}*. Nun sollten Sie diesen Schlüssel erst - für alle Fälle - exportieren, um im Bedarfsfall den Originalzustand wiederherstellen zu können. Klicken Sie dafür mit der rechten Maustaste auf den Schlüssel und wählen Sie aus dem Kontextmenü den Befehl *Exportieren*.

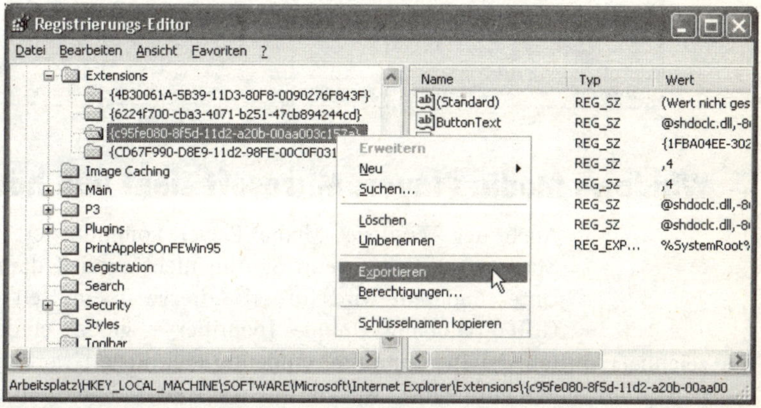

2 Stellen Sie sicher, dass im Bereich *Exportbereich* die Option *Ausgewählte Teilstruktur* aktiviert ist. Dann sichern Sie den Schlüssel als REG-Datei unter einem Namen, den Sie nachher wiedererkennen, beispielsweise *IE Alexa Extension*. Die Endung *.reg* wird vom Registrierungs-Editor automatisch angefügt.

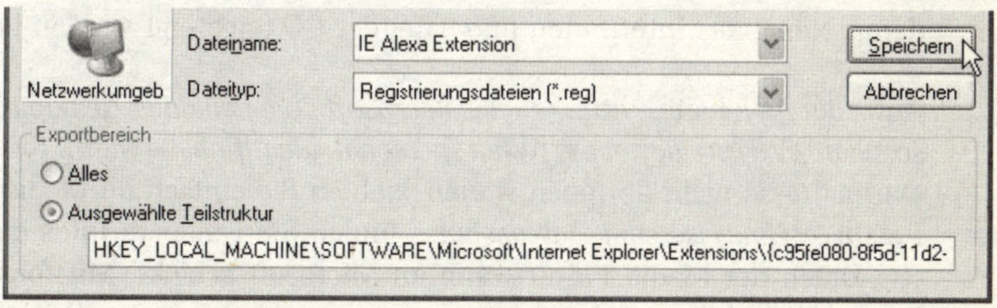

3 Nun können Sie den Schlüssel löschen, indem Sie die Taste [Entf] drücken und die folgende Sicherheitsabfrage mit *Ja* bestätigen.

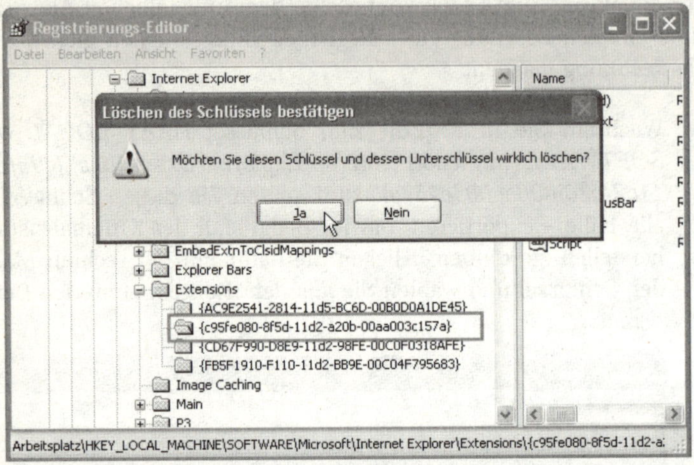

Windows Media Player: Microsoft sieht und hört mit!

Auch der Windows Media Player kommuniziert fleißig mit Microsoft-Servern, wenn Sie ihn nicht explizit daran hindern: Unter anderem wird Ihre IP-Adresse übermittelt sowie eine GUID (**G**lobally **U**nique **Id**entifier = global eindeutiger Bezeichner), mittels der Ihr Computer eindeutig identifiziert werden kann. Genau protokolliert wird auch, welche Musikstücke Sie im Internet mit der Stream-Technologie hören und welche Videos Sie sich ansehen. Und auch welche Musik-CDs Sie in Ihr CD-ROM-Laufwerk einlegen, bleibt Microsoft nicht verborgen.

In diesem Fall wird die Kennung der CD - natürlich nur bei bestehender Internetverbindung - an den Microsoft-Server *WindowsMedia.com* geschickt, damit Name des Interpreten und Titel der CD angezeigt werden können.

Auf der Website *http://www.microsoft.com/windows/windowsmedia/de/software/V8/privacy.asp#_What_personal_identifiable* (wenn Sie die Bandwurmadresse nicht abtippen wollen, wählen Sie einfach im Media Player den Befehl *?/Hinweise zum Datenschutz*) finden Sie genauere Infos darüber, welche Daten der Media Player wann an Microsoft schickt. Mit folgenden zwei Schritten sind Sie auf der sicheren, sprich: unbeobachteten Seite:

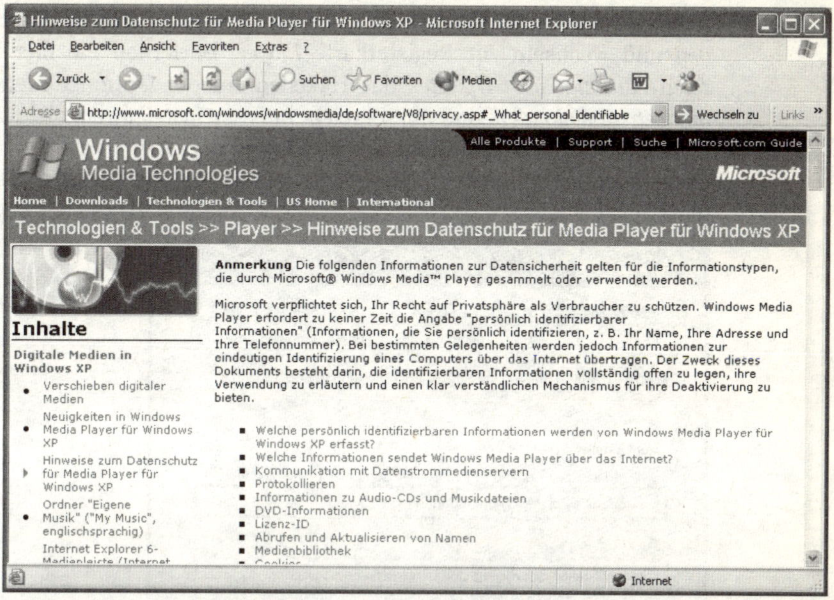

Immerhin: Microsoft gibt auf seinen Webseiten selbst Tipps, wie Sie unerwünschte Kontaktaufnahmen des Media Player ins Internet unterbinden können.

1 Wenn Sie sich Audio-CDs anhören, DVDs ansehen oder auf Audio- oder Videodateien auf Ihrer Festplatte zugreifen, sollten Sie im Internet Explorer vorher den Befehl *Datei/Offlinebetrieb* wählen. Oder, noch besser, Sie trennen die Internetverbindung vorher oder stellen erst gar keine her.

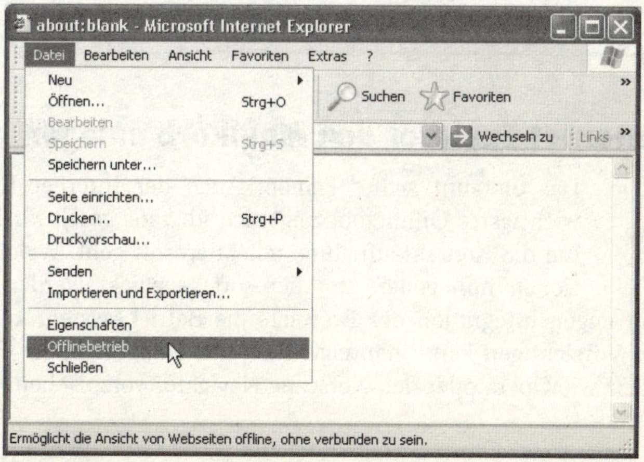

2 Im Windows Media Player selbst wählen Sie den Befehl *Extras/Optionen* und wechseln zur Registerkarte *Player*. Entfernen Sie hier im Bereich *Automatische Updates* das Häkchen vor der Option *Codecs automatisch downloaden* und im Bereich *Interneteinstellungen* die Häkchen vor den Optionen *Identifikation des Players durch Internetsites zulassen* und *Lizenzen automatisch erwerben*. Bestätigen Sie die Einstellungen dann mit *OK*.

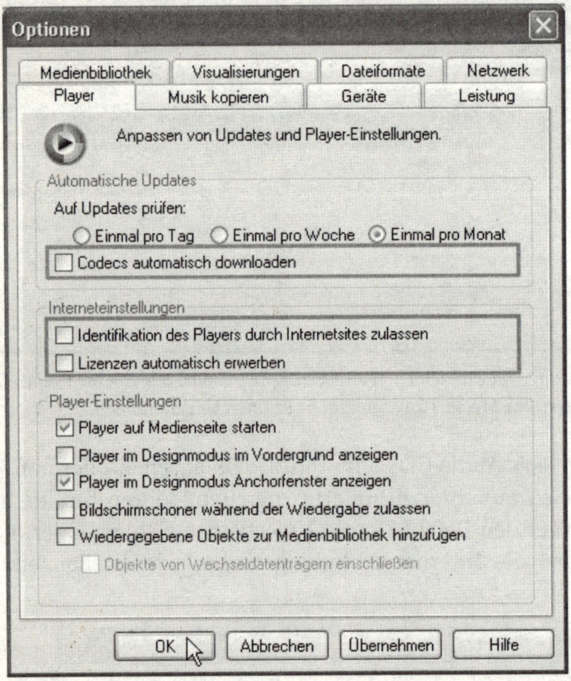

Dem Internet Explorer den Maulkorb anlegen

Das erstaunt sicher keinen: Auch der Internet Explorer als wichtigstes Onlinetool zeigt sich überaus geschwätzig, wenn es um die Kontaktaufnahme mit Microsoft geht. Welche Informationen nun genau an Microsoft geschickt werden, weiß aufgrund der engen Integration des Browsers ins Betriebssystem kein Mensch, und ganz Vorsichtigen kann man eigentlich nur empfehlen, ein Produkt der Konkurrenz wie Opera oder den Netscape Navigator vorzuziehen.

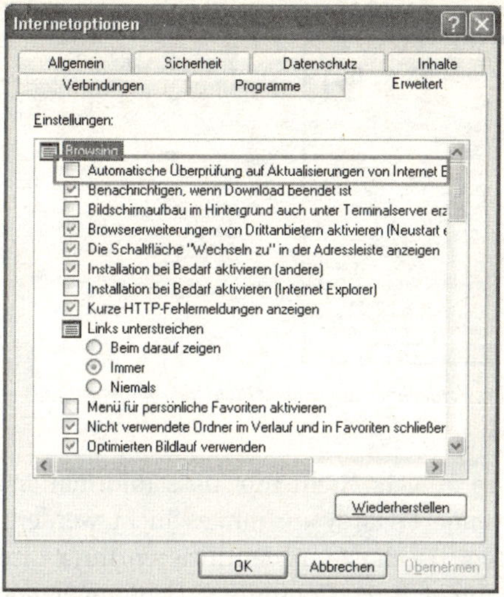

Auch der Internet Explorer telefoniert gern nach Hause ...

In jedem Fall sollten Sie aber einige sicherheitsrelevante Einstellungen deaktivieren. Rufen Sie hierzu die Internetoptionen aus der Systemsteuerung auf oder wählen Sie im Internet Explorer den Befehl *Extras/Internetoptionen*. Wechseln Sie dann zur Registerkarte *Erweitert* und deaktivieren Sie die folgenden beiden Optionen, indem Sie das Häkchen davor entfernen:

- *Automatische Überprüfung auf Aktualisierungen von Internet Explorer*
- *Integrierte Windows-Authentifizierung aktivieren*

Wenn Sie zu den Glücklichen gehören, die über einen DSL-Anschluss verfügen, sollten Sie außerdem die Option *Passives FTP verwenden* aktivieren.

On Error go to nirgendwohin: automatische Fehlerberichterstattung deaktivieren

Der Illusion, mit Windows XP ein komplett fehlerfrei funktionierendes Betriebssystem entwickelt zu haben, hat sich Microsoft wohl keine Sekunde hingegeben und so verfährt man auch hier wieder nach dem Prinzip „Bananensoftware": Man lässt sie beim Anwender reifen. Um die Windows-Nutzer dann auch gleich als unbezahlte Tester einzuspannen, hat man die Funktion der Fehlerberichterstattung ersonnen: Nach einem Programmabsturz - an sich ja schon ärgerlich genug! - wird man auch noch mit einer Dialogbox genervt, die einen auffordert, einen Fehlerbericht online an Microsoft zu senden.

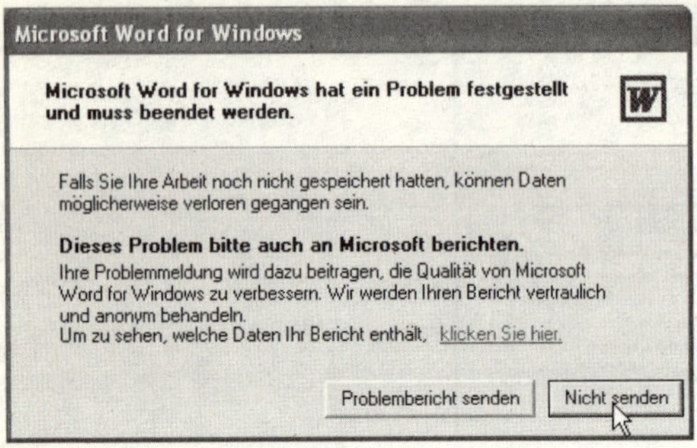

Aufdringlich: Microsoft will von Ihnen Fehlerberichte zugeschickt bekommen – und wer weiß, was nicht sonst noch alles ...

Und dieser Fehlerbericht hat es in sich: Nicht nur, dass Informationen über Ihren Computer und die verwendete Hardware mitgeschickt werden, außerdem übermitteln Sie die Product ID, die zum Identifizieren Ihrer Lizenz verwendet wird, sowie die IP-Nummer Ihres Computers. Schlimmer noch: Waren zum Zeitpunkt des Programmabsturzes Dateien geöffnet, ist es möglich, dass Daten aus diesen Dateien mitgeschickt werden, mit denen Ihre Identität zweifelsfrei festgestellt werden kann. Ein Infofenster mit genaueren Details erhalten Sie, wenn Sie in der Dialogbox *Problembericht senden* auf *Um zu sehen, welche Daten Ihr Bericht enthält, klicken Sie hier* klicken.

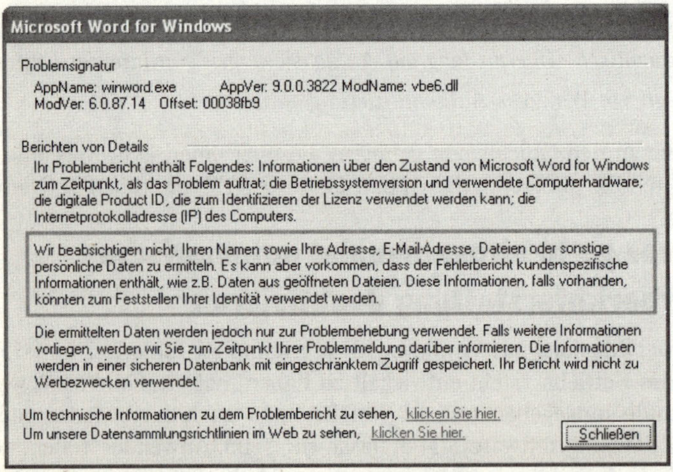

Microsoft macht kein Hehl draus: Mit dem Fehlerbericht werden möglicherweise auch persönliche Daten mitgeschickt.

Es kann also bezüglich der Fehlerberichterstattung nur eine Maßnahme geben: sie zu deaktivieren, und zwar für immer! Microsoft scheint das gar nicht recht zu sein, denn anstatt in der Fehlerberichterstattung selbst eine Option in der Art von *Diese Dialogbox in Zukunft nicht mehr anzeigen* zur Verfügung zu stellen, haben die Entwickler die Option zum Abschalten recht gut in den Tiefen des Systems versteckt:

1 Öffnen Sie mit *Start/Systemsteuerung* die Systemsteuerung und doppelklicken Sie auf das Symbol *System*. Wechseln Sie dann zur Registerkarte *Erweitert* und klicken Sie auf die Schaltfläche *Fehlerberichterstattung*.

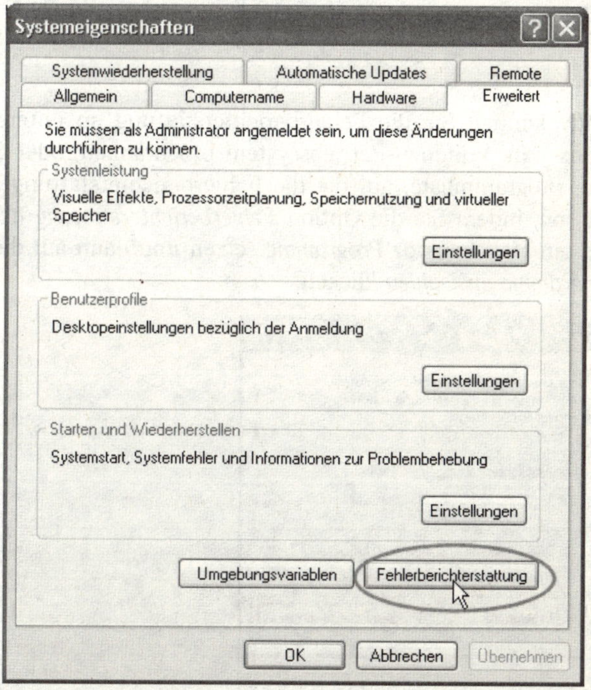

2 Um die Fehlerberichterstattung komplett zu deaktivieren, wählen Sie nun die Option *Fehlerberichterstattung deaktivieren* und entfernen außerdem das Häkchen vor der Option *Aber bei kritischen Fehlern benachrichtigen* - was auch immer Microsoft unter „kritischen Fehlern“ versteht.

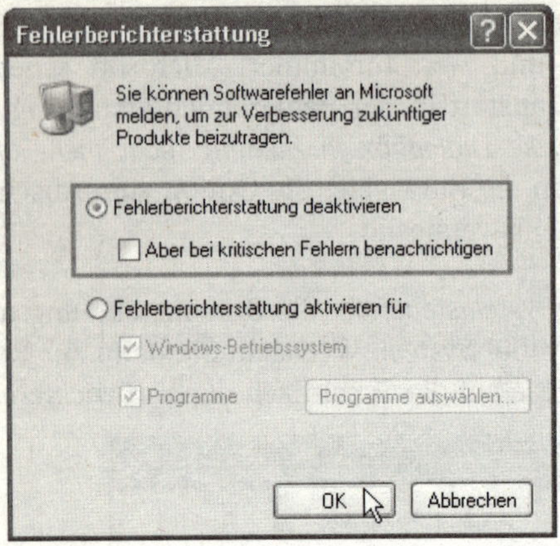

3 Alternativ können Sie die Fehlerberichterstattung im unteren Teil der Dialogbox aufs Windows-Betriebssystem beschränken, oder Sie definieren eine Programmliste, auf die die Fehlerberichterstattung beschränkt werden soll, indem Sie die Option *Fehlerberichterstattung aktivieren für* wählen, ein Häkchen vor *Programme* setzen und dann auf die Schaltfläche *Programme auswählen* klicken.

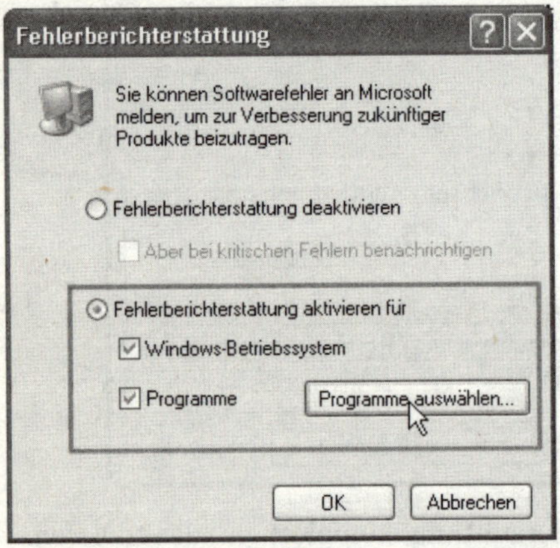

4 In der folgenden Dialogbox können Sie mittels *Hinzufügen* und *Entfernen* zwei Programmlisten verwalten: zum einen alle Programme, für die Fehler gemeldet werden sollen, zum anderen alle Programme, für die keine Fehlerberichterstattung erfolgen soll. Um ein Programm in eine der beiden Listen aufzunehmen, klicken Sie im entsprechenden Bereich auf *Hinzufügen* und tragen den Programmdateinamen ein, zum Beispiel „winword.exe" für MS-Word oder „notepad.exe" für den Windows-Editor.

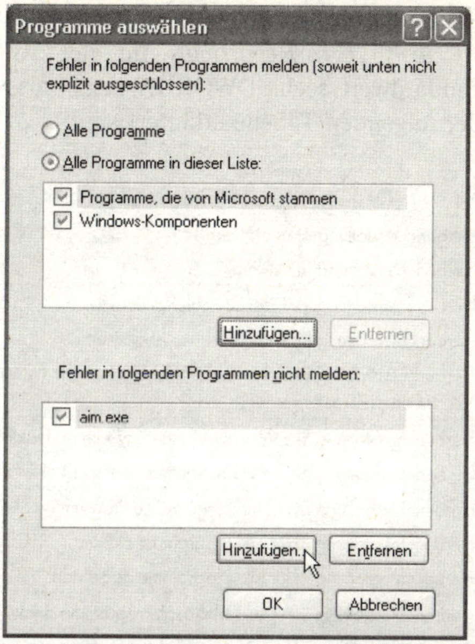

Die Dialogboxen und Optionen zur Fehlerberichterstattung sind übrigens ein gutes Beispiel dafür, wie Informationen in der Registry verwaltet werden, denn Sie können die Optionen auch vollständig über RegEdit steuern.

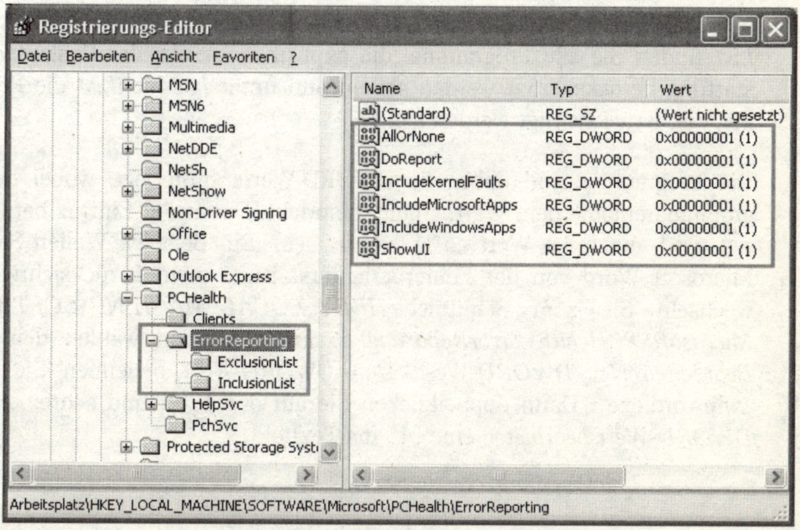

So editieren Profis: die Fehlerberichterstattung in der Registry.

Hierfür wechseln Sie in RegEdit zum Schlüssel *HKEY_LOCAL_MACHINE\SOFTWARE\Microsoft\PCHealth\ErrorReporting*. Auf der rechten Seite finden Sie neben dem Standardwert sechs DWORD-Werte - also Werte mit binärem Inhalt -, die in der folgenden Tabelle erläutert sind:

DWORD-Wert	Mögliche Werte
DoReport	0 = Fehlerberichterstattung ist deaktiviert 1 = Fehlerberichterstattung ist aktiviert
ShowUI	0 = Fehlerberichterstattung für kritische Fehler ist deaktiviert 1 = Fehlerberichterstattung für kritische Fehler ist aktiviert 3 = Fehlerberichterstattung ist aktiviert, aber nicht für kritische Fehler (In Verbindung mit *DoReport=1*)
IncludeKernelFaults	0 = Fehlerberichterstattung fürs Windows-Betriebssystem ist deaktiviert 1 = Fehlerberichterstattung fürs Windows-Betriebssystem ist aktiviert
AllOrNone	0 = Fehlerberichterstattung ist nur für ausgewählte Programme aktiviert 1 = Fehlerberichterstattung ist für alle Programme aktiviert 2 = Fehlerberichterstattung ist für alle Programme deaktiviert
IncludeMicrosoftApps	0 = Fehlerberichterstattung ist für alle Microsoft-Programme deaktiviert 1 = Fehlerberichterstattung ist für alle Microsoft-Programme aktiviert
IncludeWindowsApps	0 = Fehlerberichterstattung ist für alle Windows-Komponenten deaktiviert 1 = Fehlerberichterstattung ist für alle Windows-Komponenten aktiviert

Auf der linken Seite finden Sie unterhalb des Schlüssels *ErrorReporting* noch die beiden Schlüssel *ExclusionList* und *InclusionList*: Unter *ExclusionList* finden Sie alle Programme, die explizit nicht von der Fehlerberichterstattung berücksichtigt werden sollen, und unter *InclusionList* die Programme, die berücksichtigt werden sollen.

Die Programme sind dabei als DWORD-Werte hinterlegt, wobei der Programmdateiname dem Wertnamen entspricht. Damit der Eintrag berücksichtigt wird, muss der Wert auf 1 gesetzt sein. Ein Beispiel: Wollen Sie, dass Microsoft Word von der Fehlerberichterstattung nicht berücksichtigt wird, wechseln Sie zum Schlüssel *HKEY_LOCAL_MACHINE\SOFTWARE\Microsoft\PCHealth\ErrorReporting\ExclusionList* und wählen den Befehl *Bearbeiten/Neu/DWORD-Wert*. Den DWORD-Wert benennen Sie um in „winword.exe". Dann doppelklicken Sie auf den Wert und schreiben unter *DWORD-Wert bearbeiten* eine „1" ins Textfeld.

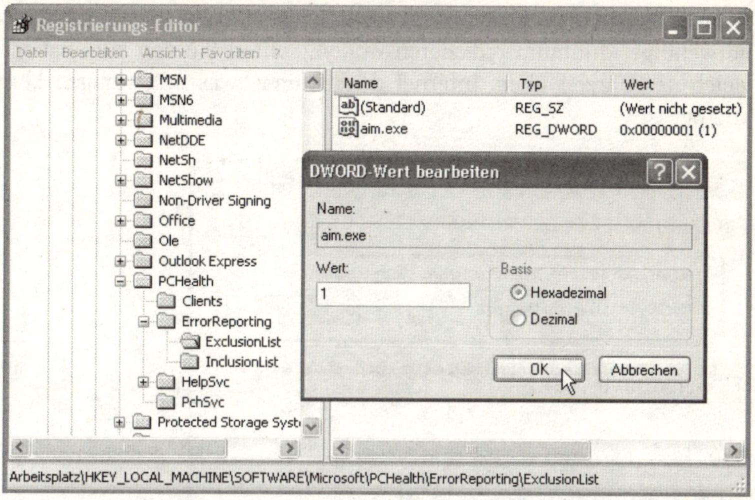

Programme, die von der Fehlerberichterstattung nicht berücksichtigt werden sollen, können Sie auch direkt in die Registry eintragen.

Microsoft verrät Ihnen die Uhrzeit – und was verraten Sie Microsoft?

Eigentlich eine ganz praktische Angelegenheit: Wenn Sie mit dem Internet verbunden sind, nimmt Ihr Rechner in regelmäßigen Abständen automatisch Kontakt zu einem so genannten Internetzeitserver von Microsoft auf, um die Uhrzeit atomgenau abzugleichen. So entfällt das lästige Nachstellen von Hand, denn bekanntermaßen gehen Computeruhren systembedingt nie 100%ig genau. Allerdings: Auch hier werden wieder munter Daten ausgetauscht, und letztlich haben Sie keine Kontrolle darüber, welche Informationen Ihr Rechner bei dem Abgleich preisgibt.

Keine Uhrzeit in der Taskleiste?

Sollte bei Ihnen rechts in der Taskleiste nicht die Uhrzeit angezeigt werden, können Sie die Anzeige aktivieren, indem Sie mit der rechten Maustaste auf eine freie Fläche der Taskleiste klicken und aus dem Kontextmenü *Eigenschaften* wählen. Setzen Sie dann ein Häkchen vor die Option *Uhr anzeigen*. Auf gleichem Wege können Sie natürlich auch die Anzeige der Uhrzeit deaktivieren: Wenn Sie ohnehin eine Bürouhr direkt vor der Nase hängen haben, ist es sinnvoll, auf diese Weise in der ohnehin mit Infos oft überfrachteten Taskleiste ein wenig Platz einzusparen.

Wenn Sie den Datenaustausch mit Microsoft konsequent auf das absolut notwendige Minimum reduzieren wollen, sollten Sie den automatischen Abgleich der Uhrzeit übers Internet deaktivieren, was mit wenigen Mausklicks erledigt ist.

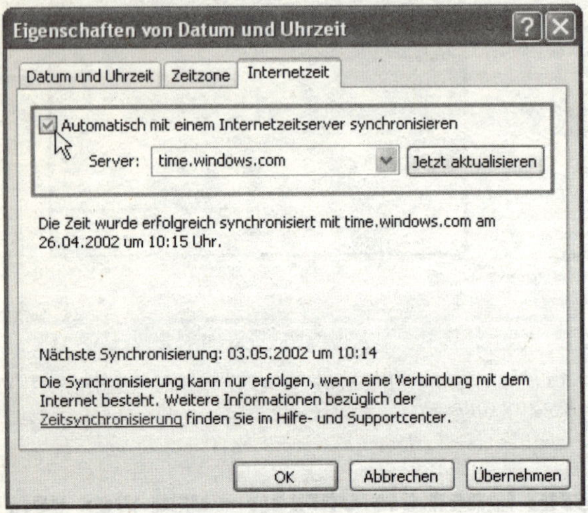

Die automatische Synchronisierung der Uhrzeit lässt sich schnell abschalten.

Öffnen Sie hierzu mit *Start/Systemsteuerung* die Systemsteuerung und doppelklicken Sie auf *Datum und Uhrzeit*. Oder, noch schneller: Doppelklicken Sie einfach auf die Anzeige der Uhrzeit in der Taskleiste. Wechseln Sie dann zur Registerkarte *Internetzeit* und entfernen Sie das Häkchen vor der Option *Automatisch mit einem Internetzeitserver synchronisieren*.

Reger Datenaustausch beim Windows Update

Wie gesagt, bislang hat es noch nie eine Windows-Version gegeben, die beim Erscheinen absolut fehlerfrei war. Die Reaktion von Microsoft darauf war, ab Windows 98 die Funktion Windows Update einzuführen. Beim Anwählen des gleichnamigen Befehls im Startmenü oder des Befehls *Extras/Windows Update* im Internet Explorer öffnet sich eine Website, auf der - gegliedert nach *Wichtige Updates*, *Windows XP* und *Treiberupdates* - alle zum Download verfügbaren Updates angezeigt werden.

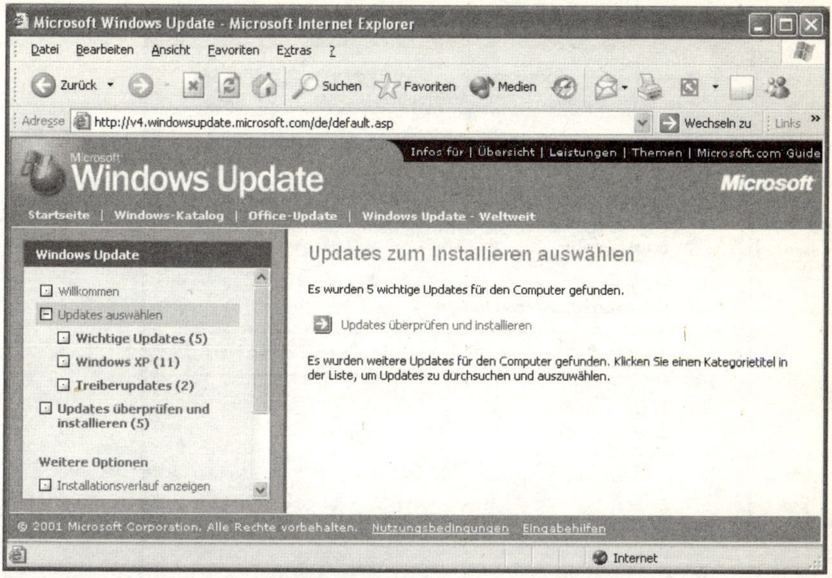

Die Windows-Update-Funktion unterzieht Ihren Rechner einer genauen Prüfung.

Zur Realisierung dieser Funktion, sprich: um auch die richtigen Updates anzeigen zu können, muss Microsoft natürlich wissen, welche Betriebssystem-Version Sie auf Ihrem Rechner haben, wie Windows konfiguriert ist, welche Updates Sie bereits installiert haben und noch einiges mehr. Hierzu wird ein ActiveX-Applet auf Ihrem Rechner installiert, ein kleines Programm, das Ihre Hard- und Softwarekonfiguration untersucht und die Ergebnisse an Microsoft schickt. Auch hier gilt wieder: Letztlich haben Sie keine genaue Kontrolle darüber, welche Infos übertragen werden. Ist es wirklich so abwegig zu vermuten, dass auch Infos zum Beispiel über nicht registrierte Software an Microsoft übermittelt werden, die jetzt oder zu einem späteren Zeitpunkt gegen Sie verwendet werden können?

Um die Optionen für das Windows Update einzustellen, rufen Sie mit *Start/Systemsteuerung* die Systemsteuerung auf und doppelklicken auf *System*. Wechseln Sie dann zur Registerkarte *Automatische Updates*. Abschalten sollten Sie auf jeden Fall die Funktion *Updates automatisch downloaden und über installierbare Updates benachrichtigen*, bei der neue Updates ohne Rückfrage heruntergeladen werden, wenn Sie online sind. Die größtmögliche Kontrolle haben Sie, wenn Sie die Option *Automatische Updates deaktivieren* wählen. In diesem Fall müssen Sie - bei Bedarf - die Funktion Windows Update manuell übers Startmenü oder über den Befehl *Extras/Windows Update* im Internet Explorer aktivieren.

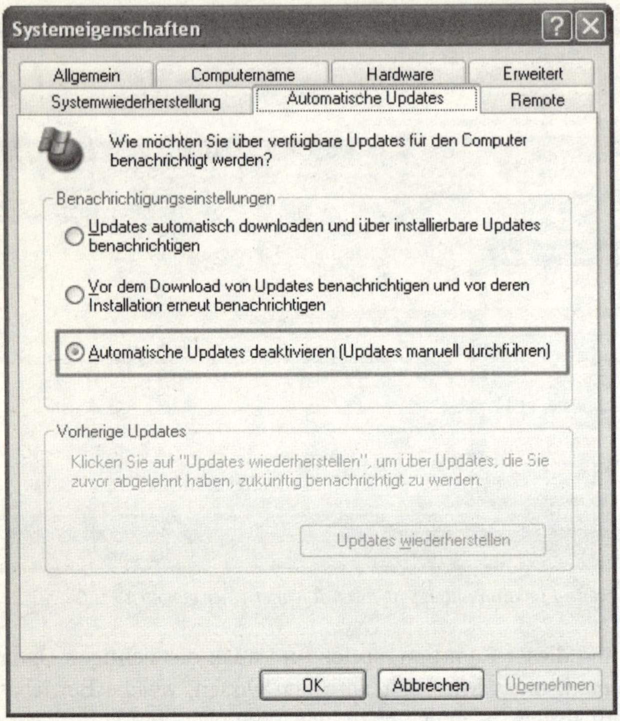

In den Systemeigenschaften lässt sich die automatische Update-Funktion deaktivieren.

3.2 Nur scheinbar fest verdrahtet – unliebsame Windows XP-Komponenten loswerden

XP Waren die ersten Windows-Versionen noch vergleichsweise mager ausgestattet, bringt Windows XP ein dickes Bündel an Zubehör-Programmen mit sich: Ob es darum geht, Dateien zu packen und zu entpacken, CD-ROMs zu brennen oder Audio- und Videomaterial zu bearbeiten: Der Windows-Anwender muss immer weniger auf zusätzliche Programme zurückgreifen. Und das ist natürlich auch der Sinn der Strategie: Anderen Firmen soll so das Wasser abgegraben werden, und im Idealfalle soll den Anwender ein Rundum-sorglos-Paket allein aus dem Hause Microsoft zufrieden stellen.

Während sich der Anwender noch freuen kann, zum Beispiels CDs brennen zu können, ohne auf teure Zusatzprogramme zurückgreifen zu müssen, wird die Rundumausstattung spätestens im Bereich „Internet“ zum Ärgernis: Hier lässt Microsoft nichts unversucht, neue Windows XP-Nutzer in die Fänge seines MSN-Netzwerks zu locken und ihnen ein .NET-Passport-Konto aufzuschwatzen.

INFO

Was ist eigentlich ein .NET-Passport-Konto?

Das .NET-Passport-Konto bei Microsoft soll das Einkaufen und das Nutzen von Services im Internet vereinfachen, indem Ihre Daten nur einmal an zentraler Stelle gespeichert werden und Sie so Name, Adresse und so weiter nicht bei jedem Anbieter erneut eingeben müssen. Stattdessen loggen Sie sich lediglich mit dem Benutzernamen und dem Passwort Ihres Kontos ein. Doch gerade diese Zentralverwaltung der Daten macht Datenschützern Kummer: Denn letztlich fehlt jede Kontrolle darüber, an wen die Daten weitergegeben – oder weiterverkauft? – werden.

Immer wieder tauchen ungefragt Dialogboxen, Info-Sprechblasen und Hinweise auf, die dem Neuling suggerieren, nur über das MSN-Netzwerk könne er wirklich alle Möglichkeiten des Internets ausschöpfen. Doch zum Glück lassen sich MSN Explorer und auch andere Windows XP-Komponenten, die das Betriebssystem mit den Internetservices von Microsoft verketten wollen, relativ problemlos aus dem System entfernen.

MSN Explorer: überflüssige Klickibunti-Oberfläche fürs Microsoft-Netzwerk

Startet man das erste Mal den MSN Explorer, wird man erst einmal genötigt, sich eine MSN- oder eine Hotmail-Adresse zuzulegen. Gleichzeitig fragt einen das Programm Löcher in den Bauch: Neben Bundesland und Postleitzahl soll auch das Geburtsdatum und der Beruf preisgegeben werden. „Belohnt“ wird man schließlich mit einem schrill-bunten Browser, bei dem unter der Motorhaube der Internet Explorer werkelt, der aber ansonsten ganz auf den Internetneuling zugeschnitten ist. Der Funktionsumfang ist radikal abgespeckt, dafür sollen große, bunte Symbole wie *Finanzen*, *Shopping* oder *Musik* den angehenden Surfer direkt zu den „richtigen“ Services führen. Muss noch erwähnt werden, dass es sich dabei natürlich wieder um Services von Microsoft-Partnern oder von Microsoft selbst handelt? Um dem Ganzen die Krone aufzusetzen, trägt sich der MSN Explorer auch noch ungefragt im Startmenü unter *Internet* und *E-Mail* ein.

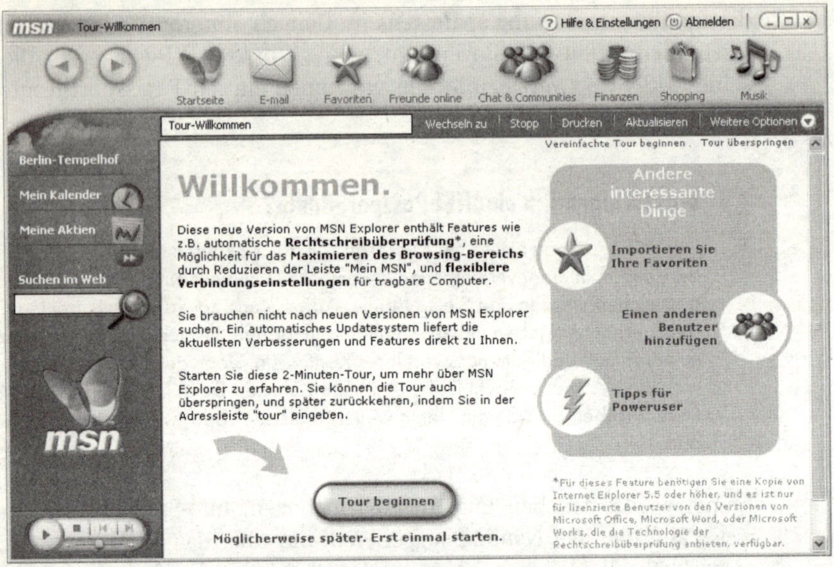

Internet für Dummies: Der MSN Explorer ist schlichtweg überflüssig.

Kurz: Der MSN Explorer von Microsoft ist nichts weiter als eine unverblümte PR-Kampagne in eigener Sache. Im Gegensatz zu anderen Windows XP-Komponenten können Sie den ärgerlichen Werbe-Browser zumindest in wenigen Schritten loswerden:

1. Öffnen Sie mit *Start/Systemsteuerung* die Systemsteuerung und doppelklicken Sie auf das Symbol *Software*. Klicken Sie anschließend auf das Symbol *Windows-Komponenten hinzufügen/entfernen*.

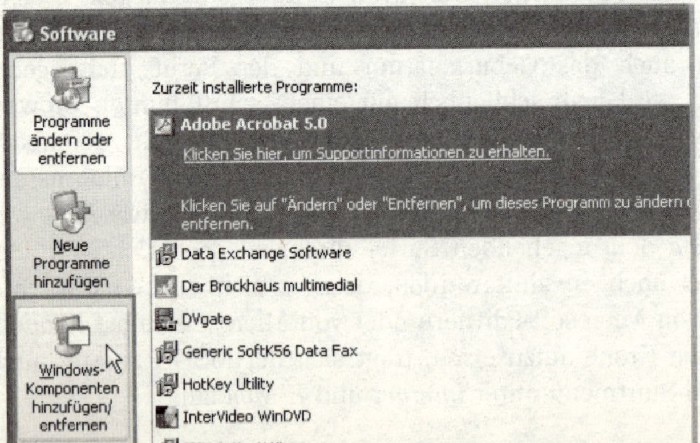

2 Im Bereich *Komponenten* klicken Sie nun in der Liste der aufgeführten Programme auf das Häkchen vor dem Eintrag *MSN Explorer*, um es zu entfernen.

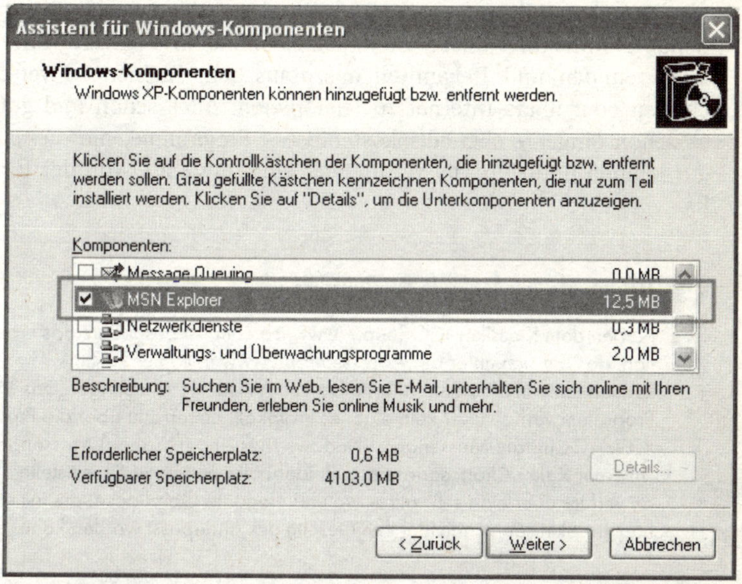

3 Es folgt noch eine Sicherheitsabfrage, die Anfänger leicht glauben machen lassen kann, dass nach dem Entfernen des MSN Explorer kein Zugang mehr zum Internet möglich sei. Sie können diese Abfrage getrost mit *Ja* beantworten, sofern Sie sich über das DFÜ-Netzwerk einwählen. Klicken Sie danach auf *Weiter* und abschließend auf *Fertig stellen*. Der MSN Explorer wird daraufhin deinstalliert.

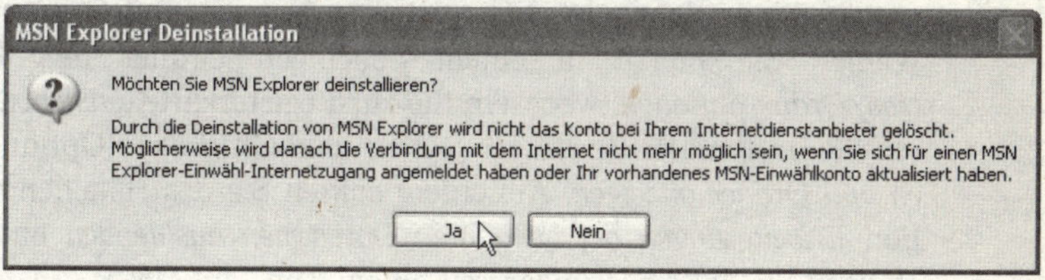

Mit Tricksen ist alles möglich: So werden Sie den Microsoft Messenger endgültig los

Der Microsoft Messenger, der seit Windows XP das kompliziert zu bedienende NetMeeting ablöst, dient dazu, online in Echtzeit Kurznachrichten mit Freunden und Bekannten auszutauschen, Dateien zu verschicken, zu chatten oder übers Internet zu telefonieren. Alles schön und gut, bloß gibt es schon länger - ebenfalls kostenlose - Programme, die dies alles ebenso gut können und sehr viel verbreiteter sind, etwa ICQ von der Firma Mirabilis.

INFO

Trillian als Eier legende Wollmilchsau

Neben dem Klassiker ICQ (*http://www.icq.com*) ist besonders das Programm Trillian, das Sie sich unter der Adresse *http://www.trillian.cc* kostenlos herunterladen können, eine interessante Alternative zum Windows Messenger. Das Messaging-Programm verfügt über kein eigenes Protokoll, beherrscht aber die Protokolle von ICQ, AOL Instant Messenger, Windows Messenger, Yahoo! Messenger und IRC (**I**nternet **R**elay **C**hat), sodass es sich ideal als universelle Schnittstelle eignet. Trillian verfügt über eine sehr attraktive und elegante Oberfläche, die mittels so genannter Skins dem individuellen Geschmack angepasst werden kann.

Wenn Sie nun denken, Sie könnten den Windows Messenger einfach so deinstallieren, haben Sie sich getäuscht: In der Liste des Windows-Zubehörs unter *Systemsteuerung/Software* taucht das Programm gar nicht auf. Um es dennoch sauber aus dem System zu entfernen, müssen Sie ein wenig tricksen:

1 Da Sie auf einen versteckten Ordner zugreifen müssen, müssen Sie zunächst die Ansicht auch für versteckte Dateien und Ordner aktivieren. Wählen Sie hierzu in einem beliebigen Ordner den Befehl *Extras/Ordneroptionen*, wechseln Sie zur Registerkarte *Ansicht* und aktivieren Sie im Bereich *Versteckte Dateien und Ordner* die Option *Alle Dateien und Ordner anzeigen*. Außerdem sollten Sie das Häkchen vor der Option *Erweiterungen bei bekannten Dateitypen ausblenden* entfernen. Bestätigen Sie die Änderungen mit einem Klick auf *OK*.

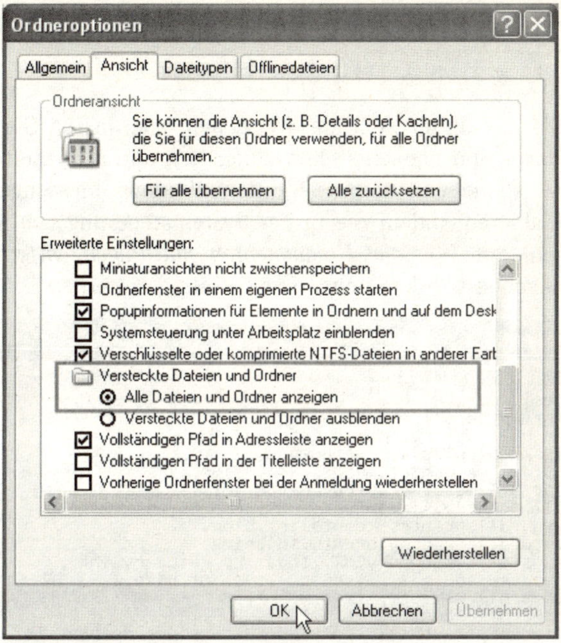

2 Starten Sie nun den Windows-Explorer und wechseln Sie in den Ordner *inf*, den Sie unterhalb Ihres Windows-Ordners finden - bei einer Standardinstallation also *C:\Windows\inf*. Doppelklicken Sie hier auf die Datei *sysoc.inf*, um sie im Editor zu öffnen und zu bearbeiten.

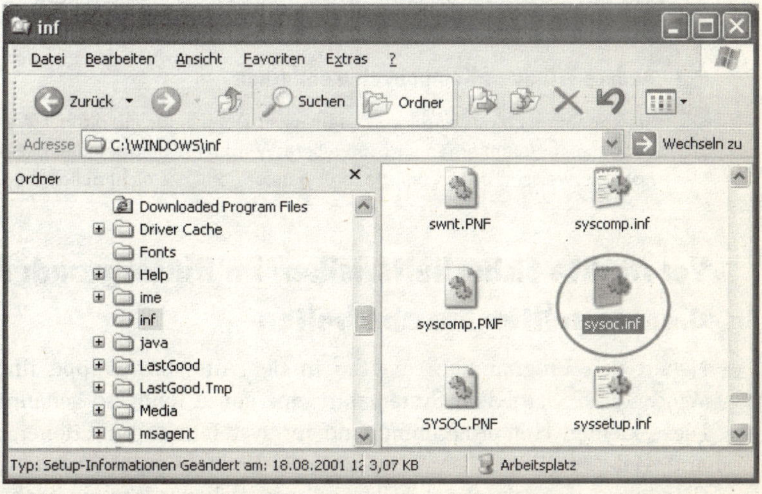

3 In der Datei finden Sie nun im Bereich *[Components]* folgende Zeile:

```
msmsgs=msgrocm.dll,OcEntry,msmsgs.inf,hide,7
```

Löschen Sie aus dieser Zeile das Wörtchen *hide*, lassen Sie aber beide Kommas davor und danach stehen. Speichern und schließen Sie die Datei dann. Anschließend können Sie den Windows Messenger ganz einfach deinstallieren, indem Sie in der Systemsteuerung das Modul Software öffnen, auf *Windows-Komponenten hinzufügen/entfernen* klicken und das Häkchen vor dem neuen Listeneintrag entfernen.

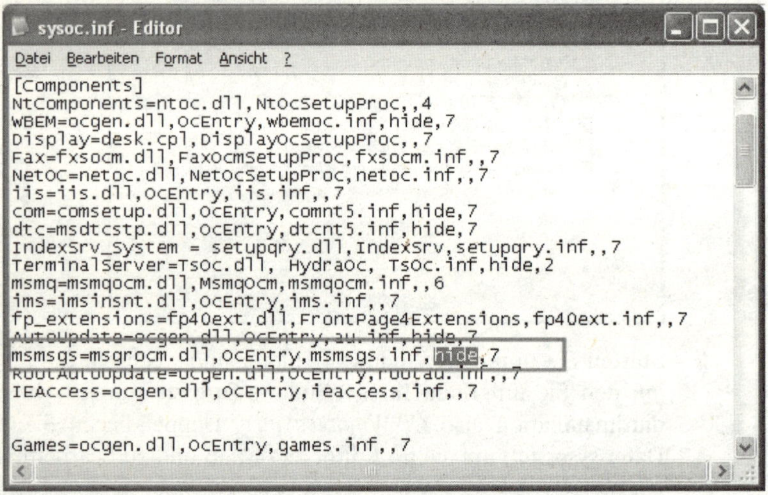

INFO

Andere Windows-Komponenten entfernen

Sie können auch aus anderen Zeilen in der Datei *sysoc.inf*, die auf 7 enden, das Wörtchen *hide* entfernen und so weitere Windows-Komponenten entfernen, die normalerweise in der Systemsteuerung unter *Software* nicht auftauchen.

Versteckte Sicherheitsrisiken im Hintergrund: Diese Dienste sollten Sie abschalten

Neben den Programmen, die Sie in der Autostart-Gruppe finden, startet Windows XP bei jedem Systemstart eine ganze Reihe so genannter Dienste. Diese kleinen Hilfsprogramme sind für systemnahe Funktionen zuständig - und viele von ihnen sind, je nach Systemkonfiguration und Einsatz des Computers, schlichtweg überflüssig oder stellen sogar ein Sicherheitsrisiko dar. Um die Liste mit den aktiven Diensten einzusehen, öffnen Sie über

Start/Systemsteuerung die Systemsteuerung und doppelklicken auf *Verwaltung*. Doppelklicken Sie anschließend auf *Dienste*.

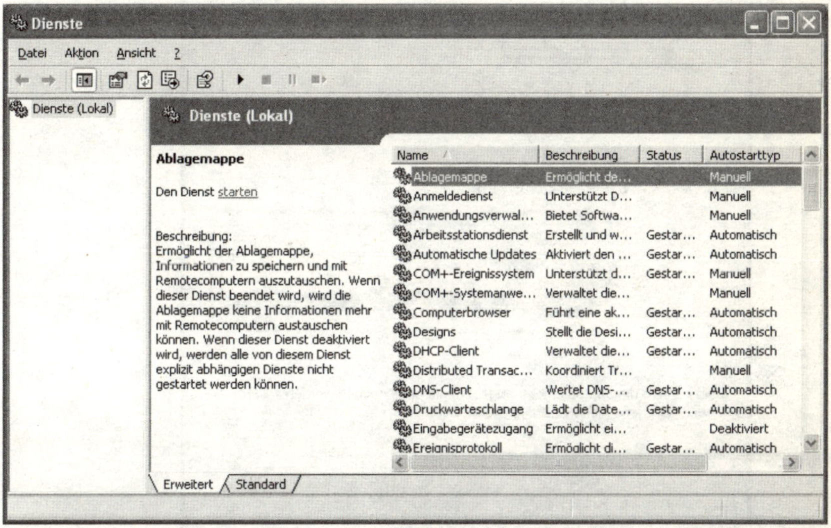

Einige der automatisch startenden Dienste von Windows XP sollten Sie aus Sicherheitsgründen deaktivieren.

Sie sehen nun sämtliche von Windows XP verwaltete Dienste in einer Auflistung vor sich. Wenn Sie einen Dienst markieren, erscheint links von der Liste eine Kurzbeschreibung des Dienstes. Über die Spalte *Autostarttyp* können Sie dabei feststellen, ob der jeweilige Dienst automatisch gestartet wird oder nicht, wobei es folgende Autostart-Typen gibt:

- *Automatisch*: Der Dienst wird bei jedem Systemstart mitgestartet, ist also bei jeder Windows-Sitzung aktiv.
- *Manuell*: Der Dienst wird nicht automatisch gestartet, kann aber bei Bedarf vom Benutzer oder vom System nachträglich gestartet werden.
- *Deaktiviert*: Der Dienst ist komplett deaktiviert.

Um einen Dienst zu deaktivieren, klicken Sie ihn mit der rechten Maustaste an und wählen aus dem Kontextmenü *Eigenschaften*. Im Bereich *Starttyp* können Sie nun den Autostart-Typ, zum Beispiel *Deaktiviert*, über eine Auswahlliste festlegen.

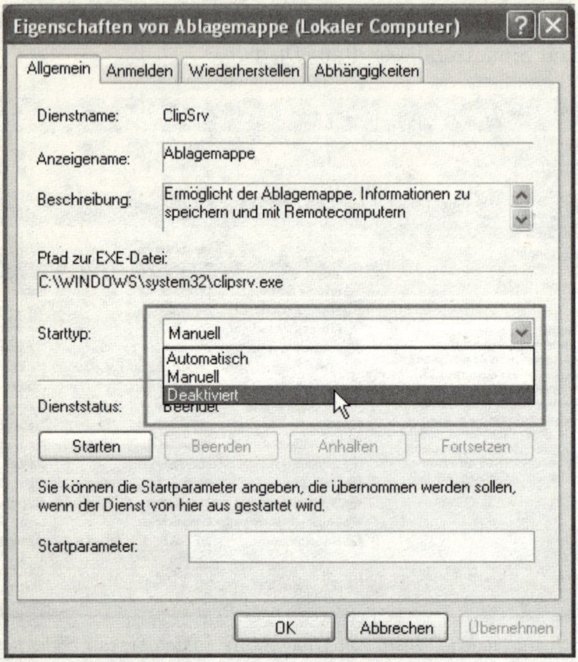

Einzelne Dienste deaktivieren Sie über die Eigenschaften im Kontextmenü.

Eine generelle Empfehlung, welche Dienste Sie deaktivieren sollten, kann es nicht geben, weil dies von Computersystem zu Computersystem unterschiedlich ist. In gängigen Konfigurationen sollten Sie aber folgende Dienste auf *Deaktiviert* schalten:

- **Ablagemappe**: ermöglicht der Ablagemappe, Informationen zu speichern und mit Remote-Computern auszutauschen. Wenn dieser Dienst beendet wird, wird die Ablagemappe keine Informationen mehr mit Remote-Computern austauschen können. Wenn dieser Dienst deaktiviert wird, werden alle von diesem Dienst explizit abhängigen Dienste nicht gestartet werden können.
- **Automatische Updates**: aktiviert den Download und die Installation für wichtige Updates vom Windows Update. Das Betriebssystem kann manuell über die Windows Update-Website aktualisiert werden, falls der Dienst deaktiviert wird.
- **Fehlerberichterstattungsdienst**: ermöglicht die Fehlerberichterstattung für Dienste und Anwendungen, die in nicht standardgemäßen Umgebungen ausgeführt werden.

- **Nachrichtendienst**: überträgt NET SEND- und Warndienstnachrichten zwischen Clients und Servern. Dieser Dienst ist nicht mit Windows Messenger verwandt. Der Warndienst überträgt keine Nachrichten, falls dieser Dienst beendet wird. Falls dieser Dienst deaktiviert wird, können die Dienste, die von diesem Dienst ausschließlich abhängig sind, nicht mehr gestartet werden.
- **NetMeeting-Remotedesktop-Freigabe**: ermöglicht einem autorisierten Benutzer an einem anderen Computer auf diesen Computer mit NetMeeting über ein Firmenintranet zuzugreifen. Wenn dieser Dienst beendet wird, ist die Remote-Desktop-Freigabe nicht mehr verfügbar. Falls dieser Dienst deaktiviert wird, können die Dienste, die von diesem Dienst ausschließlich abhängig sind, nicht mehr gestartet werden.
- **Remote-Registrierung**: ermöglicht Remote-Benutzern, Registrierungseinstellungen dieses Computers zu verändern. Wenn dieser Dienst beendet wird, kann die Registrierung nur von lokalen Benutzern dieses Computers verändert werden. Wenn dieser Dienst deaktiviert wird, werden alle von diesem Dienst explizit abhängigen Dienste nicht gestartet werden können.
- **TCP/IP-NetBIOS-Hilfsprogramm:** ermöglicht die Unterstützung vom NetBIOS-über-TCP/IP-Dienst (NetBT) und die NetBIOS-Namensauflösung.
- **Telnet:** ermöglicht einem Remote-Benutzer, sich an diesem Computer anzumelden und Programme auszuführen. Unterstützt verschiedene TCP/IP-Telnet-Clients, einschließlich UNIX-basierten und Windows-basierten Computern. Wenn dieser Dienst angehalten wird, ist der Remote-Zugriff möglicherweise nicht mehr verfügbar. Wenn dieser Dienst deaktiviert wird, können alle Dienste, die explizit von diesem Dienst abhängen, nicht mehr gestartet werden.
- **Windows-Zeitgeber:** verwaltet die Datum- und Uhrzeitsynchronisierung auf allen Clients und Servern im Netzwerk. Wenn dieser Dienst beendet wird, ist die Datum- und Uhrzeitsynchronisierung nicht verfügbar. Wenn der Dienst deaktiviert wird, können alle anderen Dienste, die explizit davon abhängen, nicht gestartet werden.

Da es wie gesagt bei der Deaktivierung von Diensten keine generelle Empfehlung für alle Systeme geben kann, sollten Sie obige Liste nur als Anhaltspunkt betrachten. Wichtig: Deaktivieren Sie nie mehrere Dienste gleichzeitig, sondern immer nur einen. Wenn Ihr Computer nach einem Neustart anstandslos und ohne Fehlermeldungen läuft, können Sie den nächsten Dienst deaktivieren.

4. HKEY_CLASSES_ROOT: Geheimnis der Dateizuordnungen endgültig enttarnt!

Im Registry-Zweig *HKEY_CLASSES_ROOT* verwaltet Windows die Klassen- und Objektverwaltung: Das bedeutet, hier findet das Betriebssystem etwa Informationen darüber, welche Aktionen mit welchen Dateitypen verknüpft werden, dass also beispielsweise MS-Word gestartet werden soll, wenn Sie einen Doppelklick auf eine DOC-Datei ausführen. Hier könnten Sie etwa festlegen, dass auch bei einem Doppelklick auf eine TXT-Datei Word gestartet werden soll.

Doch nicht nur Dateiendungen bzw. Dateitypen werden hier verwaltet, sondern auch die unterschiedlichen Ordnertypen. Neben den Eigenschaften für den Standardordner, wie er mit dem Befehl *Datei/Neu/Ordner* angelegt wird, sind hier auch die Eigenschaften für die Systemordner hinterlegt, etwa die Ordner *Arbeitsplatz*, *Systemsteuerung* oder *Verlauf*.

Über diesen Registry-Teil können Sie direkt das Look & Feel dieser scheinbar fest verdrahteten Windows-Systemordner beeinflussen oder die Befehle für die Kontextmenüs nach Wunsch definieren. Die spannendsten Möglichkeiten und besten Tipps stellen wir Ihnen auf den nächsten Seiten vor.

4.1 CLSID: das Geheimnis der Systemordner

XP 98 ME

Wie kann Windows denn nun die Eigenschaften von Systemordnern und anderen Objekten eindeutig zuordnen? Das Geheimnis ist die so genannte CLSID, der **Cl**as**sID**entifier“, der Objekten wie beispielsweise dem Ordner *Systemsteuerung* zu einer eigenen Identität verhilft. Eine CLSID ist eine spezielle Form eines GUID (**G**lobally **U**nique **Id**entifier), zu Deutsch etwa: ein weltweit eindeutiger Bezeichner.

Sämtliche CLSIDs finden Sie in der Registry unterhalb des Schlüssels *HKEY_CLASSES_ROOT\CLSID*: Wenn Sie sich die CLSIDs genauer anschauen, werden Sie feststellen, dass sie alle den gleichen Aufbau haben: Es handelt sich um in geschweifte Klammern eingeschlossene Zahlenreihen von hexadezimalen Zahlen, die in Gruppen zu 8, 4, 4, 4 und 12 angeordnet sind. Dadurch ergibt sich eine unvorstellbar hohe Anzahl an Kombinationsmöglichkeiten, sodass hier schon für alle möglichen kommenden Versionen des Betriebssystems vorgesorgt ist. Ein Beispiel: Der Ordner *Systemsteuerung* hat folgende CLSID:

```
{21EC2020-3AEA-1069-A2DD-08002B30309D}
```

Mit dieser CLSID wird er eindeutig gekennzeichnet. Und während Sie nur den Namen *Systemsteuerung* sehen, heißt der interne Name für Windows *Systemsteuerung.{21EC2020-3AEA-1069-A2DD-08002B30309D}*. Sie können sich davon schnell selbst überzeugen, indem Sie einfach einen neuen Ordner *Systemsteuerung* auf dem Desktop anlegen:

1 Klicken Sie mit der rechten Maustaste auf den Desktop und wählen Sie aus dem Kontextmenü den Befehl *Neu/Ordner*. Überschreiben Sie den Namen *Neuer Ordner* nun mit dem Namen „Systemsteuerung.{21EC2020-3AEA-1069-A2DD-08002B30309D}“ (ohne Anführungszeichen).

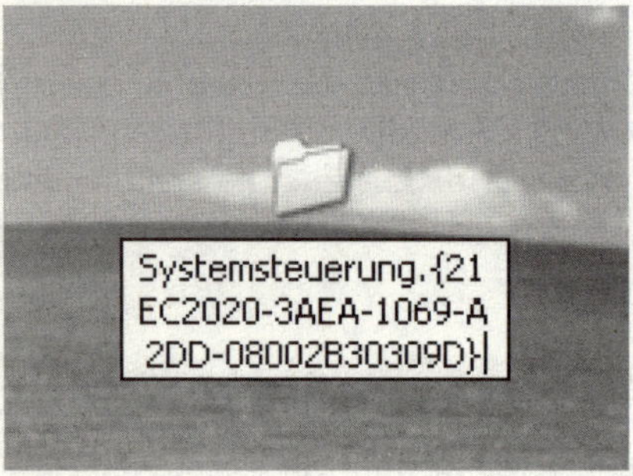

2 Wenn Sie nun [Enter] drücken, um das Umbenennen zu bestätigen, sehen Sie, dass sich das Symbol sofort in das spezielle Ordnersymbol für die Systemsteuerung ändert. Gleichzeitig sehen Sie von der kryptisch langen Bezeichnung nur noch den Teil vor dem Punkt, nämlich *Systemsteuerung*. Vor dem Punkt können Sie übrigens auch eine andere Bezeichnung eingeben, Hauptsache die CLSID stimmt. Öffnen Sie den Ordner nun mit einem Doppelklick, werden Sie feststellen, dass es sich tatsächlich um den Systemsteuerung-Ordner handelt, d. h., er enthält al-

le Module der Systemsteuerung, Sie können innerhalb dieses Ordners aber weder neue Ordner oder Dateien hinzufügen noch bestehende Module löschen.

Workshop: Aufgedeckt – so verwaltet Windows Arbeitsplatz, Papierkorb & Co.

Wie schon erwähnt: Sämtliche Systemordner wie *Arbeitsplatz*, *Systemsteuerung* oder *Papierkorb* sind in der Registry als eindeutige CLSID-Nummern unterhalb des Zweigs *HKEY_CLASSES_ROOT\CLSID* abgebildet. So steht etwa der CLSID-Schlüssel *HKEY_CLASSES_ROOT\CLSID\{645FF040-5081-101B-9F08-00AA002F954E}* für den Systemordner *Papierkorb* und beschreibt dessen Eigenschaften.

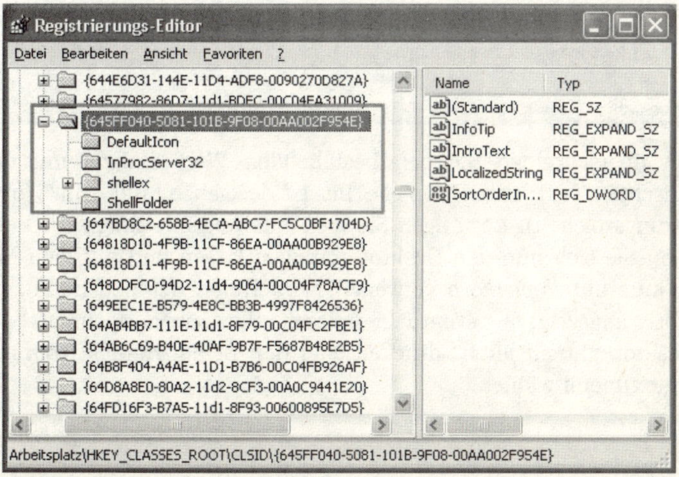

Die Eigenschaften des Papierkorbs werden durch die dazugehörige CLSID in der Registry eindeutig festgelegt.

Ein Beispiel: Der Wertname *InfoTip* beschreibt die so genannte QuickInfo, die in einem gelben Textfenster angezeigt wird, wenn Sie länger mit dem Mauszeiger auf *Papierkorb* verweilen. Dem Wertnamen ist der etwas kryptische Wert *@%SystemRoot%\system32\SHELL32.dll,-22915* zugeordnet. Dies ist einfach eine interne Anweisung dafür, in welcher Datei und wo Windows den Standardtext *Enthält Dateien und Ordner, die Sie gelöscht haben* findet, der angezeigt wird, wenn Sie mit dem Mauszeiger einige Sekunden auf *Papierkorb* verweilen. Genauso gut können Sie hier aber auch reinen Text eingeben und so die QuickInfo für den Papierkorb ändern:

1 Starten Sie RegEdit und wechseln Sie zum Schlüssel *HKEY_CLASSES_ROOT\CLSID\{645FF040-5081-101B-9F08-00AA002F954E}*. Doppelklicken Sie im rechten Fenster auf den Wertnamen *InfoTip* oder wählen Sie aus dem Kontextmenü den Befehl *Ändern*.

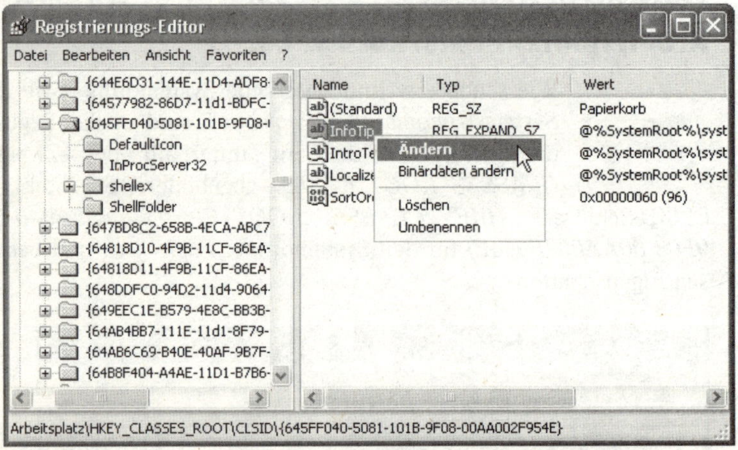

2 Nun überschreiben Sie den bestehenden Wert einfach mit dem gewünschten Text, zum Beispiel „Hier ist der ganze Müll drin." (ohne Anführungszeichen). Bestätigen Sie die Änderung mit einem Klick auf *OK*. Wenn Sie sich nun den Desktop anzeigen lassen und mit dem Mauszeiger kurz auf *Papierkorb* verweilen, wird Ihnen der neu definierte Text sofort angezeigt - eventuell müssen Sie zuvor nochmals [F5] für „Desktop aktualisieren" drücken oder den Befehl *Aktualisieren* aus dem Kontextmenü wählen.

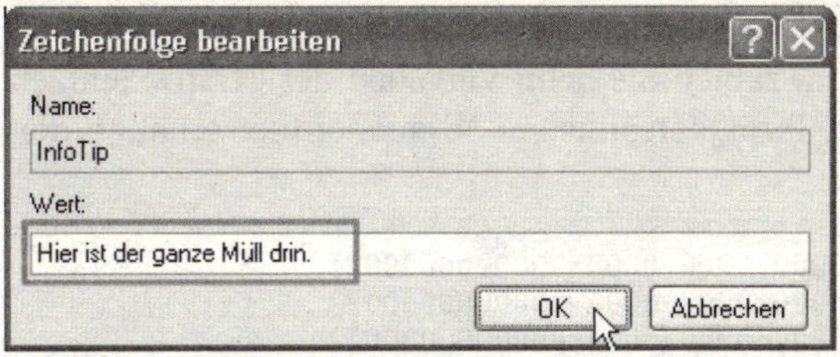

Aber nicht nur die QuickInfo lässt sich über die CLSID ändern, sondern auch beispielsweise das Ordnersymbol, der Ordnername oder die Befehle des Kontextmenüs.

Workshop: So legen Sie eigene Systemordner mit individuellen Symbolen an

Schon beim Erscheinen von Windows 95 wurde von den Nutzern bemängelt, dass sich die Symbole von Ordnern nicht individuell ändern lassen und stets das gleiche langweilige Standardsymbol angezeigt wird. Dieser Missstand ist im Laufe der Windows-Versionen nicht behoben worden: Lediglich für Verknüpfungen, die auf Ordner verweisen, können Sie das Verknüpfungssymbol ändern.

INFO

Symbol für Verknüpfungen ändern

Wollen Sie das Symbol für eine Verknüpfung ändern, klicken Sie die Verknüpfung einfach mit der rechten Maustaste an und wählen aus dem Kontextmenü *Eigenschaften*. Unter der Registerkarte *Verknüpfung* klicken Sie nun auf *Anderes Symbol*. Nun können Sie aus der angezeigten Liste ein neues Symbol selektieren oder mittels der Schaltfläche *Durchsuchen* eine andere Symboldatei öffnen. Übrigens: Im Internet finden Sie unter der Adresse *http://cool-web.de/galerie/icon/* eine große Sammlung an Windows-Symbolen zum kostenlosen Download.

Aber: Es geht doch! Wollen Sie tatsächlich einen Ordner mit einem anderen Symbol als dem Standardsymbol haben, hilft Ihnen ein kleiner Trick weiter: Legen Sie den Ordner einfach als Systemordner an und vergeben Sie für ihn eine noch unbenutzte CLSID: So können Sie die Eigenschaften des Ordners über den CLSID-Pfad der Registry verwalten und dort dem Ordner - genau genommen handelt es sich um eine neue Ordnergruppe - auch ein anderes Symbol zuweisen.

Damit Sie nicht versehentlich eine CLSID verwenden, die vom System bereits benutzt wird, zählen Sie beim Vergeben der CLSIDs einfach von hinten hoch. Das heißt, Ihre „persönlichen“ Systemordner erhalten der Reihe nach folgende CLSIDs:

```
{00000000-0000-0000-0000-000000000001}
{00000000-0000-0000-0000-000000000002}
{00000000-0000-0000-0000-000000000003}
{00000000-0000-0000-0000-000000000004}
{00000000-0000-0000-0000-000000000005}
{00000000-0000-0000-0000-000000000006}
{00000000-0000-0000-0000-000000000007}
etc.
```

In welcher Reihenfolge Sie die CLSIDs vergeben, spielt keine Rolle, wichtig ist nur, dass Sie die festgelegte Gruppierung der Zahlen nach dem Schema „8+4+4+4+12“ einhalten und die Bezeichnung in geschweifte Klammern setzen. Und so gehen Sie genau vor:

1 Starten Sie RegEdit und wechseln Sie zum Schlüssel *HKEY_CLASSES_ROOT\CLSID*. Klicken Sie mit der rechten Maustaste auf den Schlüssel und wählen Sie aus dem Kontextmenü den Befehl *Neu/Schlüssel*.

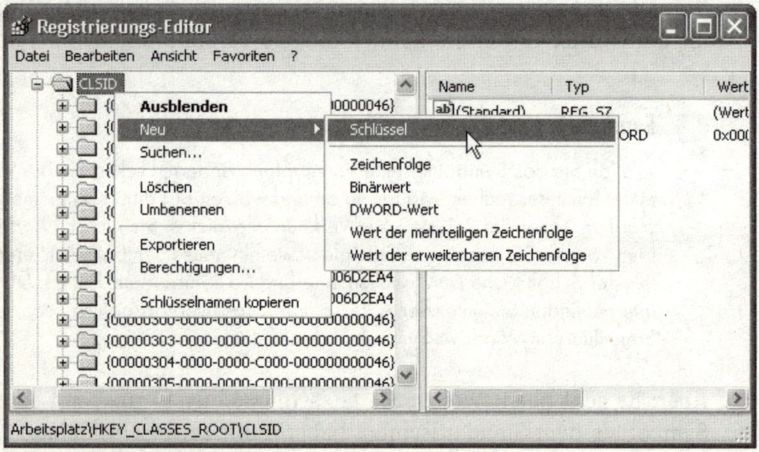

2 Der neue Schlüssel erhält den Standardnamen *Neuer Schlüssel #1*. Überschreiben Sie den Namen nun mit der Bezeichnung „{00000000-0000-0000-0000-000000000001}“ (ohne Anführungszeichen) und drücken Sie einmal [Enter].

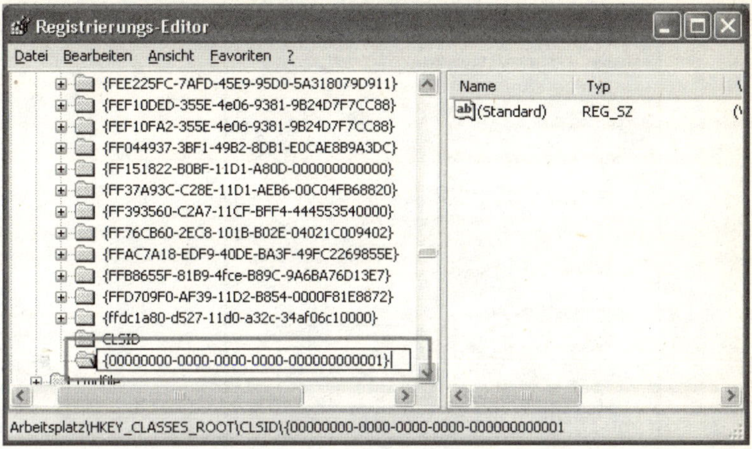

Nun ist der CLSID-Eintrag für Ihren neuen Systemordner angelegt, es ist aber noch kein spezielles Symbol hinterlegt - Sie müssen Windows also noch den Pfad zur Symboldatei mitteilen. Bevor wir damit weitermachen, müssen Sie aber noch ein wenig über die Symbolverwaltung von Windows wissen. Symbole finden Sie - unter anderem - in folgenden Dateien:

- **ICO**: Dateien vom Typ ICO enthalten jeweils nur ein Symbol, es reicht also, den Pfad zur ICO-Datei anzugeben.
- **DLL**: Auch die so genannten **D**ynamic **L**ink **L**ibraries können Symbole enthalten (müssen aber nicht). DLL-Dateien enthalten oft mehrere Symbole, daher müssen Sie beim Verweis auf eine DLL-Datei die laufende Nummer des Symbols mit angeben.
- **EXE**: Ganz ähnlich verhält es sich mit Programmdateien. Sie enthalten mindestens ein Symbol (eben das Programmsymbol, das auch im Explorer sichtbar ist), können aber auch mehrere Symbole enthalten.

In unserem Beispiel ermitteln wir zunächst die laufende Nummer unseres gewünschten Symbols in der Windows XP-Systemdatei *shell32.dll*, um dann den ermittelten Pfad unserem neuen Systemordner zuzuordnen:

1. Klicken Sie mit der rechten Maustaste auf eine beliebige Verknüpfung und wählen Sie aus dem Kontextmenü *Eigenschaften*. Wechseln Sie zur Registerkarte *Verknüpfung* und klicken Sie auf die Schaltfläche *Anderes Symbol*.

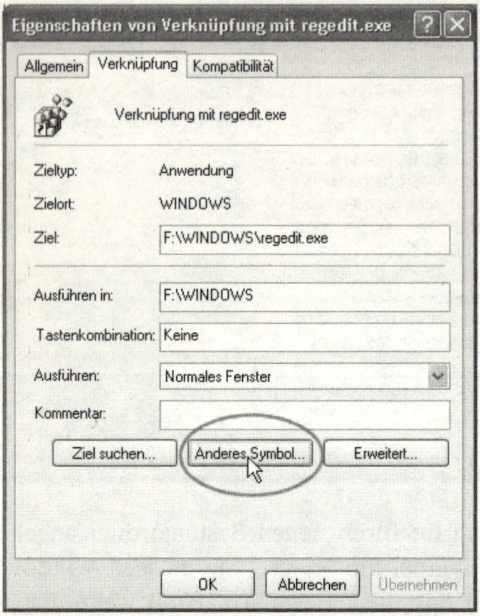

2 Im Feld *Nach Symbolen in dieser Datei suchen* geben Sie nun den Pfad „C:\WINDOWS\system32\shell32.dll" ein oder selektieren die Datei mittels der Schaltfläche *Durchsuchen*. Sie bekommen nun eine ganze Reihe von Symbolen angezeigt, wobei die Symbole, angefangen mit 0, nach Spalten angefangen links oben, durchnummeriert werden. In unserem Beispiel unter Windows XP haben wir uns für das Ordnersymbol mit dem grünen A entschieden. Wenn Sie die Symbole von links oben – angefangen mit 0 – spaltenweise abzählen, stellen Sie fest, dass es sich um das Symbol Nr. 38 handelt. Merken Sie sich diese Zahl und schließen Sie alle offenen Dialogboxen mit einem Klick auf *Abbrechen*.

3 Starten Sie nun RegEdit und wechseln Sie zum vorher angelegten CLSID-Schlüssel *HKEY_CLASSES_ROOT\CLSID\{00000000-0000-0000-0000-000000000001}*. Legen Sie unterhalb dieses Schlüssels mit dem Befehl *Datei/Neu/Schlüssel* einen Unterschlüssel an und benennen Sie diesen direkt um in *DefaultIcon*.

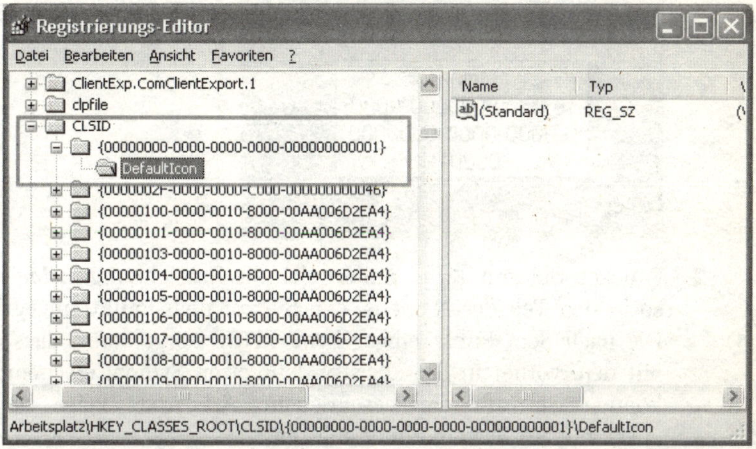

4 Doppelklicken Sie nun im rechten Fenster auf den Wertnamen *(Standard)* und tragen Sie den Pfad zur Symboldatei ein, gefolgt von einem Komma und der Nummer des Symbols. In unserem Beispiel geben Sie also „C:\WINDOWS\system32\shell32.dll,38“ (ohne Anführungszeichen) ein. Bestätigen Sie die Eingabe mit einem Klick auf *OK*.

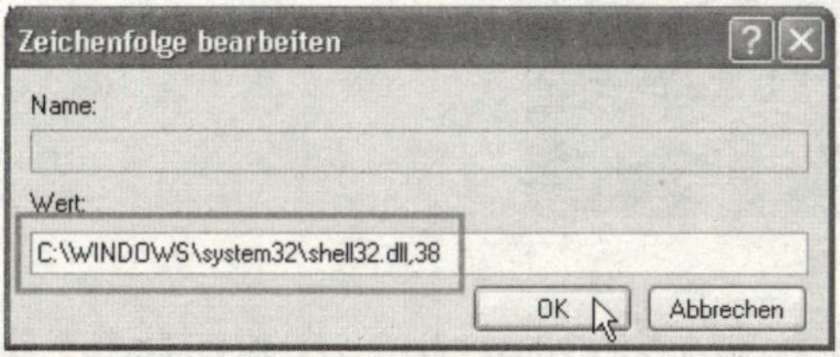

Die Informationen über den neuen Systemordner und das dazugehörige Symbol sind nun in der Registry verankert. Doch wie erzeugt man nun einen neuen Ordner dieser Art? Hier gehen Sie analog vor wie in Kapitel 4.1 (siehe Seite 103) am Beispiel der Systemsteuerung gezeigt:

1 Legen Sie einen neuen Ordner an und überschreiben Sie den Namen *Neuer Ordner* mit dem gewünschten Namen. Hieran hängen Sie einen Punkt und die CLSID in geschweiften Klammern, sodass der Name bei spielsweise *Meine Texte.{00000000-0000-0000-0000-000000000001}* lautet. Natürlich können Sie auch einen bereits bestehenden Ordner mit [F2] entsprechend umbenennen.

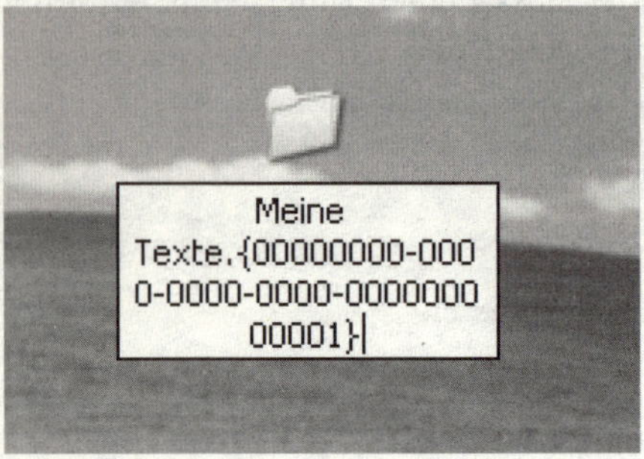

2 Drücken Sie nun [Enter], ändert sich die Bezeichnung in *Meine Texte*, also in den Teil des Namens, den Sie vor dem Punkt eingegeben haben. Die nach dem Punkt eingegebene CLSID sorgt dafür, dass der Ordner mit dem vorher in der Registry definierten Symbol erscheint. Natürlich können Sie auf die beschriebene Art und Weise beliebig viele „persönliche" Systemordner anlegen.

Da scheitert auch die Systemsteuerung: Jetzt ändern Sie die Standardsymbole aller Systemordner!

Genauso wie Sie - wie im vorigen Kapitel gezeigt - einem selbst erzeugten Systemordner ein eigenes Standardsymbol zuordnen können, ist es natürlich auch möglich, über die entsprechenden CLSIDs die Standardsymbole der bestehenden Systemordner zu ändern. Das Prinzip ist dasselbe: Unterhalb der dem Systemordner zugehörigen CLSID finden Sie einen Unterschlüssel *DefaultIcon*.

Dieser beherbergt den Wertnamen *(Standard)*, in dem wiederum der Pfad zum Symbol als Wert hinterlegt ist.

INFO

Der Papierkorb hat zwei Symbole!

Im Gegensatz zu allen anderen Systemordnern verfügt der Papierkorb (CLSID: *HKEY_CLASSES_ROOT\CLSID\{645FF040-5081-101B-9F08-00AA002F954E}*) über zwei Symbole: eines für den leeren und eines für den gefüllten Zustand. Diese sind im Unterschlüssel *DefaultIcon* als Wertnamen *Empty* und *Full* hinterlegt.

Mithilfe folgender Tabelle können Sie die einzelnen Systemordner ihren CLSIDs zuordnen:

Systemordner	CLSID	Anmerkungen
Aktenkoffer	{85BBD920-42A0-1069-A2E4-08002B30309D}	
Arbeitsplatz	{20D04FE0-3AEA-1069-A2D8-08002B30309D}	
DFÜ-Netzwerk	{992CFFA0-F557-101A-88EC-00DD010CCC48}	Nur Windows 98/ME
Drucker	{2227A280-3AEA-1069-A2DE-08002B30309D}	
Favoriten	{1A9BA3A0-143A-11CF-8350-444553540000}	Nur Windows 98/ME
Geplante Tasks	{D6277990-4C6A-11CF-8D87-00AA0060F5BF}	Nur Windows 98/ME
Netzwerkumgebung	{00028B00-0000-0000-C000-000000000046}	Nur Windows 98/ME
Netzwerkverbindungen	{208D2C60-3AEA-1069-A2D7-08002B30309D}	
Papierkorb	{645FF040-5081-101B-9F08-00AA002F954E}	
Schriftarten	{BD84B380-8CA2-1069-AB1D-08000948F534}	Nur Windows 98/ME
Systemsteuerung	{21EC2020-3AEA-1069-A2DD-08002B30309D}	

Allerdings: Nicht für alle Systemordner bzw. -funktionen müssen Sie die Registry bemühen. Einige Symbole können Sie auch über *Eigenschaften von Anzeige* ändern:

- **Unter Windows 98/ME**: Klicken Sie mit der rechten Maustaste auf eine freie Fläche des Desktops und wählen Sie aus dem Kontextmenü *Eigenschaften*. Wechseln Sie zur Registerkarte *Effekte*. Markieren Sie eines der gewünschten Symbole *Arbeitsplatz*, *Eigene Dateien*, *Netzwerkumgebung* oder *Papierkorb* und klicken Sie auf *Symbol ändern*, um der Funktion ein anderes Symbol zuzuweisen.
- **Unter Windows XP**: Klicken Sie mit der rechten Maustaste auf eine freie Fläche des Desktops und wählen Sie aus dem Kontextmenü *Eigenschaften*. Wählen Sie die Registerkarte *Desktop* und klicken Sie auf die Schaltfläche *Desktop anpassen*. Markieren Sie eines der gewünschten

Symbole *Arbeitsplatz*, *Eigene Dateien*, *Netzwerkumgebung* oder *Papierkorb* und klicken Sie auf *Anderes Symbol*, um der Funktion ein anderes Symbol zuzuweisen.

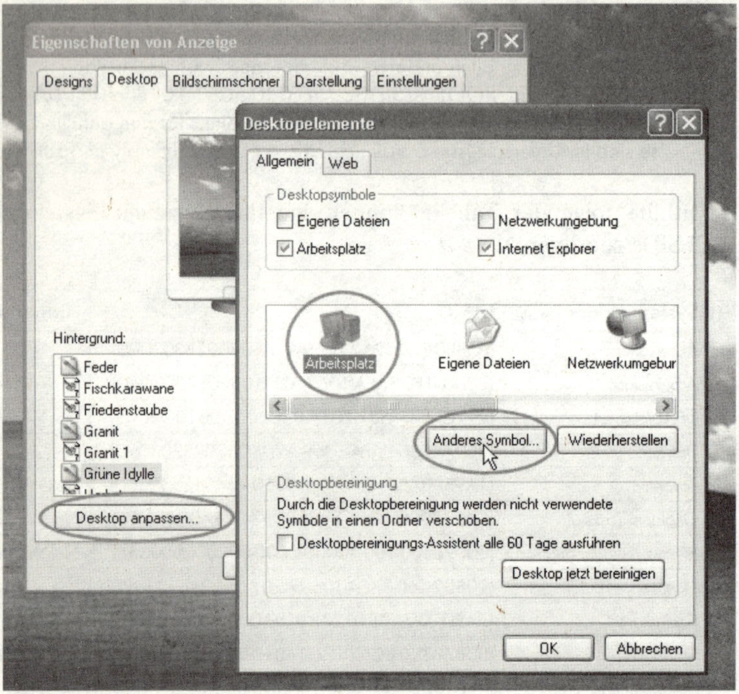

Einige Systemsymbole lassen sich auch direkt über den Dialog Eigenschaften von Anzeige ändern.

Alle anderen Symbole können Sie direkt in der Registry ändern. Am Beispiel des Systemordners *Systemsteuerung* soll hier nochmals die Vorgehensweise für alle Systemordner gezeigt werden:

1 Starten Sie RegEdit und wechseln Sie zum Schlüssel *HKEY_CLASSES_ROOT\CLSID\{21EC2020-3AEA-1069-A2DD-08002B30309D}\Default Icon*. Doppelklicken Sie dann im rechten Fenster auf den Wertnamen *(Standard)*, um den dazugehörigen Wert zu ändern, oder wählen Sie aus dem Kontextmenü den Befehl *Ändern*.

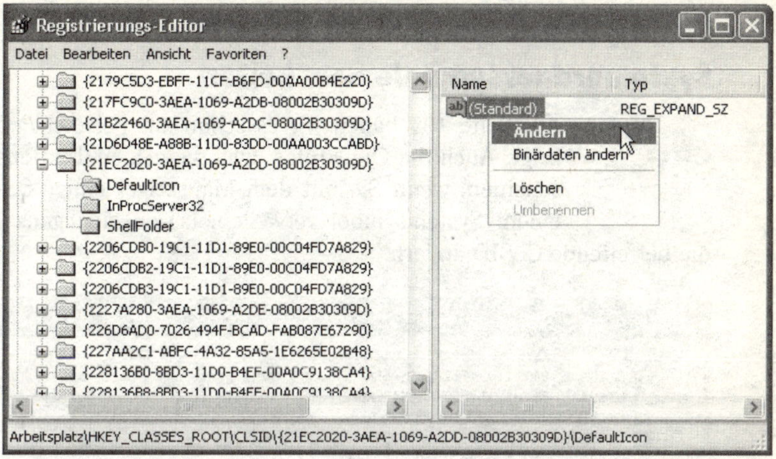

2 Nun geben Sie unter *Wert* den Pfad - und gegebenenfalls die Position - zum gewünschten Symbol ein, zum Beispiel „%SystemRoot%\System32\shell32.dll,39“, um das 40. Symbol in der Datei *shell32.dll* zu verwenden. Beachten Sie, dass die Änderungen in den meisten Fällen erst nach einem Neustart greifen.

INFO

Windows XP: Systemsymbole auf dem Desktop anzeigen

Unter Windows XP ist *Arbeitsplatz* nebst anderen Systemsymbolen ins Startmenü gewandert. Um ihn zusätzlich auf dem Desktop einzublenden, klicken Sie mit der rechten Maustaste auf eine freie Fläche des Desktops und wählen aus dem Kontextmenü *Eigenschaften*. Wählen Sie die Registerkarte *Desktop* und klicken Sie auf die Schaltfläche *Desktop anpassen*. Im Feld *Desktopsymbole* können Sie nun die Desktop-Anzeige für den Arbeitsplatz, *Eigene Dateien*, für die Netzwerkumgebung und für den Internet Explorer aktivieren.

Wichtiges auf einen Blick: QuickInfos für die Systemordnersymbole bearbeiten

Auf Seite 105 haben wir es schon am Beispiel *Papierkorb* gezeigt: Auch die QuickInfos, also die gelben Textfenster, die erscheinen, wenn Sie mit dem Mauszeiger einige Sekunden auf einem Systemsymbol verweilen, lassen sich ganz leicht über die betreffende CLSID ändern.

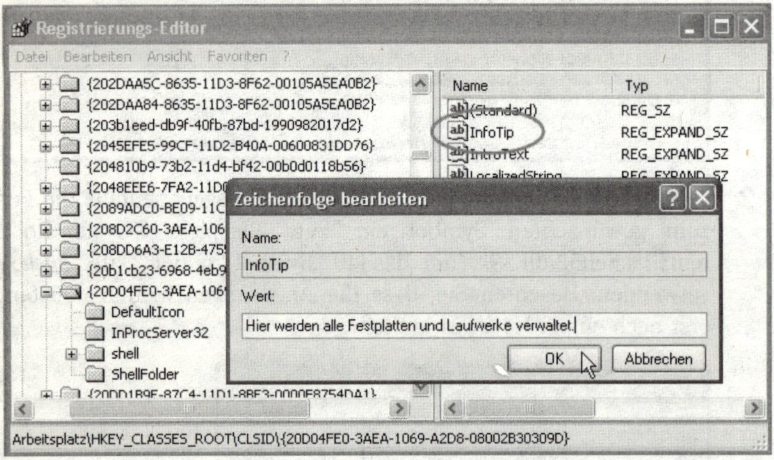

Im Wertnamen InfoTip können Sie die QuickInfos für alle Systemordner ändern.

Wechseln Sie hierzu zur CLSID des gewünschten Systemordners, beispielsweise zum Schlüssel *HKEY_CLASSES_ROOT\CLSID\{20D04FE0-3AEA-1069-A2D8-08002B30309D}* für *Arbeitsplatz*, und doppelklicken Sie im rechten Fenster auf den Wertnamen *InfoTip*. Schreiben Sie unter *Wert* dann einfach den gewünschten Text, der erscheinen soll, wenn Sie mit dem Mauszeiger auf ein Systemobjekt zeigen.

INFO

QuickInfos ganz deaktivieren

Wenn Sie die QuickInfos eher als lästig empfinden, können Sie sie auch ganz deaktivieren. Wechseln Sie dafür zum Schlüssel *HKEY_CURRENT_USER\Software\Microsoft\Windows\CurrentVersion\Explorer\Advanced* und doppelklicken Sie im rechten Fenster auf den Wertnamen *ShowInfoTip*. Setzen Sie den Wert dann von 1 (Standard) auf 0.

Auch der Papierkorb ist „nur" ein Ordner! Eigentlich nicht möglich: umbenennen

98ME

Während es unter Windows 95 noch sehr kompliziert war, bestimmten Systemordnern einen anderen Namen zu geben, ist dies unter Windows 98/ME durch simples Umbenennen möglich.

INFO

Papierkorb umbenennen: nicht unter Windows XP!

Der Trick, den Papierkorb über einen Registry-Eintrag umzubenennen, greift leider nur unter Windows 98 bzw. Windows ME. Um unter Windows XP den Papierkorb umzubenennen, müssen Sie schon auf System-Tools wie etwa Tweak UI zurückgreifen.

Lediglich ein Ordner widersetzt sich dieser Maßnahme beharrlich: der Papierkorb. Um diesen umzubenennen, müssen Sie schon die Registry bemühen:

1 Starten Sie RegEdit und wechseln Sie zum Schlüssel *HKEY_CLASSES_ROOT\CLSID\{645FF040-5081-101B-9F08-00AA002F954E}\ShellFolder*. Doppelklicken Sie im rechten Fenster auf den Wertnamen *Attributes*, um den dazugehörigen Wert zu ändern, oder wählen Sie aus dem Kontextmenü den Befehl *Ändern*.

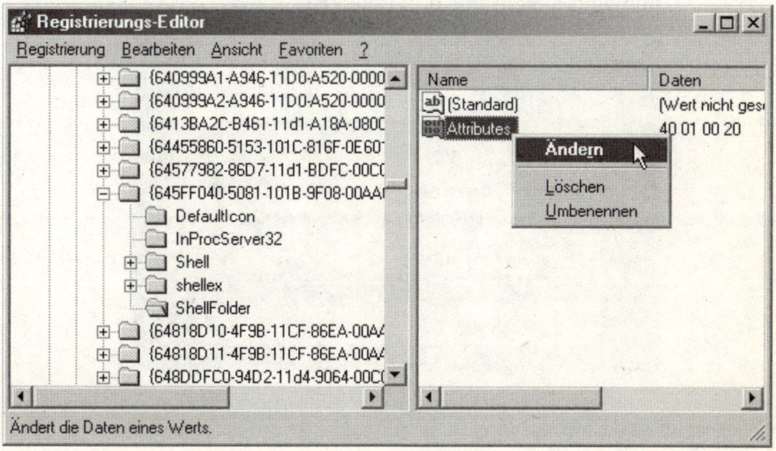

2 Ändern Sie nun den Binärwert 40 01 00 20 ab in 50 01 00 20. Bestätigen Sie die Änderung mit *OK*, schließen Sie den Registrierungs-Editor und starten Sie Ihren Rechner neu.

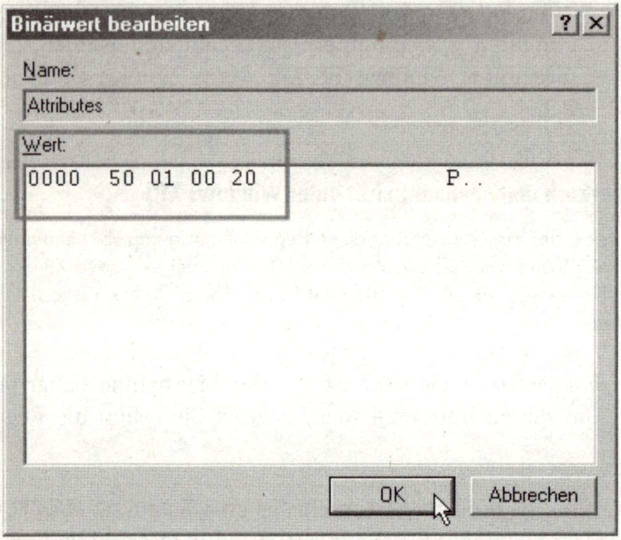

3 Wenn Sie nun mit der rechten Maustaste auf den Papierkorb klicken, finden Sie im Kontextmenü den neuen Befehl *Umbenennen*, mit dem Sie *Papierkorb* wie jeden anderen Ordner auch umbenennen können. Natürlich geht's auch mit der Taste F2.

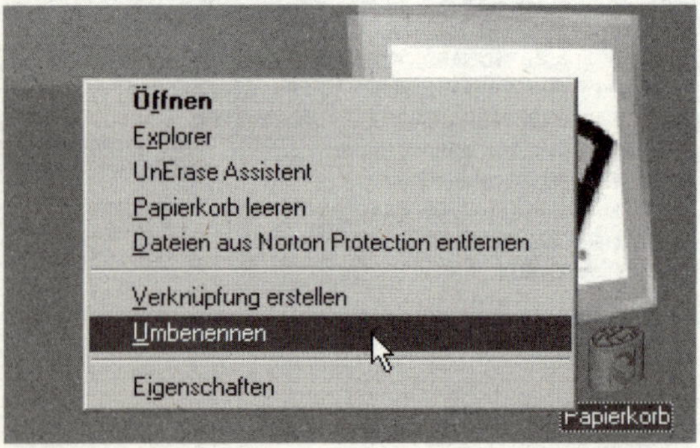

Tabula rasa auf dem Desktop: Papierkorb-Symbol löschen

Mit Erscheinen von Windows XP haben die Microsoft-Programmierer auch den Desktop gründlich aufgeräumt und Symbole wie *Arbeitsplatz* oder den Ordner *Eigene Dateien* stattdessen ins Startmenü integriert. Lediglich *Papierkorb* erscheint noch fest gezurrt auf dem Desktop und lässt sich weder mit Geld noch mit guten Worten entfernen - Sie können ihn ja schließlich nicht mit Drag & Drop auf sich selbst ziehen. Falls Sie aber einen wirklich leeren Desktop haben wollen, können Sie den Papierkorb über die Registry auch komplett löschen:

1 Starten Sie RegEdit und wechseln Sie zum Schlüssel *HKEY_LOCAL_MACHINE\SOFTWARE\Microsoft\Windows\CurrentVersion\Explorer\Desktop\NameSpace\{645FF040-5081-101B-9F08-00AA002F954E}*. Damit Sie die Löschung des Papierkorbs auch rückgängig machen können, wählen Sie nun zunächst den Befehl *Datei/Exportieren* oder *Exportieren* aus dem Kontextmenü und dabei die Option *Exportbereich: Ausgewählte Teilstruktur*. Als Dateinamen wählen Sie *Papierkorb auf Desktop.reg* oder einen anderen Namen, den Sie sich gut merken können.

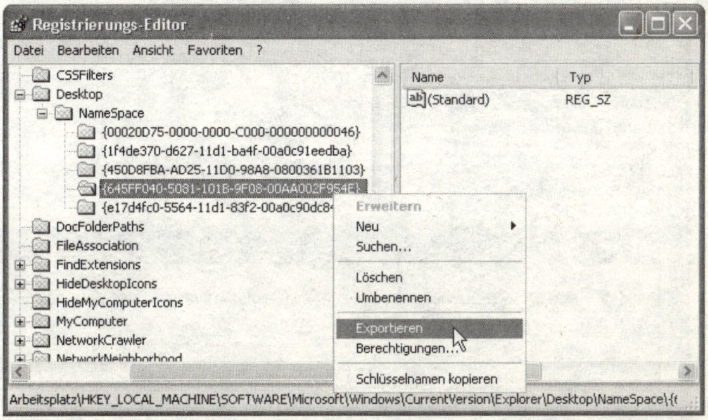

2 Löschen Sie nun den Unterschlüssel *{645FF040-5081-101B-9F08-00AA002F954E}*, indem Sie ihn markieren, mit der rechten Maustaste anklicken und aus dem Kontextmenü den Befehl *Löschen* wählen - alternativ können Sie auch einfach die Taste [Entf] drücken. Bestätigen Sie die anschließende Sicherheitsabfrage mit einem Klick auf *Ja*. Klicken Sie nun auf eine freie Fläche des Desktops und drücken Sie [F5]. Der Papierkorb verschwindet augenblicklich auf Nimmerwiedersehen.

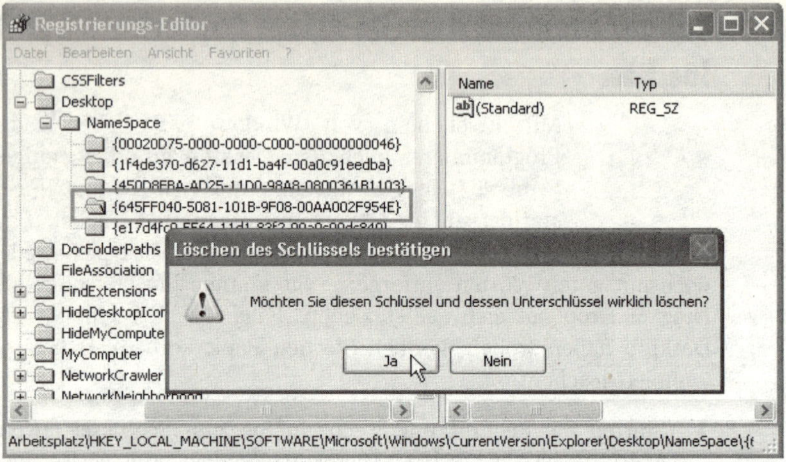

3 Wollen Sie den Papierkorb wieder auf dem Desktop erscheinen lassen, doppelklicken Sie einfach auf die vorher gesicherte Datei *Papierkorb auf Desktop.reg* und bestätigen die Sicherheitsabfrage mit *Ja*. Sofort ist wieder alles beim Alten.

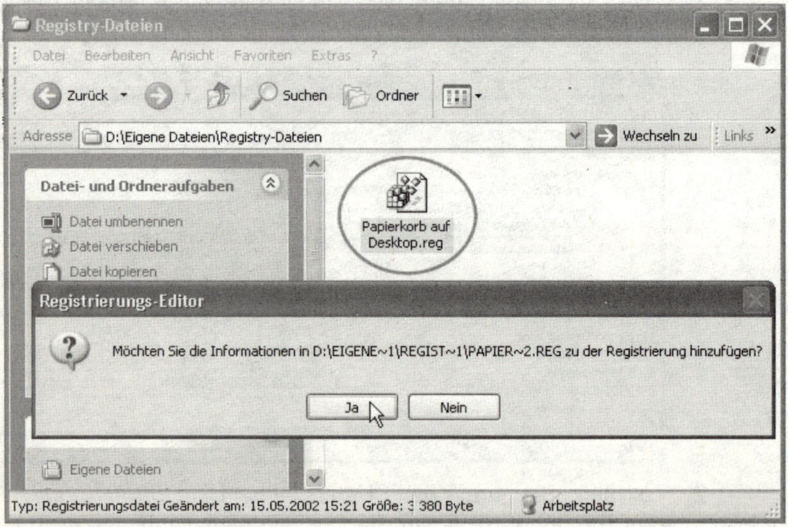

INFO

Papierkorb: Zuerst deaktivieren, dann löschen!

Achtung: Wenn Sie den Papierkorb vom Desktop löschen, ist er auch im Windows-Explorer nicht mehr zu sehen, Sie haben also anschließend keinen Zugriff mehr auf ihn. Sie sollten den Papierkorb also nur vom Desktop löschen, wenn Sie ihn auch nicht mehr verwenden wollen. Daher sollten Sie ihn vorher deaktivieren. Klicken Sie dafür mit der rechten Maustaste auf das Papierkorb-Symbol und wählen Sie aus dem Kontextmenü den Befehl *Papierkorb leeren*. Klicken Sie anschließend erneut mit der rechten Maustaste auf das Symbol und wählen Sie *Eigenschaften*. Aktivieren Sie dann unter der Registerkarte *Global* die Option *Eine Einstellung für alle Laufwerke verwenden* und setzen Sie ein Häkchen vor die Option *Dateien sofort löschen (nicht in Papierkorb verschieben)*.

Ihre ganz persönliche geheime Kommandozentrale: den Arbeitsplatz um Einträge erweitern

Im Arbeitsplatz finden Sie unter Windows XP die Ordner *Gemeinsame Dateien* und *Eigene Dateien*, außerdem Symbole zu allen Festplatten und Wechsellaufwerken. Sie können den Arbeitsplatz aber - unter allen Windows-Versionen - um weitere Einträge erweitern, die eine CLSID-Nummer haben. Wenn Sie beispielsweise, wie im letzten Kapitel gezeigt, aus optischen Gründen den Papierkorb vom Desktop entfernt haben, ist es sinnvoll, ihn im Arbeitsplatz als neuen Eintrag hinzuzufügen:

1 Starten Sie RegEdit und wechseln Sie zum Schlüssel *HKEY_LOCAL_MACHINE\SOFTWARE\Microsoft\Windows\CurrentVersion\Explorer\MyComputer\NameSpace*. Hier legen Sie einfach mit dem Befehl *Bearbeiten/Neu/Schlüssel* einen neuen Unterschlüssel an, dem Sie anschließend den CLSID-Namen des hinzuzufügenden Objekts geben - im Beispiel Papierkorb also *{645FF040-5081-101B-9F08-00AA002F954E}*.

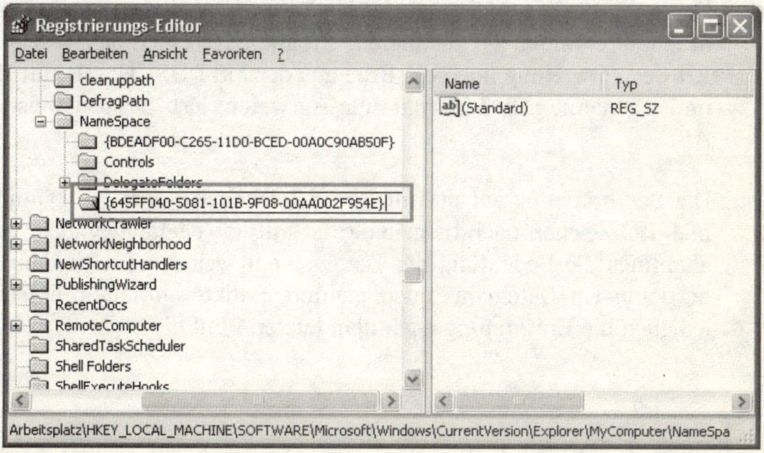

2 Wenn Sie nun den Arbeitsplatz das nächste Mal öffnen, finden Sie darin den neuen Eintrag *Papierkorb* vor.

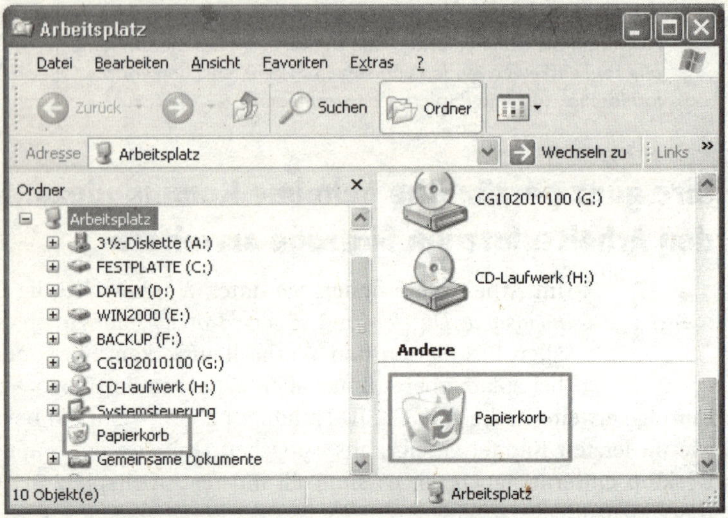

4.2 Dateimanagement total im Griff: Suchen, Anzeigen, Öffnen, Drucken

Über den Registry-Zweig *HKEY_CLASSES_ROOT* werden nicht nur die speziellen Merkmale der Systemordner und -objekte verwaltet, wie im letzten Kapitel gezeigt, sondern auch die Zuordnungen der Dateitypen, die sich durch ihre Endungen definieren. Programmgeschichtlich gesehen ist diese Art der Verwaltung noch ein Erbe aus der MS-DOS-Zeit, als nur Dateinamen im so genannten 8+3-Format zulässig waren, also beispielsweise *12345678. ABC*.

Die Beschränkung auf maximal acht Zeichen vor dem Punkt und auf maximal drei Zeichen nach dem Punkt ist mittlerweile aufgehoben, geblieben ist allerdings die Bedeutung der Dateinamenerweiterung nach dem Punkt. Dabei kann ein Dateiname auch mehrere Punkte enthalten, entscheidend ist lediglich die Erweiterung nach dem letzten Punkt.

INFO

Dateinamenerweiterungen werden nicht angezeigt!

Wenn auf Ihrem System Dateinamenerweiterungen nicht angezeigt werden, also eine in Word abgespeicherte Datei *Brief* im Explorer als *Brief* anstelle von *Brief.doc* erscheint, sollten Sie dies dringend ändern. Denn diese an sich für Anfänger gut gemeinte, aber verwirrende Windows-Einstellung machen sich auch Hacker zunutze: Ein bösartiges Virus namens *Bild.jpg.vbs* taucht dann im Windows-Explorer als vermeintlich harmlose Bilddatei *Bild.jpg* auf. Um die Dateinamenerweiterungen anzuzeigen, wählen Sie im Windows-Explorer den Befehl *Extras/ Ordneroptionen*, wechseln zur Registerkarte *Ansicht* und entfernen das Häkchen vor der Option *Erweiterungen bei bekannten Dateitypen ausblenden*.

Die Dateinamenerweiterung entscheidet nicht nur, welches Symbol für die Datei angezeigt wird und welche Anwendung Windows bei einem Doppelklick startet, sondern auch beispielsweise, welche Befehle und Möglichkeiten das Kontextmenü bietet, wenn Sie die Datei mit der rechten Maustaste anklicken.

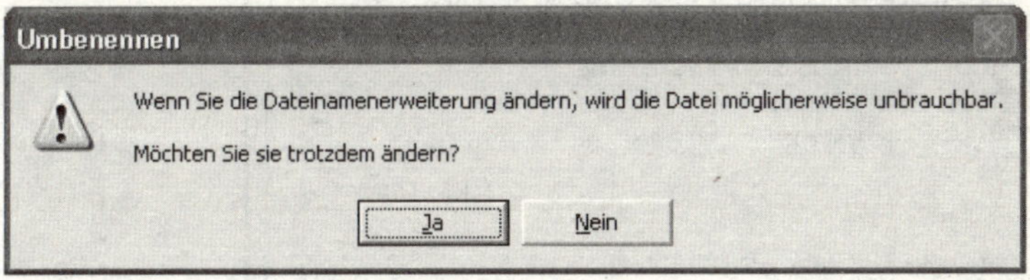

Etwas übertrieben: Durch das Ändern der Dateinamenerweiterung werden Dateien nicht unbrauchbar, sondern lediglich einer anderen Anwendung zugeordnet.

Welche Bedeutung die Dateinamenerweiterung für Windows - im Gegensatz zu anderen Betriebssystemen wie Mac OS - hat, merken Sie, wenn Sie sie beim Umbenennen einer Datei ändern, wenn Sie also beispielsweise eine Datei *Brief.doc* in *Brief.txt* umbenennen. Windows warnt dann, dass die Datei „möglicherweise unbrauchbar" wird. Nun, ganz so wild ist es nicht, aber in unserem Beispiel führt das Umbenennen immerhin dazu, dass beim nächsten Öffnen der Datei per Doppelklick der Text nicht in Word, sondern im Windows-Editor geladen wird und Sie nur rätselhafte Hieroglyphen auf den Bildschirm bekommen. Sobald Sie aber der Datei ihren alten Namen *Brief.doc* zurückgeben, ist die Welt wieder in Ordnung. In den folgenden Kapiteln lesen Sie die besten Tipps und Tricks rund ums Dateimanagement.

Workshop: Woher weiß Windows das? So verwalten Sie das Management der Dateiendungen

Woher weiß Windows aber nun, dass beispielsweise das Zubehörprogramm Editor gestartet werden soll, wenn Sie auf eine Datei mit der Endung *.txt* doppelklicken? Und woher weiß das Betriebssystem, dass es Textdateien mit dem Symbol eines Notizblocks darstellen soll? All dies ist - Sie erraten es schon - in der Registry festgelegt.

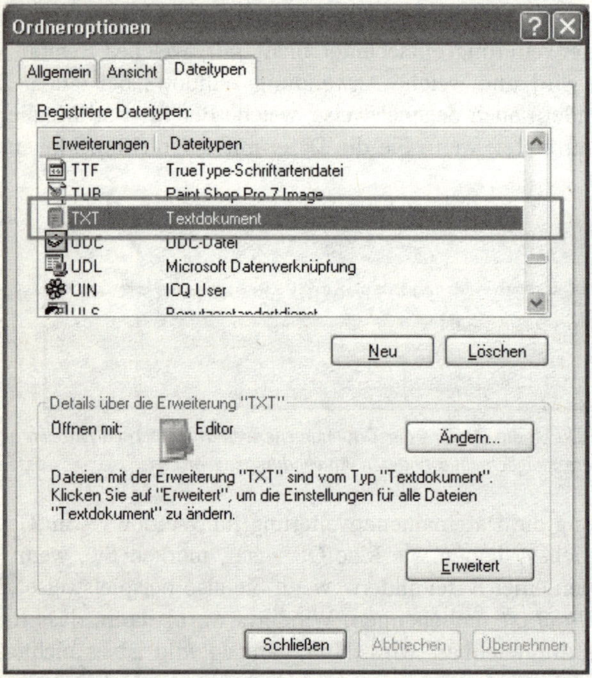

In den Ordneroptionen können Sie das Management der Dateinamenerweiterungen manipulieren.

Einen kleinen Einblick davon erhalten Sie, wenn Sie in einem beliebigen Ordner den Befehl *Extras/Ordneroptionen* wählen, zur Registerkarte *Dateitypen* wechseln und dann den Eintrag *TXT Textdokument* markieren. Über die Schaltfläche *Ändern* können Sie nun für alle Dateien mit der Endung *.txt* ein anderes Programm - zum Beispiel Word - zum Öffnen festlegen.

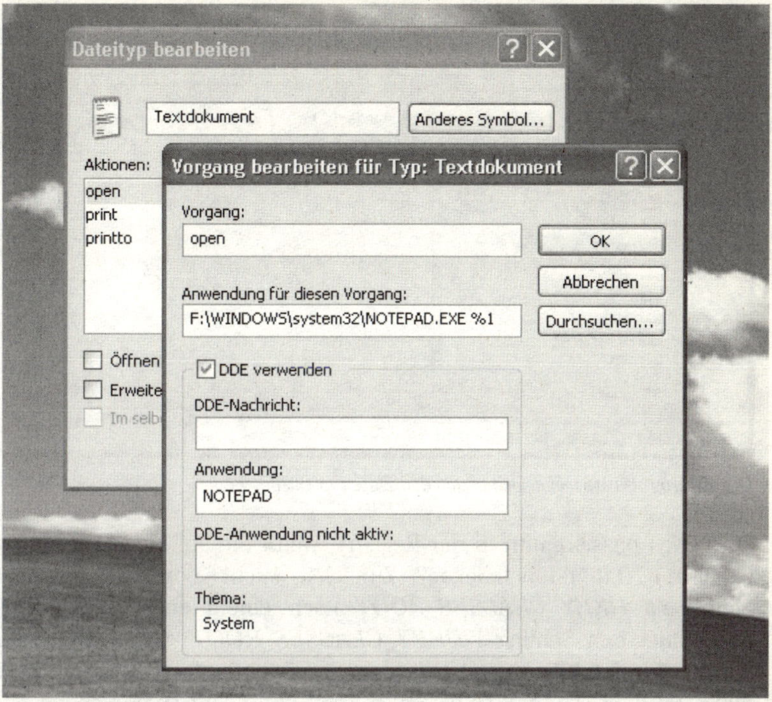

Hier geht's ans Eingemachte: Die mit dem Typ Textdokument verknüpften Aktionen können weitreichend bearbeitet werden.

Sehr viel weiter reichende Optionen bietet die Schaltfläche *Erweitert*: Zum einen betreffen die Änderungen, die Sie über diese Schaltfläche vornehmen, nicht nur Dateien mit der Dateinamenerweiterung *.txt*, sondern sämtliche Textdateien. Dies sind beispielsweise auch Benutzerwörterbücher (Endung *.dic*) oder Logfiles (Endung *.log*). Zum anderen legen Sie hier nicht nur das Programm zum Öffnen fest, sondern auch, was genau bei der Anwahl bestimmter Kontextmenü-Befehle wie *Drucken* passieren soll und einiges mehr. Doch in einigen Fällen kommen Sie auch hier nur mit der Registry weiter: Erstens lassen sich nicht alle möglichen Optionen über die Dialogboxen steuern, zweitens werden Sie bestimmte systemnahe Erweiterungen wie *.exe*, *.com*, *.bat* oder *.pif* – zumindest unter Windows XP – in der Liste *Registrierte Dateitypen* gar nicht finden: Microsoft hat sie aus Sicherheitsgründen versteckt, da unbedachte Änderungen an diesen Erweiterungen die komplette Windows-Installation zerstören können.

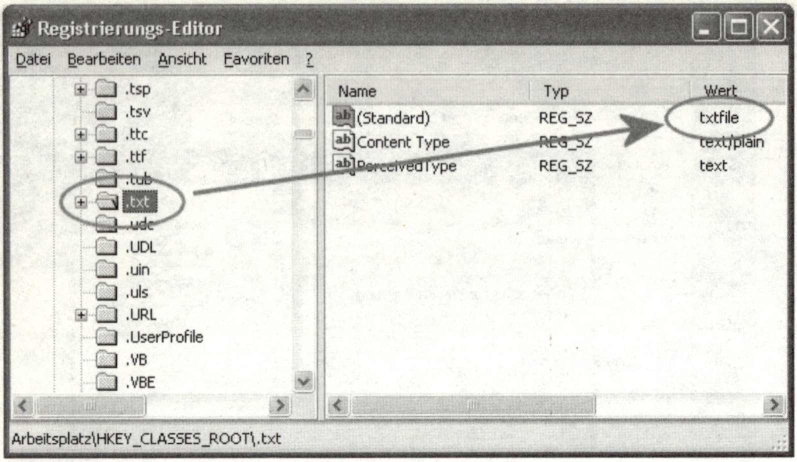

Der Eintrag .txt verweist weiter auf den Dateityp txtfile.

Doch was passiert nun in der Registry, wenn Sie auf eine Datei mit der Erweiterung *.txt* doppelklicken? Zunächst sucht Windows unterhalb des Schlüssels *HKEY_CLASSES_ROOT* nach einem entsprechenden Eintrag und findet den Schlüssel *HKEY_CLASSES_ROOT\.txt*. Hier ist der Standardwert auf *txtfile* gesetzt: Windows weiß jetzt, dass Dateien mit der Endung *.txt* dem Dateityp *txtfile* angehören, und sucht entsprechend nach weiteren Anweisungen.

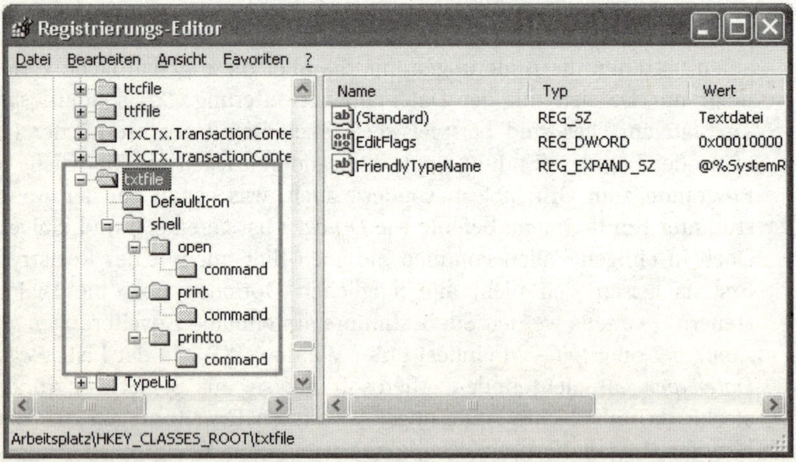

Die Anweisungen unter txtfile betreffen nicht nur Dateien mit der Endung .txt.

Fündig wird das Betriebssystem unter dem Schlüssel *HKEY_CLASSES_ROOT\txtfile*, der in seinen Werten und Unterschlüsseln detaillierte Anweisungen zu diesem Dateityp bietet:

- Der Wert *(Standard)* setzt die Bezeichnung für diesen Dateityp fest, in unserem Beispiel *Textdatei*.
- Der Wert *EditFlags* legt weitere Feineinstellungen für den Dateityp fest. Auf diesen wichtigen Wert soll im nächsten Kapitel genauer eingegangen werden.
- Der Wert *FriendlyTypeName* setzt ebenfalls die Bezeichnung für den Dateityp - in einer speziellen Schreibweise für Windows 2000/XP - fest.
- Der Unterschlüssel *DefaultIcon* definiert, mit welchem Symbol der Dateityp im Windows-Explorer angezeigt werden soll.
- Der Unterschlüssel *shell* birgt die weiteren Unterschlüssel *open*, *print* und *printto*, die Anweisungen fürs Dateimanagement (Öffnen und Drucken) entsprechen.
- Die Unterschlüssel *open*, *print* und *printto* enthalten wiederum jeweils den Unterschlüssel *command*, der die jeweils dazugehörigen genauen Befehle enthält.

Doppelklicken Sie beispielsweise auf eine Datei des Typs Textdatei, findet Windows die dazugehörige Aktion unter dem Registry-Schlüssel *HKEY_CLASSES_ROOT\txtfile\shell\open\command*: Hier findet sich der Befehl *%SystemRoot%\system32\NOTEPAD.EXE %1*, der in Umgangssprache übersetzt lauten könnte: Öffne den Windows-Ordner (Platzhalter *%System Root%*), öffne darin dann den Ordner *system32*, starte darin die Programmdatei *NOTEPAD.EXE* (das ist das Zubehörprogramm Editor) und öffne die Datei, auf die gerade doppelt geklickt wurde (Platzhalter *%1*).

Selbstverständlich können einem Dateityp noch sehr viel mehr Anweisungen in Form von Werten und Unterschlüsseln zugewiesen werden. Die hier beschriebenen sind aber die typischsten Standardanweisungen.

Workshop: Bearbeitung bestimmter Dateitypen mittels der EditFlags zulassen oder unterbinden

Dem schon im vorigen Kapitel erwähnten Wert *EditFlags*, den Sie bei fast jedem Dateityp finden, kommt eine ganz besondere Bedeutung zu. Es handelt sich um einen Wert, der hexadezimal in vier Bytes (Byte 0 bis Byte 3) kodiert ist und der bis ins kleinste Detail die Bearbeitungsmöglichkeiten des Dateityps unter *Systemsteuerung/Ordneroptionen*, Registerkarte *Dateitypen* bestimmt. Sind alle vier Bytes auf 00 gesetzt, bedeutet das so viel wie: Alles ist erlaubt:

```
00 00 00 00
```

Mit der richtigen Einstellung dieses Wertes können Sie erreichen, dass bestimmte Dateitypen in der Liste angezeigt oder aber auch verborgen werden, und Sie können die Bearbeitungsmöglichkeiten feinstufig erweitern oder einschränken.

So können Sie über den Wert *EditFlags* etwa festlegen, dass der zugehörige Dateityp nicht bearbeitet oder nicht entfernt werden kann - die entsprechenden Schaltflächen werden dann zwar noch angezeigt, sind aber grau dargestellt und können nicht angeklickt werden.

INFO

Nicht alle Dateitypen haben eine Endung

In der Liste der registrierten Dateitypen in den Ordneroptionen finden Sie auch eine Reihe von Dateitypen, die keine Endung haben, beispielsweise *Ordner* oder auch *AudioCD*. Hierbei handelt es sich auch nicht um Dateitypen, die Dateien im physikalischen Sinne vertreten, sondern um Systemobjekte, die Sie auch nicht verändern oder löschen können. Was sinnvoll ist: Würden Sie etwa den Eintrag *Ordner* löschen, wüsste Windows nicht mehr, was zu tun wäre, wenn Sie auf einen Ordner doppelklicken - und dann würde schlichtweg nichts mehr funktionieren.

Die folgenden Tabellen zeigen Ihnen die Bedeutung der Bytes 0 bis 3 (von links nach rechts gesehen). Byte 0 repräsentiert dabei die Einstellungsmöglichkeiten unter der Dialogbox *Ordneroptionen*, Registerkarte *Dateitypen* sowie einige Einstellungsmöglichkeiten unter der Dialogbox *Dateityp bearbeiten*, die Sie mit einem Klick auf die Schaltfläche *Erweitert* erreichen:

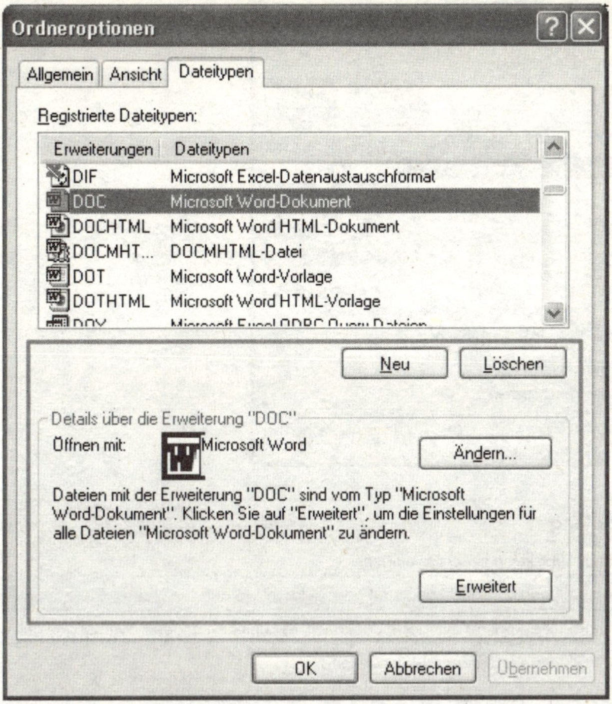

Byte 0	Bedeutung
00	Alles ist erlaubt, keine Einschränkungen.
01	Der Dateityp wird in der Liste der registrierten Dateitypen nicht angezeigt.
02	Der Dateityp wird in der Liste angezeigt, auch wenn es sich um ein Systemobjekt ohne Dateinamenerweiterung handelt, das durch eine CLSID repräsentiert wird (z. B. *Ordner*).
04	Der Dateityp hat eine Dateinamenerweiterung.
08	Die Schaltfläche *Erweitert* ist deaktiviert.
10	Die Schaltfläche *Löschen* ist deaktiviert.
20	Unter *Dateityp bearbeiten* können keine neuen Aktionen angelegt werden.
40	Unter *Dateityp bearbeiten* können keine bestehenden Aktionen bearbeitet werden.
80	Unter *Dateityp bearbeiten* können keine bestehenden Aktionen gelöscht werden.

Das Byte 2, also die nächsten beiden Stellen, repräsentieren die Einstellungsmöglichkeiten der Dialogbox *Dateityp bearbeiten*, die erscheint, wenn Sie auf die Schaltfläche *Erweitert* klicken, sowie die Einstellungsmöglichkeiten unter der Dialogbox *Vorgang bearbeiten*:

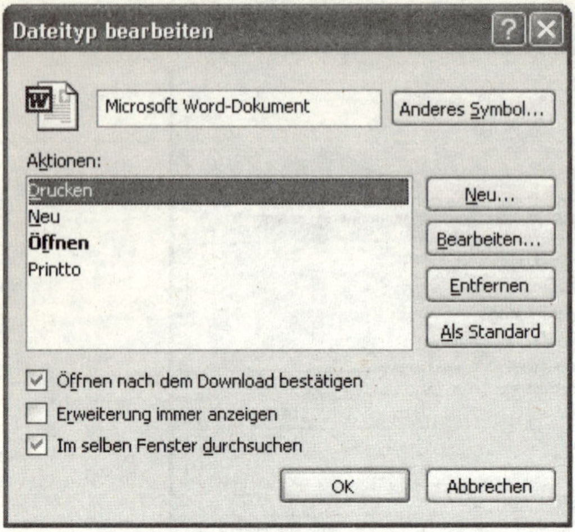

Byte 1	Bedeutung
00	Alles ist erlaubt, keine Einschränkungen.
01	Die Beschreibung kann nicht geändert oder gelöscht werden.
02	Die Schaltfläche *Anderes Symbol* ist deaktiviert, es kann kein anderes Symbol gewählt werden.
04	Die Schaltfläche *Als Standard* ist deaktiviert.
08	Beim Bearbeiten kann das Feld *Vorgang* nicht bearbeitet werden.
10	Beim Bearbeiten kann die Anwendung für diesen Vorgang nicht geändert werden.
20	Beim Bearbeiten ist das Feld *DDE verwenden* deaktiviert.

Das Byte 3 schließlich repräsentiert einige Optionen unter *Dateityp bearbeiten*, aber auch einige Optionen, die Sie über die Dialogboxen gar nicht einstellen können:

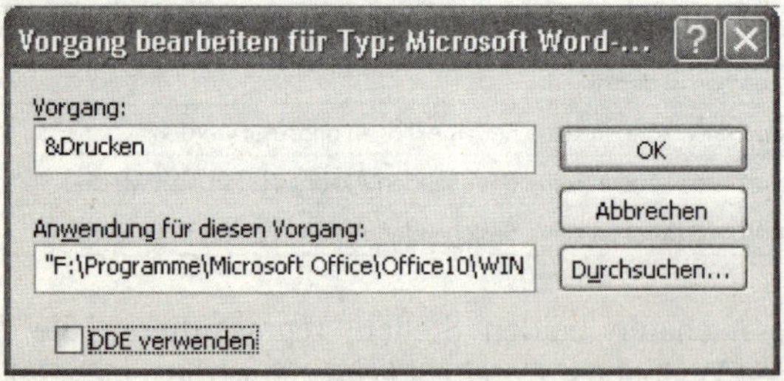

Byte 2	Bedeutung
00	Beim Download einer Datei dieses Typs erscheint eine Dialogbox, in der gefragt wird, ob Sie die Datei öffnen oder speichern wollen.
01	Beim Download einer Datei dieses Typs erscheint keine Dialogbox, die Datei wird sofort nach dem Download geöffnet.
04	Die Dateinamenerweiterung wird immer angezeigt, auch wenn in der Dialogbox *Ordneroptionen/Ansicht* die Option *Dateinamenerweiterungen bei bekannten Dateitypen ausblenden* gewählt wurde.
10	Dateien dieses Dateityps erscheinen nicht als Eintrag im Menü *Start/Zuletzt verwendete Dokumente*.

Das Byte 3 hat schließlich keine Bedeutung, es steht immer auf 00.

Wie wendet man die Byte-Werte von *EditFlags* aber nun praktisch an? Nehmen wir an, Sie wollen den Dateityp DOC (der Word-Dokumente vertritt) vor Veränderungen schützen und ganz aus der Liste der registrierten Dateitypen verschwinden lassen. Gehen Sie dann folgendermaßen vor:

1 Starten Sie RegEdit und wechseln Sie zum Schlüssel *HKEY_CLASSES_ROOT\.doc*. Am Wert *(Standard)* im rechten Fenster können Sie erkennen, dass Dateien mit der Dateinamenerweiterung *.doc* dem Dateityp *Word.Document.8* zugeordnet sind. (Dies gilt für Word 2002, je nach Word-Version kann der Dateityp auch anders heißen, etwa *Word.Document.6* für Word 97 und Word 2000).

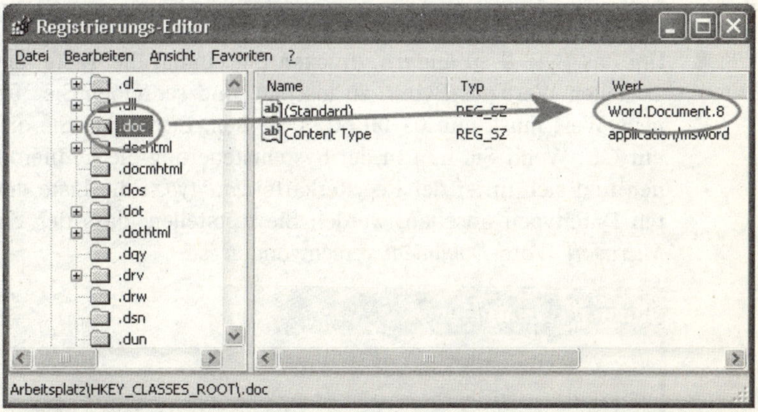

2 Wechseln Sie nun zum Schlüssel *HKEY_CLASSES_ROOT\ Word.Document.8* und doppelklicken Sie im rechten Fenster auf den Wert *EditFlags* bzw. wählen Sie aus dem Kontextmenü den Befehl *Ändern*.

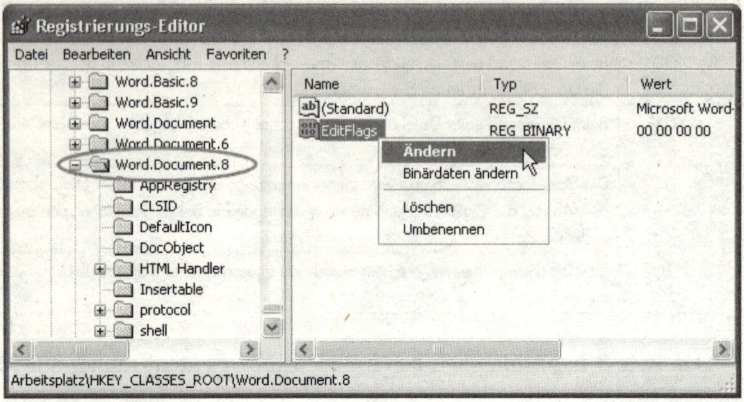

3 Sie sehen nun, dass der Binärwert für *EditFlags* auf 00 00 00 00 gesetzt ist. Um den Dateityp *Word.Document.8* in der Liste der registrierten Dateitypen zu verstecken, muss das Byte 0 (das sind die ersten beiden Nullen) von 00 auf 01 gesetzt werden.

4 Um das Byte 0 zu ändern, drücken Sie einmal die Taste Entf, um den aktuellen Wert des Byte 0 zu löschen, und schreiben Sie „01“ hin. Der neue Wert muss nun 01 00 00 00 heißen. Bestätigen Sie die Änderung mit *OK*. Wenn Sie nun in der Systemsteuerung die Ordneroptionen öffnen und sich unter der Registerkarte *Dateitypen* die Liste der registrierten Dateitypen ansehen, werden Sie feststellen, dass der Eintrag *DOC Microsoft Word-Dokument* verschwunden ist.

Was aber nun, wenn Sie mehrere Optionen gleichzeitig mit *EditFlags* einstellen wollen? Beispielsweise wollen Sie erreichen, dass man den Dateityp *Word.Document.8* zwar mit der Schaltfläche *Erweitert* noch bearbeiten kann, dann aber sollen in der Dialogbox die Schaltflächen *Bearbeiten* und *Entfernen* deaktiviert sein. Um *Bearbeiten* zu deaktivieren, muss das Byte 0 auf 40 gesetzt werden, und um *Entfernen* zu deaktivieren, auf 80. In diesem Fall addieren Sie die beiden Hex-Werte einfach und tragen fürs Byte 0 die Summe ein.

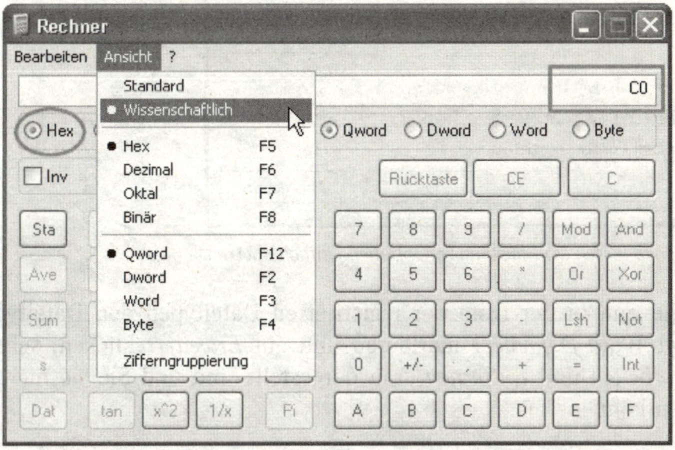

Unter der Ansicht Wissenschaftlich können Sie mit dem Rechner auch mit hexadezimalen Zahlen rechnen.

Aber Vorsicht! Da es sich um Hex-Werte und nicht um „normale" Dezimalzahlen handelt, ergeben 40 + 80 nicht (!) 120. Um die Summe zu ermitteln, starten Sie mit *Start/Alle Programme/Zubehör* den Rechner und wählen zunächst den Befehl *Ansicht/Wissenschaftlich*. Stellen Sie dann links unter dem Anzeigefeld die Option *Hex* ein. Nun rechnen Sie:

```
40 + 80 = C0
```

Tragen Sie in RegEdit also unter *HKEY_CLASSES_ROOT\ Word.Document.8* für *EditFlags* den Wert „C0 00 00 00" ein.

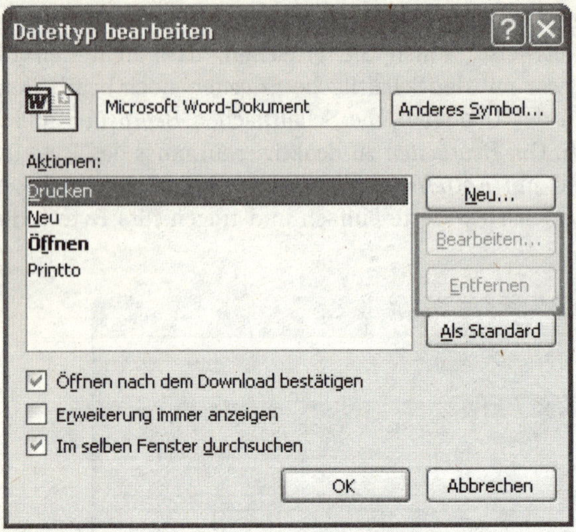

Mit EditFlags lassen sich bestimmte Optionen einfach sperren.

Wenn Sie nun in der Liste der registrierten Dateitypen den Dateityp *DOC Microsoft Word-Dokument* markieren und auf *Erweitert* klicken, sehen Sie, dass *Bearbeiten* und *Entfernen* grau dargestellt sind und Sie sie nicht mehr anklicken können.

So haben Sie immer die Wahl: Kontextmenü-Befehl Öffnen mit auch bei registrierten Dateitypen immer anzeigen

98 Eine der Schwächen von Windows ist, dass man zwar mehrere Dateinamenerweiterungen einer Anwendung zuordnen kann, nicht aber mehrere Anwendungen einer Dateinamenerweiterung. In der Praxis kommt es aber oft vor, dass man eine Datei mit einer anderen statt mit der mit ihr verknüpften Anwendung öffnen will: Beispielsweise will man sich mal eine Textdatei in Word anstatt im Editor ansehen oder eine HTML-Datei im Netscape Navigator anstatt im Internet Explorer. Ab Windows Millennium ist dafür der Befehl *Öffnen mit* im Kontextmenü integriert - netterweise merkt sich das Betriebssystem sogar, mit welchen Anwendungen Sie den Dateityp schon geöffnet haben, und bietet diese Anwendungen in einem Untermenü direkt an.

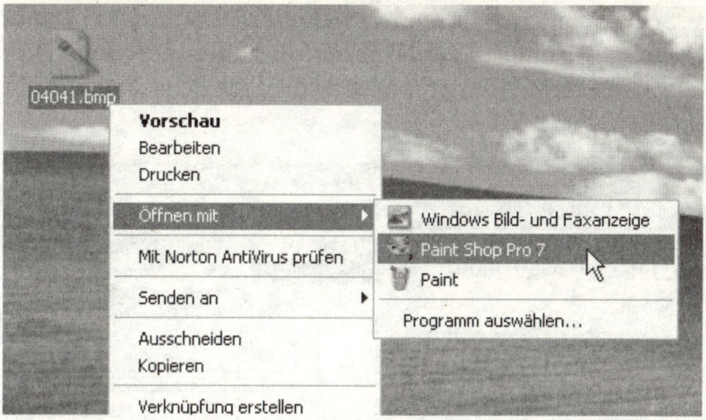

Unter Windows ME und XP werden Ihnen mit dem Öffnen mit-Befehl automatisch die zuletzt mit diesem Dateityp verwendeten Anwendungen angeboten.

Anders sieht es bei Windows 98 aus. Hier erscheint der Befehl *Öffnen mit* nur im Kontextmenü, wenn Sie beim Rechtsklick auf die Datei gleichzeitig die Taste Umschalt gedrückt halten. Wem das zu umständlich ist, der kann aber mit einem kleinen Registry-Trick diese Option auch dauerhaft ins Kontextmenü integrieren:

1 Starten Sie RegEdit und wechseln Sie zum Schlüssel *HKEY_CLASSES_ROOT\ **. Klicken Sie mit der rechten Maustaste auf den Schlüssel und wählen Sie aus dem Kontextmenü den Befehl *Neu/Schlüssel*. Benennen Sie den neuen Schlüssel um in *shell*.

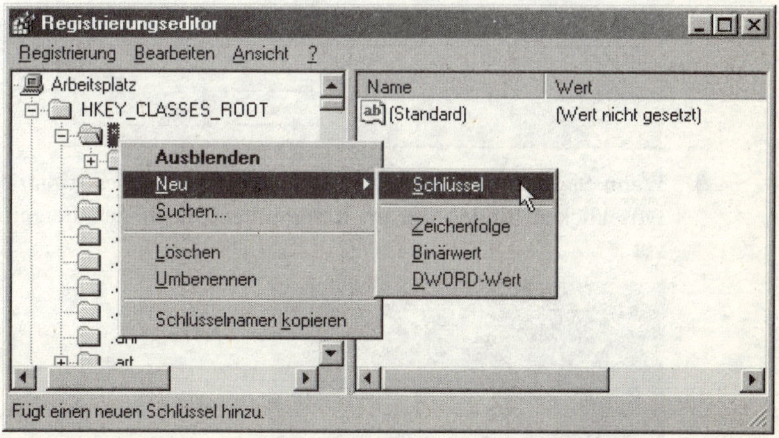

2 Legen Sie nun unterhalb des neuen Schlüssels *shell* einen weiteren Schlüssel *openas* an und darunter einen Schlüssel *command*. Der komplette Schlüsselpfad sollte nun *HKEY_CLASSES_ROOT*\shell\ openas\command* lauten. Doppelklicken Sie nun auf den Wertnamen *(Standard)* im rechten Fenster oder wählen Sie den Kontextmenü-Befehl *Ändern*.

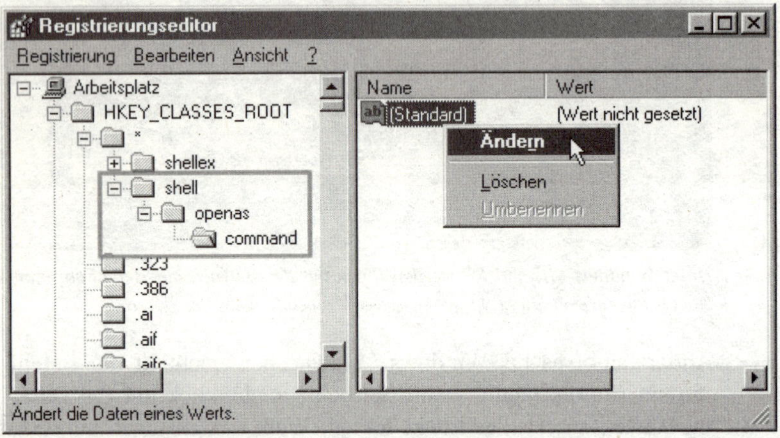

3 Tragen Sie in der Dialogbox *Zeichenfolge bearbeiten* als Wert nun die Zeile „RunDLL32 shell32.dll,OpenAs_RunDLL %1" (ohne Anführungszeichen) ein und bestätigen Sie die Änderung mit *OK*.

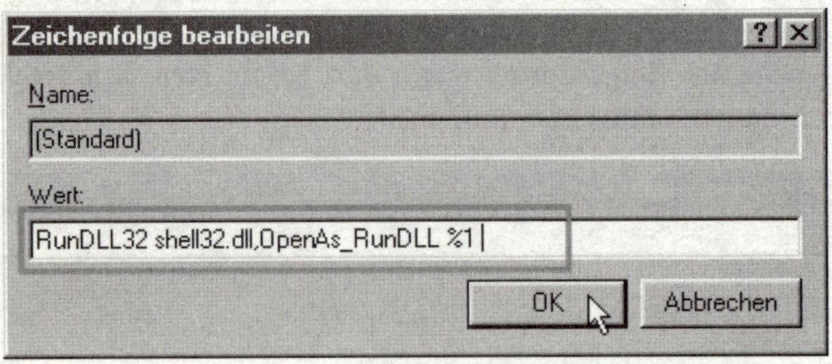

4 Wenn Sie nun das nächste Mal auf eine Datei eines registrierten Dateityps klicken, finden Sie im Kontextmenü auch den Befehl *Öffnen mit* vor.

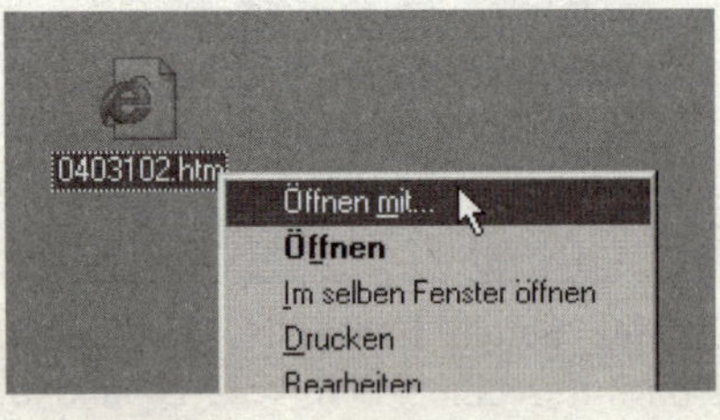

Readme.1st per Doppelklick: unbekannten Dateitypen eine Anwendung zuordnen

Gerade wenn Sie viel Freeware oder Shareware auf Ihren Rechner herunterladen, wissen Sie, dass längst nicht alle Textdateien die Endung *.txt* haben. Eine erste Anleitung zum Programm finden Sie beispielsweise oft in einer Datei mit dem prägnanten Namen *Readme.1st*, was so viel heißt wie „Read me first!" - „Lies mich zuerst!".

Aber auch Endungen wie *.doc* für engl. Document oder *.asc* wie ASCII-Text sind weit verbreitet. Öffnen Sie eine solche Datei mit einem Doppelklick, erscheint unter Windows der *Öffnen mit*-Dialog, in dem Sie aus einer Liste die passende Anwendung aussuchen können.

In den meisten Fällen werden Sie wohl im Zweifel zunächst den Windows-Editor oder einen anderen Nur-Text-Editor wählen. Was liegt also näher, als alle unbekannten Anwendungen gleich dem Editor zuzuordnen? Und so geht's:

1 Was passieren soll, wenn Sie auf eine mit keiner Anwendung verknüpften Datei doppelklicken, ist in der Registry unter dem Schlüssel *HKEY_CLASSES_ROOT\Unknown\shell* verankert. Wechseln Sie zu diesem Schlüssel und wählen Sie dann aus dem Kontextmenü den Befehl *Neu/Schlüssel*.

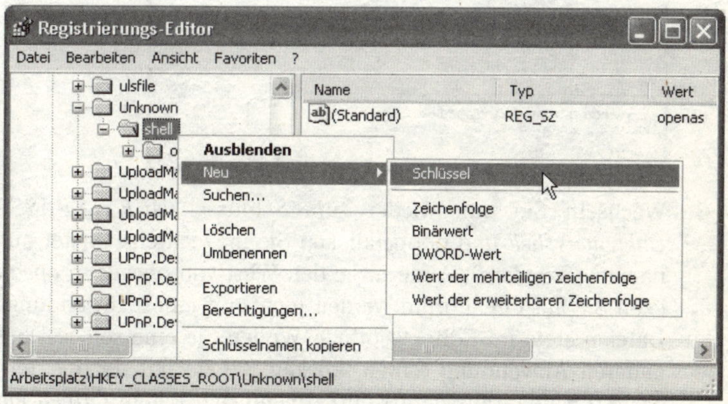

2 Legen Sie unterhalb des Schlüssels *shell* einen weiteren Schlüssel *open* an und darunter einen Schlüssel *command*. Den Standardwert des neuen Schlüssels *HKEY_CLASSES_ROOT\Unknown\shell\open\command* ändern Sie nun, indem Sie im rechten Fenster auf den Wertnamen *(Standard)* doppelklicken oder den Befehl *Ändern* aus dem Kontextmenü wählen.

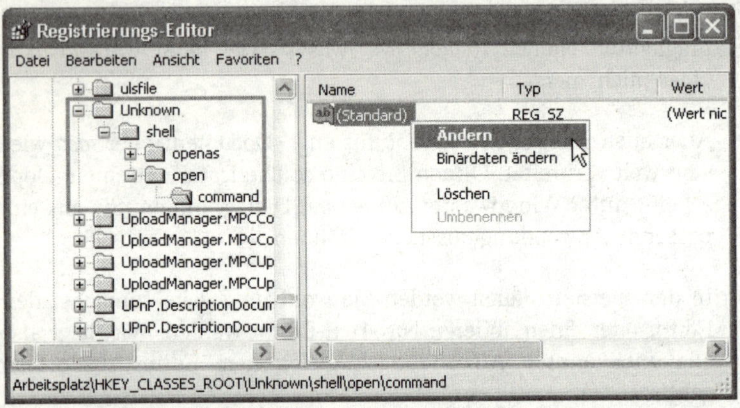

3 Als Wert weisen Sie den Pfad zum gewünschten Text-Editor zu, gefolgt von einem Leerzeichen und *%1* als Platzhalter für die aktuelle Datei. Für den Windows-Editor hieße die Befehlszeile beispielsweise *C:\Windows\system32\notepad.exe %1*. Bestätigen Sie die Änderungen mit *OK*.

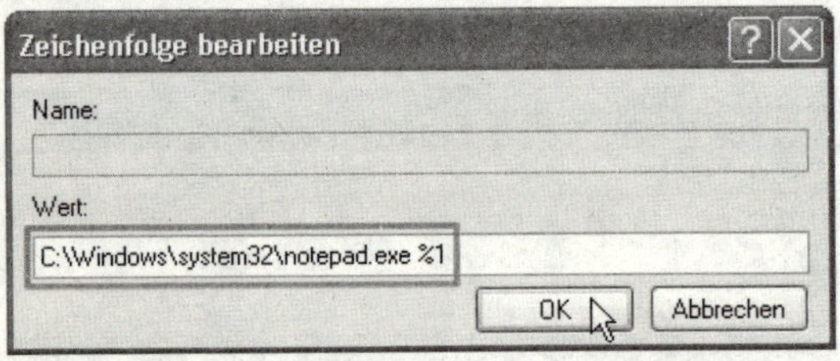

4 Wechseln Sie nun wieder zum Schlüssel *HKEY_CLASSES_ROOT\Unknown\shell* und doppelklicken Sie im rechten Fenster auf den Wertnamen *(Standard)*. Ändern Sie den Wert von *openas* in *open* ab und klicken Sie auf *OK*. Fortan werden nicht mit einer Anwendung verknüpfte Dateien stets im Editor geöffnet. Wollen Sie eine solche Datei mit einer anderen Anwendung öffnen, klicken Sie sie mit der rechten Maustaste an und wählen aus dem Kontextmenü den Befehl *Öffnen mit* (bei Windows 98 während des Anklickens die Taste [Umschalt] gedrückt halten!).

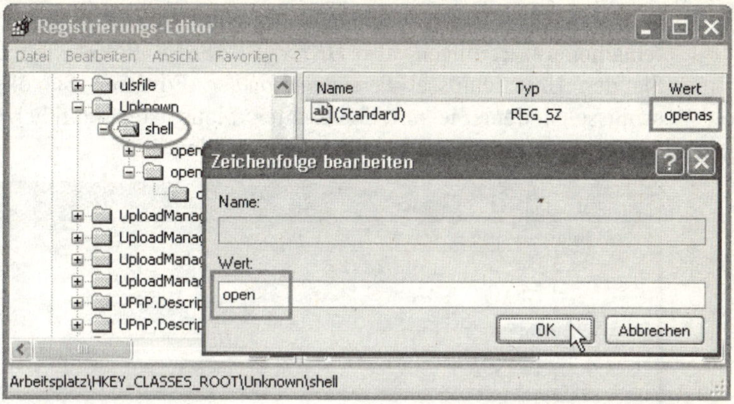

Windows-Suche getunt: Jetzt werden endlich alle Dateitypen durchsucht

XP Unter Windows XP hat sich leider ein kleiner Bug in der Suchfunktion eingeschlichen: Wenn Sie nach Dateien und Ordnern suchen und dabei die Option *Ein Wort oder ein Begriff innerhalb der Datei* wählen, werden bestimmte Dateitypen nicht durchsucht. Betroffen von diesem Bug sind folgende Dateinamenerweiterungen: *.log*, *.dll*, *.js*, *.asp*, *.xml*, *.xls*, *.hta*, *.css*, *.wsh*, *.cpp*, *.c* und *.h*.

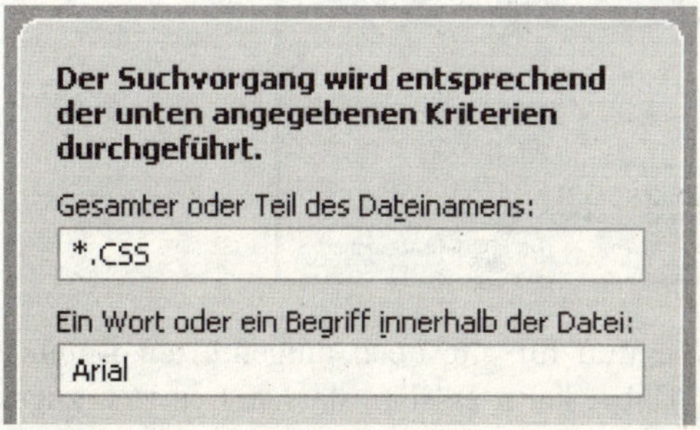

Volltext-Suche unter Windows XP: Leider werden nicht alle Dateitypen durchsucht.

Um den Bug zu beheben und die genannten Dateitypen in die Volltext-Suche mit einzuschließen, gehen Sie folgendermaßen vor:

1 Gehen Sie zum Registry-Schlüssel der ersten der oben aufgeführten Dateinamenerweiterungen, also *HKEY_CLASSES_ROOT\.log*. Hier finden Sie den Unterschlüssel *PersistentHandler*. Editieren Sie diesen Unterschlüssel, indem Sie mit der rechten Maustaste draufklicken und aus dem Kontextmenü den Befehl *Ändern* wählen.

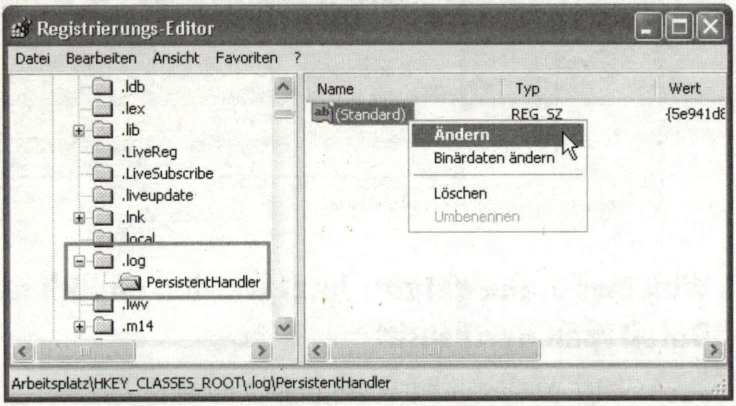

2 Als Wert ist hier eine kryptische Zahlen- und Buchstabenfolge in geschweiften Klammern eingetragen. Ersetzen Sie diesen Wert durch *{5E941D80-BF96-11CD-B579-08002B30BFEB}* und bestätigen Sie die Änderung mit *OK*.

Diese Prozedur müssen Sie nun für alle oben aufgeführten Dateinamenerweiterungen wiederholen. Dabei kann es sein, dass bei einigen zugehörigen Registry-Schlüsseln der Unterschlüssel *PersistentHandler* nicht existiert. In diesem Falle legen Sie ihn einfach an und weisen ihm anschließend den Wert *{5E941D80-BF96-11CD-B579-08002B30BFEB}* zu. Danach werden die entsprechenden Dateitypen auch wieder in die Volltext-Suche mit einbezogen.

Chirurgisch präziser Eingriff: einzelne Dateiendungen aus- oder einblenden

Mit *Start/Systemsteuerung/Ordneroptionen* lässt sich unter der Registerkarte *Ansicht* mit der Option *Erweiterungen bei bekannten Dateitypen ausblenden* festlegen, ob bei Dateitypen, die mit Anwendungen verknüpft sind, die Dateinamenerweiterungen mit angezeigt werden oder nicht.

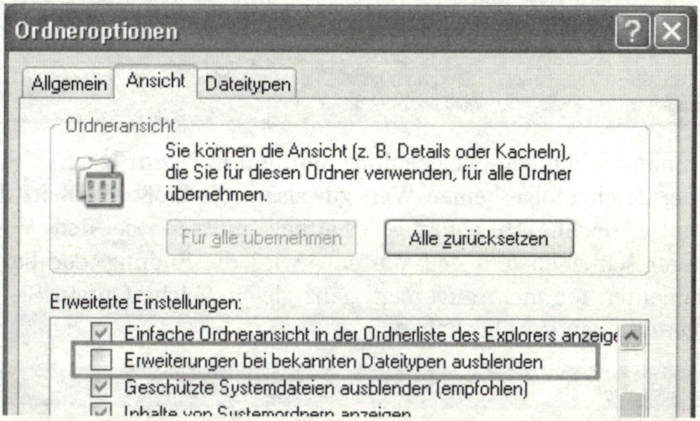

Über die Ordneroptionen legen Sie fest, ob bei registrierten Dateitypen die Dateinamenerweiterungen mit angezeigt werden oder nicht.

Haben Sie die Option *Erweiterungen bei bekannten Dateitypen ausblenden* deaktiviert - was die empfehlenswertere Einstellung ist -, können Sie dennoch über die Registry festlegen, dass gezielt für ganz bestimmte Dateitypen die Dateinamenerweiterungen ausgeblendet werden. Wollen Sie etwa für alle MS-Word-Dateien die Endung *.doc* ausblenden, gehen Sie folgendermaßen vor:

1 Sehen Sie unter dem Registry-Schlüssel *HKEY_CLASSES_ROOT\.doc* nach, auf welchen Dateityp der dortige Wert *(Standard)* verweist. Bei Word 2002 ist das *Word.Document.8*. Wechseln Sie also zum Schlüssel *HKEY_CLASSES_ROOT\Word.Document.8*. Klicken Sie mit der rechten Maustaste auf eine freie Fläche im rechten Fenster und wählen Sie aus dem Kontextmenü den Befehl *Neu/Zeichenfolge*.

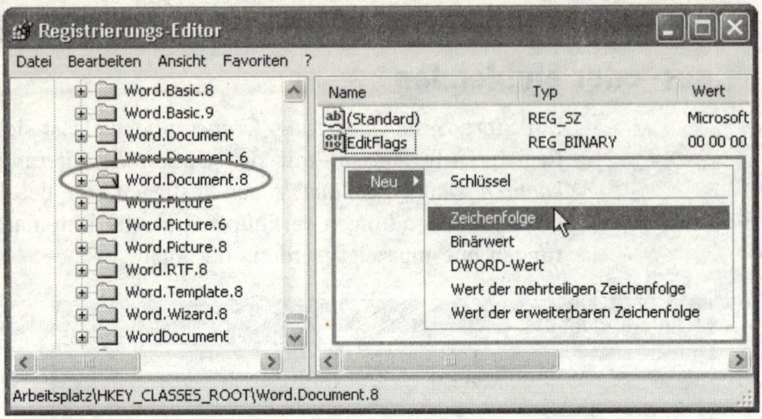

2 Benennen Sie die neue Zeichenfolge nun um in *NeverShowExt*. Sie müssen der Zeichenfolge keinen Wert zuweisen, die bloße Existenz der Zeichenfolge reicht. Ab sofort - eventuell müssen Sie den Windows-Explorer schließen und neu starten - wird die Endung *.doc* bei Word-Dokumenten nie mehr angezeigt, ganz gleich welche Option Sie in den Ordneroptionen gewählt haben.

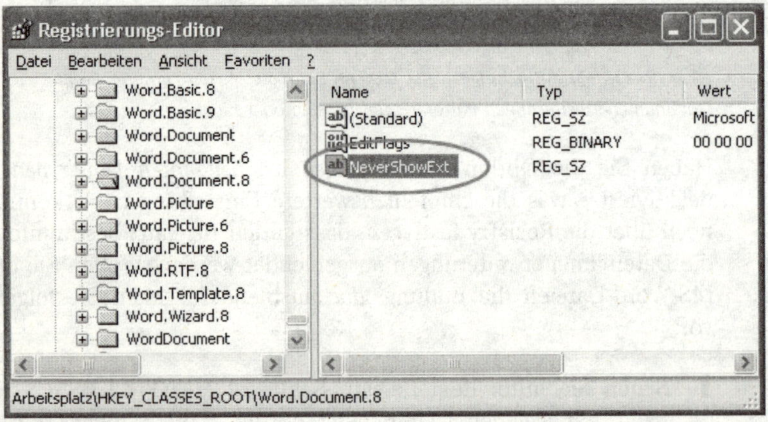

Der Trick funktioniert übrigens auch umgekehrt: Wenn Sie für den gewünschten Dateityp eine neue leere Zeichenfolge *AlwaysShowExt* anlegen, wird für diesen Dateityp die Dateinamenerweiterung immer angezeigt, auch wenn Sie in den Ordneroptionen unter der Registerkarte *Ansicht* die Option *Erweiterungen bei bekannten Dateitypen ausblenden* aktiviert haben.

INFO

PIF- und LNK-Dateien mit Erweiterungen anzeigen lassen

Einige systemnahe Dateinamenerweiterungen werden unter Windows nie angezeigt. Dazu gehören die Erweiterungen *.pif* (Verknüpfung mit einer Anwendung für MS-DOS) und *.lnk* (Verknüpfung). Wollen Sie diese Dateitypen auch mit ihrer Erweiterung anzeigen lassen, gehen Sie zum Schlüssel *HKEY_CLASSES_ROOT\piffile* bzw. zum Schlüssel *HKEY_CLASSES_ROOT\lnkfile* und benennen den dortigen Wert *NeverShowExt* um in *AlwaysShowExt*. Alternativ können Sie den Wert *NeverShowExt* auch einfach löschen.

Sofort im Bilde sein: Bitmap-Dateien als Mini-Vorschau anzeigen

XP 98 ME

Im Windows-Explorer können Sie sich Bilddateien über *Ansicht/Miniaturansicht* auch als kleine Vorschaubilder (Thumbnails) anzeigen lassen. Mit einem kleinen Trick ist es möglich, sich darüber hinaus auch in der normalen Symbolansicht Bitmap-Dateien (BMP) schon als Mini-Vorschauen anzeigen zu lassen:

1 Sehen Sie unter dem Registry-Schlüssel *HKEY_CLASSES_ROOT\.bmp* nach, auf welchen Dateityp der dortige Wert *(Standard)* verweist. Normalerweise ist das der Wert *Paint.Picture*. Wechseln Sie also zum Schlüssel *HKEY_CLASSES_ROOT\Paint.Picture*. Hier finden Sie den Unterschlüssel *DefaultIcon*. Wechseln Sie zu diesem Schlüssel und bearbeiten Sie den dortigen Wert *(Standard)* mit dem Befehl *Ändern* aus dem Kontextmenü bzw. mit einem Doppelklick.

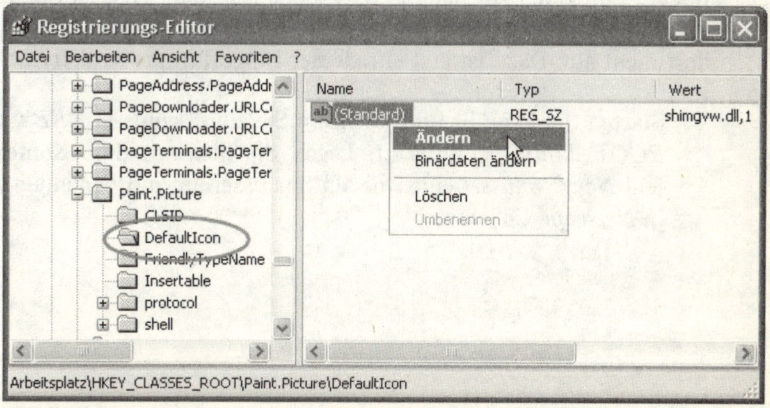

2 Weisen Sie der Zeichenfolge nun den Wert *%1* zu und klicken Sie auf *OK*. *%1* steht dabei für die aktuelle Datei. Windows wird dadurch angewiesen, in der aktuellen Datei nach einem Symbol zu suchen. Da dort kein Symbol zu finden ist, stellt Windows einfach das komplette Bitmap als Symbol dar. Beachten Sie aber, dass besonders in umfangreichen Ordnern der Aufbau der Anzeige dadurch etwas verlangsamt werden kann.

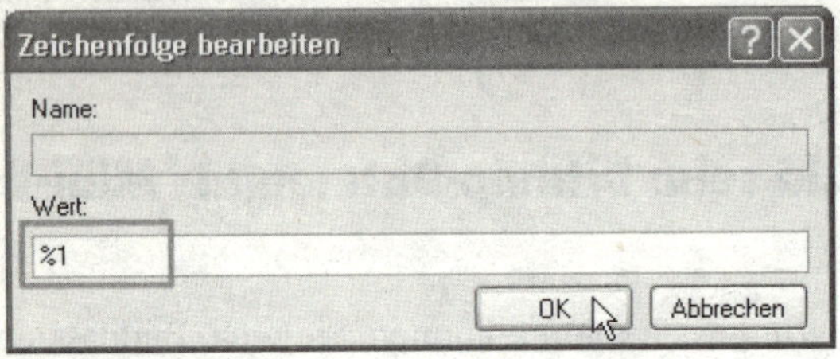

Das sieht Microsoft gar nicht gern: HTML-Dateien mit dem Composer bearbeiten

Auch wenn Microsoft mit seinem Internet Explorer den Netscape Navigator unterdessen weit abgehängt hat und letzterer fast nur noch ein Nischendasein führt, hat er doch noch treue Fans - und einen großen Vorteil: Im Netscape Communicator-Paket ist mit dem Composer ein durchaus brauchbarer HTML-Editor enthalten.

Allerdings: Wenn Sie versuchen, in der Systemsteuerung in den Internetoptionen unter der Registerkarte *Programme* den Netscape Composer als HTML-Editor einzustellen, werden Sie eine Enttäuschung erleben. Er taucht dort nicht auf. Dazu ist erst ein kleiner Eingriff in die Registry notwendig:

1 Starten Sie RegEdit und wechseln Sie zum Schlüssel *HKEY_CLASSES_ROOT\.htm\OpenWithList*. Legen Sie hier mit dem Kontextmenü-Befehl *Neu/Schlüssel* einen neuen Schlüssel an und benennen Sie ihn um in *Netscape Composer*.

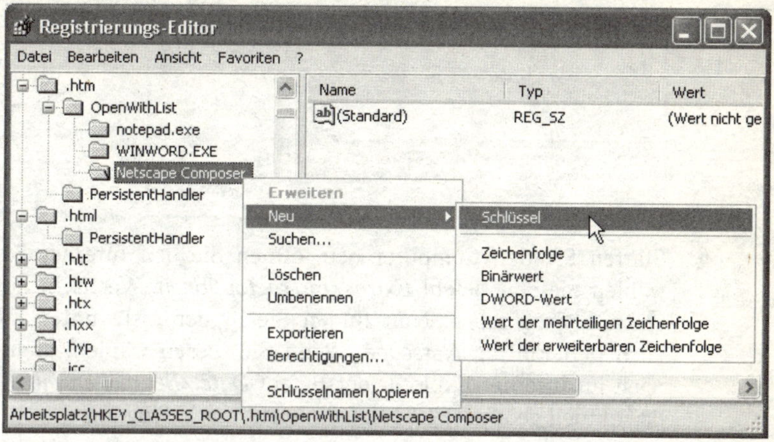

2 Legen Sie unterhalb des neuen Schlüssels hierarchisch gestaffelt die Schlüssel *shell*, *edit* und *command* an. Der komplette Schlüssel sollte dann also heißen: *HKEY_CLASSES_ROOT\.htm\OpenWithList\NetscapeComposer\shell\edit\command*. Klicken Sie nun auf der rechten Seite mit der rechten Maustaste auf *(Standard)* und wählen Sie den Befehl *Ändern*.

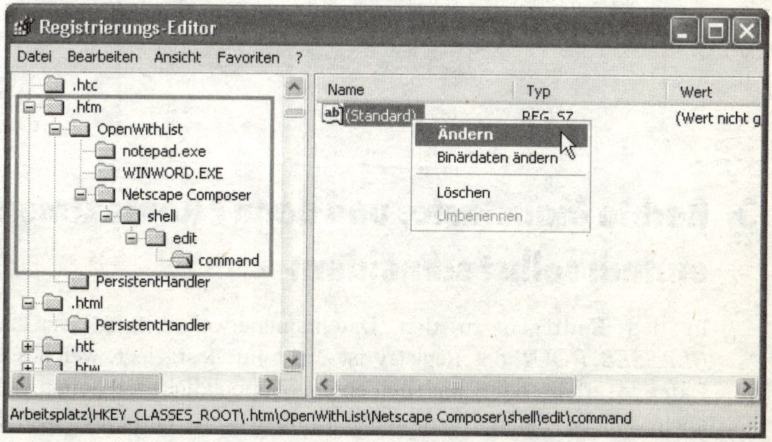

3 Tragen Sie nun den genauen Pfad zur Netscape-Programmdatei ein, gefolgt von einer Leerstelle und „-edit %1". Der Aufruf könnte also heißen: *C:\Programme\Netscape\Netscape 6\netscp6.exe -edit %1*. Schließen Sie die Dialogbox mit *OK* und beenden Sie den Registrierungs-Editor.

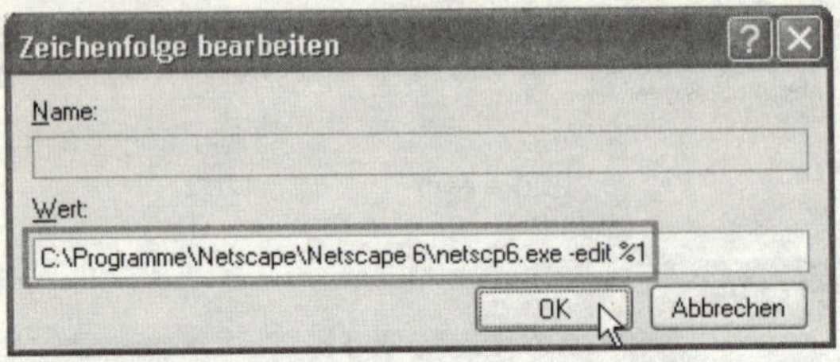

4 Starten Sie den Computer neu, öffnen Sie den Internet Explorer und wählen Sie den Befehl *Extras/Internetoptionen*. Wechseln Sie zur Registerkarte *Programme*. Nun finden Sie in der Liste unter *HTML-Editor* auch den Eintrag *Netscape*. Wenn Sie diesen wählen, steht Ihnen danach im Internet Explorer der Befehl *Datei/Bearbeiten mit Netscape* für das aktuell geöffnete HTML-Dokument zur Verfügung.

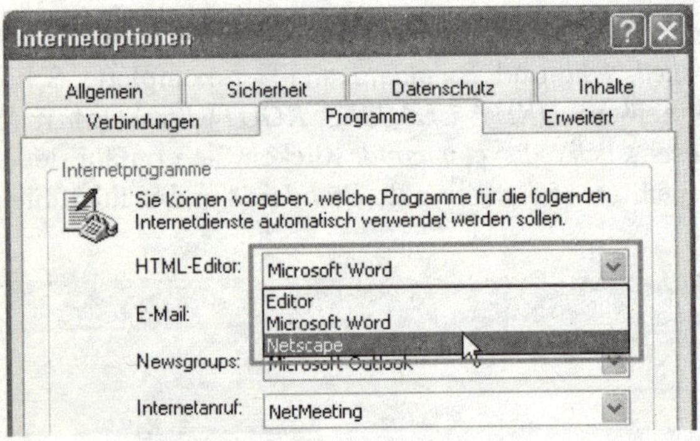

4.3 Rechte Maustaste, und dann? Kontextmenüs einfach selbst schneidern

In den Einträgen zu den Dateinamenerweiterungen im Pfad *HKEY_CLASSES_ROOT* der Registry ist nicht nur festgelegt, welches Symbol der Dateityp erhält oder was bei einem Doppelklick geschehen soll, sondern auch, welche Befehle genau das Kontextmenü enthalten soll. So erkennt Windows XP zum Beispiel, wenn Sie eine Datei mit der Endung *.zip* mit der rechten Maustaste anklicken, dass es sich um eine Archiv-Datei handelt, und fügt dem Kontextmenü den Befehl *Alle extrahieren* hinzu.

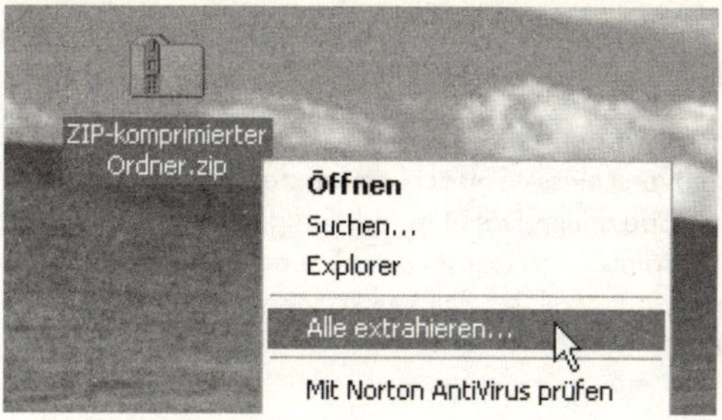

Bei ZIP-Archiven erscheint ein speziell auf diesen Dateityp zugeschnittenes Kontextmenü.

Wie und wo die Kontextmenüs in der Registry verwaltet werden und wie Sie sie ganz auf Ihre Bedürfnisse zurechtschneidern können, erfahren Sie in den nächsten Abschnitten.

Workshop: die Schlüssel shell und shellex – so werden Kontextmenüs verwaltet

Je nachdem, ob es sich um einfache Programmaufrufe oder CLSID-Objekte (Systemobjekte) handelt, werden Kontextmenü-Befehle unterschiedlich verwaltet. Generell finden Sie die Befehle des Kontextmenüs beim jeweiligen Dateityp unterhalb der Schlüssel *shell* oder *shellex* verankert, wobei sich bei CLSID-Objekten meistens der Unterschlüssel *ContextMenuHandlers* findet. Spezielle „Dateitypen“ stellen dabei die Platzhalter für alle Dateien, außerdem Ordner und Laufwerke dar, die Sie in der Registry an folgenden Stellen finden:

- **Alle Dateien**:
  *HKEY_CLASSES_ROOT\ **
- **Ordner**:
  HKEY_CLASSES_ROOT\Folder
- **Laufwerke**:
  HKEY_CLASSES_ROOT\Drive

Handelt es sich bei der Kontextmenü-Anweisung um ein CLSID-Objekt, finden Sie dort eine Referenz auf den Unterschlüssel unter *HKEY_CLASSES_ROOT\CLSID*, handelt es sich um einen einfachen Programmaufruf, finden sich hier der Unterschlüssel *command* mit weiteren Unterschlüsseln wie *open* oder *print*, die genauere Anweisungen zum auszuführenden Programm und zu den erforderlichen Parametern enthalten.

INFO

ZIP: Datei oder Ordner?

Unter Windows ME und XP werden ZIP-Archive als „komprimierte Ordner" verwaltet (Ordnersymbol mit Reißverschluss). Tatsächlich handelt es sich aber nicht um Ordner, sondern um einen speziellen Dateityp, der lediglich als Ordner dargestellt wird. Sie erkennen das beispielsweise daran, dass Sie einen „ZIP-komprimierten Ordner" als Dateianhang per E-Mail verschicken können, was mit einem normalen Ordner nicht möglich ist.

Um auf das Beispiel der ZIP-Dateien zurückzukommen: Haben Sie unter Windows XP das Zubehörprogramm Komprimierte Ordner installiert, erscheint bei allen ZIP-Dateien - und nur bei diesen! - im Kontextmenü der Befehl *Alle extrahieren*. Um zu überprüfen, wie dieser Kontextmenü-Befehl in der Registry genau verwaltet wird, gehen Sie wie folgt vor:

1 Der erste Schritt führt Sie, wie schon gewohnt, zum dieser Dateinamenerweiterung zugehörigen Schlüssel *HKEY_CLASSES_ROOT\.zip*, um nachzusehen, welchem Dateityp die Erweiterung zugeordnet ist. In diesem Fall ist das *CompressedFolder*.

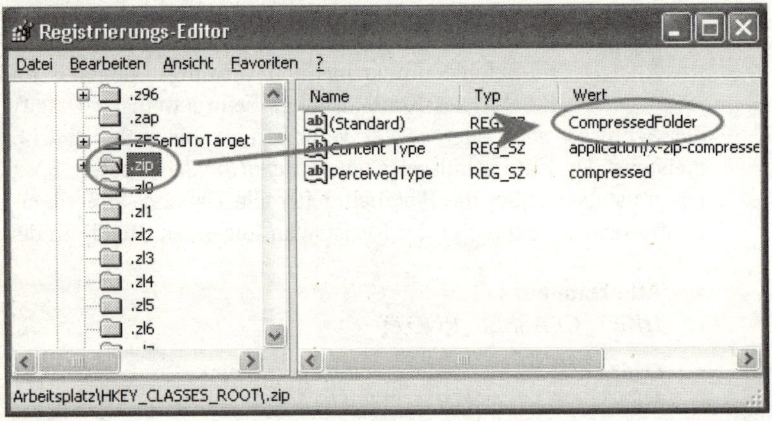

2 Wechseln Sie also zum Dateitypen-Schlüssel *HKEY_CLASSES_ROOT\CompressedFolder*. Hier wird der Kontextmenü-Eintrag unter den Unterschlüsseln *ShellEx* und *ContextMenuHandlers* durch eine CLSID repräsentiert. Der dortige Schlüsselpfad *HKEY_CLASSES_ROOT\CompressedFolder\ShellEx\ContextMenuHandlers\{b8cdcb65-b1bf-4b42-9428-1dfdb7ee92af}* verweist auf den Standardwert *Compressed (zipped) Folder Menu*.

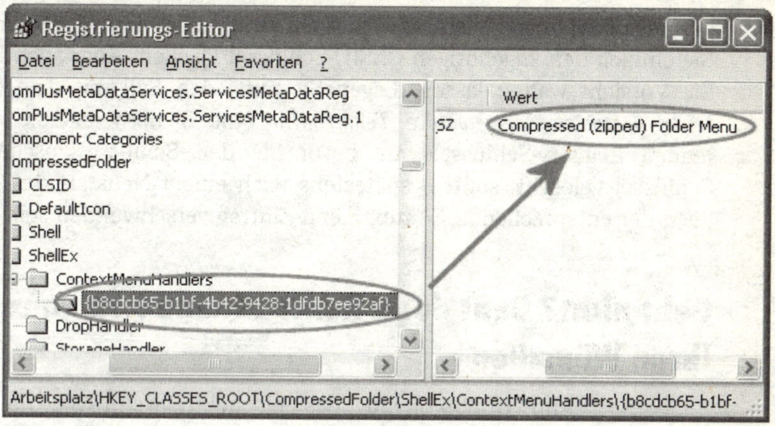

3 Wir erinnern uns: CLSID-Objekte werden unterhalb des Schlüssels *HKEY_CLASSES_ROOT\CLSID* verwaltet. Und tatsächlich findet sich hier auch der Schlüssel *HKEY_CLASSES_ROOT\CLSID\{b8cdcb65-b1bf-4b42-9428-1dfdb7ee92af}* wieder. Für den Kontextmenü-Eintrag ist der Unterschlüssel *InProcServer32* zuständig, dessen Standardwert *%SystemRoot%\System32\zipfldr.dll* lautet. Es ist der Aufruf der zuständigen DLL (= **D**ynamic **L**ink **L**ibrary"), einer Programmbibliothek, die die notwendigen Funktionen und Befehle zum Packen und Entpacken von ZIP-Dateien enthält.

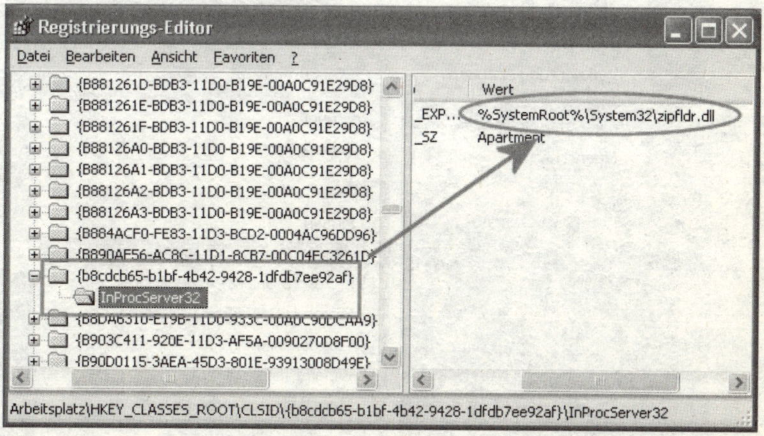

Kontextmenü-Befehle, die durch CLSID-Objekte repräsentiert werden, sind für Nicht-Programmierer kaum zu erstellen oder zu verwalten. Sie können allerdings nach der oben gezeigten Vorgehensweise Kontextmenü-Befehle, die durch Fremdprogramme automatisch hinzugefügt wurden und über die Programmeinstellungen nicht zu entfernen sind, aufspüren und löschen, indem Sie einfach den zugehörigen CLSID-Schlüssel löschen. Aber auch hier sollten Sie Vorsicht walten lassen: Legen Sie auf jeden Fall mit dem Befehl *Datei/Exportieren/Ausgewählte Teilstruktur* eine Sicherheitskopie des betreffenden Registry-Schlüssels an, bevor Sie den Schlüssel löschen. Ist der Schlüssel gelöscht, sollte - spätestens nach einem Neustart des Rechners - auch der entsprechende Kontextmenü-Eintrag verschwunden sein.

Geht nicht? Geht doch! Kontextmenü Neu ganz nach Ihren Wünschen

Im Kontextmenü, das erscheint, wenn Sie im Windows-Explorer bzw. auf dem Desktop mit der rechten Maustaste auf eine freie Fläche klicken, erscheint auch der Menüpunkt *Neu* mit einer Reihe von Untermenüpunkten. Hier können Sie nicht nur neue Ordner und Verknüpfungen anlegen, sondern auch eine ganze Reihe von Dateitypen, etwa Textdokumente oder ZIP-komprimierte Ordner. Auch viele Fremdanwendungen fügen hier bei der Installation neue Einträge hinzu.

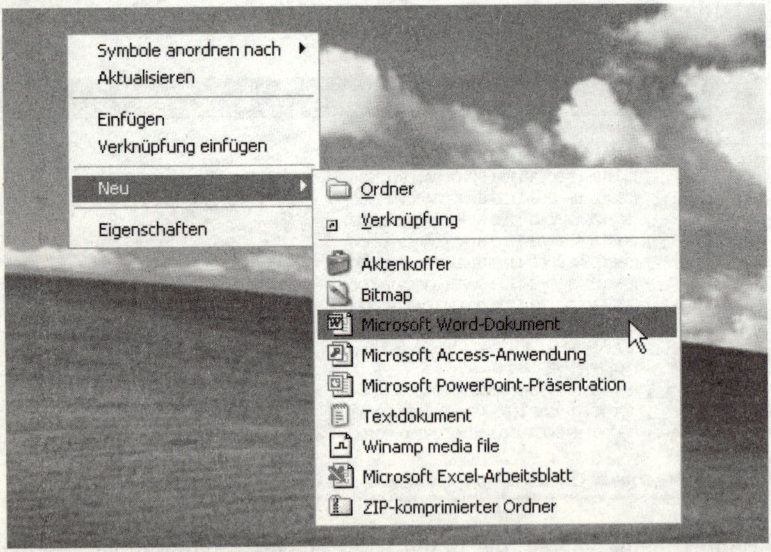

Praktisch: Mit dem Kontextmenü-Befehl Neu legen Sie blitzschnell neue Ordner, Verknüpfungen oder Dateien an.

Über die Registry können Sie die Einträge, die unterhalb des Kontextmenü-Befehls *Neu* erscheinen, praktisch nach Belieben editieren, also vorhandene Einträge löschen oder neue Einträge hinzufügen.

Beispiel: Sie erstellen sehr oft neue Word-Dokumentvorlagen (Erweiterung *.dot*) und wollen einen entsprechenden Eintrag ins *Neu*-Menü integrieren:

1 Wechseln Sie zum Schlüssel *HKEY_CLASSES_ROOT\.dot*. Hier finden Sie den Unterschlüssel *Word.Template.8* und darunter den Schlüssel *ShellNew*. Klicken Sie bei *ShellNew* mit der rechten Maustaste ins rechte Fenster und erstellen Sie mit dem Befehl *Neu/Zeichenfolge* eine neue Zeichenfolge. Benennen Sie die Zeichenfolge dann um in *Nullfile*. Ein Wert braucht dieser Zeichenfolge nicht zugewiesen zu werden. Anmerkung: Bei manchen Dateierweiterungen ist der Dateityp als Unterschlüssel nicht vorhanden, stattdessen finden Sie dort den Unterschlüssel *ShellNew* direkt unter der Erweiterung. Die Vorgehensweise ist dann entsprechend.

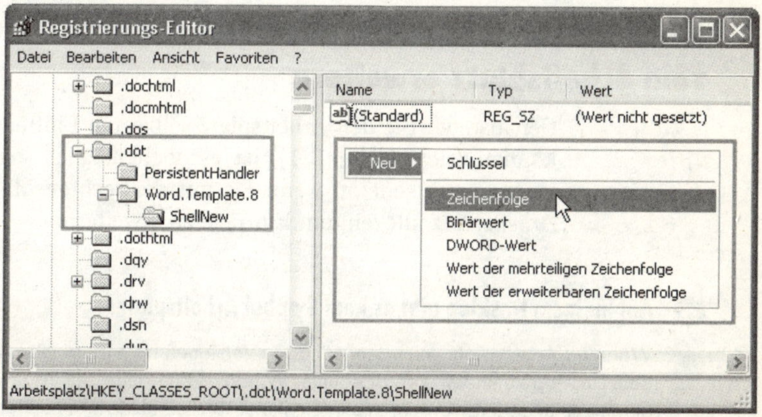

2 Im Kontextmenü finden Sie nun unter dem Menüpunkt *Neu* den neuen Eintrag *Microsoft Word-Vorlage* mit dem dazugehörigen Symbol. Wählen Sie diesen Eintrag, wird eine Datei *Neu Microsoft Word-Vorlage.dot* erstellt.

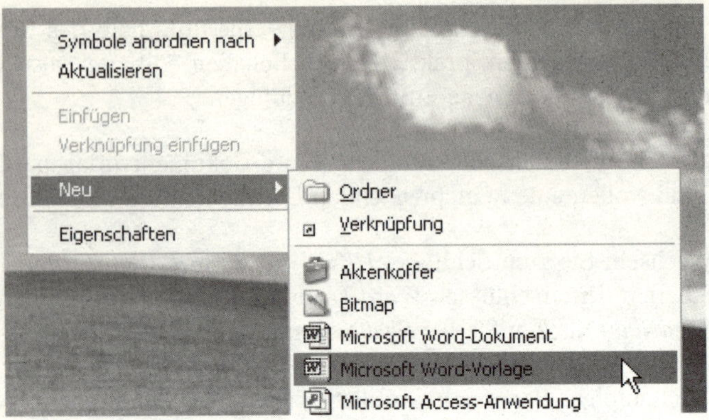

Das Löschen eines bestehenden Eintrags unter *Neu* geschieht entsprechend: Wechseln Sie einfach unter *HKEY_CLASSES_ROOT* zur betreffenden Endung und löschen Sie dort den Schlüssel *ShellNew*.

Durchstarten mit rechter Maustaste: Kontextmenü vom Arbeitsplatz erweitern

Genauso wie Sie den Arbeitsplatz selbst um Einträge erweitern können (siehe Seite 121), ist es auch möglich, das Kontextmenü, das erscheint, wenn Sie mit der rechten Maustaste auf *Arbeitsplatz* klicken, um Einträge zu erweitern.

INFO

Auf meinem Desktop gibt es kein Symbol Arbeitsplatz!

Während *Arbeitsplatz* unter den Windows-Versionen bis ME standardmäßig auf dem Desktop zu finden war, ist er unter Windows XP stattdessen ins erweiterte Startmenü integriert worden. Wenn Sie ihn zusätzlich als Symbol auf dem Arbeitsplatz sehen wollen, gehen Sie folgendermaßen vor: Klicken Sie mit der rechten Maustaste auf eine freie Fläche des Desktops und wählen Sie aus dem Kontextmenü *Eigenschaften*. Wechseln Sie zur Registerkarte *Desktop* und klicken Sie auf die Schaltfläche *Desktop anpassen*. Hier können Sie das Desktop-Symbol nun aktivieren, indem Sie im Bereich *Desktopsymbole* ein Häkchen vor die Option *Arbeitsplatz* setzen.

Da *Arbeitsplatz* nach dem Windows-Start immer sichtbar ist, ist es sehr sinnvoll, hier häufig benutzte Befehle im Kontextmenü unterzubringen. Um hier beispielsweise den Rechner unterzubringen, gehen Sie wie folgt vor:

1 Wechseln Sie zum Schlüssel *HKEY_CLASSES_ROOT\CLSID\{20D04FE0-3AEA-1069-A2D8-08002B30309D}\shell* und legen Sie hier mit dem Befehl *Bearbeiten/Neu/Schlüssel* einen neuen Unterschlüssel an. Benennen Sie diesen Unterschlüssel um in die Bezeichnung, die später im Kontextmenü auftauchen soll, also z. B. einfach *Rechner*. Legen Sie darunter einen weiteren Schlüssel namens *Command* an. Nun ändern Sie auf der rechten Seite den Wert *(Standard)*, indem Sie aus dem Kontextmenü den Befehl *Ändern* wählen oder auf *(Standard)* doppelklicken.

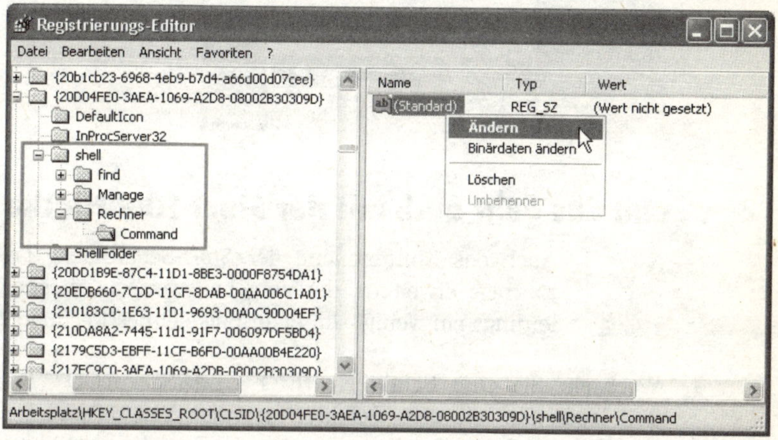

2 Als Wert weisen Sie nun den genauen Pfad zur Programmdatei zu, in unserem Beispiel also *C:\Windows\System32\calc.exe*. Den genauen Pfad erfahren Sie übrigens, wenn Sie den Eintrag zum Programm im Startmenü mit der rechten Maustaste anklicken und aus dem Kontextmenü *Eigenschaften* wählen. Auf der Registerkarte *Verknüpfung* steht der Programmpfad unter *Ziel* - von hier aus können Sie ihn dann auch direkt mit Copy & Paste übernehmen, um Tippfehler zu vermeiden.

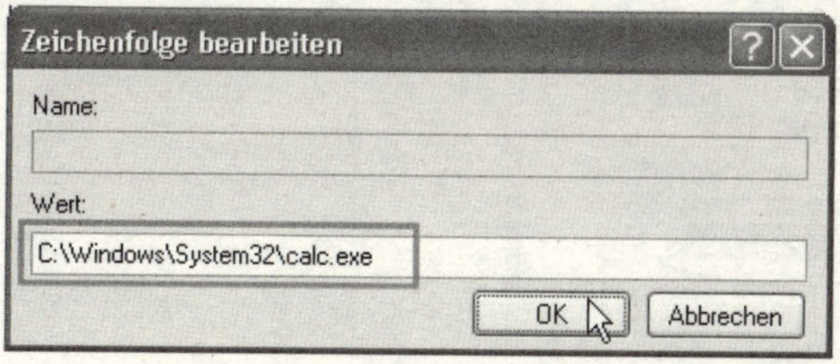

3 Ab sofort können Sie den Rechner bequem über das Kontextmenü vom Arbeitsplatz starten. Natürlich können Sie auf diese Weise auch noch weitere Programmaufrufe ins Kontextmenü integrieren.

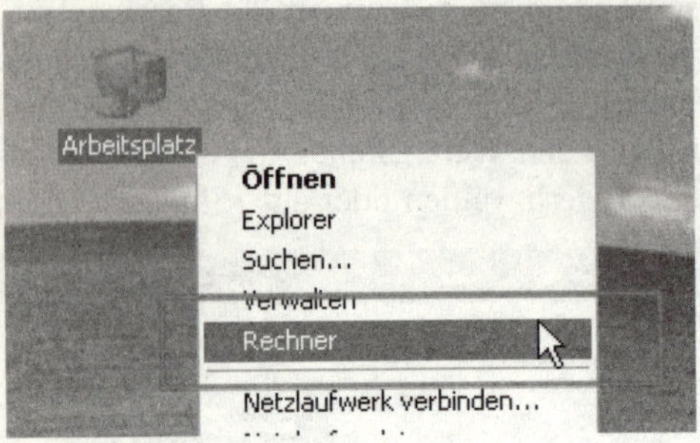

... und das geht auch mit der Start-Schaltfläche

Auch das Kontextmenü der *Start*-Schaltfläche lässt sich um Einträge erweitern, die Vorgehensweise unterscheidet sich allerdings ein wenig. Um beim Beispiel des Rechners zu bleiben:

1 Wechseln Sie zum Schlüssel *HKEY_CLASSES_ROOT\Directory\shell* und legen Sie mit dem Befehl *Bearbeiten/Neu/Schlüssel* einen neuen Unterschlüssel an, den Sie beliebig benennen können: Sinnvoll ist natürlich ein Name, der Sie daran erinnert, wofür der Unterschlüssel dient, also beispielsweise *Taschenrechner*. Doppelklicken Sie auf der rechten Seite auf *(Standard)* und tragen Sie hier den Namen ein, der im Kontextmenü erscheinen soll, also etwa einfach „Rechner".

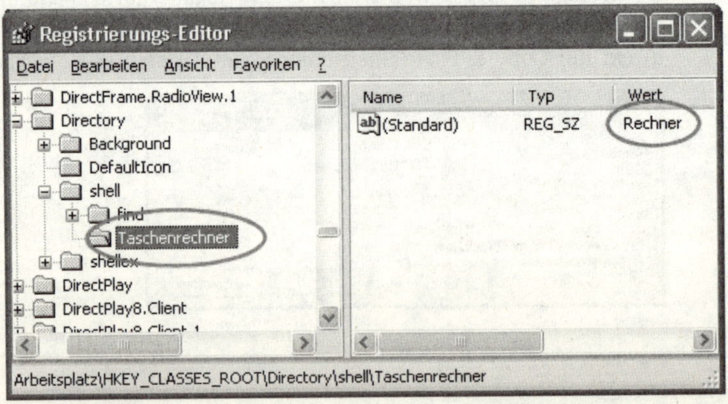

2 Erstellen Sie nun unterhalb des Schlüssels *Taschenrechner* einen weiteren Schlüssel namens *Command* und doppelklicken Sie auf der rechten Seite wieder auf *(Standard)*. Als Wert weisen Sie hier den Pfad zum Programm zu, in unserem Beispiel also wieder *C:\Windows\System32\calc.exe*. Wenn Sie nun mit der rechten Maustaste auf die *Start*-Schaltfläche klicken, erscheint im Kontextmenü der neue Befehl *Rechner*, über den Sie blitzschnell den Windows-Rechner starten können.

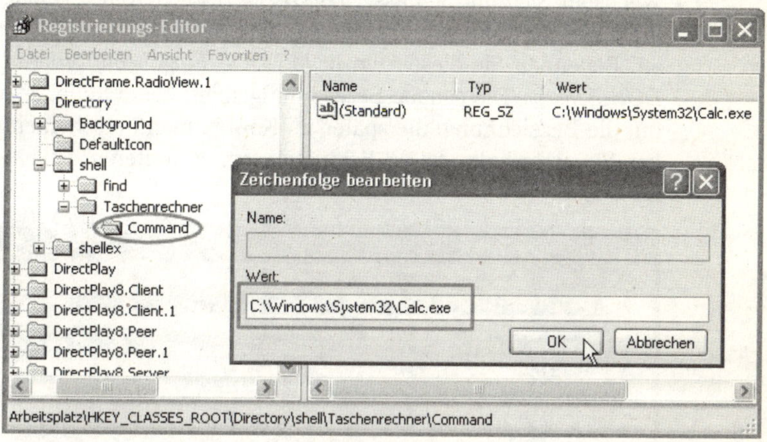

So landen Sie direkt im richtigen Ordner: MS-DOS-Eingabeaufforderung über das Kontextmenü öffnen

XP 98 ME

Auch wenn Windows XP nicht mehr wie die vorangegangenen Windows-Versionen auf einem DOS-Kern aufbaut, leistet die MS-DOS-Eingabeaufforderung immer noch nützliche Dienste. So können Sie beispielsweise mit *Rename *.txt *.doc* auf einen Rutsch allen Dateien in einem Ordner eine neue Dateinamenerweiterung verpassen - versuchen Sie das mal im Windows-Explorer! In der Praxis kommt es allerdings oft vor, dass Sie sich im Windows-Explorer durch die Ordner hangeln und dann in irgendeinem entlegenen Unterordner kurz mal ein DOS-Fenster benötigen, das sich natürlich genau in diesem Pfad befinden sollte. Normalerweise müssten Sie nun den Befehl *Start/Alle Programme/Zubehör/Eingabeaufforderung* wählen, eventuell noch aufs richtige Laufwerk wechseln und sich dann unter DOS mit dem *CD*-Befehl wieder zum Unterordner durchhangeln.

Es geht aber auch praktischer: Fügen Sie einfach den Befehl *MS-DOS-Eingabeaufforderung* dem Kontextmenü von Ordnern hinzu. Der Clou dabei: Das MS-DOS-Fenster öffnet sich auch prompt in genau dem Ordner, von dem aus Sie den Kontextmenü-Befehl gewählt haben.

Und so gehen Sie vor:

1 Wechseln Sie zum Schlüssel *HKEY_CLASSES_ROOT\Folder\shell* und legen Sie darunter mit *Bearbeiten/Neu/Schlüssel* einen neuen Schlüssel an. Benennen Sie diesen um in *MS-DOS-Eingabeaufforderung* oder *MS-DOS-Fenster*. Die genaue Bezeichnung spielt keine Rolle, es handelt sich um die Bezeichnung, die später im Kontextmenü erscheinen soll. Erstellen Sie unterhalb dieses Schlüssels einen weiteren Schlüssel namens *Command*.

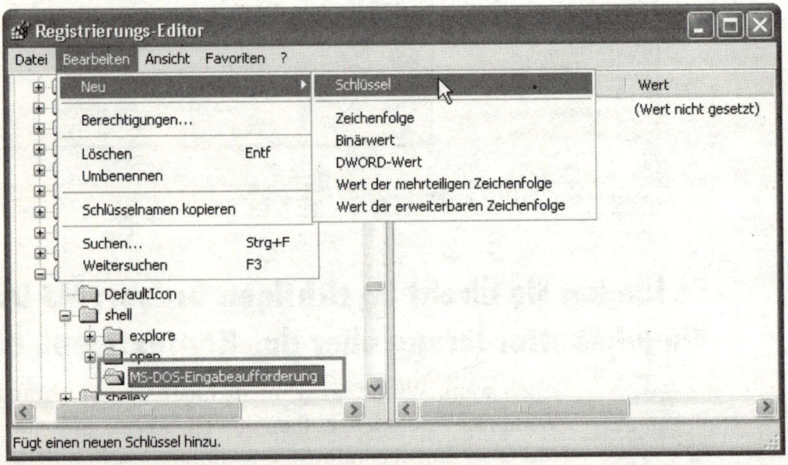

2 Öffnen Sie nun per Doppelklick im rechten Fenster den Wertnamen *(Standard)* und weisen Sie ihm als Programmaufruf den Wert *COMMAND.COM /K CD %1* (für Windows 98/ME) bzw. den Wert *CMD.EXE /K CD %1* (für Windows XP) zu. Nun erscheint der neue Befehl *MS-DOS-Eingabeaufforderung* im Kontextmenü, wenn Sie mit der rechten Maustaste auf einen Ordner klicken.

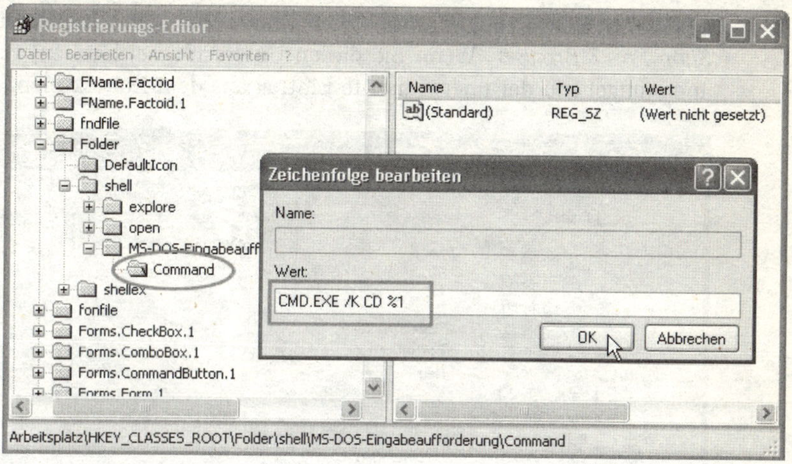

„Ungebetene Gäste" aus dem Kontextmenü entfernen: Beispiel Paint Shop Pro

Genauso wie Sie dem Kontextmenü von Ordnern Einträge hinzufügen können, können Sie natürlich auch Einträge daraus löschen. Denn leider gibt es immer wieder Programme, die sich ungebeten ins Kontextmenü eintragen und in den eigenen Programmeinstellungen dann keine Möglichkeit bieten, diesen Eintrag zu löschen.

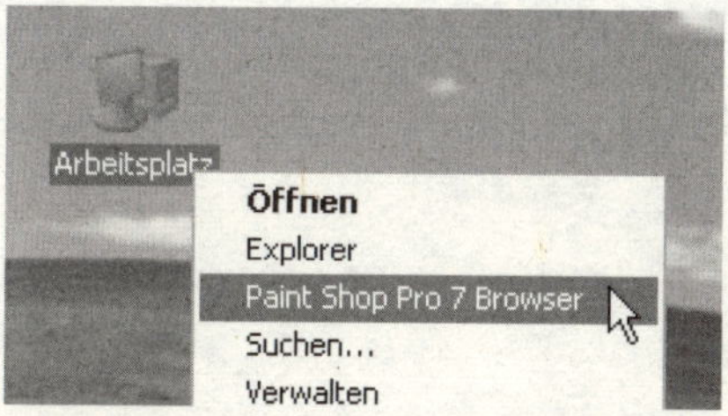

Nicht gerade sinnvoll: im Arbeitsplatz nach Bildern browsen.

Einer dieser Kandidaten ist das weit verbreitete Grafikprogramm Paint Shop Pro. Nach der Installation finden Sie im Kontextmenü von Ordnern den Befehl *Paint Shop Pro 7 Browser* wieder, und zwar bei allen Ordnern, auch etwa beim Arbeitsplatz, in dem sich ja nun sicher keine Bilder befinden! Zum Glück können Sie den unnützen und Platz raubenden Eintrag schnell wieder loswerden: Starten Sie RegEdit und wechseln Sie zum Schlüssel *HKEY_*

CLASSES_ROOT\Folder\shell. Hier finden Sie den Unterschlüssel *Paint Shop Pro 7 Browser*. Wenn Sie diesen Unterschlüssel löschen, verschwindet auch umgehend der unerwünschte Eintrag aus dem Kontextmenü.

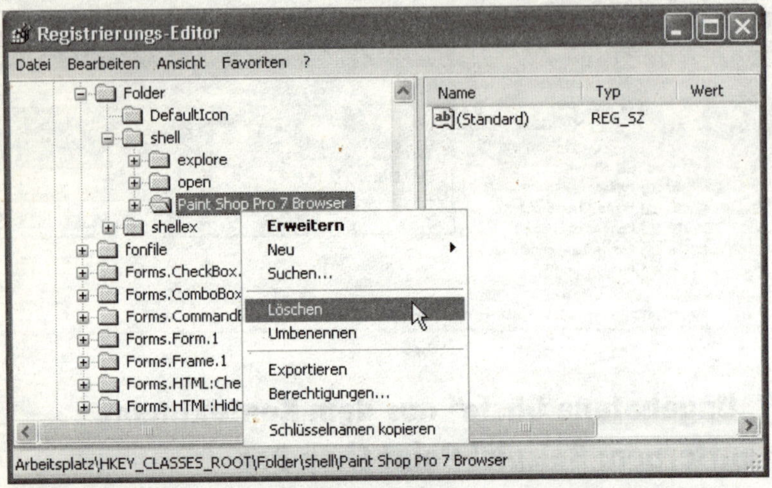

Unterhalb von HKEY_CLASSES_ROOT\Folder\shell können Sie unerwünschte Kontextmenü-Einträge einfach löschen.

Noch ein Tipp: Wenn Sie bestimmte Kontextmenü-Einträge, die Sie loswerden wollen, nicht eindeutig lokalisieren können, benutzen Sie einfach die Suchfunktion von RegEdit unter *Bearbeiten/Suchen*. Als Suchbegriff geben Sie dabei einfach die Bezeichnung ein, die im Kontextmenü erscheint.

5. HKEY_CURRENT_USER: Windows selbst programmiert für Power-User

Bei dem Registry-Zweig *HKEY_CURRENT_USER* handelt es sich streng genommen um keinen eigenständigen Schlüssel, sondern um einen Verweis auf den Unterschlüssel des aktuellen Anwenders unter *HKEY_USERS* - der letztere Registry-Zweig verwaltet sämtliche Anwenderprofile. Das bedeutet, die Unterschlüssel von *HKEY_CURRENT_USER* und *HKEY_USERS\<Anwenderkennung>* sind identisch, und wenn Sie einen Unterschlüssel ändern, wird die Änderung beim Gegenstück automatisch übernommen. Durch diese Form der doppelten Verwaltung wird sichergestellt, dass der aktuelle Anwender jeweils nur seine eigenen Einstellungen ändert und nicht die eines anderen Anwenders.

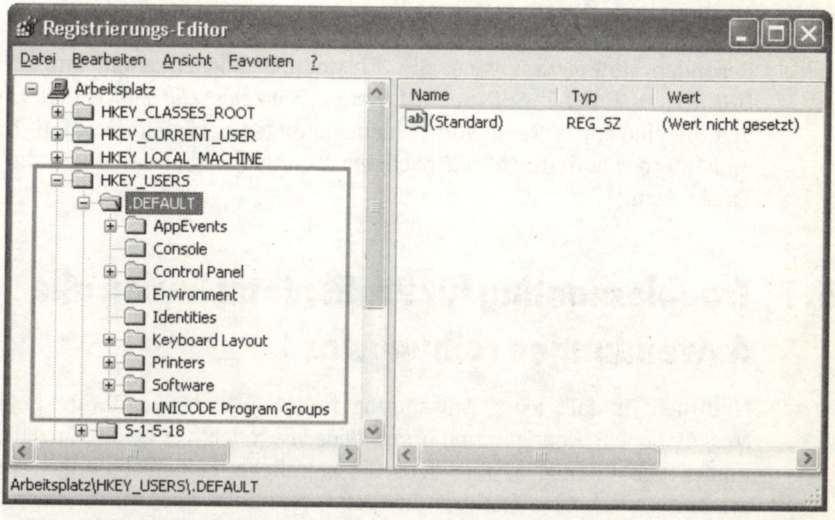

Unter HKEY_USERS\.DEFAULT findet sich das Standardprofil des aktuellen Anwenders.

Haben Sie kein persönliches Profil angelegt - was bei einer Single-Nutzung des Computers am wahrscheinlichsten ist -, werden Ihre Einstellungen in einem Standardprofil verwaltet, das Sie unter dem Schlüssel *HKEY_USERS\.DEFAULT* finden. Unterhalb dieses Profils finden Sie unter anderem folgende Schlüssel:

- *AppEvents*: Konfiguration verschiedener Systemereignisse und Systemsounds, etwa das Geräusch, das das Papierkorb beim Leeren macht.
- *Console*: Verschiedene Einstellungen der Systemsteuerung und des Desktops - von der Symbolgröße bis hin zur Konfiguration der mitgelieferten Bildschirmschoner.
- *Control Panel*: Ganz ähnlich verhält es sich mit Programmdateien. Sie enthalten mindestens ein Symbol (eben das Programmsymbol, das auch im Explorer sichtbar ist), können aber auch mehrere Symbole enthalten.
- *Environment*: Hier werden Umgebungsvariablen wie der Pfad zum TEMP-Verzeichnis verwaltet.
- *Identities*: Einstellungen zur Benutzerverwaltung, etwa wer der zuletzt eingeloggte Benutzer war.
- *Keyboard Layout*: Einstellungen zum Tastaturlayout.
- *Printers*: Infos über Druckerschnittstellen und angeschlossene Drucker.
- *Software*: Benutzerbezogene Einstellungen zur installierten Software, beispielsweise zur Netscape-Benutzerverwaltung.

Besonders interessant sind die Einstellungsmöglichkeiten unter *HKEY_USERS\.DEFAULT\Software\Microsoft\Windows\CurrentVersion*: Hier können Sie eine ganze Reihe von Feineinstellungen bezüglich Desktop, Explorer und Internet ändern. In den nächsten Kapiteln zeigen wir Ihnen die besten Tricks dazu.

5.1 Troubleshooting für Profis: Jetzt laufen alle Anwendungen reibungslos

Natürlich: In fast jeder Anwendung findet sich der berühmte Befehl *Extras/Optionen, Konfiguration/Einstellungen* - oder wie er im Einzelfall auch immer heißen mag -, mit dem Sie sämtliche Feineinstellungen des Programms genauestens festlegen können.

Diese Feineinstellungen werden bei den heutigen 32-Bit-Programmen fast immer in die Registry geschrieben. Und es gibt gute Gründe, sich diese Registry-Einstellungen auch einmal direkt anzusehen: Zum einen können Sie hier oftmals Programmeinstellungen tätigen oder verfeinern, an die Sie über die Dialogboxen gar nicht herankommen, zum anderen werden bestimmte

Grundeinstellungen - zum Beispiel der Installationspfad - nur bei der Programminstallation abgefragt und können später nicht mehr verändert werden. Wenn Sie beispielsweise Ihre Festplatte neu partitionieren und sich so der Laufwerkbuchstabe für die installierten Anwendungen ändert, können Sie sich so manche Neu-Installation sparen, indem Sie das Laufwerk einfach in der Registry den neuen Gegebenheiten anpassen. Und auch so mancher Programmfehler oder Treiberkonflikt lässt sich über die Registry fixen.

Workshop: Installierte Programme im Bereich Software finden und Einstellungen sichern

Vielleicht kennen Sie das: Sie haben irgendein Programm installiert und ausgiebig Gebrauch von den unzähligen Einstellungsmöglichkeiten der Anwendung gemacht. Und jetzt ist das entsprechende Programm total „verkonfiguriert" und Sie wollen reumütig zurück zu den Grundeinstellungen. Schön, wenn es jetzt irgendwo eine Schaltfläche *Default Settings* gibt, auf die Sie nur klicken müssen, und alles ist wieder beim Alten. Meistens ist das aber leider nicht der Fall. So werden Sie im Extremfall zunächst versuchen, das Programm zu deinstallieren und anschließend neu zu installieren - und müssen dann feststellen, dass die „vergurkten" Einstellungen immer noch präsent sind, weil die entsprechenden Registry-Einträge bei der Deinstallation nicht gelöscht wurden.

INFO

Nicht benötigte Softwareeinstellungen einfach löschen!

Wenn Sie sich den Unterschlüssel *HKEY_CURRENT_USER\Software* näher ansehen, werden Sie feststellen, dass es hier viele Einträge zu Programmen gibt, die Sie längst deinstalliert haben. Solche Schlüssel können Sie bedenkenlos löschen.

Klug ist, wer da vordenkt: Nach der Installation eines Programms sollten Sie einfach in der Registry nach den betreffenden Programmeinträgen suchen und diese sichern. So können Sie die Sicherung jederzeit wieder zurückspielen und das Programm sozusagen wieder in einen jungfräulichen Zustand versetzen. Am Beispiel des Grafikprogramms Paint Shop Pro zeigen wir, wie's geht:

1 Starten Sie RegEdit und wechseln Sie zum Schlüssel *HKEY_CURRENT_USER\Software*. Unterhalb dieses Schlüssels finden Sie sämtliche benutzerbezogenen Einstellungen zu den installierten Programmen auf Ihrem Rechner. Dabei sind die Einstellungen in der Regel entweder unter dem Namen des Programms oder unter dem Namen der herstellenden Firma zu finden. Da Paint Shop Pro von Jasc Software angeboten wird, finden Sie die Einstellungen zu diesem Programm unter dem Schlüssel *HKEY_CURRENT_USER\Software\Jasc*. Markieren Sie diesen Schlüssel, klicken Sie ihn mit der rechten Maustaste an und wählen Sie aus dem Kontextmenü den Befehl *Exportieren*.

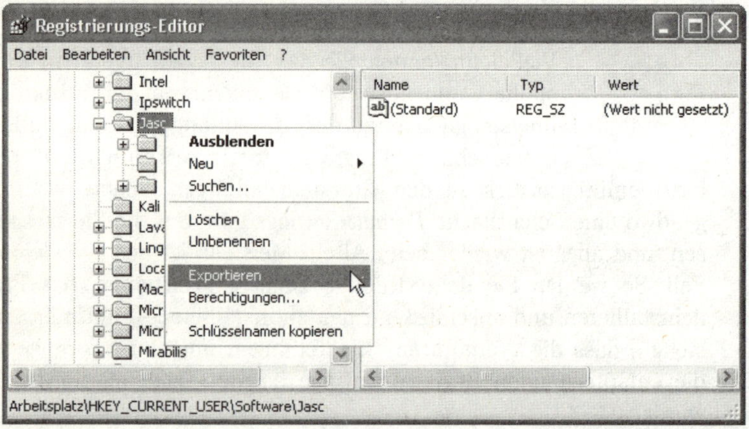

2 In der folgenden Dialogbox legen Sie einen sinnvollen Dateinamen fest, beispielsweise *Paint Shop Pro Einstellungen*. Die Endung *.reg* wird automatisch angehängt. Vergewissern Sie sich außerdem noch einmal, dass unter *Exportbereich* die Option *Ausgewählte Teilstruktur* aktiviert ist und dass darunter der richtige Schlüsselpfad angezeigt wird. Wählen Sie dann einen geeigneten Ordner aus - sinnvoll ist es, eigens für diesen Zweck einen Ordner anzulegen, zum Beispiel *C:\Eigene Dateien\Registry-Dateien* - und klicken Sie auf *Speichern*.

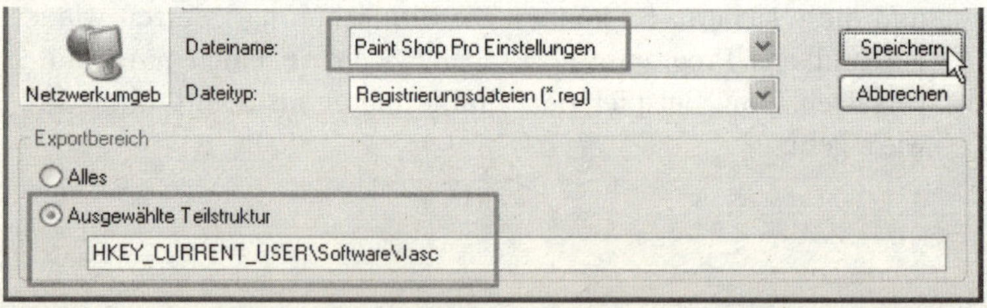

3 Wollen Sie nun zu den Grundeinstellungen zurückkehren, löschen Sie in der Registry den Schlüssel *HKEY_CURRENT_USER\Software\Jasc*, schließen RegEdit und doppelklicken auf die vorher gespeicherte Datei. Alternativ können Sie auch aus dem Kontextmenü den Befehl *Zusammenführen* wählen. Nach einer Sicherheitsabfrage werden der Registry-Zweig *HKEY_CURRENT_USER\Software\Jasc* und damit die originalen Programminformationen neu in die Registry geschrieben.

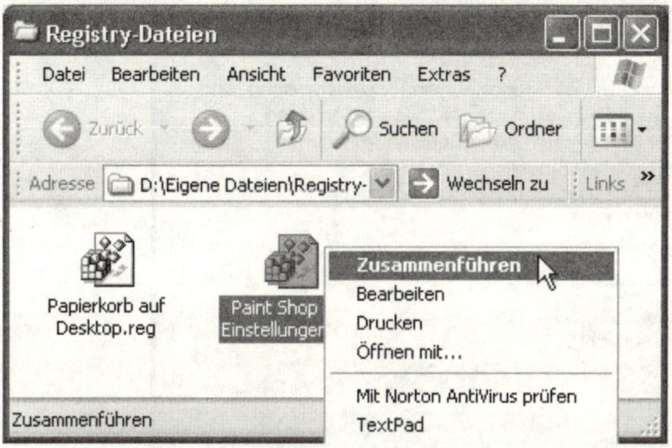

INFO

HKEY_CURRENT USER oder HKEY_LOCAL_MACHINE?

Sowohl der Registry-Zweig *HKEY_CURRENT_USER* als auch *HKEY_LOCAL_MACHINE* haben einen Unterschlüssel *Software*. Dabei werden im ersteren Schlüssel die benutzerbezogenen Einstellungen zur Software gespeichert, während der zweite Schlüssel die systembezogenen Einstellungen enthält. Im Zweifel sollten Sie immer an beiden Orten nachschauen.

Workshop: Programme und Sound – beliebigen Anwendungen Klänge zuweisen oder Klangzuordnungen löschen

Bekanntlich kann man Windows, aber auch bestimmten installierten Programmen wie zum Beispiel Quicken oder T-Online über das Modul Sounds und Audiogeräte der Systemsteuerung Sounds zuordnen, die etwa beim Öffnen oder beim Schließen des Programms erklingen.

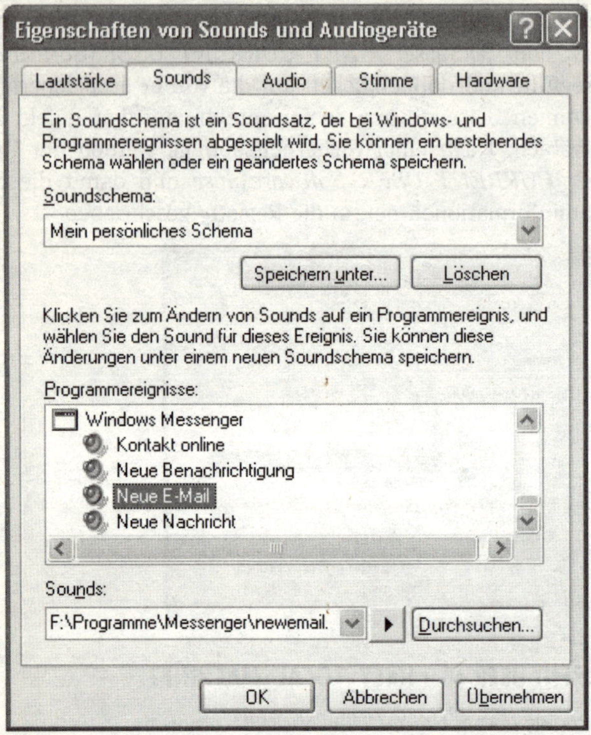

In den Eigenschaften von Sounds und Audiogeräte der Systemsteuerung können Sie Soundschemas festlegen und verschiedenen Programmereignissen Sounds zuordnen.

Weniger bekannt ist, dass Sie in die dortige Liste auch weitere Programme aufnehmen können. In unserem Beispiel ordnen wir Microsoft Word Klänge für Programmstart und -ende zu:

1 Starten Sie RegEdit und wechseln Sie zum Schlüssel *HKEY_CURRENT_USER\AppEvents\Schemes\Apps*. Legen Sie hier mit dem Befehl *Bearbeiten/Neu/Schlüssel* einen neuen Unterschlüssel an. Dabei muss der Name des Unterschlüssels immer dem Namen der Programmdatei (ohne Erweiterung) entsprechen. Benennen Sie den Schlüssel also um in *Winword*.

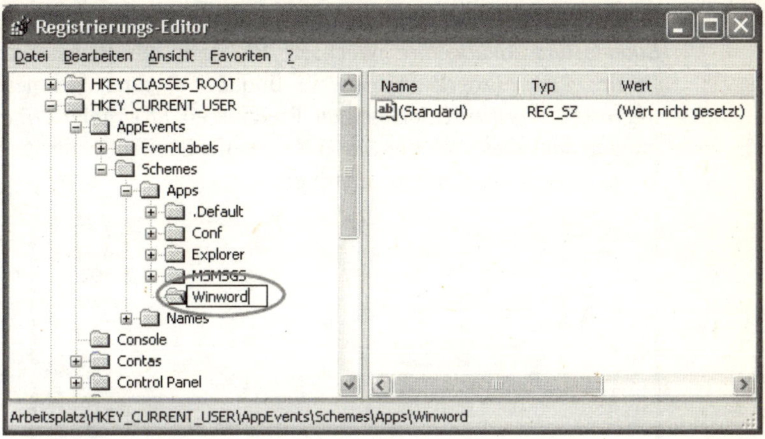

2 Doppelklicken Sie nun auf der rechten Seite auf den Wert *(Standard)* und tragen Sie hier die Programmbezeichnung ein, wie sie später in der Systemsteuerung erscheinen soll, also zum Beispiel „Microsoft Word".

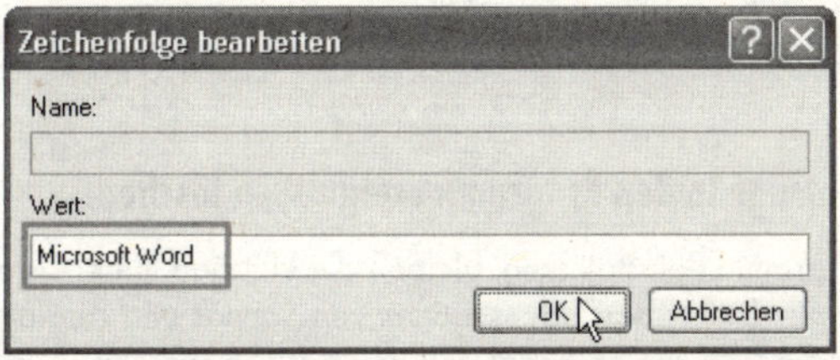

3 Legen Sie nun unterhalb des Schlüssels *HKEY_CURRENT_USER\AppEvents\Schemes\Apps\Winword* zwei Schlüssel an, die Sie *open* und *close* nennen. Schließen Sie danach den Registrierungs-Editor.

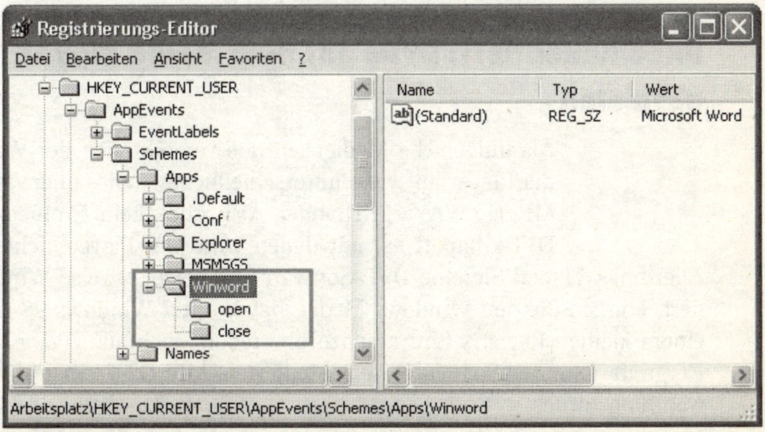

4 Öffnen Sie die Systemsteuerung und doppelklicken Sie auf den Eintrag *Sounds und Audiogeräte*. Wechseln Sie dann zur Registerkarte *Sounds*. In der Liste *Programmereignisse* finden Sie nun den neuen Eintrag *Microsoft Word* mit den beiden Ereignissen *Programm öffnen* und *Programm schließen*. Wenn Sie die entsprechenden Einträge markieren, können Sie ihnen Sounds zuordnen.

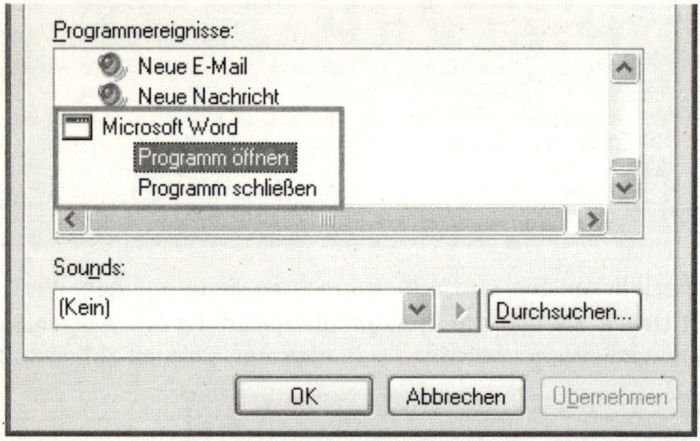

INFO

„Verwaiste" Einträge in den Programmereignissen löschen

Wenn Sie ein Programm deinstallieren, bleiben die Einträge in der Liste *Programmereignisse* der Dialogbox *Eigenschaften von Sounds und Audiogeräte* oft bestehen, sodass die Liste immer länger und unübersichtlicher wird. Um solche „verwaisten" Einträge zu löschen, wechseln Sie zu *HKEY_CURRENT_USER\AppEvents\Schemes\Apps* und löschen den entsprechenden Unterschlüssel. Das Programm taucht daraufhin in der Liste nicht mehr auf.

Undokumentiert: DVDs mit dem Media Player abspielen

XP 98 ME

Als universelle Medienzentrale versteht sich der Windows Media Player auf viele unterschiedliche Audio- und Videoformate: MPEG, WAV, MIDI oder AVI: alles kein Problem. Bloß mit DVDs hapert es, mit denen kann der Player nichts anfangen. Allerdings: Haben Sie eine DVD-Software wie beispielsweise WinDVD installiert, können Sie den Windows Media Player unter Windows 98 und ME mit einem kleinen Registry-Eintrag dazu überreden, ebenfalls DVDs abzuspielen. Er greift dann einfach auf die installierten MPEG2-Treiber der Fremdanwendung zurück:

1 Die Einstellungen zum Media Player finden Sie in der Registry unter *HKEY_Current_User\Software\Microsoft\MediaPlayer\Player\Settings*. Wechseln Sie zu diesem Schlüssel und klicken Sie mit der rechten Maustaste ins rechte Fenster. Wählen Sie dann aus dem Kontextmenü den Befehl *Neu/Zeichenfolge*, um eine neue Zeichenfolge zu erstellen.

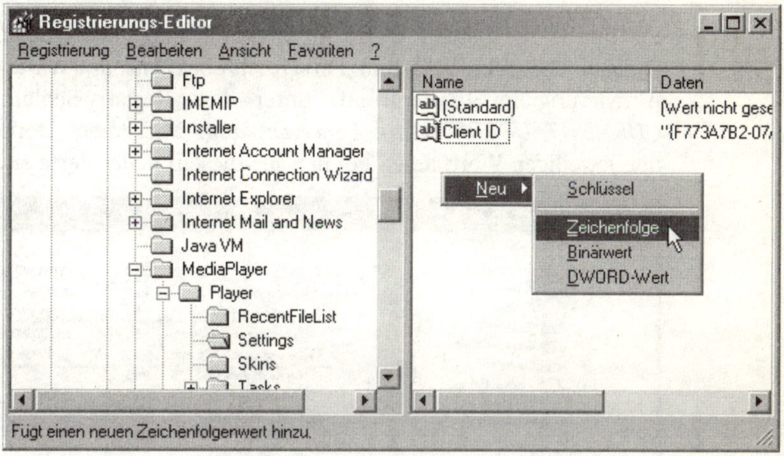

2 Benennen Sie die neue Zeichenfolge um in *EnableDVDUI*. Doppelklicken Sie dann zur Bearbeitung auf die Zeichenfolge und tragen Sie als Wert „YES" ein. Anschließend - eventuell müssen Sie den Computer neu starten - finden Sie im Windows Media Player den neuen Befehl *Datei/DVD öffnen*, mit dem Sie DVDs öffnen und abspielen können.

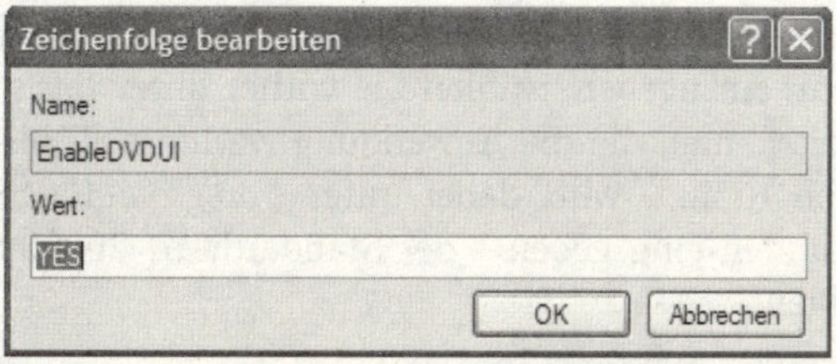

Aktivierungszeit von Anwendungen beeinflussen

Haben Sie mehrere Programme gleichzeitig gestartet und eines der im Hintergrund laufenden Programme wartet auf eine Eingabe, erkennen Sie das daran, dass das Programmsymbol in der Taskleiste dreimal blinkt. Anschließend wartet die Anwendung noch exakt 200 Sekunden und blendet sich dann automatisch in den Vordergrund ein. Diese Vorgabe stellt natürlich nicht alle zufrieden: Die einen finden das automatische „in den Vordergrund Drängeln" generell lästig, die anderen empfinden die Wartezeit von 3,33 Minuten als zu kurz oder zu lang. Beide Werte - sowohl wie oft das Taskleisten-Symbol blinken als auch nach welcher Zeitspanne sich das Programm in den Vordergrund schieben soll - können Sie über die Registry beeinflussen:

1 Sie finden die beiden Werte unter den Namen *ForegroundFlashCount* (Anzahl der „Blinker") und *ForegroundLockTimeout* (Wartezeit bis zur Aktivierung im Vordergrund) unter dem Registry-Schlüssel *HKEY_CURRENT_USER\Control Panel\Desktop*. Mit einem Doppelklick auf den jeweiligen Wertnamen können Sie diesem neue Werte zuweisen.

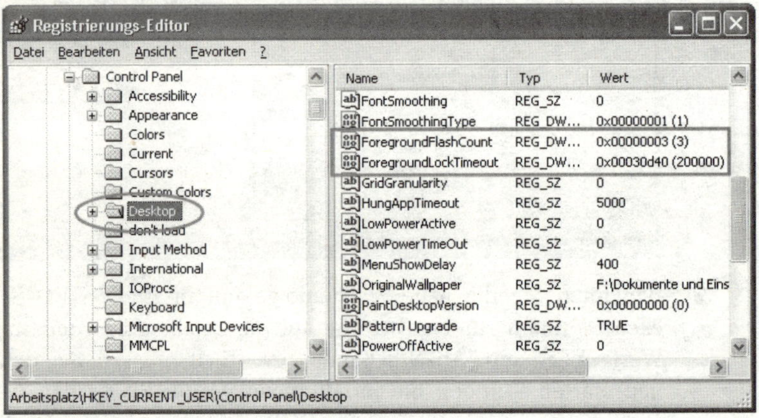

2 Beachten Sie aber, dass die Eingabe der Werte standardmäßig in hexadezimaler Form erfolgt: Um die Werte dezimal, also als normale Zahlen im Zehnersystem, einzugeben, wählen Sie vorher unter *Basis* die Option *Dezimal*. Die Zeitspanne, die die Anwendung warten soll, bis sie sich in den Vordergrund drängt, wird dabei unter *ForegroundLockTimeout* in Tausendstelsekunden eingegeben - der Standardwert 200000 entspricht also 200 Sekunden.

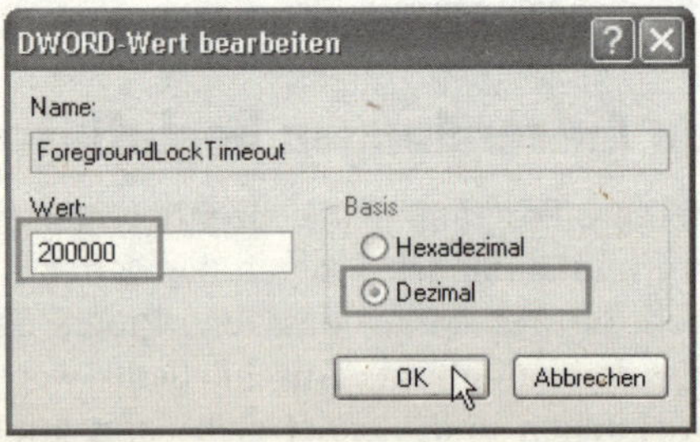

INFO

Programm soll gar nicht im Vordergrund erscheinen

Möchten Sie, dass eine auf eine Eingabe wartende Anwendung nur blinkt und sich nicht im Vordergrund aktiviert, dann setzen Sie *ForegroundLockTimeout* einfach auf den höchstmöglichen Wert, das ist hexadezimal FFFFF. Dies entspricht einem Dezimalwert von 1.048.575 Millisekunden bzw. 1.048,5 Sekunden bzw. 17,5 Minuten. Ebenfalls können Sie natürlich den Wert *ForegroundFlashCount* auf 0 setzen und so erreichen, dass das Taskleisten-Symbol gar nicht blinkt.

Wenn schon schummeln, dann richtig! Bei Hearts Karten der Mitspieler sehen

XP ME

Dass die Microsoft-Programmierer durchaus auch Humor haben, kann man an der Tatsache erkennen, dass sie für das Windows-Netzwerkspiel Hearts aus der Zubehör-Gruppe einen undokumentierten „Schummelmodus" vorgesehen haben. Und der geht so:

1 Wechseln Sie zum Schlüssel *HKEY_CURRENT_USER\Software\Microsoft\Windows\CurrentVersion\Applets\Hearts* und legen Sie mit dem Befehl *Bearbeiten/Neu/Zeichenfolge* eine neue Zeichenfolge namens *ZB* an. Dieser weisen Sie den Wert 42 zu.

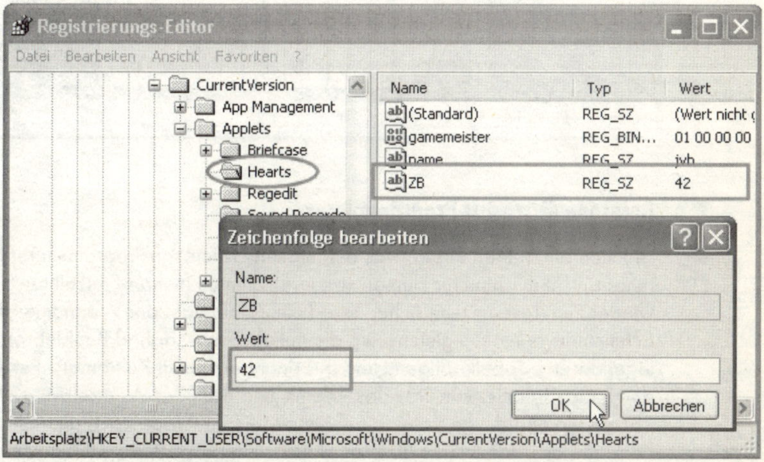

2 Wenn Sie nun in Hearts die Tastenkombination Strg+Alt+Umschalt+F12 drücken, können Sie die Karten Ihrer Mitspieler sehen. Drücken Sie die Tastenkombination nochmals, werden die Karten wieder verdeckt.

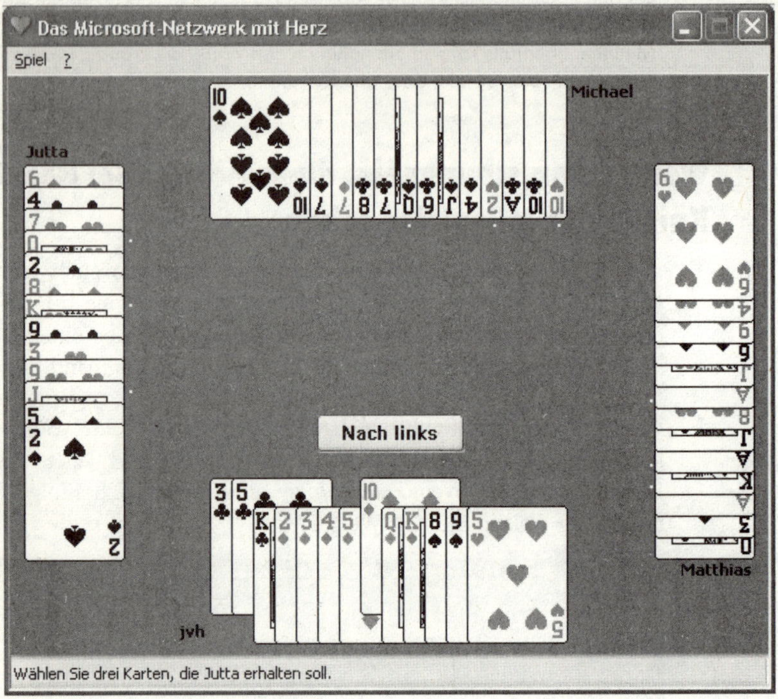

INFO

Belesene Microsoft-Programmierer ...

Ist Ihnen am obigen Trick etwas aufgefallen? Microsoft-Programmierer haben offenbar nicht nur Sinn für Humor, sondern kommen in ihrer Freizeit auch hin und wieder zum Lesen. Denn sicher ist es kein Zufall, dass der Wertname des „Hearts-Schummelwertes" *ZB* gleichzeitig die Initialen von Zaphod Beeblebrox sind, dem legendären doppelköpfigen Held aus dem bekannten Kultroman „Per Anhalter durch die Galaxis" von Douglas Adams, und dass der Wert selbst, 42, in diesem Roman die endgültige Antwort auf die endgültige Frage nach dem Sinn des Lebens und des Universums ist. Was gleichzeitig beweist, dass sich nicht hinter allen Abkürzungen und Zahlenwerten komplizierte mathematische Sachverhalte verbergen müssen.

Und tschüss! DOS- und 16-Bit-Anwendungen ohne Nachfrage schließen

Unter Windows XP gibt es bekanntermaßen kein „echtes" MS-DOS mehr als Unterbau. Das betagte 16-Bit-Betriebssystem (DOS steht übrigens für **D**isk **O**perating **S**ystem) wird stattdessen in einer so genannten virtuellen Maschine emuliert. Wenn Sie ein DOS-Programm aufrufen, beispielsweise den MS-DOS-Editor *EDIT.COM*, wird dieses innerhalb eines Fensters dargestellt.

Wollen Sie dieses Fenster mit der Schließen-Schaltfläche rechts oben schließen, blendet Windows XP immer einen - etwas kryptisch formulierten - Hinweis ein, der vor drohendem Datenverlust warnt. Erst mit einem Klick auf *Sofort beenden* schließt sich das DOS-Fenster mitsamt Anwendung.

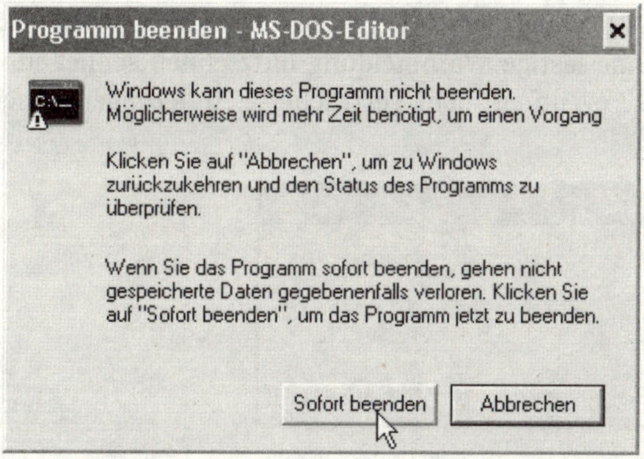

Lästige Warnmeldung: Über die Registry können Sie sie abschalten.

Wenn Sie die Warnmeldung als lästig empfinden, können Sie sie über die Registry ganz einfach deaktivieren:

1 Der für die Warnmeldung zuständige Registry-Wert heißt *AutoEndTasks*, Sie finden ihn unter dem Schlüssel *HKEY_CURRENT_USER\ Control Panel\Desktop*. Doppelklicken Sie auf den Wertnamen oder wählen Sie *Ändern* aus dem Kontextmenü, um ihm einen neuen Wert zuzuweisen.

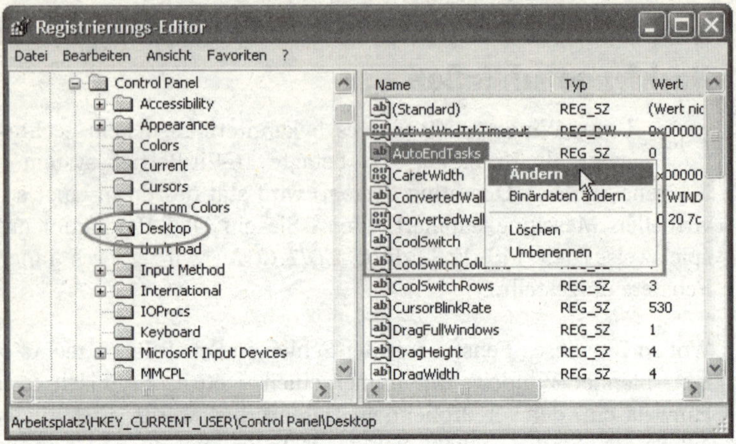

2 Ändern Sie den Wert nun von 0 auf 1 und klicken Sie auf *OK*. Starten Sie dann Ihren Rechner neu. Von nun an können Sie MS-DOS-Anwendungen ohne lästige Warnmeldung blitzschnell schließen. Beachten Sie aber, dass eventuell nicht gespeicherte Änderungen dabei verloren gehen.

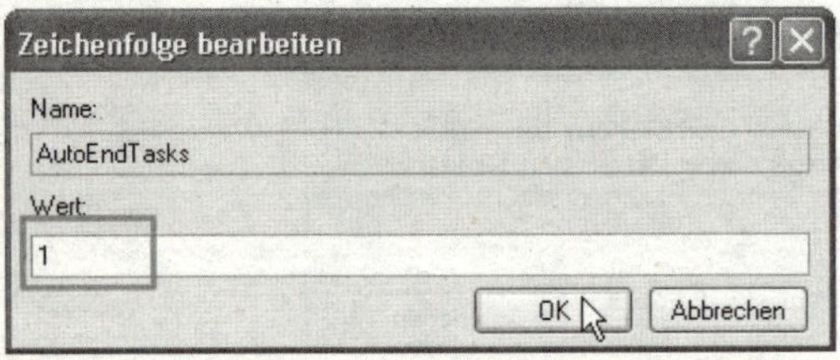

Das haben Profis schnell gelöst: Installierte Schriftarten sind nicht verfügbar

98 ME XP

Ein recht häufig auftretendes Problem unter Windows ist es, dass die Schriftarten unter Windows fehlen bzw. in Anwendungen wie Word nicht zur Verfügung stehen.

INFO

Fehlende Schriftarten wegen fehlendem Drucker

Wenn die Schriftarten in der Systemsteuerung angezeigt werden, aber in Anwendungen dennoch nicht zur Verfügung stehen, liegt es meistens daran, dass Sie keinen Drucker installiert haben. Die Abhilfe ist einfach: Wählen Sie in der Systemsteuerung den Eintrag *Drucker* (Windows 98/ME) bzw. *Drucker und Faxgeräte* (Windows XP) und doppelklicken Sie auf *Neuer Drucker* bzw. *Drucker hinzufügen*.

Installieren Sie dann irgendeinen Drucker, zum Beispiel *Standard/Nur Text*. Nach einem Neustart können Sie nun wieder in allen Anwendungen auf alle Schriftarten zugreifen.

Liegt das Problem nicht am fehlenden Drucker (siehe Info-Kasten), können auch fehlerhafte Registry-Einträge dafür verantwortlich sein. In diesem Falle lösen Sie das Problem folgendermaßen:

1 Legen Sie einen beliebigen temporären Ordner - zum Beispiel *C:\FontsTMP* - an und verschieben Sie sämtliche Schriften in diesen Ordner. Beachten Sie, dass sich bei dem Vorgang auch die Darstellung der Fenstertitel und Menüs ändern kann.

2 Wechseln Sie im Registrierungs-Editor zum Schlüssel *HKEY_LOCAL_MACHINE\SOFTWARE\Microsoft\Windows\CurrentVersion\Fonts* (für Windows 98/ME) bzw. zum Schlüssel *HKEY_LOCAL_MACHINE\SOFTWARE\Microsoft\Windows NT\CurrentVersion\ Fonts* (für Windows XP) und löschen Sie im rechten Fenster alle Einträge bis auf den Eintrag *(Standard)*.

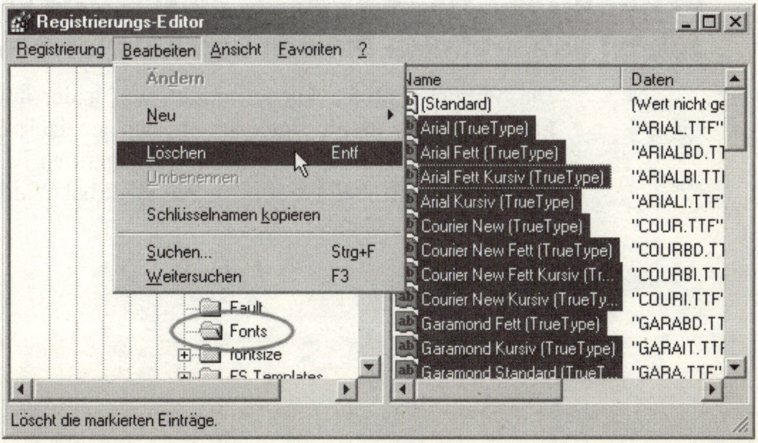

3 Starten Sie nun den Rechner neu, rufen Sie die Systemsteuerung auf und doppelklicken Sie auf *Schriftarten*. Wählen Sie dann den Befehl *Datei/Neue Schriftart installieren* und installieren Sie sämtliche Schriftarten aus dem temporären Ordner neu, indem Sie den entsprechenden Ordner auswählen, auf *Alles markieren* und dann auf *OK* klicken. Stellen Sie sicher, dass vor der Option *Schriftarten in den Schriftartenordner kopieren* ein Häkchen gesetzt ist. Den temporären Ordner können Sie anschließend löschen. Nun sollten alle Schriftarten wieder zur Verfügung stehen.

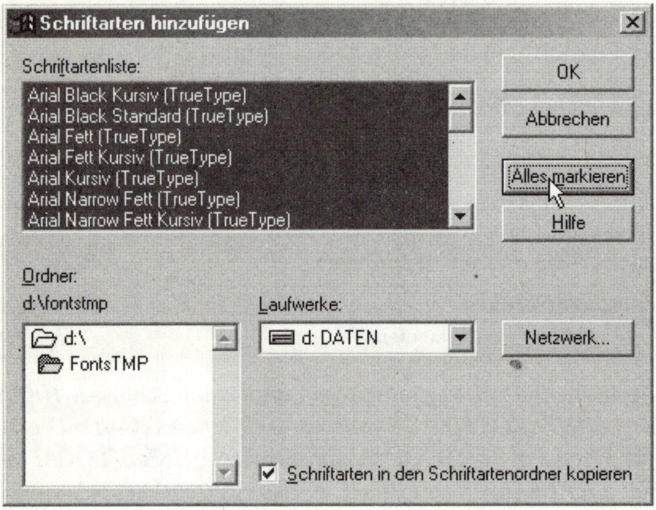

Geschwätziger Windows Media Player: Liste der zuletzt aufgerufenen Dateien und URLs löschen

Der Windows Media Player verhält sich leider äußerst indiskret: Über das Menü *Datei* lassen sich jederzeit die Dateien und Internetadressen, die Sie zuletzt aufgerufen haben, erneut aufrufen: Sie erscheinen ähnlich wie auch bei Word und Excel als Einträge im Menü.

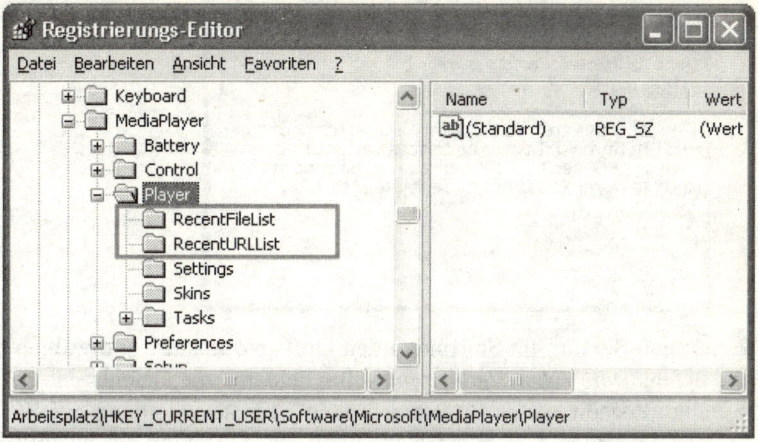

Die Liste der zuletzt aufgerufenen Dateien und URLs des Windows Media Player ist in der Registry abgelegt.

Wollen Sie, dass diese Einträge verschwinden, beispielsweise damit nicht neugierige Bürokollegen in Ihrer Abwesenheit nachschauen, was Sie sich so alles angeschaut oder angehört haben, müssen Sie nur RegEdit starten und die Schlüssel *HKEY_CURRENT_USER\Software\Microsoft\MediaPlayer\Player\RecentFileList* (für die zuletzt aufgerufenen Dateien) sowie *HKEY_CURRENT_USER\Software\Microsoft\MediaPlayer\Player\RecentURLList* (für die zuletzt aufgerufenen Internetadressen) löschen.

Allerdings legt der Windows Media Player die genannten Schlüssel wieder neu an. Um die verräterischen Einträge für immer aus dem Menü *Datei* zu verbannen, können Sie den Löschvorgang aber dahingehend automatisieren, dass Windows die Schlüssel bei jedem Booten automatisch löscht. Dazu gehen Sie folgendermaßen vor:

1 Starten Sie den Editor und schreiben Sie folgende drei Zeilen hinein:

```
REGEDIT4

[-HKEY_CURRENT_USER\Software\Microsoft\MediaPlayer\Player\
RecentFileList]
[-HKEY_CURRENT_USER\Software\Microsoft\MediaPlayer\Player\
RecentURLList]
```

Speichern Sie die Datei nun unter einem beliebigen Namen, beispielsweise *cleanwmp.reg*, ab. Wichtig ist die Endung *.reg*. Setzen Sie den Namen beim Abspeichern in Anführungszeichen, da der Editor andernfalls noch seine Endung *.txt* anhängt.

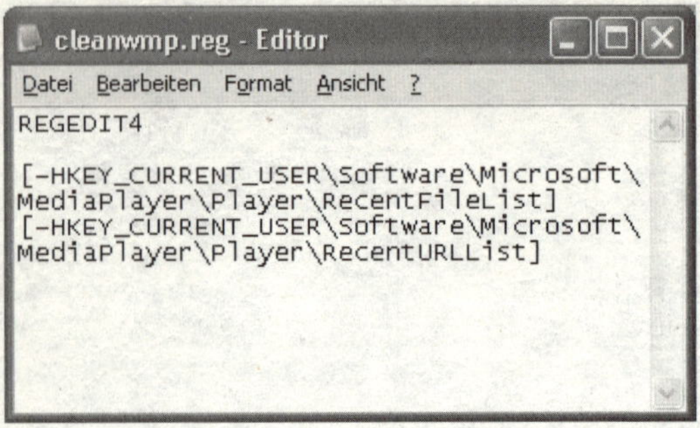

2 Öffnen Sie nun im Startmenü den Ordner *Autostart* und wählen Sie den Befehl *Datei/Neu/Verknüpfung*. Im Feld für die Befehlszeile geben Sie ein: „Regedit.exe /s C:\cleanwmp.reg". Klicken Sie dann auf *Weiter*, geben Sie einen beliebigen Namen für die Verknüpfung ein und klicken Sie auf *Fertig stellen*. Nun werden bei jedem Rechnerstart die Schlüssel gelöscht, in denen der Windows Media Player die zuletzt aufgerufenen Dateinamen bzw. URLs ablegt.

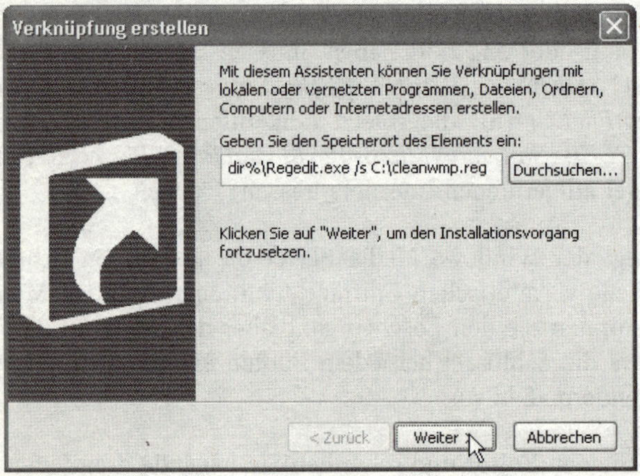

5.2 Effektiveres Arbeiten: Software optimal an Ihre Wünsche anpassen

Speziell das Microsoft Office lässt, was die Konfigurationsmöglichkeiten angeht, eigentlich kaum Wünsche offen. Sämtliche Menü- und Symbolleisten sind vollkommen frei konfigurierbar, und wer sich ein wenig auf die mitgelieferte Makrosprache VBA versteht, dem sind buchstäblich keine Grenzen mehr gesetzt, was das „Zurechtschneidern" der Anwendungen auf die eigenen Bedürfnisse angeht. Allerdings: Auch hier gibt es Einstellungen oder auch Bugfixes, die Sie nur über die Registry tätigen können. In den nächsten Abschnitten zeigen wir, was alles möglich ist.

Workshop: So passen Sie die Öffnen- und Speichern-Dialoge individuell an

Seit Office 2000 verwendet Windows modifizierte Öffnen- und Speichern-Dialoge, in denen links im Fenster bestimmte Standardordner wie *Favoriten*, *Desktop* oder *Verlauf* für einen schnellen Zugriff als große Symbole dargestellt werden. Das ist prinzipiell sehr praktisch, jedoch deckt die Auswahl der Standardordner nicht immer alle Bedürfnisse ab. Sie können aber über die Registry die in den Dialogfeldern scheinbar fest verdrahteten Standardordner entfernen und stattdessen eigene Ordner definieren, die dann in den Öffnen- und Speichern-Dialogen auftauchen:

1 Starten Sie RegEdit und wechseln Sie zum Pfad *HKEY_CURRENT_USER\Software\Microsoft\Office\9.0\Common\Open Find\Places* (für Office 2000) bzw. zum Pfad *HKEY_CURRENT_USER\Software\Microsoft\Office\10.0\Common\Open Find\Places* (für Office XP). Um nun zum Beispiel den Eintrag *Favoriten* aus den Dialogboxen auszublenden, wechseln Sie zum Unterschlüssel *StandardPlaces* und dann zum Unterschlüssel *Favorites*. Klicken Sie mit der rechten Maustaste in das rechte Fenster und wählen Sie aus dem Kontextmenü den Befehl *Neu/DWORD-Wert*.

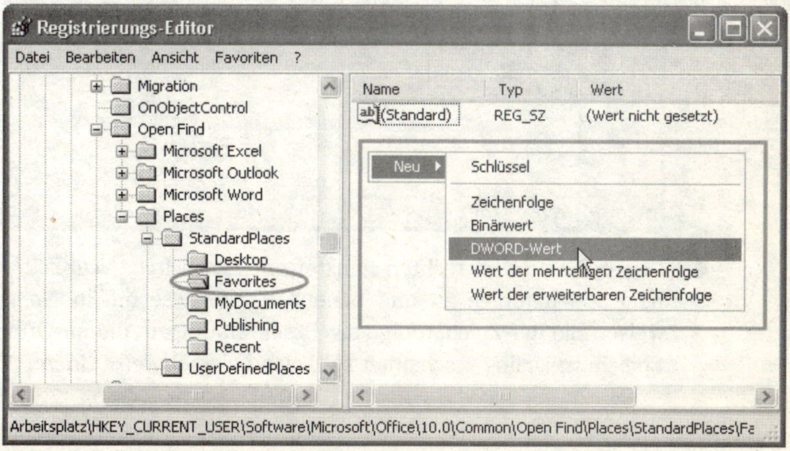

2 Benennen Sie den neuen DWORD-Wert um in *Show* und öffnen Sie den Wert mit einem Doppelklick. Tragen Sie eine „0" ein: Das Ordnersymbol wird nun nicht mehr angezeigt. Um es wieder anzeigen zu lassen, tragen Sie entweder eine 1 ein oder löschen den Wert einfach.

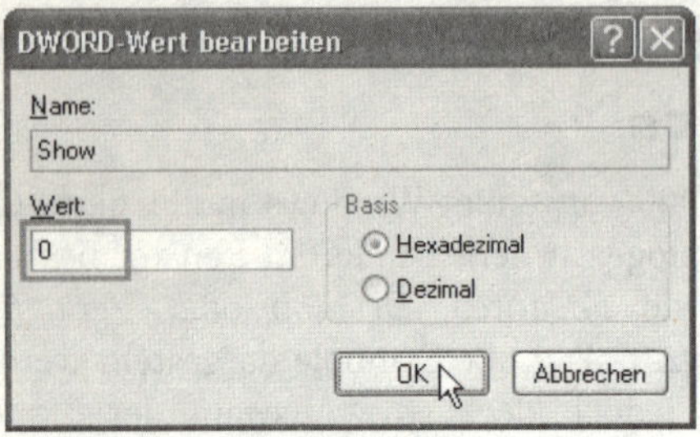

3 Wollen Sie ein Ordnersymbol für einen neuen, eigenen Ordner integrieren, wechseln Sie zum Schlüssel *HKEY_CURRENT_USER\Software\Microsoft\Office\10.0\Common\OpenFind\Places\UserDefinedPlaces*. Legen Sie hier einen Unterschlüssel an und nennen Sie diesen Unterschlüssel *Places1*. Wollen Sie mehrere eigene Ordnersymbole integrieren, müssen die weiteren Unterschlüssel entsprechend *Places2*, *Places3*, *Places4* und so weiter heißen.

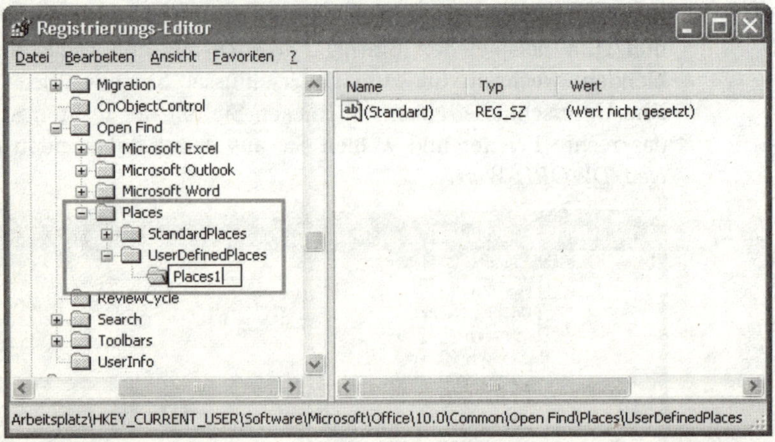

4 Legen Sie nun im rechten Fenster mit *Bearbeiten/Neu/Zeichenfolge* eine neue Zeichenfolge an und benennen Sie diese um in *Name*. Als Wert weisen Sie der Zeichenfolge die Beschreibung zu, die im Öffnen- bzw. im Speichern-Dialog erscheinen soll, also beispielsweise *Briefe*.

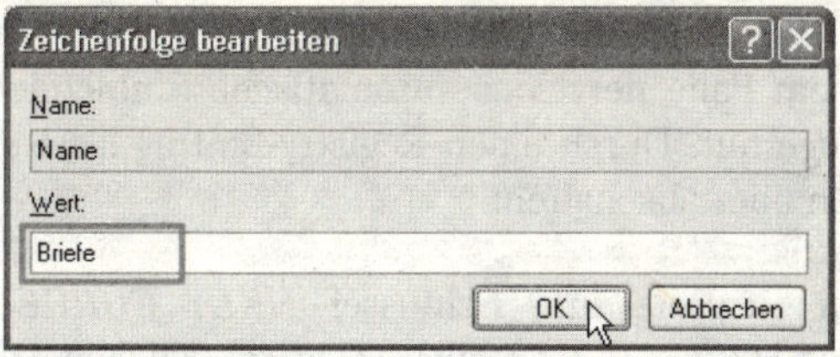

5 Nun legen Sie eine weitere Zeichenfolge an und benennen diese um in *Path*. Dieser Zeichenfolge weisen Sie den genauen Pfad zum gewünschten Ordner zu, zum Beispiel *C:\Eigene Dateien\Briefe*. Der Ordner muss natürlich existieren.

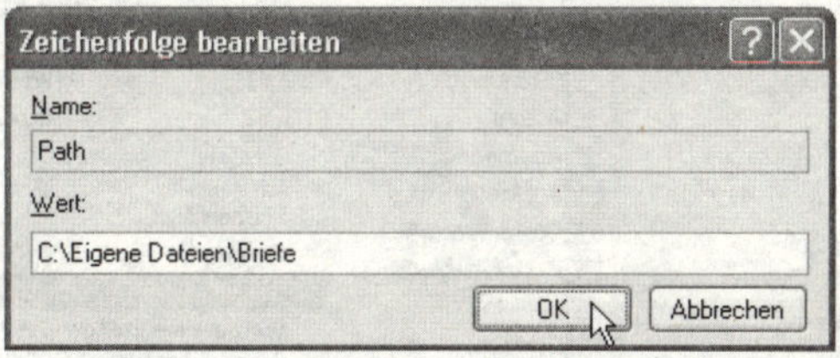

Das Beispiel unseres Workshops zeigt: Unter Zuhilfenahme der Registry können Sie die Öffnen- und Speichern-Dialoge komplett neu gestalten. Natürlich können Sie hier auch Netzwerkpfade angeben oder beispielsweise das Diskettenlaufwerk, wenn Sie öfters Dateien direkt von Diskette öffnen oder direkt auf Diskette speichern.

Nervt und ist im Weg: Symbolleiste der erweiterten Office-Zwischenablage unterdrücken

Unter Office 2000 gibt es das Feature der erweiterten Zwischenablage: Kopieren Sie mit *Bearbeiten/Kopieren* bzw. mit Strg+C mehrmals etwas in die Zwischenablage, erscheint automatisch eine Symbolleiste, die die Zwischenablage-Inhalte als Dokument-Symbole darstellt.

Das automatische Einblenden der Symbolleiste Zwischenablage können Sie durch einen Registry-Eintrag unterbinden.

Zumeist reicht aber die einfache Funktionalität der Zwischenablage vollkommen aus, in diesem Falle nervt das automatische Einblenden der Symbolleiste *Zwischenablage* nur. Durch einen Registry-Eintrag lässt sich das automatische Erscheinen aber abschalten:

1 Wechseln Sie in RegEdit zum Schlüssel *HKEY_CURRENT_USER\Software\Microsoft\Office\9.0\Common\General*. Klicken Sie dann mit der rechten Maustaste ins rechte Fenster und wählen Sie aus dem Kontextmenü den Befehl *Neu/DWORD-Wert*.

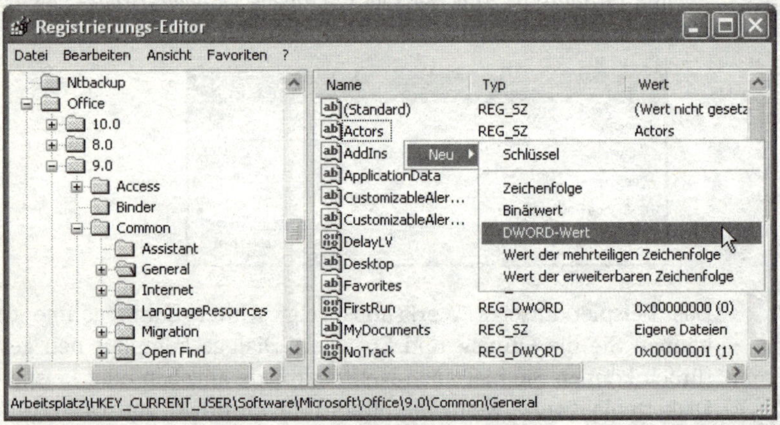

2 Benennen Sie den neuen DWORD-Wert um in *AcbControl* und öffnen Sie den Wert mit einem Doppelklick. Tragen Sie eine „1" ein. Die Symbolleiste der erweiterten Zwischenablage wird nun in Office 2000 nicht mehr automatisch eingeblendet. Sie können sie aber weiterhin mit dem Befehl *Ansicht/Symbolleisten/Zwischenablage* ein- oder ausblenden.

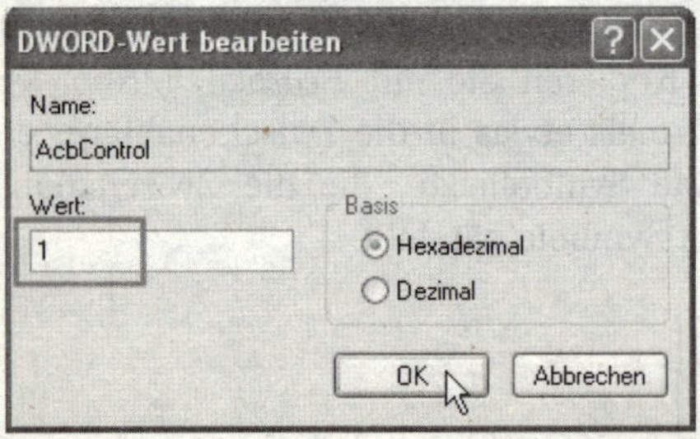

Office 2000-Bug selbst beheben: Grammatikprüfung funktioniert nicht

Beim Office 2000 gibt es einen kleinen Bug, der dann greift, wenn Sie das Programmpaket als Update über ein existierendes Office 97 installieren: Die Grammatikprüfung funktioniert dann nicht. Mit folgendem Bugfix können Sie das Problem aber nachträglich lösen:

1 Legen Sie die Office 2000-CD ein und starten Sie das Setup-Programm. Wählen Sie aus dem Hauptmenü die Option *Features hinzufügen/entfernen* und deinstallieren Sie aus der Gruppe *Office Tools* die *Korrekturhilfen*. Starten Sie anschließend den Rechner neu.

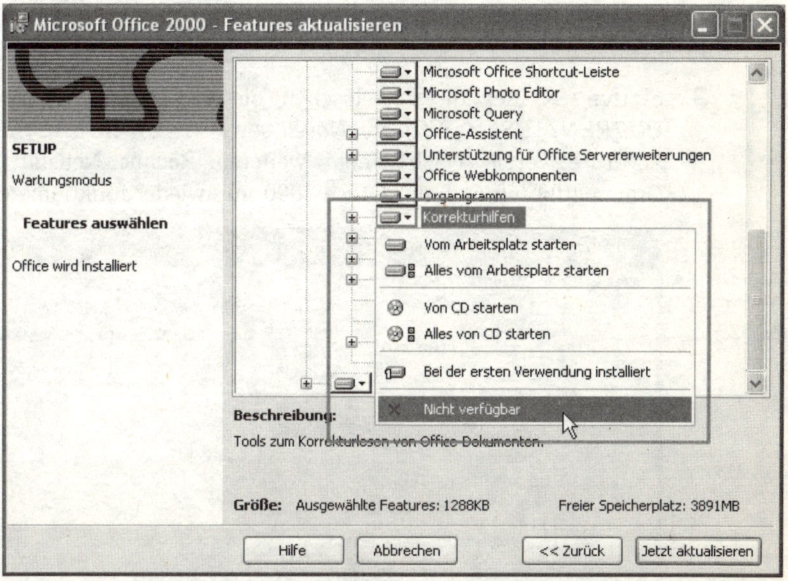

2 Starten Sie nun den Windows-Explorer und löschen Sie den Ordner *C:\Programme\Gemeinsame Dateien\Microsoft Shared\Proof*.

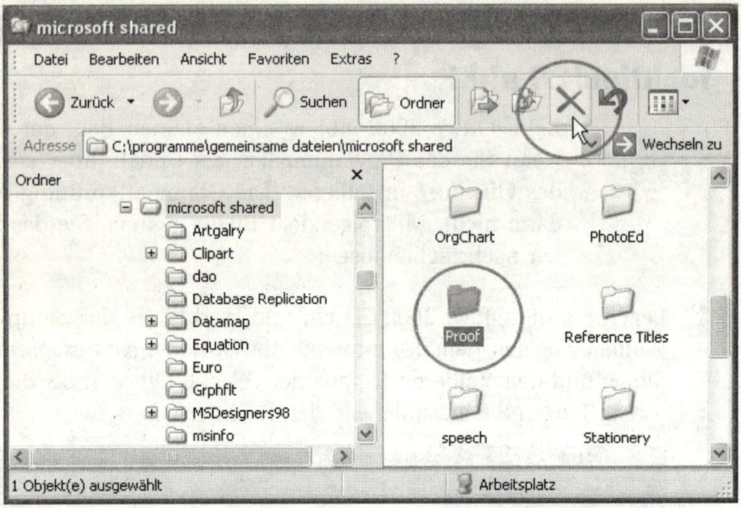

3 Starten Sie RegEdit und löschen Sie die beiden Schlüssel *HKEY_ CURRENT_USER\Software\Novell* sowie *HKEY_LOCAL_ MACHINE\ Software\Novell*. Nach einem weiteren Rechner-Neustart sollte die Grammatikprüfung unter Office 2000 nun wieder funktionieren.

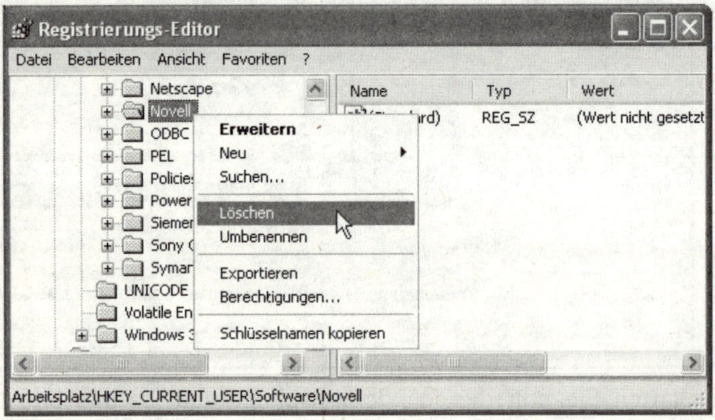

Hebeln Sie den Virenschutz aus: „potenziell unsichere" Dateianhänge in Outlook 2002 öffnen

In Outlook 2002 hat Microsoft einen äußerst strikten Virenschutz eingebaut: Wenn Sie per E-Mail Dateien mit bestimmten Dateinamenerweiterungen, die möglicherweise Viren enthalten könnten, wie beispielsweise *.exe* oder *.com* empfangen, blockiert Outlook den Zugriff auf diese Attachments. Prinzipiell ist das auch ganz sinnvoll, da beispielsweise durch das unbedachte Starten einer EXE-Datei Ihr Rechner, ohne dass Sie es merken, sofort mit einem Virus verseucht werden kann. Wenn Sie allerdings beispielsweise ein selbstentpackendes Archiv von einem Arbeitskollegen erwarten (das auch die Endung *.exe* hat), kann dieser Virenschutz auch ganz schön lästig sein.

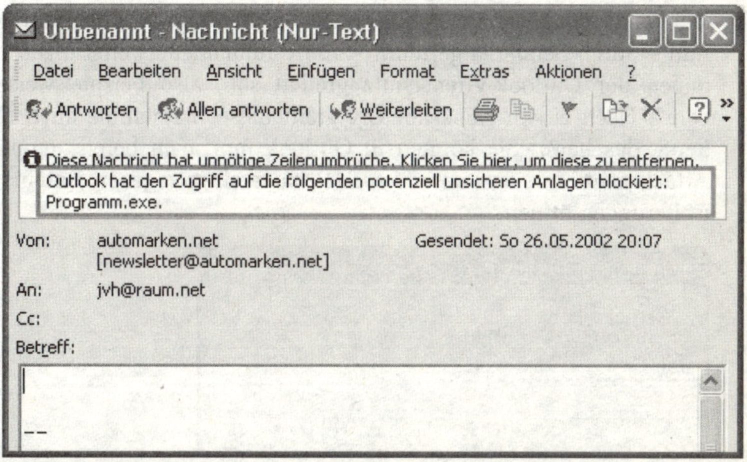

Rigoros: Attachments mit bestimmten Dateinamenerweiterungen lassen sich unter Outlook 2002 nicht öffnen.

In den Dialogboxen von Outlook 2002 finden Sie keine Möglichkeit, diesen rigorosen Virenschutz auszuschalten, es gibt aber über die Registry einen Weg:

1 Wählen Sie in RegEdit den Schlüssel *HKEY_CURRENT_USER\Software\Microsoft\Office\10.0\Outlook\Security* und legen Sie mit *Bearbeiten/Neu/Zeichenfolge* eine neue Zeichenfolge an. Benennen Sie die Zeichenfolge um in *Level1Remove*.

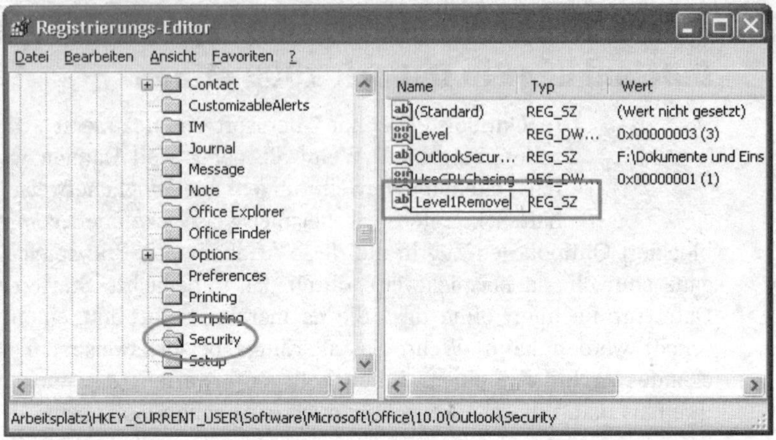

2 Doppelklicken Sie nun auf die neue Zeichenfolge. Als Wert tragen Sie nun - durch Semikola getrennt - alle Dateinamenerweiterungen ein, bei denen der Outlook-Virenschutz greifen soll, also beispielsweise „exe; com". Nach einem Klick auf *OK* greift diese Maßnahme auch rückwirkend, das heißt, Sie können in Outlook nun auch bereits empfangene Attachments mit den unter *Level1Remove* eingetragenen Dateinamenerweiterungen öffnen.

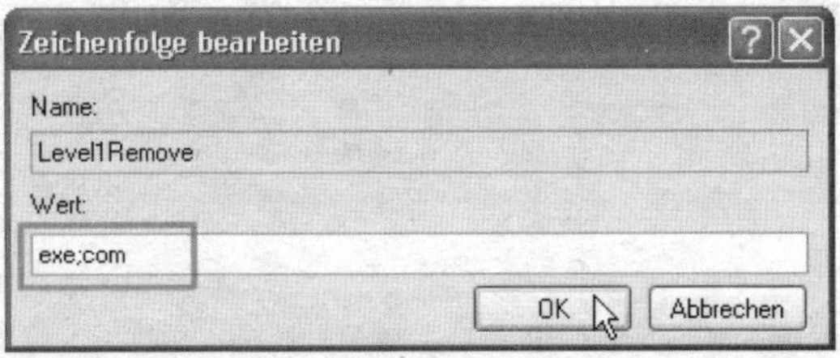

Jetzt verpassen Sie keinen Termin mehr: Outlook minimiert im Systray starten

XP 98 ME

Benutzen Sie Outlook 2000 oder Outlook 2002 auch als Terminkalender, ist es sinnvoll, das Programm stets im Hintergrund laufen zu lassen, damit die Erinnerungsfunktion für Termine greift. Allerdings wird für das Outlook-Symbol wertvoller Platz in der Taskleiste verschenkt. Es gibt aber die Möglichkeit, das Symbol von Outlook im so genannten Systray links neben der Uhr zu platzieren, sodass Sie immer schnellen Zugriff auf das Programm haben:

1 Klicken Sie mit der rechten Maustaste auf die *Start*-Schaltfläche und wählen Sie aus dem Kontextmenü den Befehl *Öffnen*. Öffnen Sie dann mit einem Doppelklick den Ordner *Programme* und dann den Ordner *Autostart*. Wählen Sie nun den Befehl *Datei/Neu/Verknüpfung*.

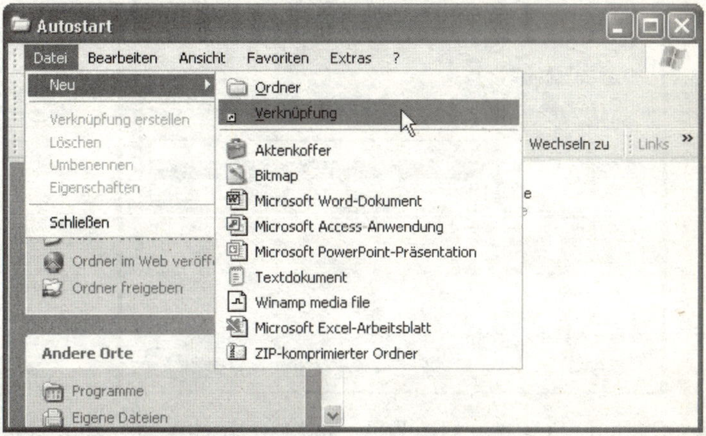

2 Geben Sie als Befehlszeile nun den Pfad für Outlook ein oder selektieren Sie die Programmdatei über die Schaltfläche *Durchsuchen* - bei einer Standardinstallation lautet der Pfad *C:\Programme\Microsoft Office\Office9\OUTLOOK.EXE* für Office 2000 beziehungsweise *C:\Programme\Microsoft Office\Office10\OUTLOOK.EXE* für Office XP. Klicken Sie dann auf *Weiter* und anschließend auf *Fertig stellen*.

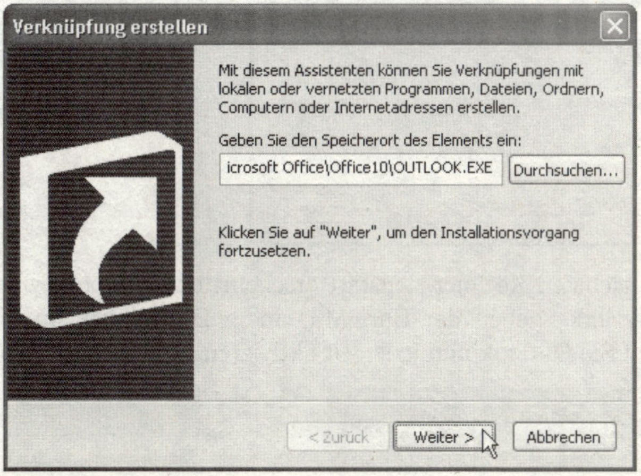

3 Klicken Sie die neue Verknüpfung mit der rechten Maustaste an und wählen Sie aus dem Kontextmenü *Eigenschaften*. Selektieren Sie dann unter der Registerkarte *Verknüpfung* die Option *Ausführen: Minimiert* und klicken Sie auf *OK*.

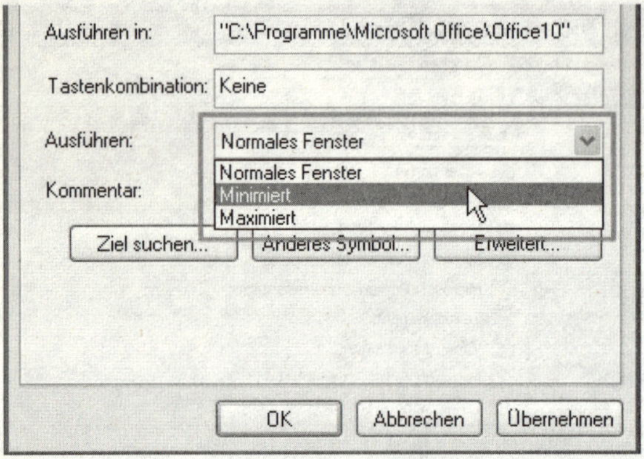

4 Starten Sie nun RegEdit und wechseln Sie zum Pfad *HKEY_CURRENT_USER\Software\Microsoft\Office\10.0\Outlook\Preferences*. Klicken Sie mit der rechten Maustaste in das rechte Fenster und wählen Sie aus dem Kontextmenü den Befehl *Neu/DWORD-Wert*. Ändern Sie den Namen *Neuer Wert #1* in *MinToTray*. Doppelklicken Sie auf den Eintrag und weisen Sie ihm den Wert 1 zu.

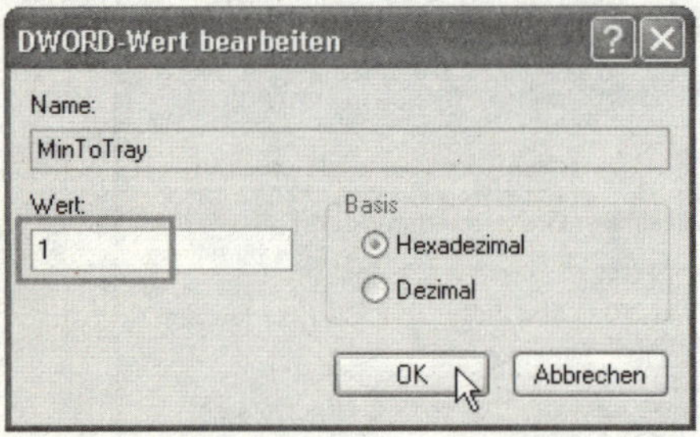

5 Beim nächsten Rechner-Neustart erscheint das Outlook-Symbol nun im Systray links neben der Uhr. Mit einem Doppelklick auf das Symbol können Sie Outlook nun jederzeit aktivieren.

Datum bei Excel 2000 im Griff: Jahreszahlen auf vier Stellen erweitern

Standardmäßig zeigt Excel 2000 Jahreszahlen nur zweistellig an. Ist Ihnen eine vierstellige Anzeige lieber, können Sie dies über die Registry einstellen:

1 Wechseln Sie im Registrierungs-Editor zum Pfad *HKEY_CURRENT_USER\Software\Microsoft\Office\9.0\Excel\Options* und erstellen Sie im rechten Fenster mit dem Kontextmenü-Befehl *Neu/DWORD-Wert* einen neuen DWORD-Wert.

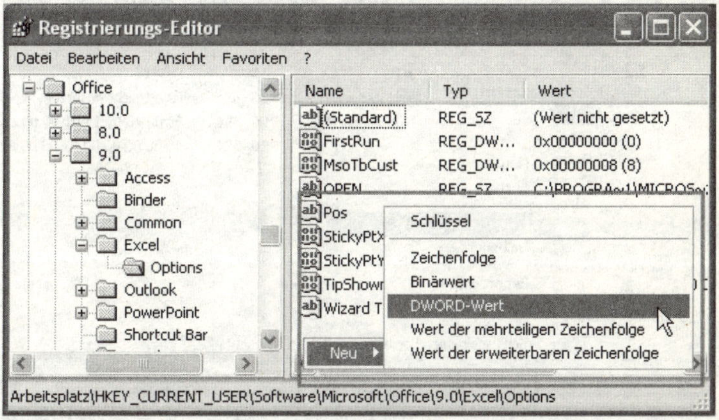

2 Benennen Sie den neuen DWORD-Wert um in *EnableFourDigitYearDisplay*. Wenn Sie diesem DWORD-Wert nun den Wert 1 zuweisen, verwendet Excel 2000 vierstellige Jahreszahlen. Um zur zweistelligen Anzeige zurückzukehren, setzen Sie den Wert auf 0 oder löschen ihn einfach.

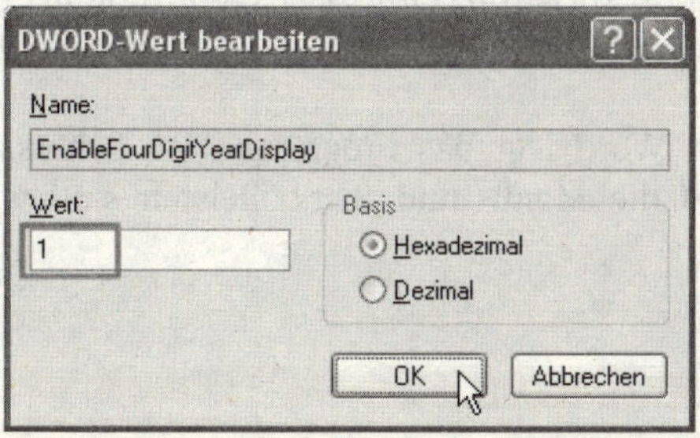

Kein Grund zur Panik: Word 97/2000-Menü- und -Symbolleisten sind verschwunden

Wenn Sie Microsoft Word 97 oder 2000 beenden, schreibt das Programm die Infos über die Position seiner Menü- und Symbolleisten in die Registrierungsdatenbank. Nun kann es passieren, dass das Programm genau zu diesem Zeitpunkt abstürzt und dadurch falsche Infos in die Registry geschrieben werden. Die fatale Folge: Beim nächsten Start von Word werden weder Menü- noch Symbolleisten angezeigt, das Programm ist unbedienbar.

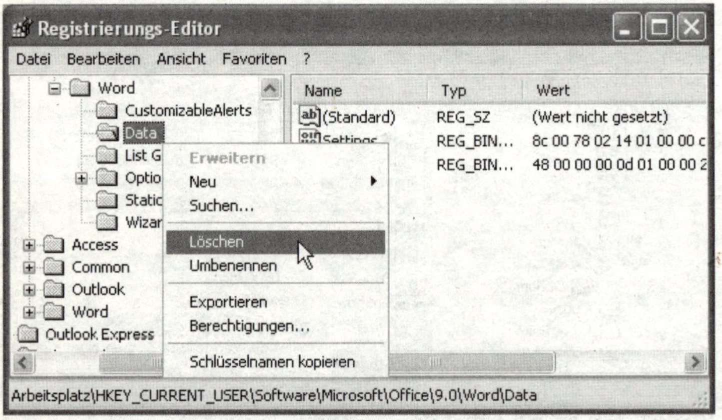

Die Einstellungen der Menü- und Symbolleisten merkt sich Word in der Registry.

Bevor Sie jetzt gleich verzweifelt an eine Neu-Installation denken - die das Problem im Übrigen nicht lösen würde -, starten Sie RegEdit und wechseln zum Schlüssel *HKEY_CURRENT_USER\Software\Microsoft\Office\8.0\Word\Data* (für Word 97) beziehungsweise zum Schlüssel *HKEY_CURRENT_USER\Software\Microsoft\Office\9.0\Word\Data* (für Word 2000) und löschen den Schlüssel.

Beim nächsten Start von Word legt das Programm den Schlüssel automatisch wieder neu an und die Menü- und Symbolleisten sind wiederhergestellt.

Word ganz geheim: Standarddateiendung von HTML-Dateien ändern

Wählen Sie in Word den Befehl *Datei/Speichern unter* und stellen als Dateityp *Webseite* ein, wird für HTML-Dateien die Dateinamenerweiterung *.htm* vorgegeben. Verwenden Sie lieber die - im WWW auch üblichere - Dateinamenerweiterung *.html*, können Sie die Vorgabe in der Registry ändern:

1 Wechseln Sie im Registrierungs-Editor zum Schlüssel *HKEY_LOCAL_MACHINE\SOFTWARE\Microsoft\SharedTools\TextConverters\Export\HTML* und doppelklicken Sie im rechten Fenster auf die Zeichenfolge *Extensions*, um sie zu bearbeiten.

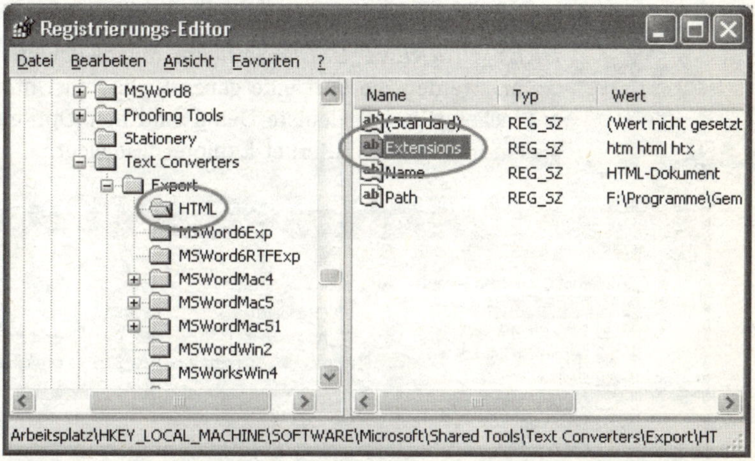

2 Ändern Sie den Wert *htm html htx* nun ab in *html htm htx*. Nach einem Klick auf *OK* schlägt Word beim Abspeichern von HTML-Dateien nun stets *.html* als Endung vor.

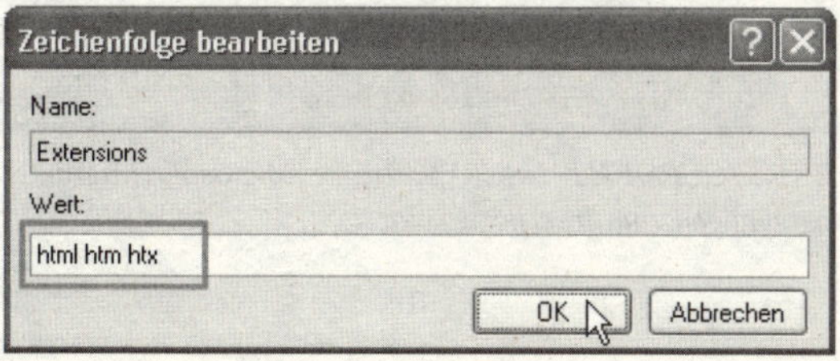

5.3 Surfen ohne Limits: Internet Explorer und Outlook Express

Auch die Einstellungen vom Internet Explorer und von Outlook Express sind natürlich in der Registry gespeichert. Mit ein wenig „Feintuning" können Sie hier einige sehr interessante Einstellungen vornehmen, was Komfort, Look & Feel und Sicherheit angeht. In den nächsten Abschnitten zeigen wir Ihnen die besten Tipps und Tricks rund ums Internet.

Workshop: Diese Einstellungen hinterlegt der Internet Explorer in der Registry

Schauen Sie sich in der Registry einmal den Schlüssel *HKEY_CURRENT_USER\Software\Microsoft\Internet Explorer* an, werden Sie dort eine ganze Reihe von Unterschlüsseln entdecken: Bis ins kleinste Detail sind hier Optionen und Erscheinungsbild des Internet Explorer festgelegt.

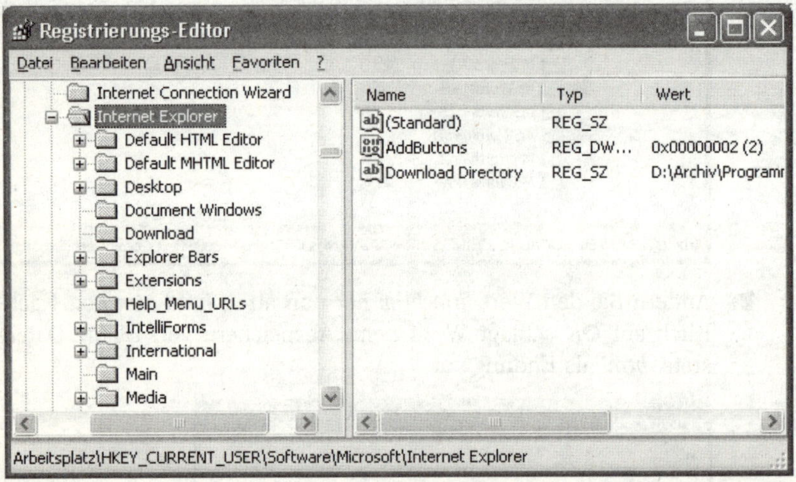

Unter dem Schlüssel HKEY_CURRENT_USER\Software\Microsoft\Internet Explorer finden sich alle Feineinstellungen zum Internet Explorer.

Die meisten dieser Optionen können Sie auch über die Systemsteuerung unter den Internetoptionen einstellen, aber eben nicht alle. Der folgenden Auflistung entnehmen Sie die Bedeutung der wichtigsten Unterschlüssel:

- *Default HTML Editor*: Hier ist der Pfad zum HTML-Editor eingetragen, der sich öffnet, wenn Sie den Befehl *Datei/Bearbeiten mit* wählen oder in der Symbolleiste auf das entsprechende Symbol klicken.
- *Default MHTML Editor*: Hier findet sich der Pfad zum Standardprogramm fürs Editieren von Dateien des Typs MHTML.
- *Document Windows*: An dieser Stelle merkt sich der Internet Explorer die Größe und Position der Fensterdarstellung.
- *Explorer Bars*: Unterhalb dieses Schlüssels befinden sich eine Reihe von CLSIDs, die die Symbolleisten des Internet Explorer definieren.
- *Help_Menu_URLs*: Hier können Internetadressen abgelegt werden, die dann im Menü *Hilfe* erscheinen.
- *IntelliForms*: Einstellungen zur Funktion AutoVervollständigen, die Sie in den Internetoptionen unter der Registerkarte *Inhalte* finden.
- *International*: Hier sind die Spracheinstellungen hinterlegt, die Sie in den Internetoptionen unter der Registerkarte *Allgemein* finden.
- *Main*: Unter diesem Registry-Schlüssel finden Sie eine ganze Reihe allgemeiner Einstellungen, etwa die URL der Startseite.
- *Media*: Hier sind Infos zu Hilfsprogrammen für Audio, Video und Animation hinterlegt.
- *PageSetup*: Hier können die Druckeinstellungen wie Ränder, Kopf- und Fußzeilen festgelegt werden.
- *Search / SearchUrl*: Unter diesem Registry-Schlüssel sind Infos zu den Sucheinstellungen gespeichert.
- *Security*: Hier merkt sich der Internet Explorer die Einstellungen, die Sie in den Internetoptionen unter der Registerkarte *Sicherheit* tätigen.
- *Settings*: An dieser Stelle ist gespeichert, wie der Internet Explorer Webseiten darstellt (Textfarbe etc.).
- *TypedURLs*: An dieser Stelle sind die Internetadressen abgelegt, die Sie zuletzt eingegeben haben und die erscheinen, wenn Sie die Adresszeile

aufklappen. Wollen Sie nicht, dass neugierige Bürokollegen nachsehen, wo Sie zuletzt hingesurft sind, können Sie die URLs hier einfach löschen.

Noch weitergehende Informationen und Einstellungen finden Sie unter dem Registry-Schlüssel *HKEY_LOCAL_MACHINE\SOFTWARE\Microsoft\Internet Explorer* - hier werden nicht die benutzerbezogenen, sondern die systemweiten Einstellungen verwaltet.

Superschnelle URL-Eingabe: auch .de-Adressen automatisch ergänzen

Der Internet Explorer verfügt über eine praktische Eingabehilfe: Tippen Sie in der Adresszeile beispielsweise „microsoft" ein, versucht der Internet Explorer, daraus eine komplette Internetadresse zu bilden, indem er der Reihe nach folgende Möglichkeiten ausprobiert:

```
http://www.microsoft.com
http://www.microsoft.org
http://www.microsoft.net
http://www.microsoft.edu
```

In unserem Beispiel wird er schon beim ersten Versuch fündig und verbindet sich zur Webseite *http://www.microsoft.com*. Der Haken an dieser Funktion: Die Endung für deutsche Webseiten, also *.de*, wurde nicht berücksichtigt. Durch einen neuen Registry-Eintrag haben Sie dies aber schnell nachgeholt:

1 Wechseln Sie zum Schlüssel *HKEY_LOCAL_MACHINE\SOFTWARE\Microsoft\Internet Explorer\Main\UrlTemplate*. Hier finden Sie auf der rechten Seite die Zeichenfolgen *1*, *2*, *3* und *4*, die für die möglichen Adressendungen stehen: Die Zeichenfolge *1* hat beispielsweise den Wert *www.%s.com*. *%s* ist dabei ein Platzhalter für den Text, den Sie im Internet Explorer eingeben. Das bedeutet: Geben Sie „microsoft" ein, versucht der Internet Explorer als Erstes, die Adresse *www.microsoft.com* zu bilden. Wollen Sie nun, dass zuerst nach *.de*-Adressen gesucht wird, benennen Sie zunächst die Zeichenfolge *4* in *5* um, *3* in *4*, *2* in *3* und *1* in *2*.

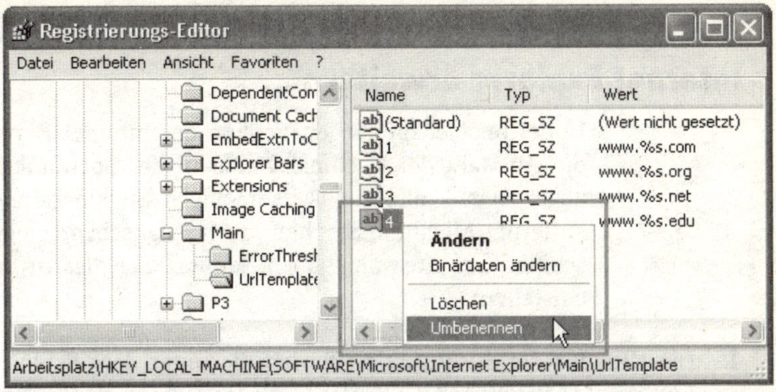

2 Legen Sie nun mit *Bearbeiten/Neu/Zeichenfolge* eine neue Zeichenfolge an und benennen Sie diese um in *1*.

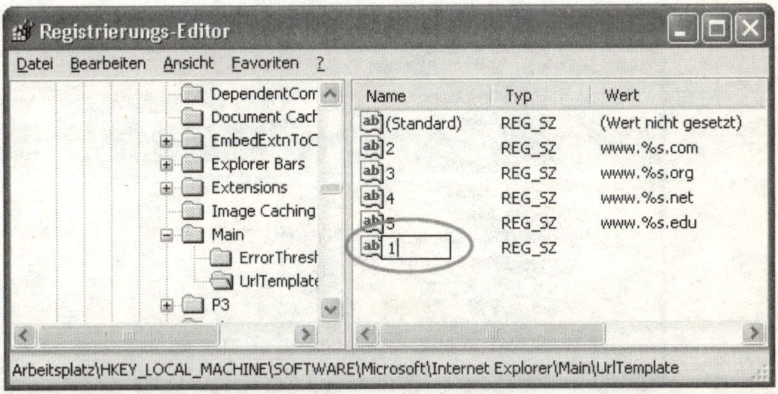

3 Doppelklicken Sie nun auf die neue Zeichenfolge und weisen Sie ihr den Wert *www.%s.de* zu. Zukünftig versucht der Internet Explorer stets zuerst, unvollständige Adressen mit *.de* zu ergänzen: Bei der Eingabe von „microsoft“ kommen Sie so direkt zur deutschsprachigen Seite *http://www.microsoft.de*.

Selbstverständlich können Sie nach dem oben gezeigten Prinzip auch andere Endungen integrieren, beispielsweise *.ch* für die Schweiz oder *.at* für Österreich, oder nicht erwünschte Endungen löschen, etwa die hier zu Lande kaum übliche Endung *.edu*. Die Durchnummerierung der Zeichenfolgen entspricht dabei der Suchreihenfolge, auch diese können Sie natürlich ändern.

Und es geht doch! Auswahl der Suchmaschinenliste im Internet Explorer erweitern ...

In der deutschsprachigen Version des Internet Explorer wurde die Auswahl der Suchmaschinen in der Suchfunktion radikal abgespeckt - alle englischsprachigen Suchmaschinen wurden entfernt. Möchten Sie hier auch englischsprachige Suchmaschinen zur Auswahl haben, können Sie dies in der Registry einstellen:

1 Die URL für die Suchfunktion finden Sie unter dem Schlüssel *HKEY_LOCAL_MACHINE\SOFTWARE\Microsoft\Internet Explorer\ Search*. Doppelklicken Sie hier im rechten Fenster auf den Wert *CustomizeSearch*, um ihn zu ändern.

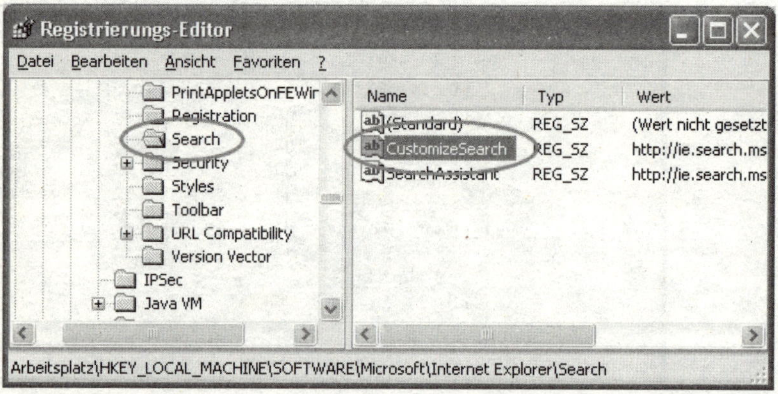

2 Ändern Sie den Wert *CustomizeSearch* nun um von *http://ie.search.msn.com/{SUB_RFC1766}/srchasst/srchcust.htm* in *http://ie.search.msn.com/en-us/srchasst/srchcust.htm* und bestätigen Sie die Änderung mit *OK*. Doppelklicken Sie anschließend auf den Wertnamen *SearchAssistant* und ändern Sie auch diesen Wert um von *http://ie.search.msn.com/{SUB_RFC1766}/srchasst/srchasst.htm* in *http://ie.search.msn.com/en-us/srchasst/srchasst.htm*.

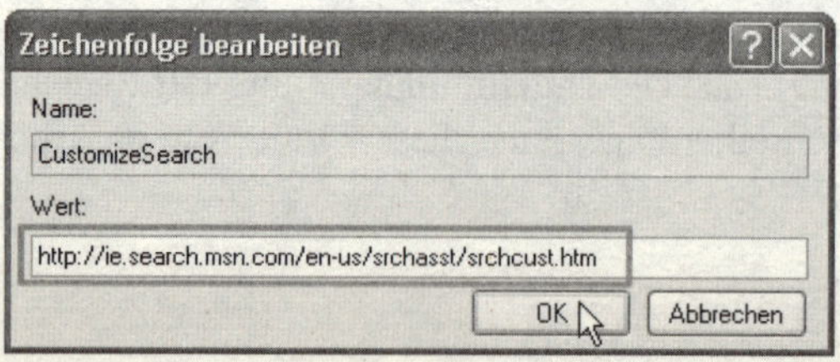

3 Um die neue Auswahl zu sehen, blenden Sie mit *Ansicht/Explorer-Leiste/Suchen* oder mit einem Klick auf die *Suchen*-Schaltfläche die Suchleiste ein und klicken auf *Anpassen*. Wählen Sie dann die Option *Use one search service - allows you to choose a single search service*. Hier stehen nun 15 verschiedene Suchdienste zur Auswahl.

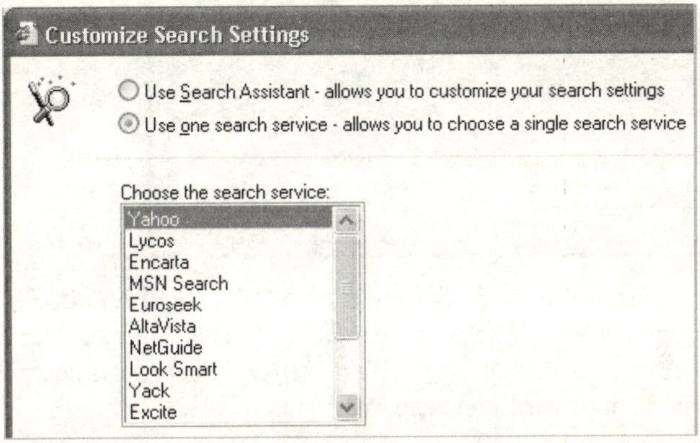

... und die Standard-Suchmaschine ändern

Als Standardsuchmaschine ist im Internet Explorer - wie könnte es auch anders sein - der Microsoft-eigene Suchdienst MSN Web Search eingebunden. Es ist aber ohne weiteres möglich, über die Registry einen anderen Suchdienst einzubinden. An den Beispielen Google und Yahoo! zeigen wir, wie's geht:

1 Wechseln Sie zunächst zum Schlüssel *HKEY_CURRENT_ USER\Software\Microsoft\Internet Explorer\Main* und doppelklicken Sie auf die Zeichenfolge *Search Page*. Weisen Sie der Zeichenfolge den Wert *http://www.google.com* für Google oder *http://de.yahoo.com* für Yahoo! zu.

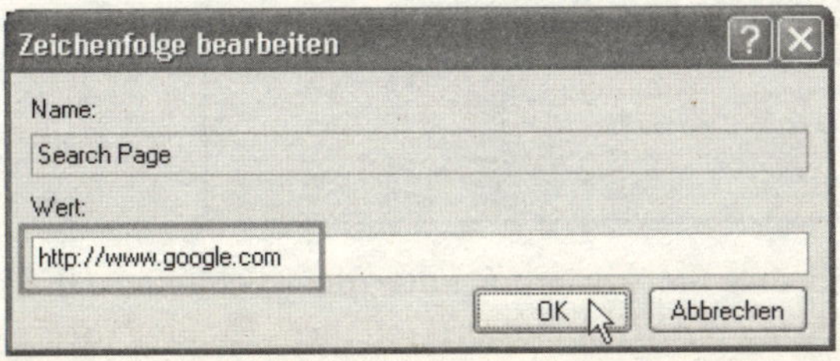

2 Ebenfalls unter dem Schlüssel *HKEY_CURRENT_USER\Software\Microsoft\Internet Explorer\Main* bearbeiten Sie nun die Zeichenfolge *Search Bar*. Existiert sie nicht, legen Sie sie vorher an. Sie erhält den Wert *http://www.google.com\ie* für Google oder *http://de.docs.yahoo.com/search/ie5.html* für Yahoo!.

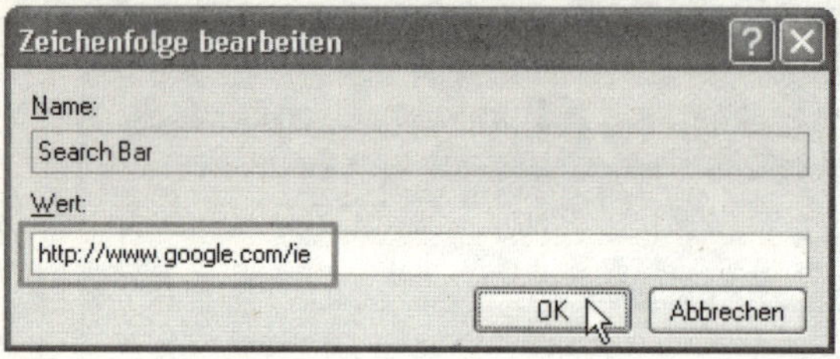

3 Gehen Sie nun zum Schlüssel *HKEY_CURRENT_USER\Software\Microsoft\Internet Explorer\SearchUrl*. Weisen Sie hier dem Wertnamen *(Standard)* für Google den Wert *http://www.google.com/keyword/%s* zu. Für Yahoo! wird hier kein Wert zugewiesen.

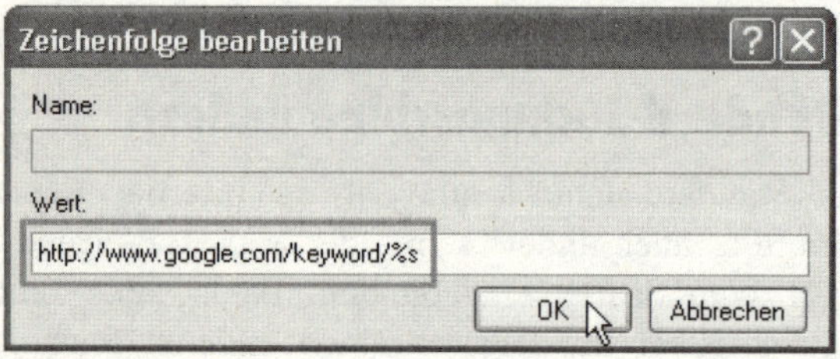

4 Nun gehen Sie zum Schlüssel *HKEY_LOCAL_MACHINE\Software\Microsoft\Internet Explorer\Search* und doppelklicken auf die Zeichenfolge *CustomizeSearch*. Für Yahoo! erhält diese Zeichenfolge den Wert *http://de.docs.yahoo.com/search/ie5opt.html*, für Google wird dieser Zeichenfolge kein neuer Wert zugewiesen.

5 Zuletzt bearbeiten Sie wiederum unter dem Schlüssel *HKEY_LOCAL_MACHINE\SOFTWARE\Microsoft\Internet Explorer\Search* die Zeichenfolge *SearchAssistant*: Sie erhält für Google den Wert *http://www.google.com/ie* und für Yahoo! den Wert *http://de.docs.yahoo.com/search/ie5.html*.

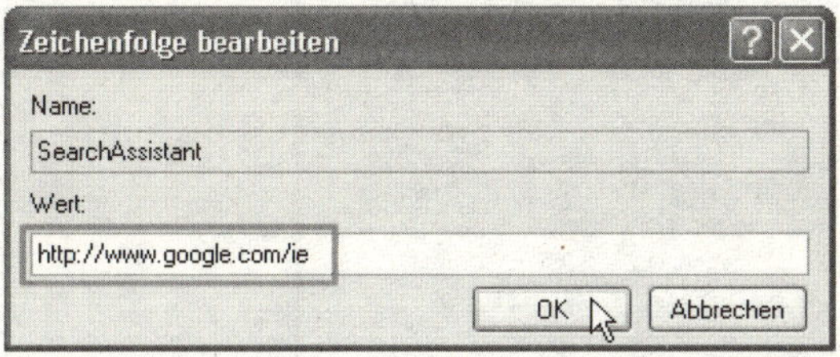

Ihr ganz persönlicher Browser I: eigenes animiertes Logo für den Internet Explorer entwerfen

Sowohl im Internet Explorer als auch in Outlook Express sehen Sie rechts oben ein kleines Windows-Logo, das animiert wird, wenn Sie neue Seiten laden. Ganz undokumentiert ist: Sie können dieses animierte Bild auch gegen ein eigenes Bild austauschen. Sie brauchen dafür insgesamt vier Bitmaps:

- ein animiertes Bild mit 38 Pixel Breite
- ein animiertes Bild mit 22 Pixel Breite
- ein statisches Bild mit 38 Pixel Breite/38 Pixel Höhe
- ein statisches Bild mit 22 Pixel Breite/22 Pixel Höhe

Die beiden kleineren Bilder sind für Outlook Express, die beiden größeren Bilder für den Internet Explorer. Die Höhe der animierten Bilder hängt dabei davon ab, wie viel Einzelschritte die Animation haben soll. Wollen Sie beispielsweise eine Animation mit elf Einzelschritten erstellen, ergibt sich als Höhe für das große animierte Bild 38 Pixel x 11 = 418 Pixel. Entsprechend errechnet sich die Höhe für das kleine animierte Bild mit 22 Pixel x 11 = 242 Pixel. In diesem „Filmstreifen" werden die Einzelschritte der Animation untereinander angebracht. Gehen Sie zum Erstellen und Einbinden der Animation folgendermaßen vor:

1 Starten Sie das Programm Paint aus der Zubehör-Gruppe. Natürlich können Sie die Bilder auch mit einem anderen geeigneten Programm erstellen, beispielsweise mit Jasc Paint Shop Pro. Wählen Sie nun den Befehl *Bild/Attribute* und stellen Sie für das große animierte Bild eine

Breite von 38 Pixel ein und eine Höhe von 38 Pixel x Animationsschritte, in unserem Beispiel (elf Animationsschritte) also 418 Pixel.

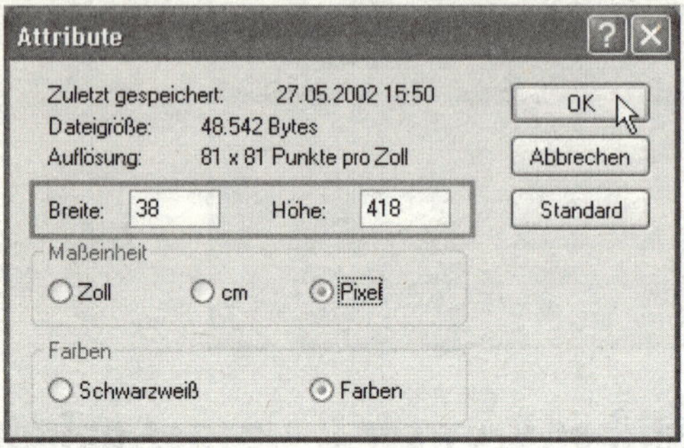

2 Nun erstellen Sie das eigentliche Bild, indem Sie die Animationsschritte nacheinander untereinander setzen - in unserem Beispiel haben wir eine Erdkugel gestaltet. Tipp: Zum Erstellen der Einzelschritte können Sie eine zweite Instanz von Paint starten und dort die Einzelschritte erstellen. Wählen Sie dann nacheinander die Befehle *Bearbeiten/Alles markieren* und *Bearbeiten/Kopieren*. Anschließend können Sie die Einzelschritte in der ersten Instanz von Paint mit *Bearbeiten/Einfügen* im „Filmstreifen" an der richtigen Position platzieren. Speichern Sie die fertige Datei als Bitmap (*.bmp*) in einem beliebigen Ordner. Anschließend erstellen Sie noch das kleine animierte Bild sowie die beiden statischen Bilder mit den oben angegebenen Abmessungen.

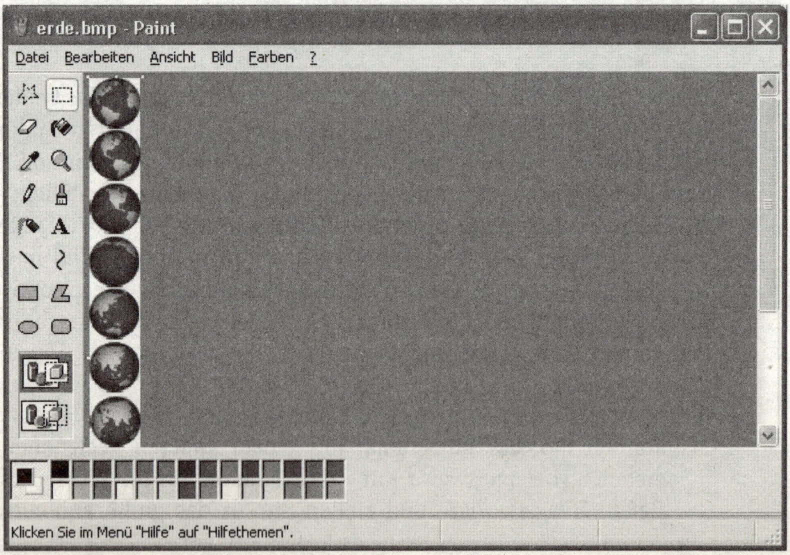

3 Starten Sie nun RegEdit und wechseln Sie zum Schlüssel *HKEY_CURRENT_USER\Software\Microsoft\Internet Explorer\Toolbar*. Erstellen Sie hier eine neue Zeichenfolge, indem Sie mit der rechten Maustaste ins rechte Fenster klicken und aus dem Kontextmenü den Befehl *Neu/Zeichenfolge* wählen. Benennen Sie die neue Zeichenfolge um in *BrandBitmap*.

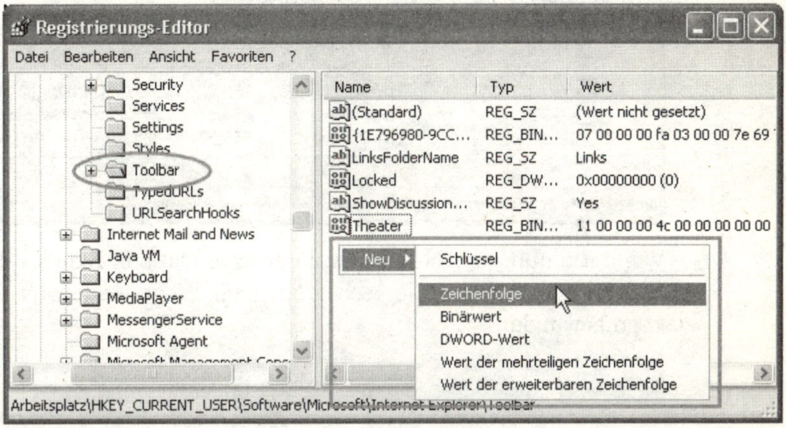

4 Doppelklicken Sie auf die neue Zeichenfolge und weisen Sie ihr als Wert den Pfad zum großen animierten Bild zu. Erstellen Sie anschließend eine weitere Zeichenfolge namens *SmBrandBitmap* und weisen ihr als Wert den Pfad zum kleinen animierten Bild zu.

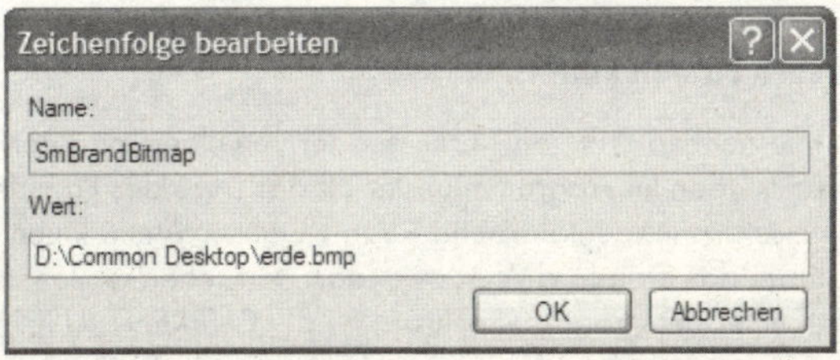

5 Wechseln Sie nun zum Schlüssel *HKEY_CURRENT_USER\Software\Microsoft\Internet Explorer\Main* und erstellen Sie dort die beiden Zeichenfolgen *BigBitmap* und *SmallBitmap*. Der Zeichenfolge *BigBitmap* weisen Sie den Pfad zum großen statischen Logo (38 x 38 Pixel) zu, während die Zeichenfolge *SmallBitmap* den Pfad zum kleinen statischen Logo (22 x 22 Pixel) zugewiesen bekommt.

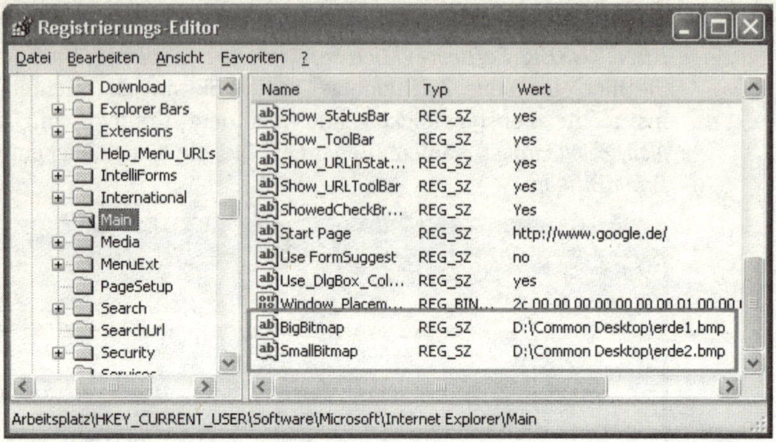

6 Wenn Sie nun den Internet Explorer bzw. Outlook Express das nächste Mal starten, können Sie rechts oben im Programmfenster Ihr eigenes Logo bewundern.

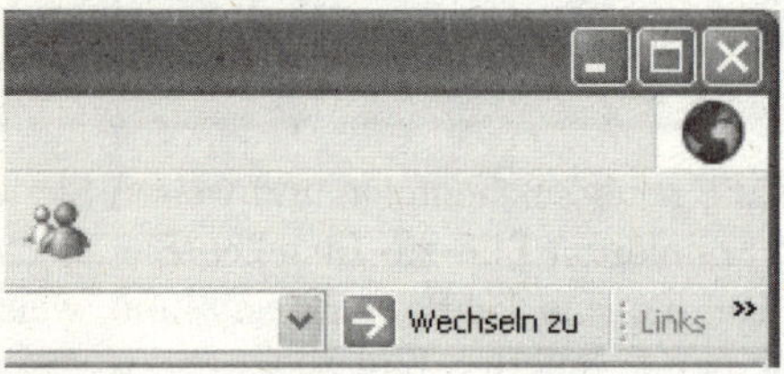

INFO

Logos von anderen Firmen entfernen

Haben Sie den Internet Explorer von T-Online oder von einem anderen Provider erhalten, wird rechts oben im Programmfenster oft das Logo des Providers angezeigt, beispielsweise das magentafarbene T von T-Online. Wenn Ihnen das nicht gefällt und Sie lieber das Standard-Windows-Logo dort sehen wollen, dann löschen Sie einfach unter dem Registry-Schlüssel *HKEY_CURRENT_USER\Software\Microsoft\Internet Explorer\Main* die beiden Zeichenfolgen *BigBitmap* und *SmallBitmap* sowie unter dem Schlüssel *HKEY_CURRENT_USER\Software\Microsoft\Internet Explorer\Toolbar* die beiden Schlüssel *BrandBitmap* und *SmBrandBitmap*.

Ihr ganz persönlicher Browser II: Und auch die Titelleiste können Sie ändern

Wenn Sie Ihren Internet Explorer von einem Provider wie MSN oder T-Online erhalten haben, findet sich oft in der Titelleiste des Programmfensters ein Werbehinweis, beispielsweise steht dort *Microsoft Internet Explorer von T-Online*. Stört Sie das, können Sie den Text der Titelleiste über die Registry leicht abändern. Natürlich können Sie sich auch eine eigene ganz persönliche Titelleiste kreieren, wenn Sie die originale Microsoft-Version des Internet Explorer mit dem Standardtext *Microsoft Internet Explorer* haben:

1 Wechseln Sie in RegEdit zum Schlüssel *HKEY_CURRENT_USER\Software\Microsoft\Internet Explorer\Main*. Doppelklicken Sie hier auf die Zeichenfolge *Window Title*. Ist die Zeichenfolge nicht vorhanden, erstellen Sie sie mit *Bearbeiten/Neu/Zeichenfolge* vorher neu und benennen Sie in *Window Title* um.

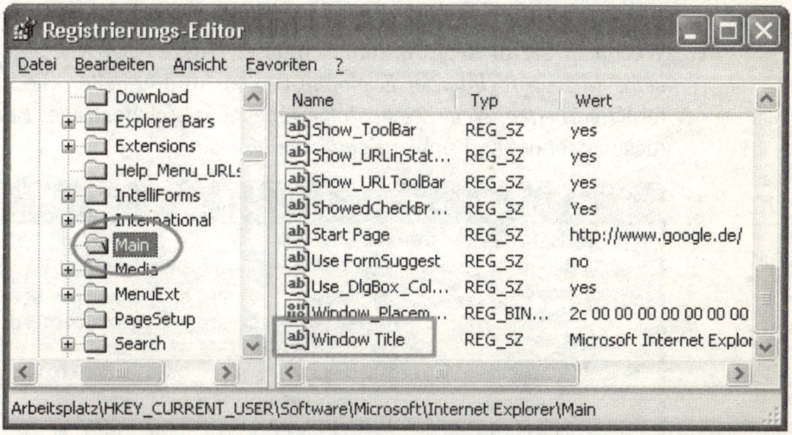

2 Doppelklicken Sie nun auf die Zeichenfolge *Window Title* und weisen Sie ihr als Wert den Text zu, der später in der Titelleiste erscheinen soll, zum Beispiel *Mein persönlicher Browser*. Wechseln Sie anschließend zum Schlüssel *HKEY_LOCAL_MACHINE\SOFTWARE\Microsoft\Internet Explorer\Main*. Auch hier müssen Sie die Zeichenfolge *Window Title* bearbeiten bzw. erstellen, falls sie nicht existiert. Weisen Sie dann dieser Zeichenfolge den gleichen Text zu. Wenn Sie den Internet Explorer das nächste Mal starten, erscheint der in der Registry eingegebene Text zusammen mit dem Titel des aktuellen Fensters in der Titelleiste des Programmfensters.

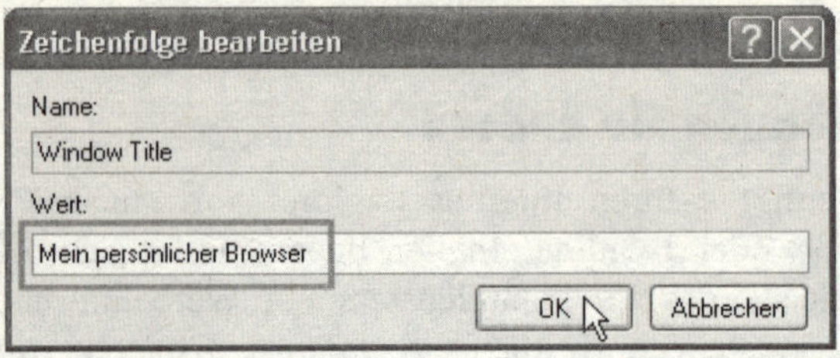

Ihr ganz persönlicher Browser III: Mit einem Hintergrundbild wird's richtig poppig!

Hand aufs Herz: Der Internet Explorer mag ein prima Programm sein, aber ein bisschen langweilig sieht er schon aus, oder? Wenn Sie es ein wenig bunter mögen, können Sie aber in der Registry ein Bitmap-Bildchen eintragen, das dann im Internet Explorer als Hintergrundbild hinter den Menü- und Symbolleisten angezeigt wird:

1 Wechseln Sie in RegEdit zum Schlüssel *HKEY_CURRENT_USER\Software\Microsoft\Internet Explorer\Toolbar* und erstellen Sie mit dem Befehl *Bearbeiten/Neu/Zeichenfolge* eine neue Zeichenfolge. Benennen Sie diese anschließend um in *BackBitmapShell*.

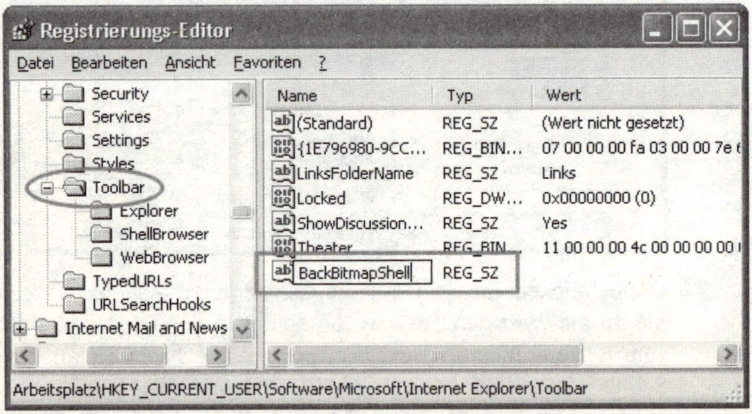

2 Doppelklicken Sie auf die Zeichenfolge *BackBitmapShell* und weisen Sie ihr als Wert den Pfad zum gewünschten Hintergrundbild zu.

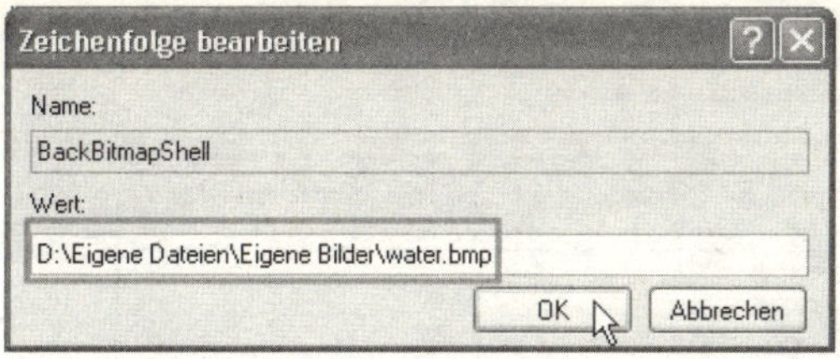

3 Wenn Sie den Internet Explorer nun das nächste Mal starten - eventuell ist ein Rechner-Neustart notwendig -, erscheint er mit bunt unterlegten Menü- und Symbolleisten. Ein Tipp: Wählen Sie das Hintergrundbild nicht zu dunkel, da sonst die Menüeinträge nur noch schwer zu lesen sind. Kleine Hintergrundbilder werden automatisch „gekachelt", also wiederholt nebeneinander und untereinander dargestellt.

Spuren verwischen, ohne dass es jemand merkt: einzelne Einträge aus der History-Liste löschen

XP 98 ME

Wenn Sie im Internet Explorer auf den kleinen Pfeil nach unten rechts neben der Adressleiste klicken, klappt eine Liste auf, die alle Adressen enthält, die Sie in letzter Zeit eingegeben haben. So können Sie sich viel Tipparbeit ersparen, indem Sie die gewünschte Internetadresse einfach mit dem Mauszeiger oder mit den Cursortasten selektieren. Wenn Sie sich allerdings - zum Beispiel im Büro - den Rechner mit anderen teilen, kann diese so genannte History-Liste auch sehr verräterisch sein: Schließlich geht es niemanden an, welche Adressen Sie als Letztes aufgerufen haben. Und möglicherweise ist auch Ihr Chef nicht gerade erbaut davon, wenn er feststellt, dass Sie beispielsweise während der Arbeitszeit ein Chat-Forum besucht haben.

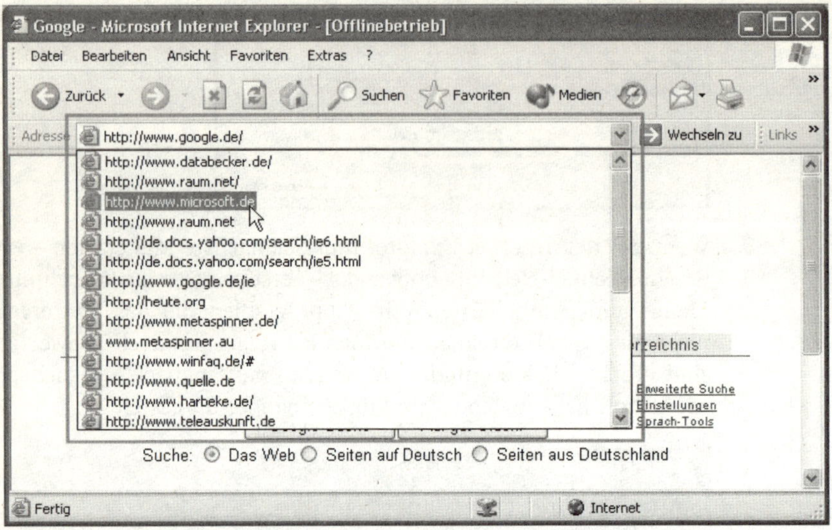

Über die History-Liste haben Sie schnellen Zugriff auf die zuletzt eingegebenen Adressen.

Sie können die komplette Liste aber jederzeit löschen, indem Sie den Befehl *Extras/Internetoptionen* wählen und unter der Registerkarte *Allgemein* auf *"Verlauf" leeren* klicken und die nachfolgende Sicherheitsabfrage mit *Ja* bestätigen. Differenziertere Möglichkeiten bietet die Registry: Hier finden Sie sämtliche Adressen unter dem Schlüssel *HKEY_CURRENT_USER\ Software\Microsoft\Internet Explorer\TypedURLs* abgespeichert, wobei die Wertnamen mit *url1*, *url2*, *url3* und so weiter durchnummeriert sind.

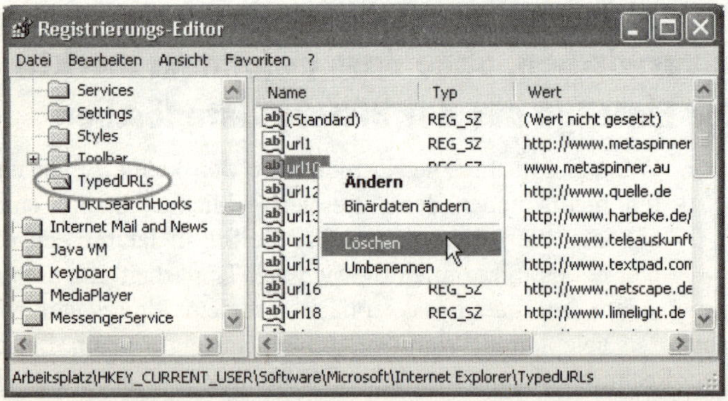

Die im Verlauf gespeicherten Internetadressen finden Sie in der Registry unter HKEY_CURRENT_USER\Software\Microsoft\Internet Explorer\TypedURLs.

Hier können Sie nun auch einzelne Adressen herauslöschen, indem Sie einfach den entsprechenden Wert mit der rechten Maustaste anklicken und aus dem Kontextmenü den Befehl *Löschen* wählen. Alternativ geht's auch mit der Taste [Entf]. Die Methode hat gleich zwei Vorteile gegenüber der radikalen Gesamtlöschung: Zum einen löschen Sie wirklich nur die Adressen, die Sie verschleiern möchten, und haben die anderen Adressen in der History-Liste noch zur Verfügung, zum anderen bleibt Ihren Kollegen oder Ihrem Chef auch verborgen, dass Sie überhaupt Spuren verwischt haben.

Kann sehr verräterisch sein: Link-Vorschlag der Adresszeile abschalten

Geben Sie im Internet Explorer eine Internetadresse ein, vergleicht das Programm Ihre Eingabe mit früheren Eingaben. Findet es Übereinstimmungen, zeigt es direkt die schon zuvor eingegebene Adresse an, und Sie brauchen nur noch [Enter] zu drücken, um den Vorschlag anzunehmen.

Praktisch, aber auch verräterisch: der automatische Link-Vorschlag der Adresszeile.

Diese Funktion kann sehr praktisch sein und einem viel Tipparbeit ersparen, wenn man häufiger dieselben Seiten aufsucht. Sie kann aber auch sehr verräterisch sein. Stellen Sie sich beispielsweise vor, im Büro steht Ihr Chef gerade hinter Ihnen und Sie tippen „http://www.s ..." ein, um zur Adresse *http://www.sicherheit-im-internet.de* zu kommen. Und schon schlägt Ihnen der Internet Explorer *http://www.sexy.com* vor und Ihr Chef kombiniert messerscharf, dass Sie sich diese Seite auf dem Bürorechner auch schon einmal angesehen haben. Oder war's doch ein Kollege? Egal - sicherer ist es auf jeden Fall, den indiskreten Link-Vorschlag zu deaktivieren:

1 Starten Sie RegEdit und rufen Sie den Schlüssel *HKEY_CURRENT_USER\Software\Microsoft\Windows\CurrentVersion\Explorer\AutoComplete* auf. Klicken Sie mit der rechten Maustaste ins rechte Fenster und wählen Sie aus dem Kontextmenü den Befehl *Neu/Zeichenfolge*.

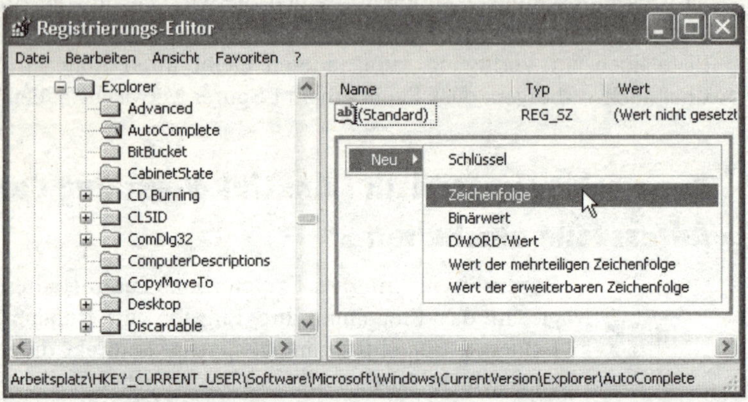

2 Benennen Sie die neue Zeichenfolge um in *AutoSuggest* und weisen Sie ihr den Wert *NO* zu. Um den Link-Vorschlag wieder einzuschalten, ändern Sie den Wert auf *YES* oder löschen die Zeichenfolge einfach.

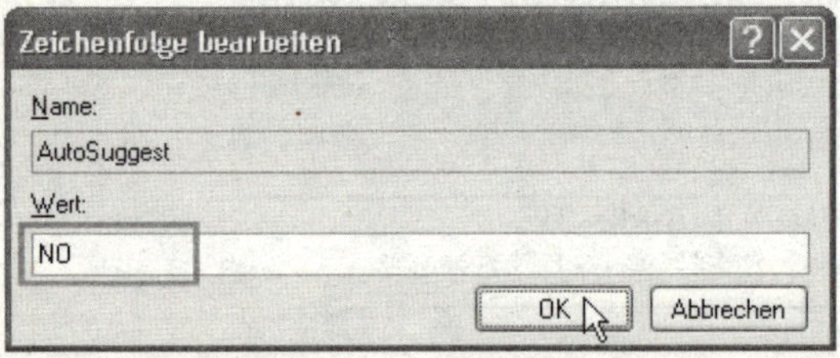

Warum alles doppelt und dreifach anlegen? Favoriten im Netzwerk zur Verfügung stellen

98 XP ME

Wenn Sie im Büro oder zu Hause ein Netzwerk installiert haben, wäre es natürlich wünschenswert, wenn auf jedem Rechner die gleichen Favoriten zur Verfügung stehen würden. In den Dialogen der Internetoptionen suchen Sie allerdings vergeblich nach einer Option, den *Favoriten*-Ordner zu verschieben. Über die Registry geht's allerdings doch:

1 Den Pfad zu *Favoriten* finden Sie in der Registry unter dem Schlüssel *HKEY_CURRENT_USER\Software\Microsoft\Windows\CurrentVersion\Explorer\Shell Folders*. Doppelklicken Sie auf der rechten Seite auf die Zeichenfolge *Favorites*.

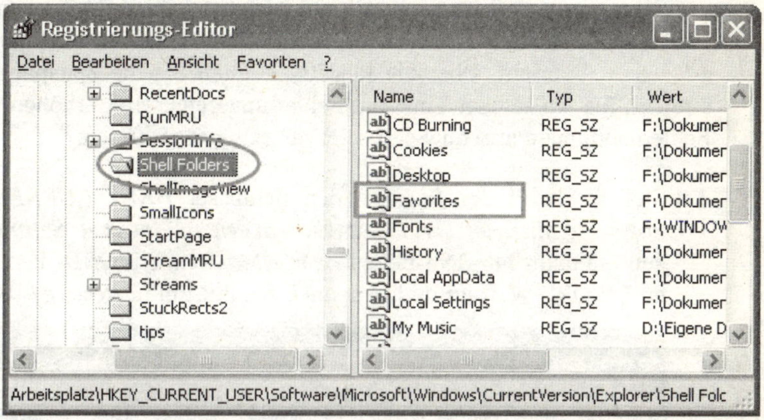

2 Hier tragen Sie nun den genauen Netzwerkpfad ein, wobei die Schreibweise nach dem Schema „\\<Rechnername>\<Freigabename>\<Genauer Pfad>“ erfolgt. Eine gültige Netzwerkadresse wäre zum Beispiel *\\Laptop\Laufwerk (C)\Dokumente und Einstellungen\Julian von Heyl\Favoriten*. Wechseln Sie anschließend zum Schlüssel *HKEY_CURRENT_USER\Software\Microsoft\Windows\CurrentVersion\Explorer\User Shell Folders* und weisen Sie auch hier der Zeichenfolge *Favorites* den genauen Netzwerkpfad zu.

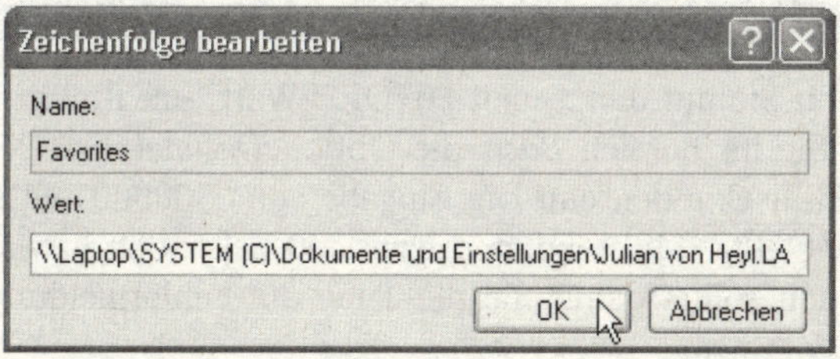

Wenn die Verbindung einmal trödelt: Fehlermeldung Time out beim Internet Explorer verhindern

Wenn Ihre Internetverbindung nicht ganz optimal läuft, kann es vorkommen, dass der Internet Explorer wiederholt das Verbinden mit einer Seite mit einer Time out-Fehlermeldung abbricht. Über die Registry können Sie die Zeitspanne, die verstreicht, bis ein solcher Time out-Fehler angezeigt wird, erhöhen, sodass die Fehlermeldungen anschließend sehr viel seltener auftreten:

1 Stellen Sie in der Registry den Schlüssel *HKEY_CURRENT_USER\Software\Microsoft\Windows\CurrentVersion\Internet Settings* ein. Legen Sie dann mit dem Befehl *Bearbeiten/Neu/DWORD-Wert* einen neuen DWORD-Wert an und benennen Sie ihn um in *Receive Timeout*.

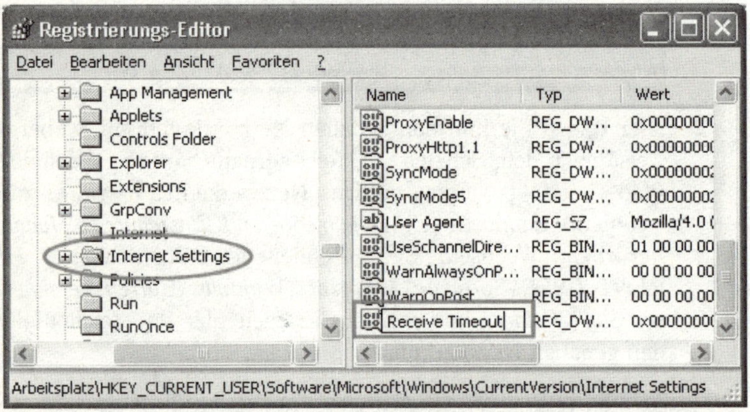

2 Doppelklicken Sie auf den neuen DWORD-Wert, um ihn zu bearbeiten, und stellen Sie im Bereich *Basis* die Option *Dezimal* ein. Den Wert geben Sie in Millisekunden ein. Die Eingabe von „300000“ entspricht beispielsweise 300.000 Millisekunden bzw. 300 Sekunden bzw. 5 Minuten, was ausreichen sollte, damit Sie die Time out-Fehlermeldung nie mehr zu sehen bekommen.

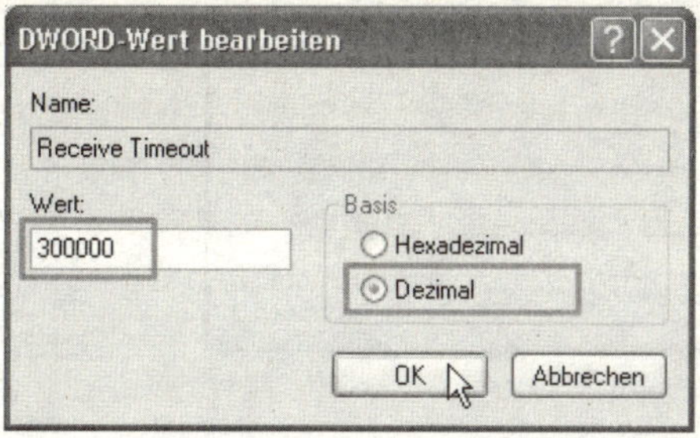

Wenn das Browser-Fenster nicht groß genug sein kann: Internet Explorer immer im Vollbild öffnen

Die meisten Webseiten sind auf eine Vollbildauflösung optimiert, also entweder auf 800 x 600 Pixel für 15-Zoll-Monitore oder auf 1.024 x 768 Pixel für 17-Zöller. So macht es durchaus Sinn, den Internet Explorer immer im Vollbild zu öffnen. Durch die Änderung eines Registry-Wertes können Sie erreichen, dass der Internet Explorer beim Start immer in die Vollbilddarstellung geht, ganz gleich was die Einstellung beim letzten Beenden war:

1 Wechseln Sie im Registrierungs-Editor zum Schlüssel *HKEY_CURRENT_USER\Software\Microsoft\Internet Explorer\Main*.

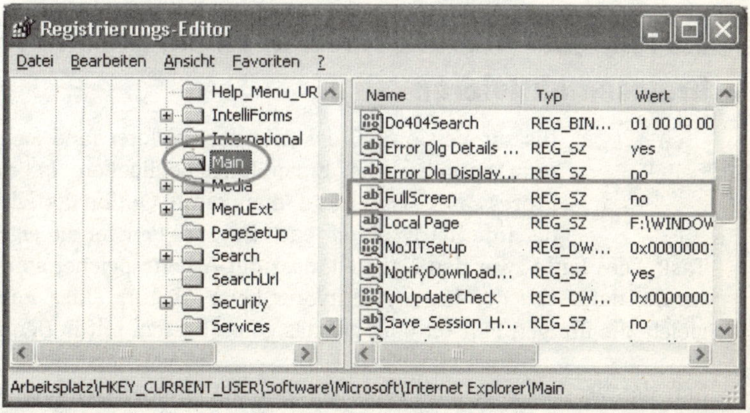

2 Doppelklicken Sie auf der rechten Seite auf die Zeichenfolge *FullScreen* und ändern Sie den vorgegebenen Wert *no* um in *yes*. Fortan startet der Internet Explorer immer maximiert im Vollbildmodus.

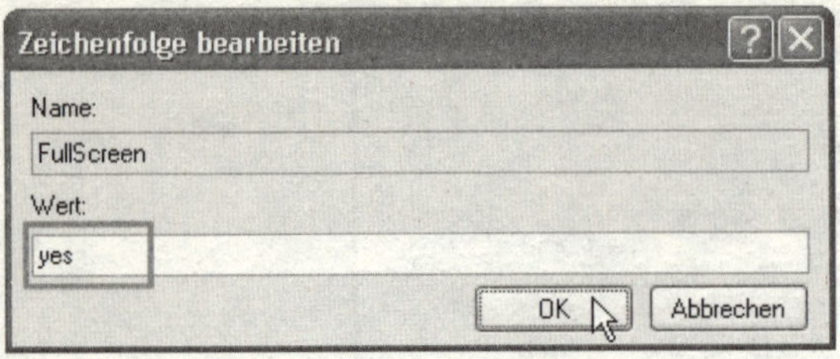

Fenster-Tricks mit dem Internet Explorer

Schalten Sie den Internet Explorer mit dem Befehl *Ansicht/Vollbild* bzw. mit der Taste [F11] in den Vollbildmodus, ist am oberen Bildschirmrand immer noch eine schmale Symbolleiste zu sehen. Sie können den Internet Explorer aber auch komplett ohne Symbolleisten darstellen – im so genannten Kioskmodus. Wählen Sie dafür den Befehl *Start/Ausführen* und geben Sie als Befehlszeile „iexplore -k" ein. Um ein solches Fenster wieder zu schließen, drücken Sie die Tastenkombination [Alt]+[F4].

Und noch ein Trick: Wenn Sie eine bestimmte Bildschirmauflösung „emulieren" wollen, beispielsweise um zu sehen, wie eine 800 x 600-Auflösung auf einem 17-Zoll-Monitor mit 1.024 x 768 Pixel Auflösung aussieht, geben Sie in der Adressleiste einfach den Befehl „javascript:window.resizeTo(800,600)" ein. Die Zahlen in Klammern stehen dabei für die Breite und Höhe in Pixel. Das Explorer-Fenster stellt sich sofort auf die angegebene Größe ein.

Surfen, aber absturzsicher: In einem neuen Prozess browsen aktivieren

Bis zur Version 5.0 des Internet Explorer fand sich in den Internetoptionen die Einstellungsmöglichkeit *In einem neuen Prozess browsen*. Hatte man diese Option aktiviert, startete der Internet Explorer jedes Browser-Fenster als eigenständigen Task. Dies hatte zwar den Nachteil, dass der Arbeitsspeicher stärker belastet wurde, dafür riss der Internet Explorer beim Absturz eines Fensters nicht gleich alle übrigen Fenster oder gar das ganze System mit in den Abgrund.

Seit der Version 5.01 fehlt diese Option. Der Internet Explorer entscheidet nun anhand des vorhandenen Hauptspeichers selbst, ob diese Option aktiviert wird oder nicht: Ab 32 MByte wird für jedes neue Fenster ein eigener Task gestartet, bei Systemen mit weniger als 32 MByte laufen alle Fenster im gleichen Task. Allerdings funktioniert die automatische Speichererkennung leider nicht ganz zuverlässig, sodass Sie den Status dieses Features in der Registry überprüfen sollten.

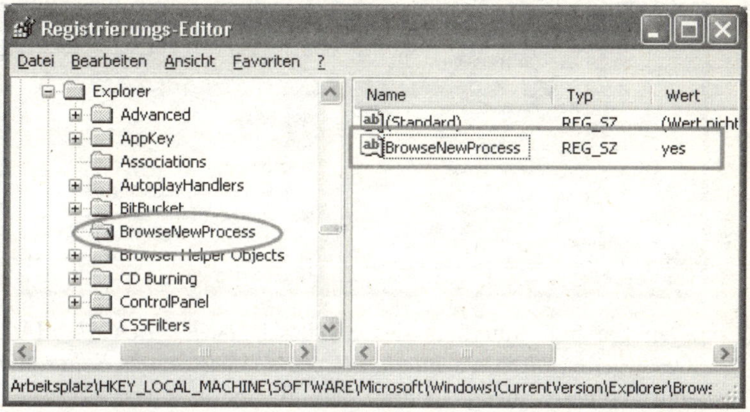

Die Zeichenfolge BrowseNewProcess sollte bei Systemen ab 32 MByte den Wert yes haben.

Sie finden diese Einstellung unter dem Schlüssel *HKEY_LOCAL_MACHINE\SOFTWARE\Microsoft\Windows\CurrentVersion\Explorer\BrowseNewProcess*. Rechts im Fenster gibt es eine Zeichenfolge mit dem Namen *BrowseNewProcess*. Ist ihr der Wert *yes* zugewiesen, ist alles in Ordnung. Andernfalls sollten Sie den Wert der Zeichenfolge von *no* auf *yes* ändern.

Unverzichtbar für HTML-Profis: Quelltext anzeigen mit anderem Editor

Wählen Sie im Internet Explorer den Befehl *Ansicht/Quelltext*, öffnet sich der Editor und zeigt den HTML-Code zur aktuellen Seite an. Besonders Webdesigner benutzen aber zumeist leistungsfähigere Text-Editoren zum Ansehen und Bearbeiten von HTML, beispielsweise die weit verbreitete Shareware TextPad (Download unter *http://www.textpad.com*). Um anstelle des Editors TextPad - oder einen beliebigen anderen Text-Editor - einzubinden, gehen Sie folgendermaßen vor:

1 Klicken Sie in RegEdit den Schlüssel *HKEY_LOCAL_MACHINE\SOFTWARE\Microsoft\Internet Explorer* mit der rechten Maustaste an und wählen Sie aus dem Kontextmenü den Befehl *Neu/Schlüssel*, um einen neuen Unterschlüssel anzulegen. Benennen Sie den neuen Schlüssel um in *View Source Editor*.

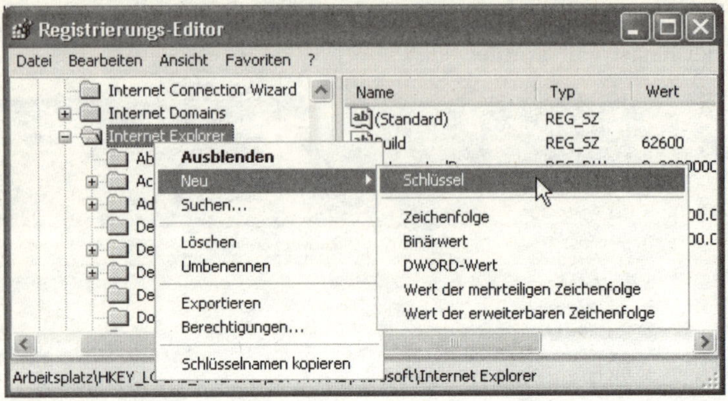

2 Legen Sie nun unterhalb des Schlüssels *HKEY_LOCAL_MACHINE\SOFTWARE\Microsoft\Internet Explorer\View Source Editor* einen weiteren Schlüssel an und nennen Sie ihn *Editor Name*. Wechseln Sie zu diesem Schlüssel, doppelklicken Sie auf die Zeichenfolge *(Standard)* oder wählen Sie aus dem Kontextmenü den Befehl *Ändern*, um der Zeichenfolge einen neuen Wert zuzuweisen.

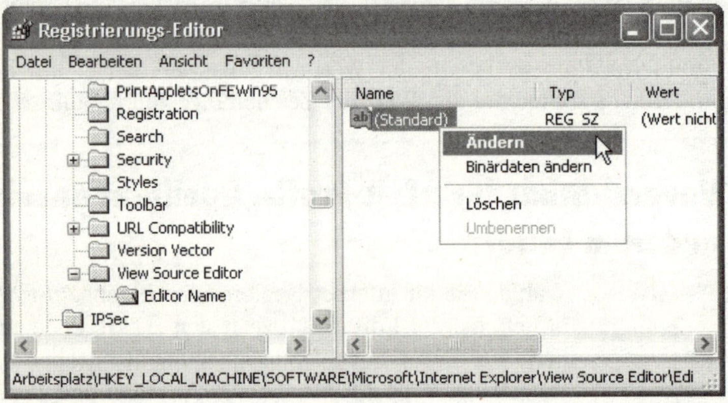

3 Als Wert weisen Sie nun den genauen Pfad zum Programmnamen des gewünschten Editors zu, im Beispiel für TextPad würde der bei einer Standardinstallation etwa *C:\Programme\TextPad 4\TextPad.exe* lauten. Nach einem Klick auf *OK* öffnet sich der HTML-Quelltext nun immer in TextPad, wenn Sie den Befehl *Ansicht/Quelltext* wählen.

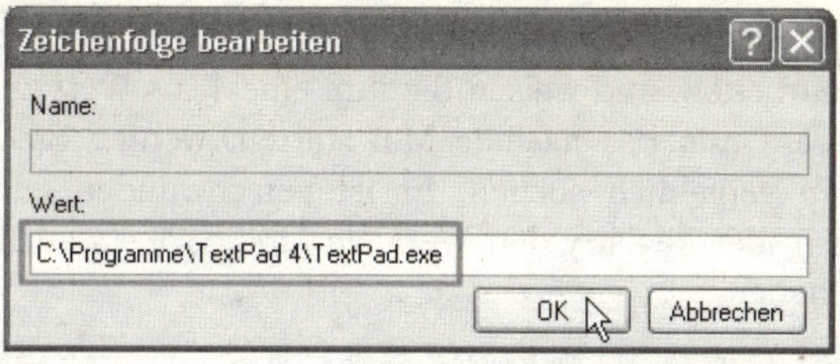

Da pfuscht jetzt niemand mehr dran rum: Konteneinstellungen in Outlook Express schützen

Haben Sie Ihre E-Mail- und News-Konten in Outlook Express einmal konfiguriert, gibt es eigentlich keinen Grund mehr, den Befehl *Extras/Konten* jemals noch einmal aufzurufen. Und schon gar nicht gibt es für andere einen Grund, in den Konteneinstellungen herumzuschnüffeln und eventuell dort Einstellungen zu ändern. Warum also den Befehl *Extras/Konten* nicht einfach sperren? Mit einem neuen DWORD-Wert in der Registry ist das in Sekundenschnelle erledigt:

1 Im Registrierungs-Editor rufen Sie den Schlüssel *HKEY_LOCAL_MACHINE\SOFTWARE\Microsoft\Outlook Express* auf. Erstellen Sie dann mit dem Befehl *Bearbeiten/Neu/DWORD-Wert* einen neuen DWORD-Wert und benennen Sie ihn um in *No Modify Accts*. (Die Schreibweise *Accts* ist kein Druckfehler, es handelt sich um eine Abkürzung für „Accounts“, also „Konten“).

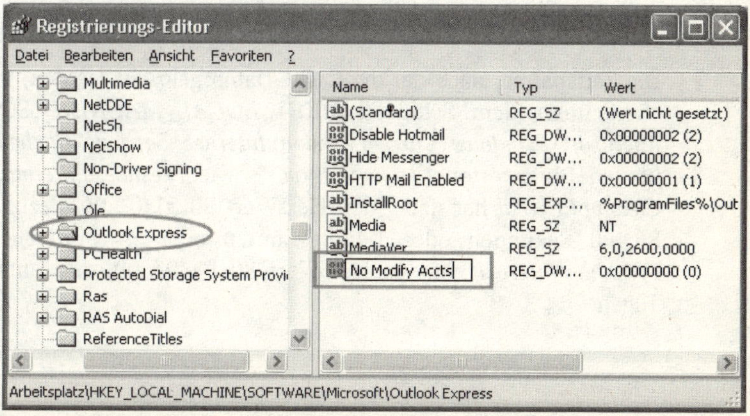

2 Doppelklicken Sie nun auf den neuen DWORD-Wert *No Modify Accts*, um ihn zu bearbeiten, und weisen Sie ihm eine 1 als Wert zu. Wenn Sie Outlook Express nun das nächste Mal starten, werden Sie den Befehl *Extras/Konten* vergeblich suchen: Er ist verschwunden und bleibt es auch, bis Sie in der Registry den Wert *No Modify Accts* auf 0 gesetzt oder gelöscht haben.

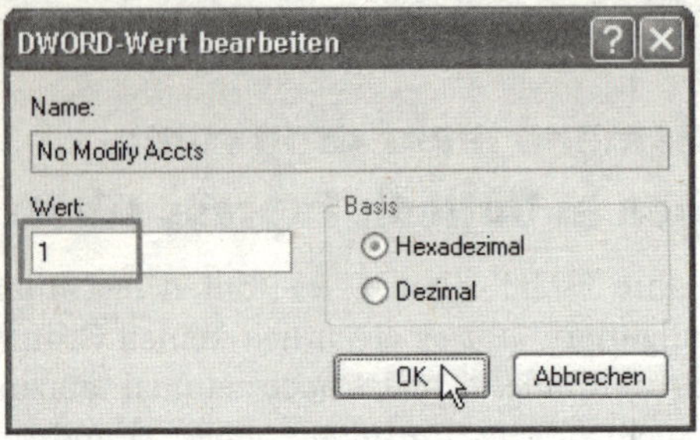

Cache-Power total: Lebensdauer der Internet Explorer-Cache-Dateien verlängern

Bekanntlich werden alle Seiten und Bilder, die Sie im Internet anschauen, in einem Cache gespeichert, sodass sie bei einem erneuten Aufruf sehr viel schneller von der Festplatte wieder gelesen werden können. Allerdings werden die Daten nach einer gewissen Zeit gelöscht. Die Zeitspanne, nach der die Daten gelöscht werden, können Sie über eine Einstellung in der Registry verlängern, sodass Sie den Cache sehr viel effektiver nutzen, wenn Sie öfters mal die gleichen Seiten aufrufen:

1 Die Zeitspanne, nach der die Cache-Daten gelöscht werden, ist abgespeichert unter dem Schlüssel *HKEY_LOCAL_MACHINE\SOFTWARE\Microsoft\Windows\CurrentVersion\Internet Settings\Cache*, und zwar in den Binärwerten *CleanupInterval* sowie *FreshnessInterval*. Der Wert *CleanupInterval* hat dabei den Hex-Wert 80 51 01 00, dezimal sind das 86.400 Sekunden oder 1.440 Minuten oder 24 Stunden. Der Wert *FreshnessInterval* hat den Hex-Wert 80 F4 03 00, dies entspricht drei Tagen.

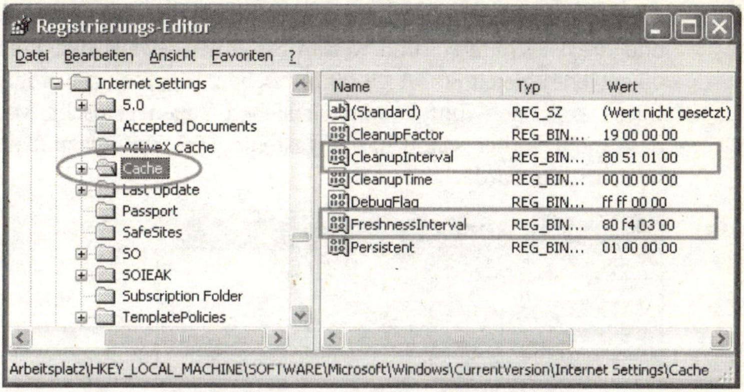

2 Um nun für beide Werte den richtigen Hex-Wert für fünf Tage einzutragen, starten Sie den Rechner und wählen *Ansicht/Wissenschaftlich*. Stellen Sie sicher, dass als Option *Dez* gewählt ist, und rechnen Sie dann 5 (Tage) x 24 (Stunden) x 60 (Minuten) x 60 (Sekunden). Es sollte 432.000 herauskommen. Wählen Sie nun die Option *Hex*. Die Anzeige *69780* müssen Sie nun in Zweierblöcken rückwärts lesen und den Rest mit Nullen auffüllen, also 80 97 06 00.

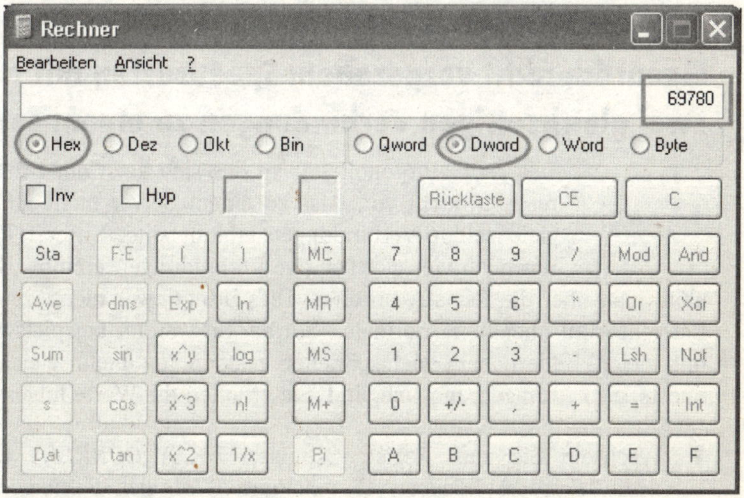

3 Doppelklicken Sie nun nacheinander auf die Binärwerte *CleanupInterval* und *FreshnessInterval* und weisen Sie ihnen jeweils den Wert 80 97 06 00 zu (oder gleich 80 3A 09 00 für sieben Tage). Nun werden die Cache-Daten erst nach fünf bzw. nach sieben Tagen gelöscht, vorausgesetzt, dass nicht vorher schon die eingestellte Speicherkapazität des Cache überschritten wurde.

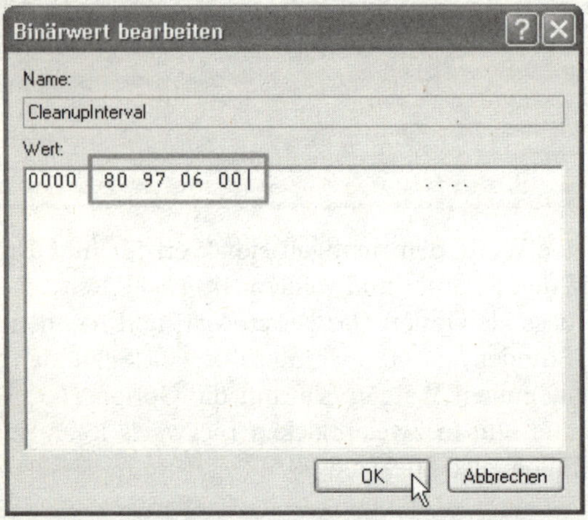

Eigentlich nicht vorgesehen: Speedsurfen mit mehr als zwei gleichzeitigen Verbindungen zu einem Server

Das HTTP-Protokoll 1.1, an das sich auch der Internet Explorer hält, sieht vor, dass zu einem Server nicht mehr als zwei gleichzeitige Verbindungen erlaubt sind. Unter HTTP 1.0 waren noch vier gleichzeitige Verbindungen erlaubt. Beide Werte kann man über die Registry erhöhen. Dies bringt zwar nichts im Download-Bereich, wohl aber beim normalen Surfen. So werden beispielsweise Seiten mit vielen Bildern sehr viel schneller geladen, da mehr gleichzeitige Requests, also Anfragen, möglich sind. Sie erhöhen die Werte folgendermaßen:

1 Wechseln Sie zum Registry-Schlüssel *HKEY_CURRENT_USER\Software\Microsoft\Windows\CurrentVersion\Internet Settings*. Legen Sie nun mit dem Befehl *Bearbeiten/Neu/DWORD-Wert* zwei neue DWORD-Werte an und nennen Sie sie *MaxConnectionsPerServer* und *MaxConnectionsPer1_0Server*.

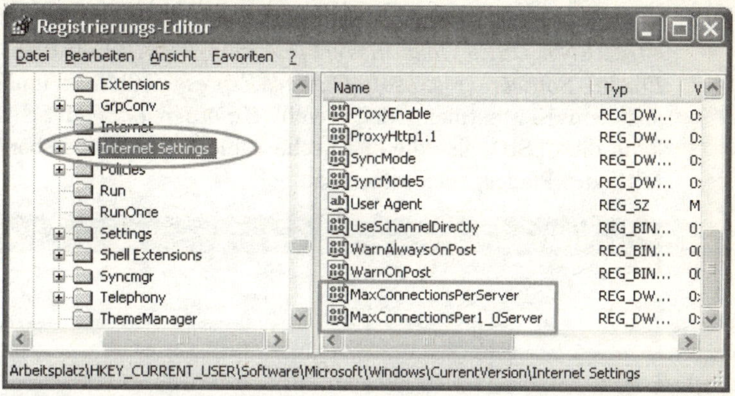

2 Öffnen Sie nun beide Werte nacheinander per Doppelklick. Dem Wertnamen *MaxConnectionsPerServer* weisen Sie als Wert eine 4 zu, dem Wertnamen *MaxConnectionsPer1_0Server* eine 8.

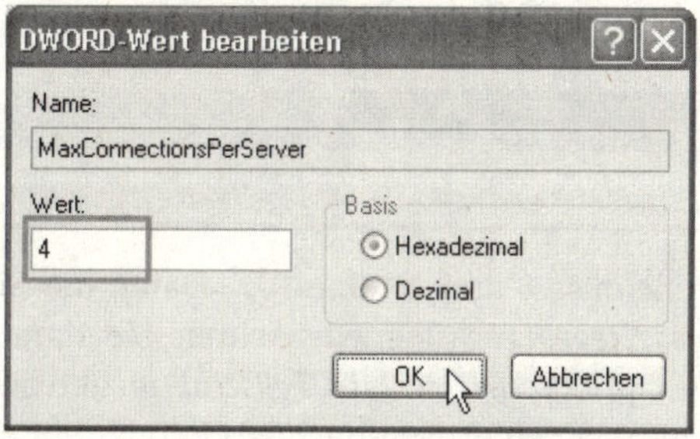

Das finden Sie in keiner Dialogbox: Outlook Express-Regeln exportieren und importieren

Über den Befehl *Extras/Nachrichtenregeln* können Sie in Outlook Express diverse Regeln und Filter einrichten. Sie können dafür sorgen, dass E-Mails von bestimmten Absendern direkt in bestimmte Ordner kommen oder dass Spam-Mails, das sind unerwünschte Werbe-E-Mails, direkt gelöscht werden. Eine praktische Angelegenheit also, die für Übersicht im E-Mail-Programm sorgt. Schade nur, dass es keine Möglichkeit gibt, die mühsam erstellten Regeln zu sichern, um sie bei einer Neu-Installation parat zu haben oder um sie auf einen anderen Rechner transferieren zu können. Aber: Über die Registry geht es doch! Denn hier sind alle Regeln gespeichert:

1 Klicken Sie mit der rechten Maustaste auf den Schlüssel *HKEY_CURRENT_USER\Identities\{14CA3563-B39A-4E60-BEEB-5940D52E6236}\Software\Microsoft\Outlook Express\5.0\Rules* und wählen Sie aus dem Kontextmenü den Befehl *Exportieren*. Beim Schlüsselnamen kann die CLSID, also die kryptische Zahlen- und Buchstabenfolge in der Mitte des Pfades, auch anders lauten.

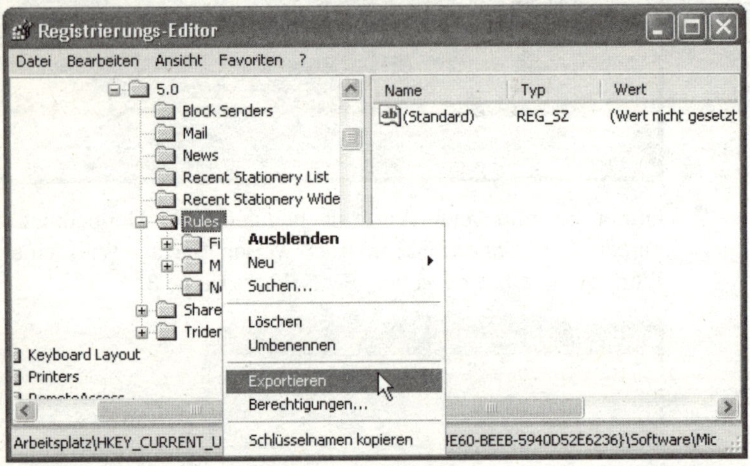

2 Exportieren Sie den Schlüssel nun in eine REG-Datei, die Sie zum Beispiel *Outlook Express Regeln.reg* nennen. Achten Sie darauf, dass im Speichern-Dialog die Option *Ausgewählte Teilstruktur* aktiviert ist. Wollen Sie die Regeln nun nach einer Neu-Installation oder auf einem anderen Rechner wieder importieren, doppelklicken Sie einfach auf die REG-Datei oder wählen aus dem Kontextmenü den Befehl *Zusammenführen*.

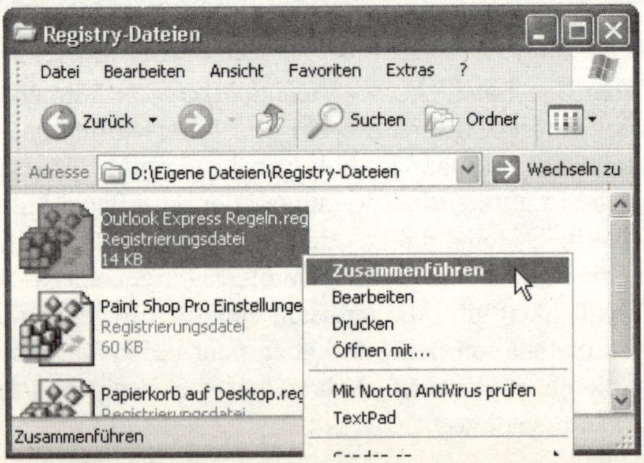

Ihr ganz persönliches E-Mail-Programm: Outlook Express mit eigenem Fenstertitel

Genauso wie Sie im Internet Explorer einen eigenen Fenstertitel definieren können (siehe Seite 201), geht das auch mit Outlook Express. Erstellen Sie dafür einfach unter dem Schlüssel *HKEY_CURRENT_USER\Identities\{14CA3563-B39A-4E60-BEEB-5940D52E6236}\Software\Microsoft\OutlookExpress\5.0* (die CLSID kann auch anders lauten) eine neue Zeichenfolge, nennen Sie diese *WindowTitle* und weisen Sie ihr als Wert den Text zu, der in der Fensterleiste von Outlook Express erscheinen soll.

Die Fensterleiste können Sie in Outlook Express nach Wunsch personalisieren.

Wenn Sie Outlook Express nun das nächste Mal starten, erscheint das Programm mit Ihrer ganz persönlichen Fensterleiste.

Und wieder ein paar Sekunden gewonnen: Splash Screen von Outlook Express deaktivieren

Wenn Sie Outlook Express starten, erscheint vor dem eigentlichen Programm für kurze Zeit ein Begrüßungsbildschirm, der so genannte Splash Screen. Dieser ist vollkommen unnötig und kostet nur wertvolle Zeit. Mit einem Registry-Eintrag schalten Sie ihn ab:

1 Wechseln Sie wieder zum Schlüssel *HKEY_CURRENT_USER\Identities\{14CA3563-B39A-4E60-BEEB-5940D52E6236}\Software\Microsoft\Outlook Express\5.0* (die CLSID kann auch anders lauten) und legen Sie mit dem Befehl *Bearbeiten/Neu/Zeichenfolge* eine neue Zeichenfolge an. Benennen Sie die Zeichenfolge um in *NoSplash*.

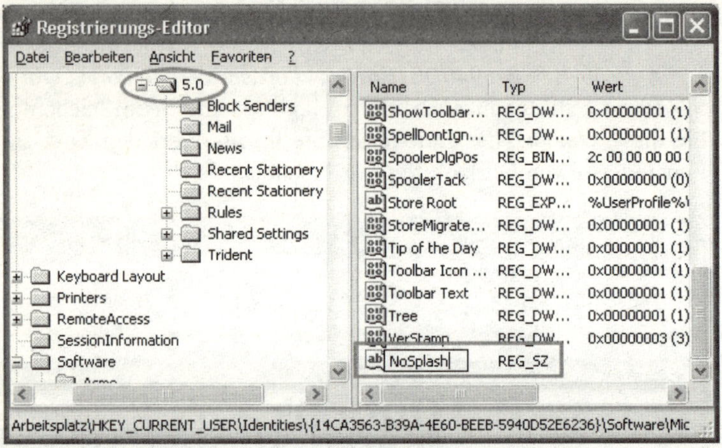

2 Doppelklicken Sie nun auf die neue Zeichenfolge und weisen Sie ihr den Wert 1 zu. Das nächste Mal startet Outlook Express nun ohne Splash Screen.

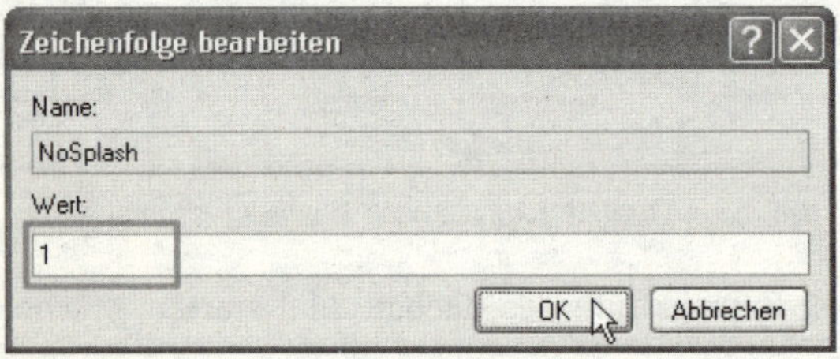

Da schauen Hacker und Nuker dumm aus der Wäsche: TCP/IP-Port 139 sperren

Sind Sie schon einmal genuked worden? Was, Sie wissen gar nicht, was das ist? Als Nuker bezeichnet man Zeitgenossen, die - meistens aus reinem Übermut, eher selten mit wirklich bösen Absichten - andere Rechner übers Internet manipulieren und etwa „von außen" einen Rechner-Neustart veranlassen. Ein wirklicher Schaden entsteht dabei selten, ärgerlich ist es aber doch. Besonders wenn Sie Messaging-

Software wie ICQ benutzen oder am IRC (**I**nternet **R**elay **C**hat) teilnehmen, ist das Risiko groß, dass Sie einmal genuked werden.

INFO

Nuking: Unter Windows XP kein Thema

Bei Windows XP sind Sie vor Nuking-Angriffen hinreichend geschützt, wenn Sie in Ihren Netzwerkverbindungen die Internetverbindungs-Firewall aktiviert haben. Die hier beschriebenen Änderungen in der Registry gelten also nur für Windows 98 bzw. Windows ME.

Übrigens brauchen die Nuker dafür keine großen Programmierkenntnisse, fertige Programme wie WINNUKE erleichtern den Schabernack. Da die Nuking-Angriffe aber fast immer über den standardmäßig offenen Port 139 erfolgen, können Sie diesen leicht einen Riegel vorsetzen, indem Sie den Port 139 in der Registry einfach sperren:

1 Starten Sie RegEdit und wechseln Sie zum Schlüssel *HKEY_LOCAL_MACHINE\System\CurrentControlSet\Services\VxD\MSTCP*. Legen Sie hier mit dem Befehl *Bearbeiten/Neu/Zeichenfolge* eine neue Zeichenfolge an und benennen Sie diese um in *BSDUrgent*.

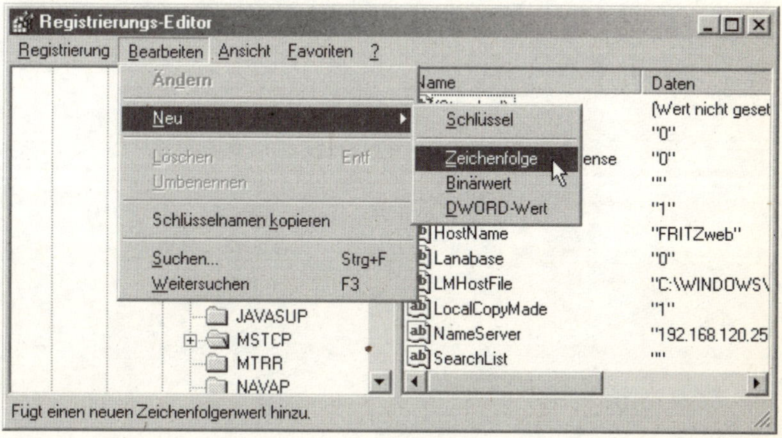

2 Doppelklicken Sie nun auf die neue Zeichenfolge und weisen Sie ihr den Wert 0 zu. Der Port 139 ist nun gesperrt und Nuker haben keine Chance mehr.

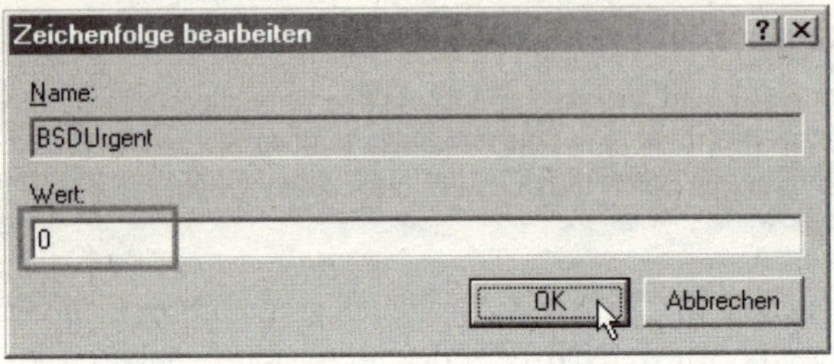

6. HKEY_CURRENT_USER \...\ CurrentVersion: Absolut verboten – Feineinstellungen von Windows

Sicher bietet die Systemsteuerung eine ganze Menge an Tuning-Möglichkeiten fürs System. Wollen Sie aber wirklich das Letzte aus Windows herausholen, sollten Sie sich den Registry-Unterzweig *HKEY_CURRENT_USER\Software\Microsoft\Windows\CurrentVersion* einmal genauer ansehen.

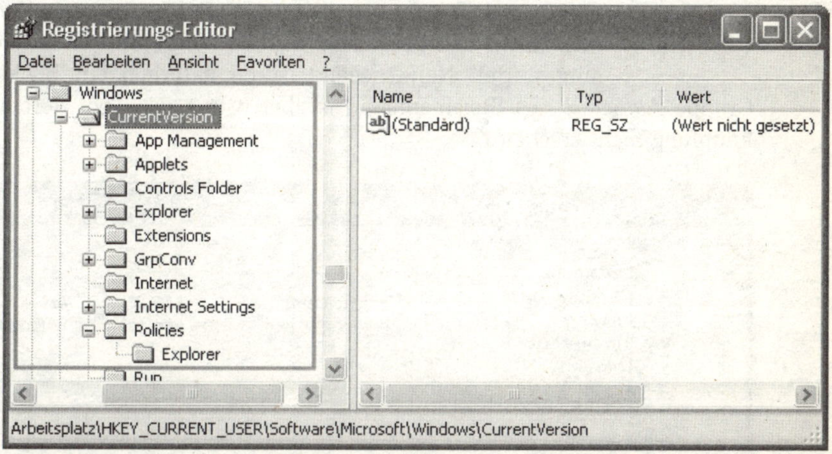

Der Registry-Zweig HKEY_CURRENT_USER\Software\Microsoft\Windows\CurrentVersion beinhaltet alle Windows-Feineinstellungen für den aktuellen Nutzer.

Hier finden sich alle Feineinstellungen für den aktuellen Nutzer: Beispielsweise wird hier festgelegt, welche Aktionen Windows beim Starten und beim Herunterfahren ausführen soll. Vor allem aber bietet dieser Registry-Zweig die Möglichkeit, das Look & Feel der Windows-Oberfläche um einiges detaillierter den eigenen Vorstellungen anzupassen, als dies über die entsprechenden Dialogboxen möglich ist. In den nächsten Abschnitten finden Sie die Highlights der Feintuning-Tricks.

6.1 Von Anfang an alles im Griff: Windows starten und beenden

Schon beim Starten von Windows kann so manches schief gehen bzw. nicht nach den Wünschen des Anwenders laufen: Da will sich das Betriebssystem etwa gleich ungefragt mit dem Internet verbinden oder im Hintergrund starten irgendwelche Tools mit, die man nun wirklich nicht haben will. Wir zeigen Ihnen, wie Sie den Start und das Herunterfahren von Windows voll in den Griff bekommen.

Der Unterschlüssel Run: Hier versteckt sich also der unerwünschte Programmaufruf!

Vielleicht kennen Sie das: Sie haben irgendwann ein Sharewaretool zum Testen installiert und werden es ums Verrecken nicht mehr los: Bei jedem Windows-Start wird es automatisch mitgestartet. Nahe liegend ist da natürlich ein Blick in die Gruppe *Autostart* des Startmenüs. Was aber, wenn das Tool dort als Verknüpfung nicht erscheint?

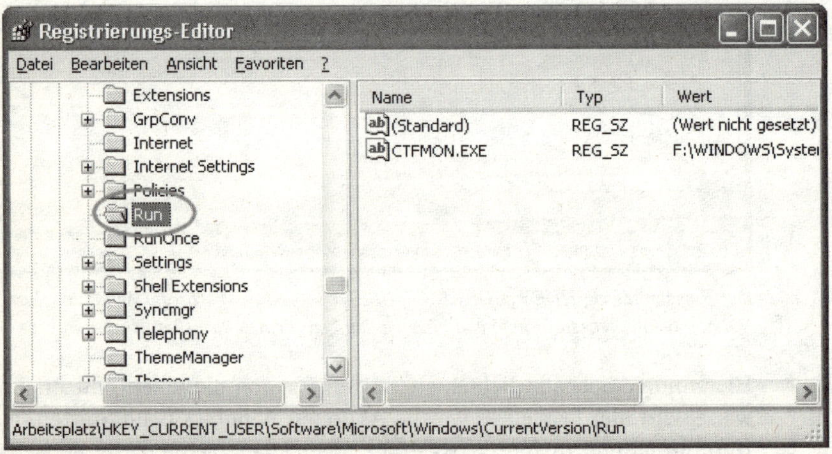

Der Unterschlüssel Run beherbergt Programme, die bei jedem Windows-Start automatisch mitgestartet werden.

Nun, schauen Sie doch einfach mal in der Registry unter dem Schlüssel *HKEY_CURRENT_USER\Software\Microsoft\Windows\CurrentVersion\Run* nach: Die Wahrscheinlichkeit ist sehr groß, dass Sie hier fündig werden und das Tool im rechten Fenster als Eintrag auftaucht. Um das unerwünschte Programm loszuwerden, markieren Sie den entsprechenden Eintrag einfach und drücken die Taste [Entf]. Nach einer Sicherheitsabfrage ist der Eintrag gelöscht und das Tool wird nicht mehr mitgestartet.

INFO

Wofür dient der Schlüssel RunOnce?

Im unterhalb des Schlüssels *HKEY_CURRENT_USER\Software\Microsoft\Windows\ CurrentVersion\Run* liegenden Schlüssel *HKEY_CURRENT_USER\Software\Microsoft\ Windows\Current Version\RunOnce* tragen sich Programme ein, die beim nächsten Windows-Start einmal, danach aber nicht mehr gestartet werden sollen – dieser Schlüssel wird beispielsweise von Installationsroutinen genutzt, die einen Neustart erfordern.

Es sei allerdings gleich hinzugefügt: Windows kennt noch mehr Möglichkeiten, automatische Startaufrufe zu „verstecken“. Wenn Sie weder in der *Autostart*-Gruppe noch unter dem obigen Schlüssel fündig werden, wählen Sie einfach den Befehl *Start/Ausführen* und geben als Programm „MSConfig“ ein.

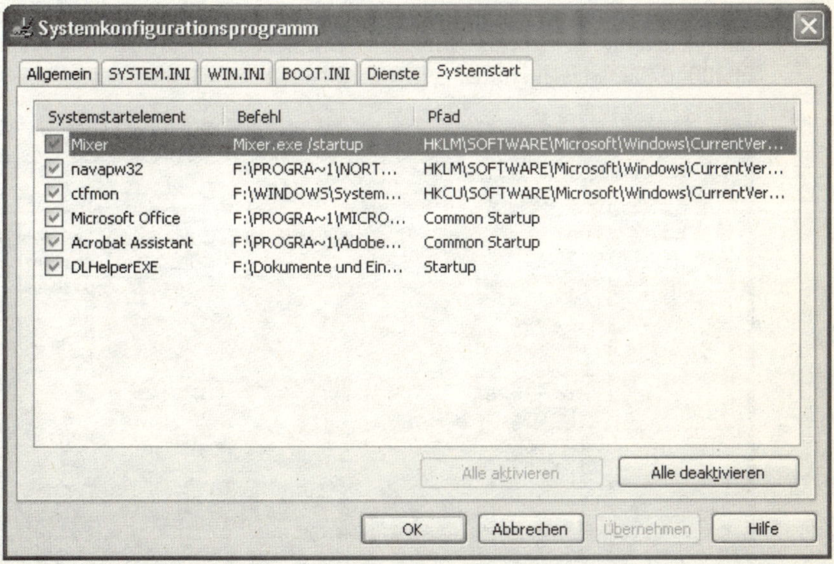

Das Systemkonfigurationsprogramm listet alle Autostart-Einträge auf.

Hier finden Sie unter der Registerkarte *Systemstart* sämtliche Programme und Treiber aufgelistet, die beim Windows-Start automatisch mitgestartet werden - ganz gleich ob der eigentliche Startaufruf in der *Autostart*-Gruppe des Startmenüs, in der Registry unter dem Schlüssel *HKEY_CURRENT_USER\Software\Microsoft\Windows\CurrentVersion\Run* oder an anderer Stelle verankert ist. Um einen der Startaufrufe zu deaktivieren, entfernen Sie einfach das Häkchen vor dem entsprechenden Eintrag.

Wo ist das ü? Kein deutscher Tastaturtreiber bei der Anmeldung

Wenn Ihr Benutzername Umlaute oder ein ß enthält, kann es passieren, dass Sie beim Windows-Start eine böse Überraschung erleben, wenn Sie sich anmelden wollen: Der deutsche Tastaturtreiber ist noch nicht geladen, sondern lädt erst nach der Anmeldung, sodass Sie sich Sonderzeichen und Umlaute auf der Tastatur mühsam zusammensuchen müssen. Zum Glück lässt sich dieses Problem leicht beheben: Wechseln Sie in der Registry zum Pfad *HKEY_USERS\.DEFAULT\Keyboard Layout\Preload*. Hier finden Sie auf der rechten Seite die Zeichenfolge *1*, die für den deutschen Tastaturtreiber den Wert 00000407 aufweisen sollte.

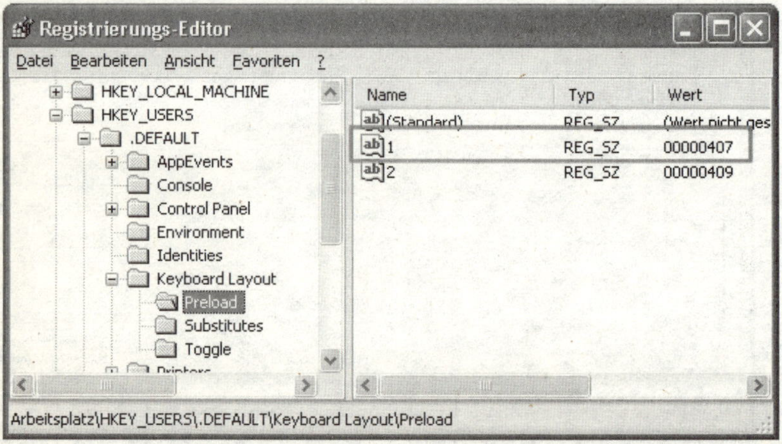

Der Wert 00000407 steht für den deutschen Tastaturtreiber.

Hat sie stattdessen den Wert 00000409, doppelklicken Sie auf die Zeichenfolge und weisen ihr den Wert 00000407 zu. Beim nächsten Windows-Neustart sollte der deutsche Tastaturtreiber nun schon beim Anmeldevorgang zur Verfügung stehen.

Tricksen Sie die Datenspione aus! Menü Dokumente beim Herunterfahren automatisch löschen

Der Menüpunkt *Dokumente* im Startmenü oder *Zuletzt verwendete Dokumente*, wie er unter Windows XP heißt, ist eine praktische Sache, bietet er doch einen bequemen Zugriff auf die Dokumente und Dateien, die Sie zuletzt bearbeitet haben. Teilen Sie allerdings Ihren Rechner mit Kollegen, kann das Feature schnell zum Eigentor werden - sicher wollen Sie nicht jeden wissen lassen, welche Dateien Sie auf Ihrem Rechner zuletzt geöffnet haben. Um die Liste *Zuletzt verwendete Dokumente* zu löschen, gehen Sie folgendermaßen vor:

1 Klicken Sie mit der rechten Maustaste auf die *Start*-Schaltfläche und wählen Sie aus dem Kontextmenü *Eigenschaften*. Klicken Sie dann unter der Registerkarte *Startmenü* auf *Anpassen*.

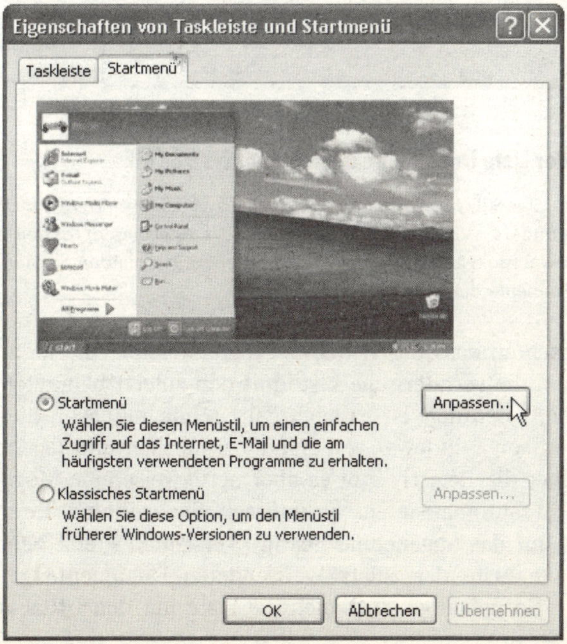

2 Wechseln Sie nun zur Registerkarte *Erweitert* und klicken Sie im Bereich *Zuletzt verwendete Dokumente* auf *Liste löschen*. Wenn Sie das Häkchen vor *Zuletzt verwendete Dokumente auflisten* entfernen, können Sie auch erreichen, dass der Menüpunkt *Zuletzt verwendete Dokumente* im Startmenü gar nicht mehr angezeigt wird.

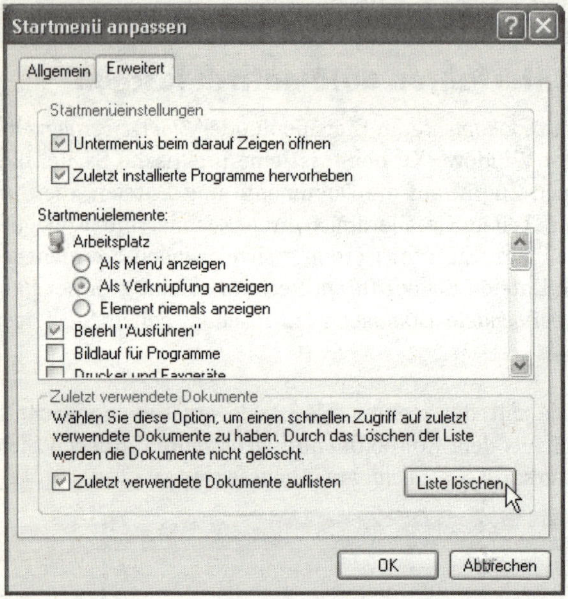

INFO

Löschen der Liste Dokumente unter Windows 98/ME

Unter Windows 98/ME verlaufen die Schritte zum Löschen der Liste *Dokumente* ein wenig anders: Wählen Sie den Befehl *Start/Einstellungen/Taskleiste und Startmenü* und wechseln Sie zur Registerkarte *Erweitert*. Hier finden Sie nun im Bereich *Menü Dokumente* die Schaltfläche *Löschen*.

Sicher ist es schön, dass die Windows-Programmierer eine Möglichkeit eingeräumt haben, die verräterische Liste mit den zuletzt benutzten Dokumenten zu löschen. Allerdings ist es auch ganz schön mühsam, dies vor jedem Herunterfahren von Windows „von Hand" zu machen und regelmäßig daran zu denken. Über die Registry gibt es aber netterweise eine Möglichkeit, diesen Prozess zu automatisieren: So müssen Sie während Ihrer Windows-Sitzung nicht auf das angenehme Feature verzichten - erst beim Herunterfahren wird die Liste der zuletzt verwendeten Dokumente gelöscht. Und nicht nur das: So nebenbei wird auch die Liste mit den URLs gelöscht, die

Sie im Internet Explorer eingegeben haben, sowie die Liste der Programmaufrufe aus dem Dialogfeld *Start/Ausführen*. Und so geht's:

1 Starten Sie den Registrierungs-Editor, wechseln Sie zum Pfad *HKEY_CURRENT_USER\Software\Microsoft\Windows\CurrentVersion\Policies\Explorer* und klicken Sie mit der rechten Maustaste ins rechte Fenster. Wählen Sie aus dem Kontextmenü den Befehl *Neu/DWORD-Wert*.

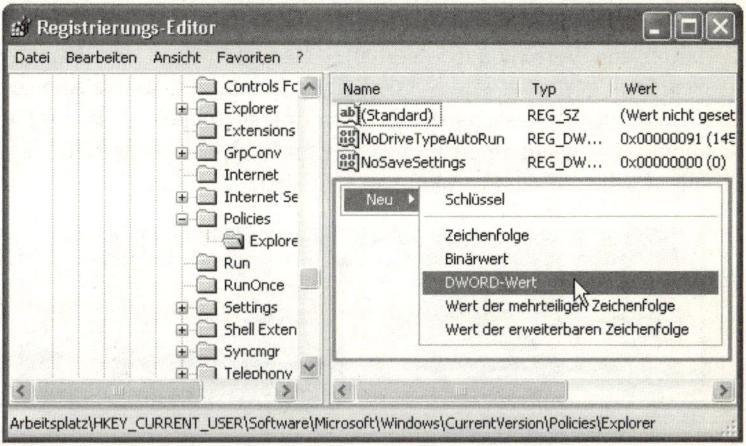

2 Benennen Sie den neuen DWORD-Wert direkt um in *ClearRecentDocsOnExit* und doppelklicken Sie anschließend darauf, um den Wert zu bearbeiten. Weisen Sie ihm als Wert 1 zu.

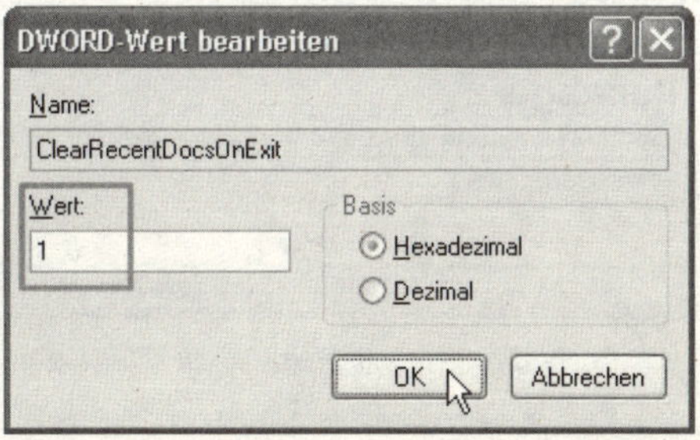

INFO

Eintrag Dokumente unter Windows 98/ME ausblenden

Während Sie den Eintrag *Dokumente* unter Windows XP über die erweiterten Eigenschaften des Startmenüs ein- oder ausblenden können, geht dies unter Windows 98/ME nur über einen Registry-Eintrag. Wechseln Sie dafür zum Pfad *HKEY_CURRENT_USER\Software\Microsoft\Windows\CurrentVersion\Policies\Explorer* und legen Sie dort einen neuen DWORD-Wert namens *NoRecentDocsMenu* an. Setzen Sie den Wert auf 1.

Hilfe, mein Prozessor ist zu schnell: ScanDisk startet bei jedem Hochfahren

Bei älteren Versionen von Windows gibt es immer wieder Schwierigkeiten zu beklagen, wenn sie auf neueren Hochleistungsrechnern eingesetzt werden. Setzen Sie beispielsweise Windows 98 oder ME auf einem Rechner ein, dessen Prozessor mit mehr als 1 GHz getaktet ist, werden Sie das Phänomen erleben, dass bei jedem Hochfahren mit Verweis auf fehlerhaftes Herunterfahren das Wartungsprogramm ScanDisk gestartet wird - eine Zeit raubende und lästige Angelegenheit. Der Grund: Der Prozessor beendet Windows so schnell, dass die IDE-Festplatte nicht mehr nachkommt und es nicht schafft, sämtliche Daten aus dem Speicher-Cache auf die Festplatte zu schreiben.

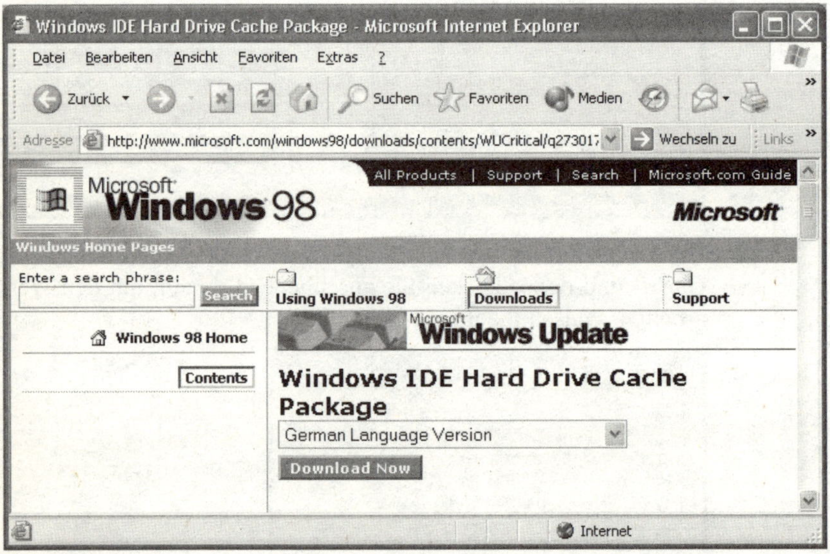

Ein Update von Microsoft löst das Cache-Problem mit Prozessoren schneller als 1 GHz.

Abhilfe kommt von Microsoft selbst: Unter der Adresse *http://www.Microsoft.com/windows98/downloads/contents/WUCritical/q273017/default.asp* können Sie einen Patch herunterladen, der das Problem behebt, indem er beim Herunterfahren eine Zeitschleife von zwei Sekunden einfügt. Allerdings: Der Patch ist nur für Windows 98 SE sowie für Windows ME brauchbar, bei der ersten Version von Windows 98 sowie bei Windows 95 müssen Sie schon selbst Hand anlegen:

1 Wechseln Sie zum Pfad *HKEY_CURRENT_USER\Software\Microsoft\Windows\CurrentVersion* und legen Sie einen neuen DWORD-Wert an, indem Sie mit der rechten Maustaste ins rechte Fenster klicken und aus dem Kontextmenü den Befehl *Neu/DWORD-Wert* wählen.

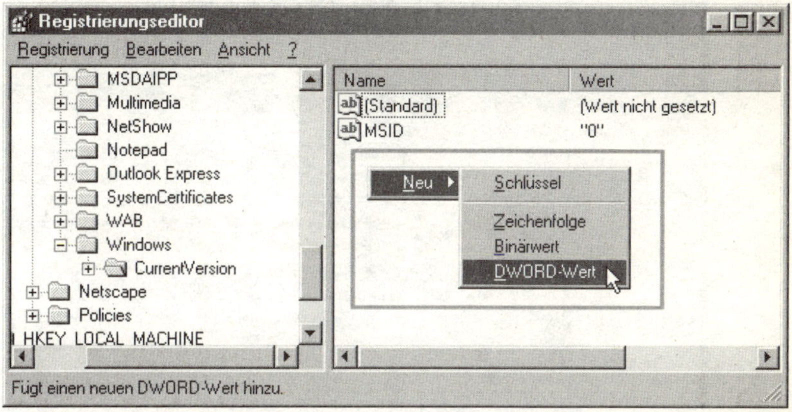

2 Diesen DWORD-Wert benennen Sie nun um in *CacheWriteDelay*. Nach einem Doppelklick zur Bearbeitung wählen Sie unter *Basis* die Option *Dezimal* und weisen ihm den Wert 2000 (für zwei Sekunden) zu. Sollte nach einem Neustart immer noch ScanDisk starten, müssen Sie eventuell stattdessen den Wert 3000 oder 4000 zuweisen.

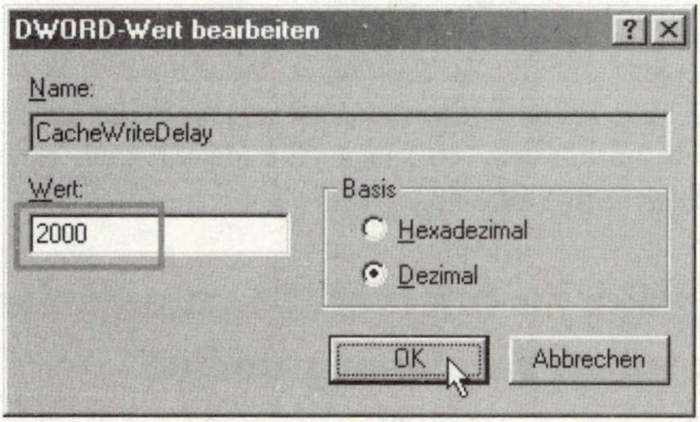

Und es geht doch! So berücksichtigt Windows XP die AUTOEXEC.BAT

XP Die ehedem so wichtige Startdatei *AUTOEXEC.BAT* - der Name steht übrigens für **auto**matic **exec**ute, automatisches Ausführen - werden Sie unter Windows XP im Normalfall nicht mehr finden. Und legen

Sie doch eine Datei dieses Namens im Boot-Verzeichnis an, ignoriert Windows XP sie. Durch einen undokumentierten Parameter in der Registry können Sie aber Windows XP dazu zwingen, eine vorhandene *AUTOEXEC.BAT* wie früher abzuarbeiten. So können Sie beispielsweise schon in dieser Datei mit den Kommandos *SET* oder *PATH* Umgebungsvariablen für Windows festlegen.

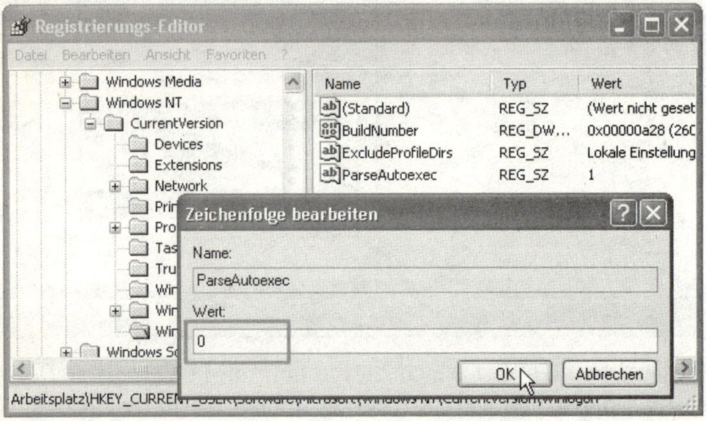

Ein veränderter Wert in der Registry zwingt Windows XP, die Startdatei AUTOEXEC.BAT abzuarbeiten.

Wechseln Sie hierzu in RegEdit zum Pfad *HKEY_CURRENT_USER\Software\Microsoft\Windows NT\CurrentVersion\Winlogon* und doppelklicken Sie im rechten Fenster auf die Zeichenfolge *ParseAutoexec*. Weisen Sie der Zeichenfolge dann den Wert 0 (Standard ist 1) zu. Sollte die Zeichenfolge *ParseAutoexec* nicht vorhanden sein, legen Sie sie mit dem Befehl *Bearbeiten/Neu/Zeichenfolge* vorher neu an.

Starten und gleich ins Internet? So unterbinden Sie den unerwünschten Verbindungsaufbau

Ginge es nach dem Willen der Redmonder, wären alle Windows-Nutzer wohl Tag und Nacht mit dem Internet verbunden und würden sich natürlich auf den mannigfaltigen Service-Seiten von Microsoft und MSN tummeln. Windows XP versucht zumindest, alle naselang eine Internetverbindung aufzubauen, und im ungünstigsten Fall geschieht dies ohne jede Rückfrage und direkt nach dem Windows-Start. Damit Sie größtmögliche Kontrolle über die Internetverbindung haben und damit diese nur noch dann aufgebaut wird, wenn Sie es wollen, sollten Sie folgende Schritte befolgen:

1 Wählen Sie im Internet Explorer den Befehl *Extras/Internetoptionen* und wechseln Sie zur Registerkarte *Verbindungen*. Wählen Sie hier die Option *Keine Verbindung wählen*. Dies verhindert, dass automatisch eine Verbindung hergestellt wird, sobald ein Programm oder Tool diese anfordert.

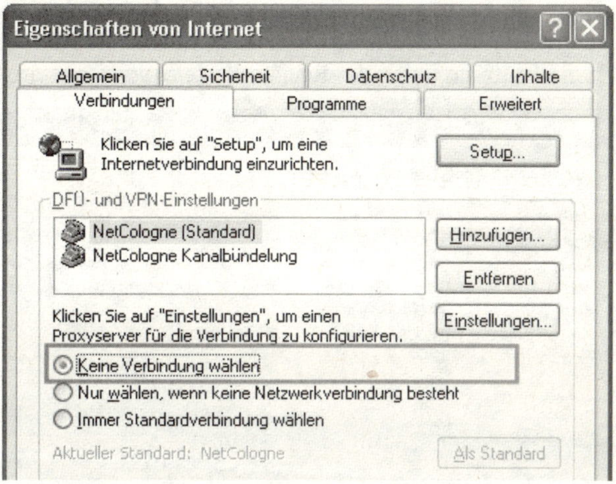

2 Wechseln Sie im Registrierungs-Editor nun zum Pfad *HKEY_CURRENT_USER\RemoteAccess\Profile\<Ihr Provider>*, wobei statt *<Ihr Provider>* der Name Ihres Providers steht. Auf der rechten Seite finden Sie die Zeichenfolge *AutoConnect*. Sollte hier der Wert auf *1* stehen, ändern Sie ihn auf *0*.

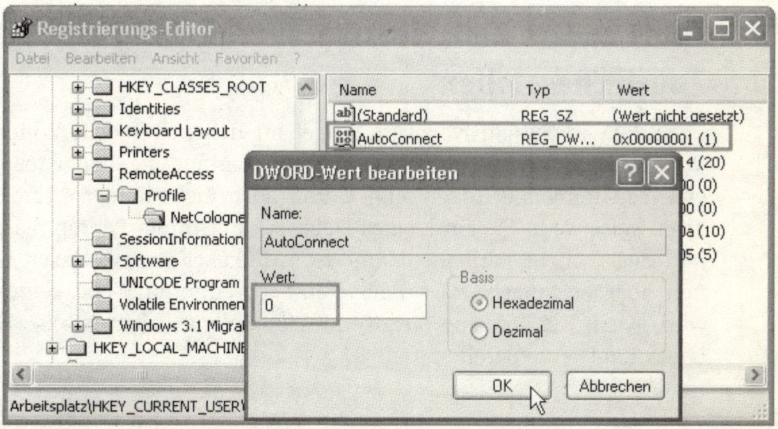

3 Wenn bei Ihnen das Problem auftaucht, dass bereits beim Windows-Start versucht wird, eine Internetverbindung herzustellen, ist meistens irgendein Tool im Hintergrund dafür verantwortlich. Sie sollten also die Gruppe *Autostart* im Startmenü sowie den Schlüssel *HKEY_CURRENT_USER\Software\Microsoft\Windows\CurrentVersion\Run* nach entsprechenden Einträgen durchforsten. Fündig werden Sie eventuell auch, wenn Sie unter *Start/Ausführen* als Befehl „MSConfig“ eingeben und sich die Einträge unter der Registerkarte *Systemstart* ansehen.

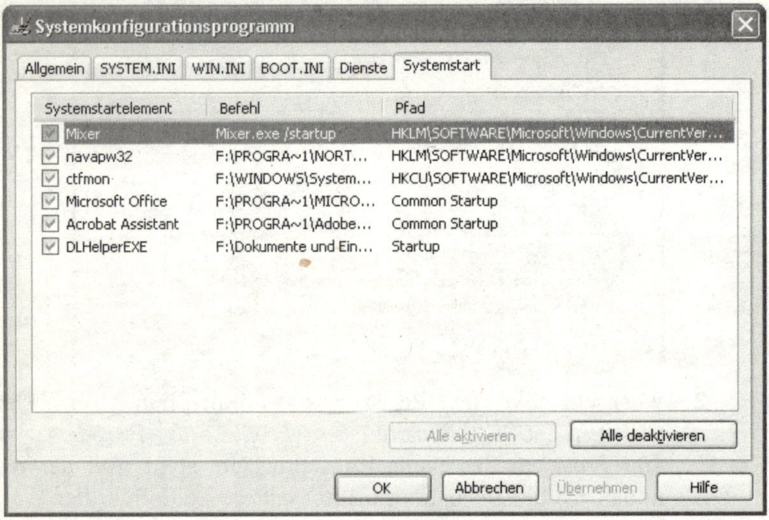

Spart enorm Zeit: Netzwerkverbindung erst bei Zugriff herstellen

XP Wenn Sie ein Netzwerk aufgebaut haben, versucht Windows XP bei jedem Rechnerstart, die Netzwerkverbindung herzustellen. Dies ist eine Zeit raubende Angelegenheit und auch nicht immer erforderlich - beispielsweise wenn Sie ein kleines Netzwerk mit Ihrem Laptop realisiert haben und dieses nicht permanent am Netzwerkkabel angeschlossen ist. Sie können aber erzwingen, dass eine Netzwerkverbindung erst dann hergestellt wird, wenn Sie auf eine Netzwerkressource wie beispielsweise ein freigegebenes Laufwerk zugreifen:

1 Wechseln Sie im Registrierungs-Editor zum Pfad *HKEY_LOCAL_MACHINE\SYSTEM\CurrentControlSet\Control\NetworkProvider*. Legen Sie nun mit dem Befehl *Bearbeiten/Neu/DWORD-Wert* einen neuen DWORD-Wert an.

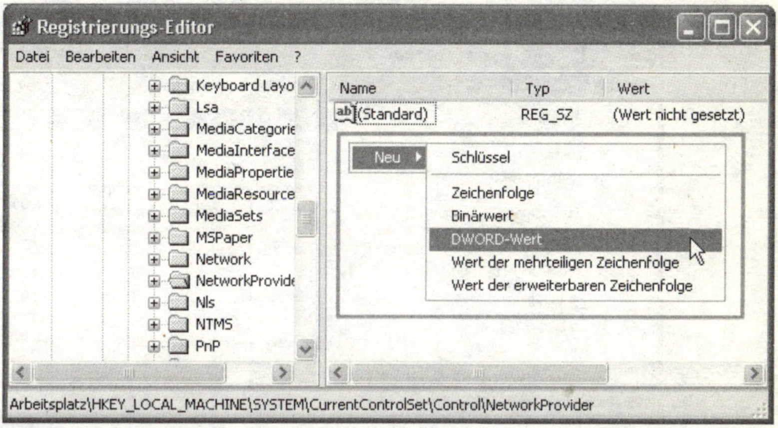

2 Benennen Sie den neuen DWORD-Wert um in *RestoreConnection*. Den Wert lassen Sie dabei bei der Vorgabe 0. Sollte der Wert *RestoreConnection* schon existieren, setzen Sie ihn einfach auf 0. Der Windows-Start sollte jetzt merkbar schneller ablaufen.

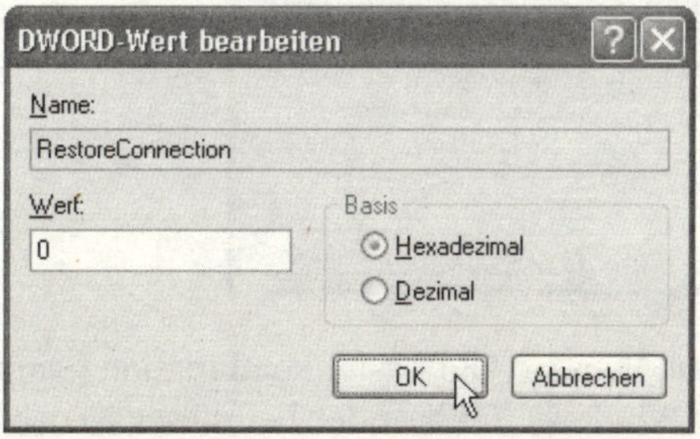

Diese Tastenkombination kennen nur Sie! Windows über Tastatur blitzschnell neu starten

XP Wenn Sie Windows über den Befehl *Start/Ausschalten/Neu starten* neu starten, dauert es je nach Anzahl der geöffneten Programme immer eine ganze Zeit lang, bis das Herunterfahren erfolgt. Ein Eintrag in der Registrierungsdatenbank stellt Ihnen aber eine Tastenkombination zur Verfügung, mit der der Neustart deutlich schneller erfolgt:

1 Starten Sie RegEdit und wechseln Sie zum Pfad *HKEY_LOCAL_MACHINE\SOFTWARE\Microsoft\WindowsNT\CurrentVersion\Winlogon*. Erstellen Sie hier mit dem Befehl *Bearbeiten/Neu/Zeichenfolge* eine neue Zeichenfolge.

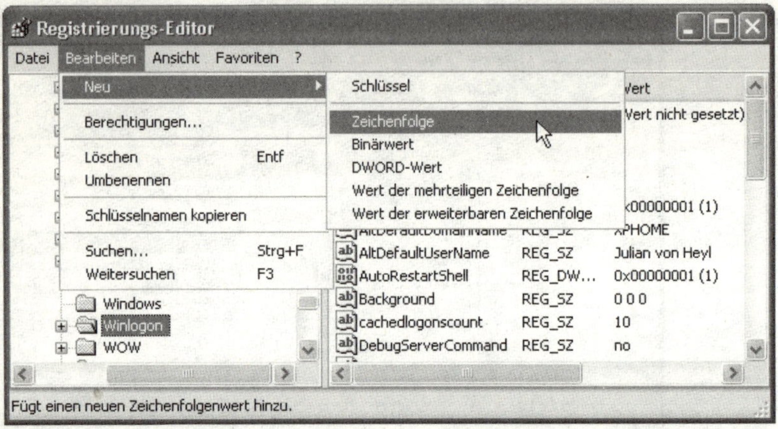

2 Die neue Zeichenfolge benennen Sie um in *EnableQuickReboot*. Doppelklicken Sie anschließend auf die Zeichenfolge und weisen Sie ihr den Wert 1 zu.

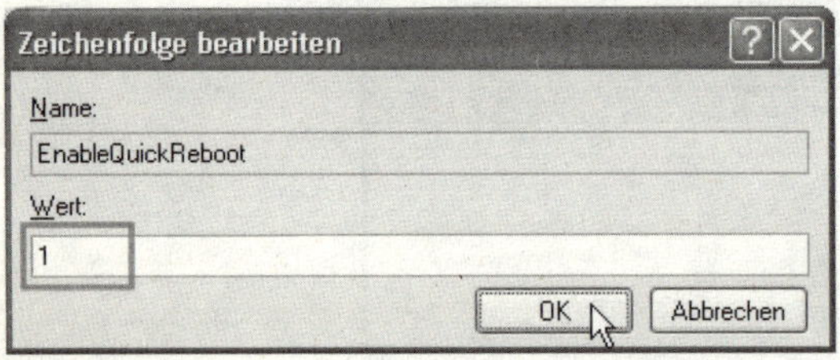

Nun steht Ihnen für einen Neustart die Tastenkombination Strg+Umschalt+Alt+Entf zur Verfügung. Windows XP beendet bei dieser Neustart-Methode allerdings keine offenen Programme und es erfolgt auch keine Aufforderung, eventuell noch offene Dateien zu speichern. Sie sollten diesen „erweiterten Affengriff" also nur benutzen, wenn Sie sicher sind, dass Sie keine geänderten Dateien mehr offen haben.

INFO

Herunterfahren und Neustart per Doppelklick

Mit einer speziellen Verknüpfung auf dem Desktop können Sie unter Windows XP den Rechner auch per Doppelklick herunterfahren oder neu starten. Klicken Sie dafür mit der rechten Maustaste auf den Desktop und wählen Sie aus dem Kontextmenü *Neu/Verknüpfung*. Die in die Verknüpfung einzutragende Befehlszeile lautet *C:\WINDOWS\SYSTEM32\shutdown.exe -s -f -t 0* fürs Herunterfahren oder *C:\WINDOWS\SYSTEM32\shutdown.exe -r -f -t 0* für den Neustart. Arbeiten Sie mit Windows 98 oder Windows ME, verwenden Sie stattdessen den Befehl *C:\WINDOWS\RUNDLL32.EXE Shell32,SHExitWindowsEx 1* fürs Herunterfahren oder *C:\WINDOWS\RUNDLL32.EXE Shell32,SHExitWindowsEx 2* für den Neustart.

Starten und Herunterfahren in eigenem Design: Logos von Windows 98/ME

98ME

Unter Windows 98/ME ist es ohne weiteres möglich, das Startlogo und auch die beiden Logos, die beim Herunterfahren erscheinen, durch eigene Entwürfe auszutauschen. Die Logos finden Sie an folgenden Stellen:

- **Startlogo**: Das Startlogo heißt *LOGO.SYS* und findet sich im Boot-Verzeichnis, also normalerweise unter *C:*. Ist hier keine Datei *LOGO.SYS* vorhanden, greift Windows für das Standardlogo auf die Datei *IO.SYS* zurück. Erstellen Sie allerdings eine BMP-Datei *LOGO.SYS* in *C:*, hat diese Vorrang vor der *IO.SYS*.
- **Herunterfahren-Logo**: Das Logo mit dem Text *Der Computer wird heruntergefahren* heißt *LOGOW.SYS* und befindet sich im Windows-Verzeichnis, also normalerweise unter *C:\Windows*.
- **Ausschalten-Logo**: Auch das Logo mit dem Text *Sie können den Computer jetzt ausschalten* befindet sich im Windows-Verzeichnis. Die Datei heißt *LOGOS.SYS*.

Trotz der irreführenden Dateinamenerweiterung *.sys* handelt es sich bei allen drei Dateien um Bitmaps, also um BMP-Dateien. Die Dateien sind dabei versteckt, das heißt, Sie müssen sie zunächst sichtbar machen: Wählen Sie hierzu aus der Systemsteuerung die Ordneroptionen aus bzw. wählen Sie im Windows-Explorer den Befehl *Ansicht/Ordneroptionen* (Windows 98) oder *Extras/Ordneroptionen* (Windows ME). Wechseln Sie dann zur Registerkarte *Ansicht* und wählen Sie die Option *Alle Dateien und Ordner anzeigen*.

Die Start- und Endlogos von Windows können Sie mit Paint oder einem anderen Grafikprogramm bearbeiten.

Wenn Sie die bestehenden Systemdateien abändern oder durch eigene Dateien ersetzen, sollten Sie - für den Fall der Fälle - die Originaldateien zunächst sichern, indem Sie die jeweilige Datei markieren und nacheinander [Strg]+[C] und [Strg]+[V] drücken.

Um nun beispielsweise ein neues Logo für den Vorgang des Herunterfahrens zu erstellen, gehen Sie wie folgt vor:

1 Starten Sie aus der *Zubehör*-Gruppe des Startmenüs das Programm Paint und wählen Sie *Datei/Neu*, um eine neue Bilddatei zu erstellen. Wählen Sie anschließend den Befehl *Bild/Attribute* und legen Sie als Maßeinheit *Pixel* fest. Weisen Sie dem Bild nun eine Breite von 640 und eine Höhe von 480 zu und klicken Sie auf *OK*. Anschließend können Sie das Bild erstellen bzw. ein bestehendes Bild abändern.

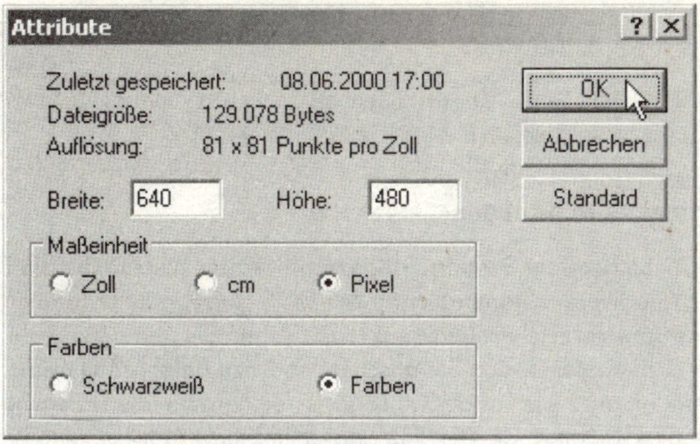

2 Bevor das Bild eingesetzt werden kann, müssen Sie es nun noch auf die Werte 320 Pixel Breite und 400 Pixel Höhe verändern. Windows passt die Darstellung beim Zugriff dann wieder automatisch auf 640 x 480 Pixel an. Wählen Sie hierzu den Befehl *Bild/Strecken/Zerren* und geben Sie im Bereich *Strecken* als Horizontalwert „50“ und als Vertikalwert „83“ ein.

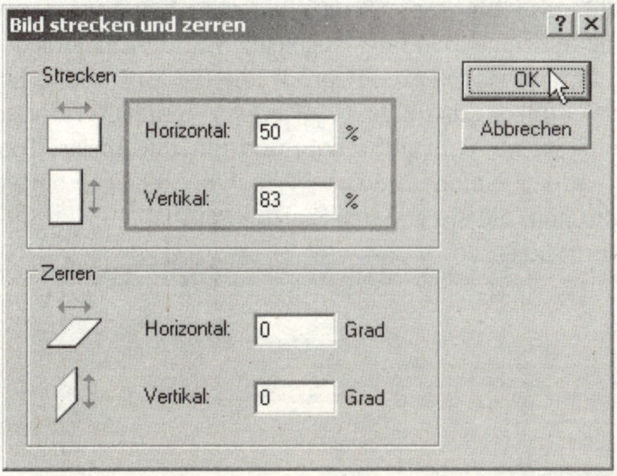

3 Wählen Sie nun den Befehl *Datei/Speichern*. Als Dateityp stellen Sie *16-Farben-Bitmap* ein. Der Dateiname für unser Beispiel lautet *LOGOW.SYS*, wobei Sie den Dateinamen in Anführungszeichen setzen müssen, da Paint ansonsten noch die Dateinamenerweiterung *.bmp* anhängt. Speichern Sie die Datei im Windows-Verzeichnis ab. Beim nächsten Herunterfahren wird nun Ihr persönliches „Shutdown“-Logo angezeigt.

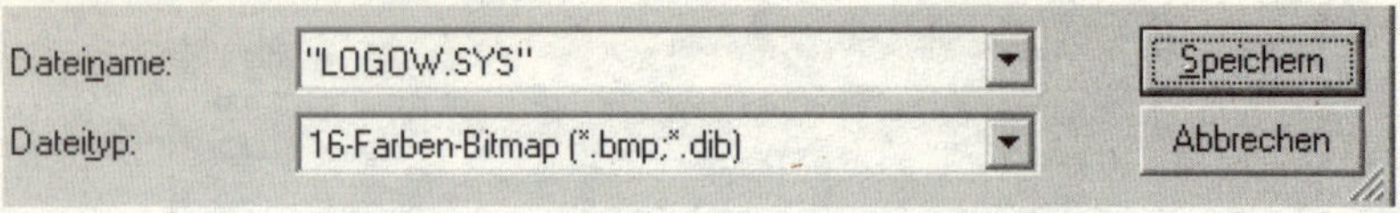

INFO

Das Startlogo wird nicht angezeigt

Sollte bei Ihnen gar kein Startlogo angezeigt werden, müssen Sie die Datei *MSDOS.SYS* editieren: Starten Sie die MS-DOS-Eingabeaufforderung und wechseln Sie ins Boot-Verzeichnis (meistens C:\). Geben Sie nun den Befehl „Attrib msdos.sys -s -h -v" ein. Geben Sie anschließend den Befehl „Edit msdos.sys" ein und ändern Sie die Zeile *Logo=0* in *Logo=1*. Sichern Sie die Datei und beenden Sie den MS-DOS-Editor. Um die Datei abschließend wieder mit den Prädikaten „schreibgeschützt", „System" und „versteckt" zu versehen, geben Sie „Attrib msdos.sys +s +h +v" ein. Wenn Sie umgekehrt die Zeile *Logo=1* in *Logo=0* ändern oder die Zeile *Logo=0* hinzufügen, können Sie auch das Erscheinen des Startlogos unterdrücken und so den Windows-Start geringfügig schneller gestalten.

Startlogo bei Windows XP ändern

XP Das Bild, das beim Booten von Windows XP angezeigt wird, ist leider nicht als einzelne Bilddatei abgelegt. Stattdessen haben es die Entwickler in die Datei *Ntoskrnl.exe* integriert, die Sie im Unterordner *System32* Ihres Windows-Ordners (also z. B. *C:\Windows\System32*) finden. Eine Änderung des Bilds ist nur sehr aufwendig und nur mit Spezial-Tools möglich. Sie können allerdings einfach die Datei *Ntoskrnl.exe* gegen eine modifizierte Version austauschen, die ein anderes Startbild enthält.

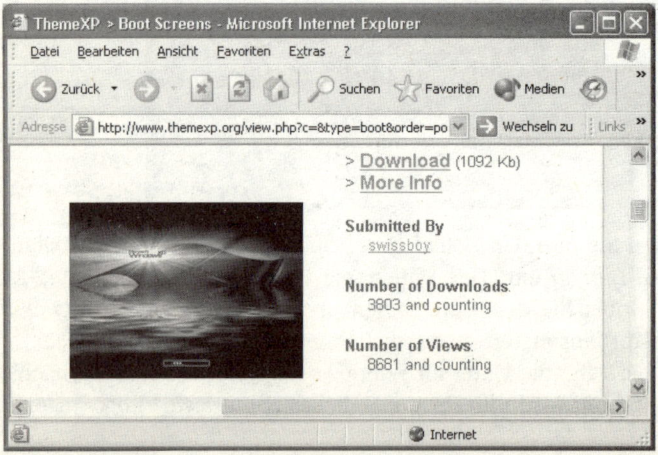

Unter der Adresse http://www.themexp.org finden Sie unter anderem viele originelle alternative Startbilder für Windows XP.

Solche modifizierten Dateien finden Sie zuhauf im Internet, geben Sie einfach in einer Suchmaschine wie Google als Suchbegriff „Ntoskrnl.exe" ein. Besonders empfehlenswert ist das Angebot unter *http://www.themexp.org* – wenn Sie hier den Link *Boot Screens* anklicken oder gleich die Adresse *http://www.themexp.org/view.php?type=boot* eingeben, stehen Ihnen Hunderte von teils künstlerisch sehr schön gestalteten Startbildschirmen zum freien Download zur Verfügung. Um eines dieser Bilder einzusetzen, gehen Sie wie folgt vor:

1 Suchen Sie sich unter *http://www.themexp.org/view.php?type=boot* das Motiv aus, das Ihnen am besten gefällt, und klicken Sie auf den Link *Download*. Speichern Sie die ZIP-Datei in einem beliebigen Ordner ab. Öffnen Sie die ZIP-Datei anschließend und extrahieren Sie die Datei *Ntoskrnl.exe* in einen beliebigen Ordner, indem Sie sie einfach mittels Drag & Drop in den gewünschten Ordner ziehen.

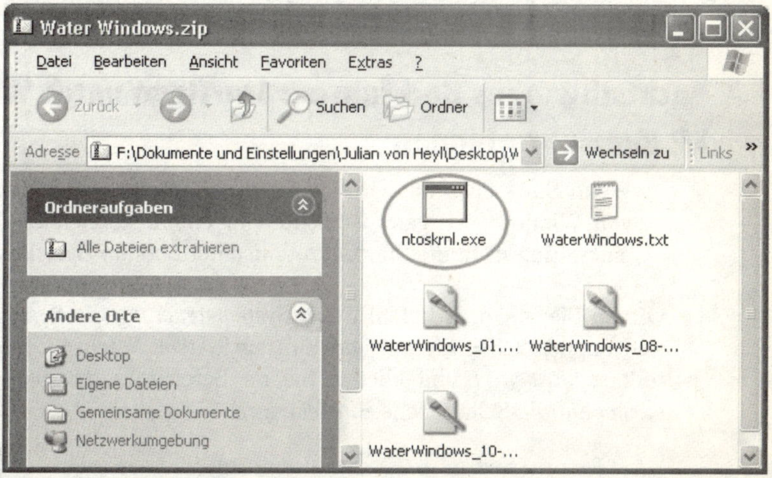

2 Sichern Sie nun die Originaldatei *C:\Windows\System32\Ntoskrnl.exe* mit dem Befehl *Datei/Kopieren* und wählen Sie anschließend den Befehl *Datei/Einfügen*. Starten Sie nun Windows neu im abgesicherten Modus, indem Sie während des Boot-Vorgangs die Taste F8 drücken. Nun können Sie die Originaldatei *Ntoskrnl.exe* im Verzeichnis *C:\Windows\System32* durch die modifizierte Version ersetzen, die Sie heruntergeladen haben.

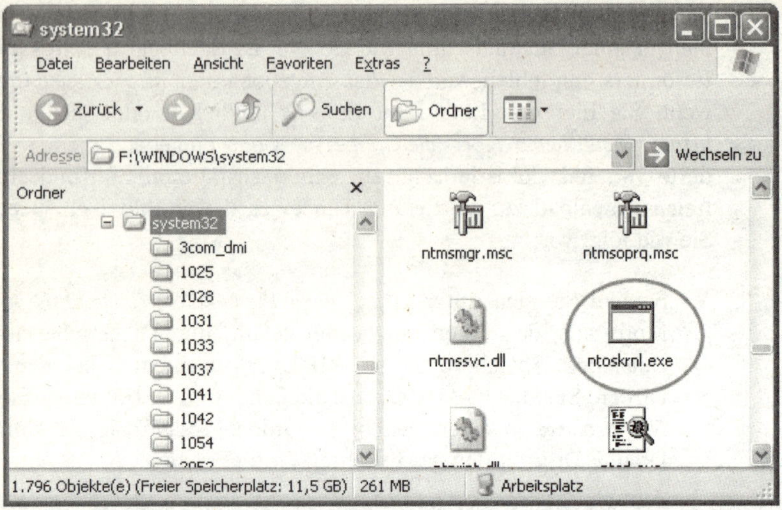

Nachtschwarzes Hochfahren: Startlogo unter Windows XP ganz unterbinden

XP Wenn Sie - etwa aus Gründen der Performance - auf das Startlogo von Windows XP ganz verzichten möchten, können Sie dies durch einen Eingriff in die Startdefinitionsdatei *Boot.ini* erreichen:

1 Öffnen Sie mit dem Befehl *Start/Systemsteuerung* die Systemsteuerung und doppelklicken Sie auf den Eintrag *System*. Wechseln Sie zur Registerkarte *Erweitert* und klicken Sie im Bereich *Starten und Wiederherstellen* auf die Schaltfläche *Einstellungen*.

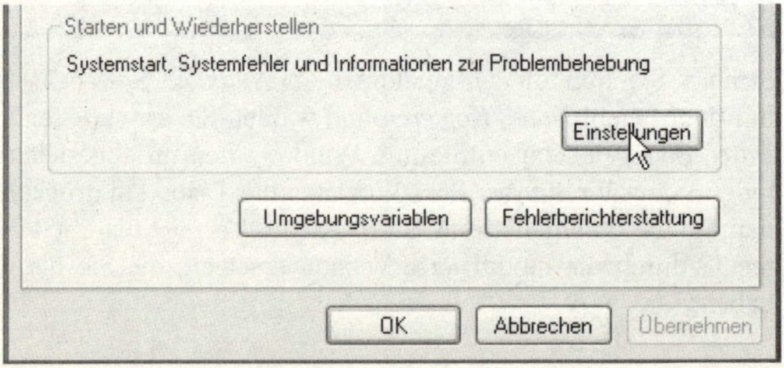

2 Es öffnet sich die Dialogbox *Starten und Wiederherstellen*. Klicken Sie hier im Bereich *Systemstart* auf die Schaltfläche *Bearbeiten*. Daraufhin wird die Datei *boot.ini* im Windows-Editor geöffnet.

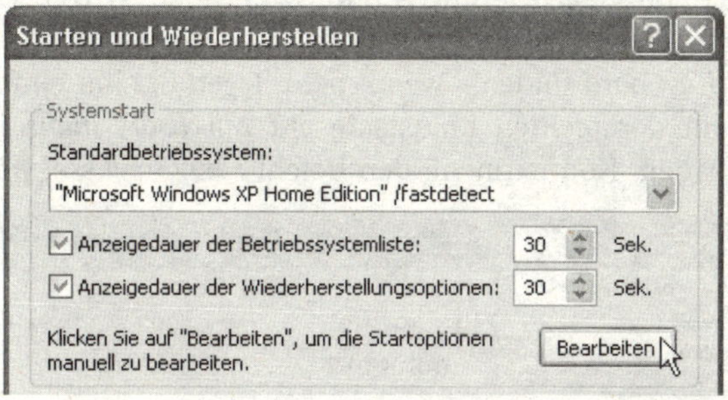

3 Setzen Sie nun an das Ende der Zeile, in der *Microsoft Windows XP* steht, die Option */noguiboot*, wählen Sie *Datei/Speichern* und danach *Datei/Beenden*. Schließen Sie alle offenen Dialogboxen mit einem Klick auf *OK*. Beim nächsten Neustart sehen Sie während des Ladevorgangs nur noch einen schwarzen Bildschirm mit blinkender Textmarke.

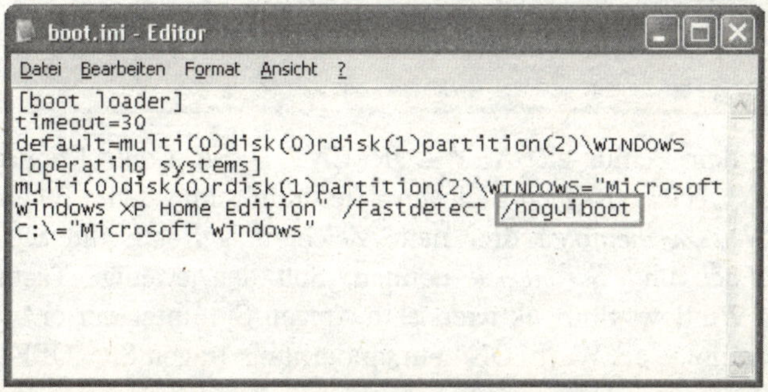

NumLock, CapsLock und ScrollLock: ganz wie Sie es brauchen

Die Tastaturzustände NumLock (Aktivierung des Zahlenblocks), CapsLock (Großbuchstaben) oder ScrollLock (Rollen) lassen sich bekanntlich über die entsprechenden Tasten steuern, wobei der jeweilige Zustand auf den meisten Tastaturen mit Leuchtdioden angezeigt wird. Allerdings ist es ein häufiges Ärgernis, dass beim Windows-Start der gewünschte Zustand nicht bereitsteht, dass man beispielsweise den Zahlenblock erst von Hand aktivieren muss. Mit entsprechenden Registry-Einträgen können Sie aber die jeweiligen Zustände für den Systemstart festlegen:

1 Wechseln Sie im Registrierungs-Editor zum Pfad *HKEY_CURRENT_USER\Control Panel\Microsoft Input Devices*. Hier sollten Sie einen Unterschlüssel *Keyboard* finden - wenn nicht, legen Sie ihn einfach neu an, indem Sie mit der rechten Maustaste auf *Microsoft Input Devices* klicken und aus dem Kontextmenü den Befehl *Neu/Schlüssel* wählen.

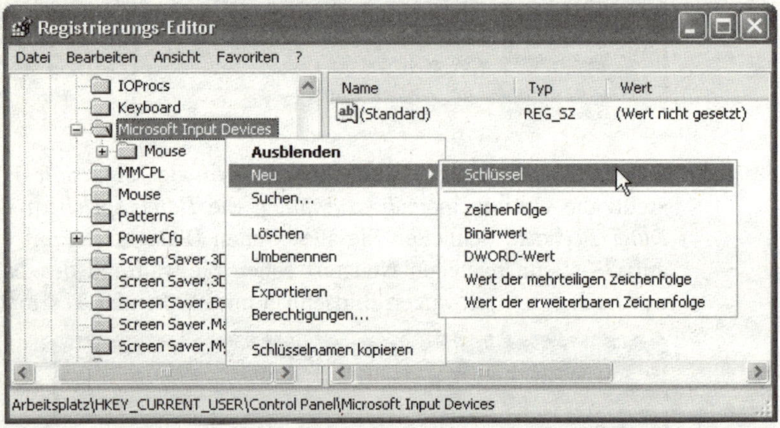

2 Unter dem Schlüssel *HKEY_CURRENT_USER\Control Panel\Microsoft Input Devices\Keyboard* legen Sie nun mit dem Befehl *Bearbeiten/Neu/Zeichenfolge* drei neue Zeichenfolgen an, die Sie *NumLock*, *CapsLock* und *ScrollLock* nennen. Soll der jeweilige Tastaturzustand beim Windows-Start aktiviert sein, tragen Sie unter der entsprechenden Zeichenfolge als Wert „ON" ein, andernfalls tragen Sie „OFF" ein.

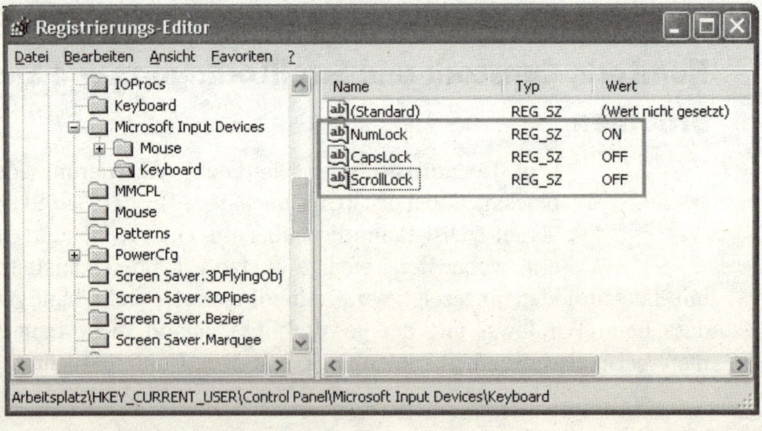

6.2 Look & Feel handmade: Desktop und Windows-Explorer

Machen Sie mit Ihrem Windows doch, was Sie wollen! Die Registrierungsdatenbank bietet unzählige Möglichkeiten, Funktionalität und Aussehen von Desktop und Windows-Explorer ganz gezielt und detailliert an Ihre Wünsche anzupassen. Aber Vorsicht: Wenn Sie die nächsten Abschnitte durcharbeiten, besteht die Gefahr, dass Sie Ihr Windows danach nicht mehr wiedererkennen werden.

Workshop: Befehle aus dem Startmenü ein- oder ausblenden

Eine der signifikantesten Änderungen von Windows XP gegenüber Windows 98/ME ist das erweiterte Startmenü und die Möglichkeit, das Startmenü weitgehend nach den eigenen Wünschen konfigurieren zu können. Hierzu klicken Sie mit der rechten Maustaste auf die *Start*-Schaltfläche und wählen aus dem Kontextmenü *Eigenschaften*. Unter der Registerkarte *Startmenü* klicken Sie dann auf *Anpassen*. Wenn Sie nun zur Registerkarte *Erweitert* wechseln, können Sie für praktisch jeden Eintrag im Startmenü entscheiden, ob er einfach, als ausklappbares Menü oder gar nicht angezeigt werden soll.

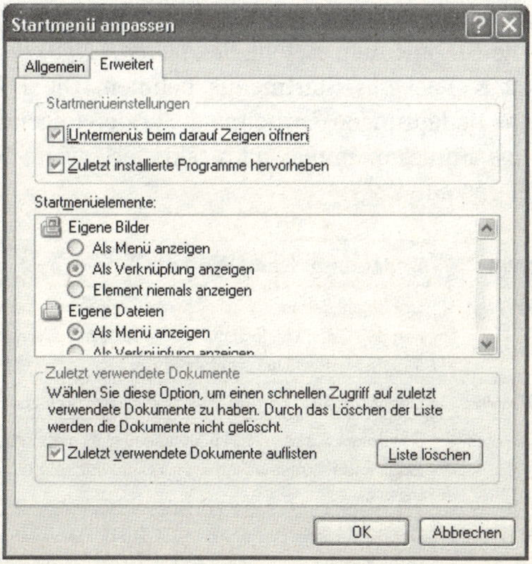

Komfortabel: Unter Windows XP können Sie das Startmenü weitestgehend an Ihre eigenen Wünsche anpassen.

Anders sieht es unter den Vorgängerversionen Windows 98 und ME aus: Hier ist ein menügesteuertes Ändern des Startmenüs nicht möglich. Allerdings können Sie hier über die Registry sehr genau festlegen, wie das Startmenü aussehen soll und welche Standardeinträge darin erscheinen oder versteckt werden sollen.

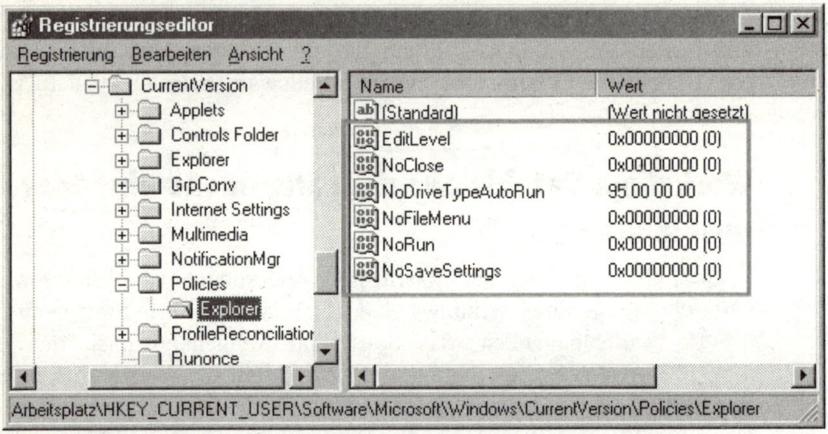

Unter ...\Policies\Explorer legen Sie das Erscheinungsbild des Startmenüs fest.

Unter dem Schlüssel *HKEY_CURRENT_USER\Software\Microsoft\Windows\CurrentVersion\Policies\Explorer* können Sie mittels entsprechenden DWORD-Werten, die Sie mit dem Befehl *Bearbeiten/Neu/DWORD-Wert* anlegen, oder Binärwerten, die Sie mit dem Befehl *Bearbeiten/ Neu/Binärwert* anlegen, Einfluss auf Look & Feel des Startmenüs nehmen. Die DWORD-Werte, Binärwerte und ihre Bedeutungen entnehmen Sie der folgenden Tabelle. Dabei ist die jeweilige Funktion immer dann aktiviert, wenn Sie den entsprechenden Wert auf 1 setzen:

Wertname	Datentyp	Bedeutung, wenn Wert auf 1 gesetzt ist
NoClose	DWORD-Wert	Der Befehl *Beenden* wird nicht mehr angezeigt. Sie können den Computer jetzt nur noch über den Task-Manager (Strg+Alt+Entf) herunterfahren.
NoFavoritesMenu	DWORD-Wert	Der Menüpunkt *Favoriten* wird nicht mehr angezeigt.
NoFind	DWORD-Wert	Der Befehl *Suchen* wird im Startmenü nicht mehr angezeigt. Er steht aber weiterhin im Windows-Explorer zur Verfügung.
NoFolderOptions	DWORD-Wert	Der Befehl *Start/Einstellungen/Ordneroptionen* wird nicht mehr angezeigt. Auch der Befehl *Ansicht/Ordneroptionen* bzw. *Extras/Ordneroptionen* im Windows-Explorer wird ausgeblendet.

Wertname	Datentyp	Bedeutung, wenn Wert auf 1 gesetzt ist
NoLogoff	Binärwert	Der Menüpunkt *<Username> abmelden* wird nicht mehr angezeigt.
NoRecentDocsHistory	DWORD-Wert	Wenn Sie Dateien mit einem Doppelklick öffnen, werden keine Verknüpfungen mehr unter *Start/Dokumente* angelegt.
NoRecentDocsMenu	DWORD-Wert	Der Menüpunkt *Dokumente* wird nicht mehr angezeigt.
NoRecentDocsNethood	Binärwert	Es wird kein Verlauf mehr fürs Netzwerk angezeigt.
NoRun	DWORD-Wert	Der Befehl *Ausführen* wird nicht mehr angezeigt.. Der Befehl steht aber im Task-Manager (Strg+Alt+Entf) weiterhin zur Verfügung.
NoSetActiveDesktop	DWORD-Wert	Der Befehl *Start/Einstellungen/Active Desktop* wird nicht mehr angezeigt.
NoSetFolders	DWORD-Wert	*Systemsteuerung* und *Drucker* werden nicht mehr angezeigt, die Einträge werden auch nicht mehr im Arbeitsplatz oder im Windows-Explorer angezeigt.
NoSetTaskbar	DWORD-Wert	Der Befehl *Einstellungen/Taskleiste* wird nicht mehr angezeigt. Klicken Sie mit der rechten Maustaste auf die Taskleiste, können Sie auch nicht mehr den Kontextmenü-Befehl *Eigenschaften* wählen.
NoSMHelp	DWORD-Wert	Die Hilfe wird aus dem Startmenü ausgeblendet.
NoSMMyDocs	DWORD-Wert	Der Befehl *Start/Dokumente/Eigene Dateien* wird nicht mehr angezeigt.
NoStartBanner	DWORD-Wert	Der Hinweis *Klicken Sie hier* ... wird nicht mehr angezeigt.
NoStartMenuSubFolders	DWORD-Wert	Im benutzerdefinierten Bereich ganz oben werden keine Ordner mehr angezeigt.
NoTrayKontextmenü	DWORD-Wert	Deaktiviert das Kontextmenü, wenn Sie mit der rechten Maustaste auf die *Start*-Schaltfläche oder auf die Taskleiste klicken.
NoWindowsUpdate	DWORD-Wert	Der Befehl *Start/Einstellungen/Windows Update* wird nicht mehr angezeigt.

So kommt Ordnung in den Laden: Arbeitsoberfläche beim Beenden nicht speichern

Wenn Sie beim Herunterfahren von Windows 98/ME noch Ordner geöffnet haben, werden diese automatisch an der gleichen Position und in der gleichen Größe wieder geöffnet, wenn Sie Windows neu starten. Das ist praktisch, wenn Sie beispielsweise immer mit denselben Ordnern arbeiten. Sie können dieses „Gedächtnis“ von Windows aber auch abschalten, wenn Sie es vorziehen, beim Einschalten des Computers prinzipiell einen leeren Desktop zu erhalten:

1 Wechseln Sie zum Pfad *HKEY_CURRENT_USER\Software\Microsoft\Windows\CurrentVersion\Policies\Explorer*. Legen Sie hier mit dem Befehl *Bearbeiten/Neu/DWORD-Wert* einen neuen DWORD-Wert an.

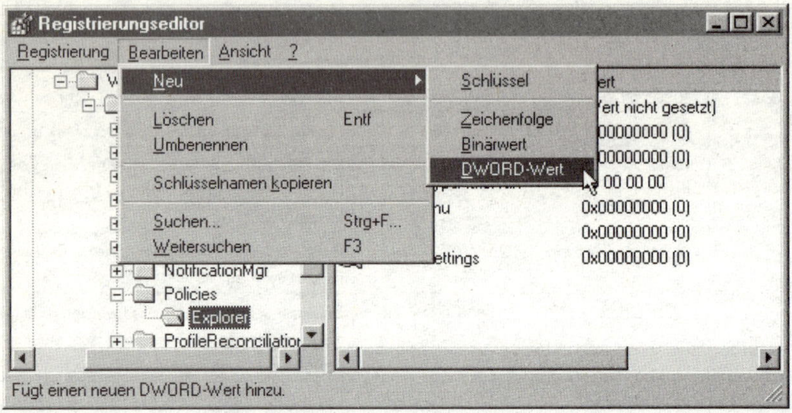

2 Benennen Sie den neuen DWORD-Wert um in *NoSaveSettings*. Doppelklicken Sie dann auf den Wert und weisen Sie ihm als Wert 1 zu.

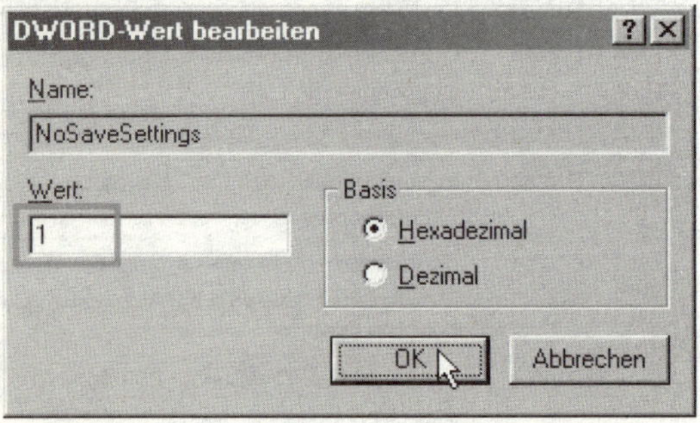

INFO

Arbeitsoberfläche bei Windows XP speichern

Unter Windows XP ist die Standardeinstellung, dass das Betriebssystem beim Start zuletzt offen gelassene Ordner nicht wiederherstellt. Wünschen Sie dies allerdings, lässt sich diese Einstellung menügesteuert ändern: Wählen Sie im Windows-Explorer den Befehl *Extras/Ordneroptionen* und wechseln Sie zur Registerkarte *Ansicht*. Setzen Sie unter *Erweiterte Einstellungen* ein Häkchen vor die Option *Vorherige Ordnerfenster bei der Anmeldung wiederherstellen*.

Beim Arbeiten zählt jede Sekunde: Aufklappverzögerung im Startmenü ändern

Wenn Sie das Startmenü öffnen und mit dem Mauszeiger über die Einträge gehen, öffnen sich die Untermenüs automatisch nach einer kurzen Zeit von selbst, sobald Sie auf einem Menüpunkt verharren und nicht mit der Maus klicken. Die Zeit, die bis zum Aufklappen der Untermenüs verstreicht, können Sie frei definieren:

1 Unter dem Schlüssel *HKEY_CURRENT_USER\Control Panel\Desktop* finden Sie auf der rechten Seite eine Zeichenfolge namens *MenuShowDelay*: Der zugewiesene Wert - Standard ist 400 - gibt die Zeit in Millisekunden an, die verstreicht, bis sich das Untermenü öffnet.

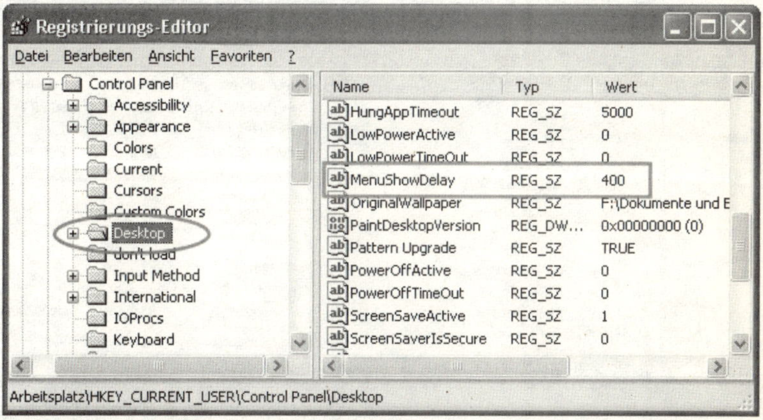

2 Mit einem Doppelklick auf die Zeichenfolge können Sie nun einen neuen Wert zuweisen. Tragen Sie beispielsweise „0" ein, klappen die Untermenüs ohne Verzögerung sofort auf. Sie können aber auch einen sehr hohen Wert wie beispielsweise 60000 zuweisen und so erreichen, dass die Untermenüs erst nach einer Minute - also faktisch nie - aufklappen.

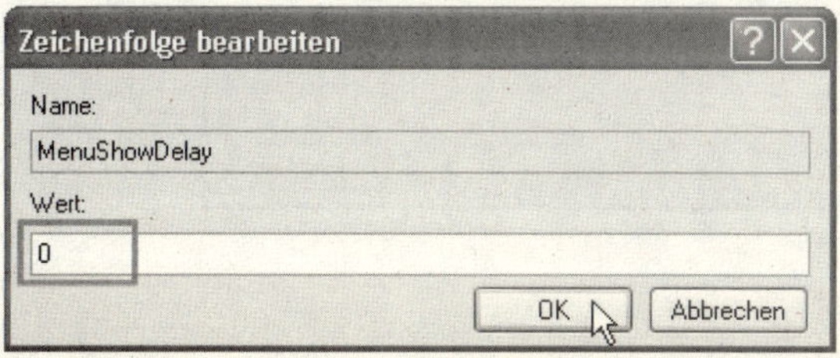

Weniger ist mehr: das nervige Blinken des Cursors abstellen

In Texteingabefeldern oder in Ihrer Textverarbeitung wird die aktuelle Cursorposition durch eine blinkende Einfügemarke angezeigt. Die Blinkgeschwindigkeit können Sie über das Modul Tastatur der Systemsteuerung regulieren, ganz abstellen lässt sich das Blinken dort aber nicht. Wenn Sie das Blinken stört, können Sie es aber über den Registrierungs-Editor abstellen:

1 Zuständig für die Blinkgeschwindigkeit des Cursors ist die Zeichenfolge *CursorBlinkRate*, die Sie unter dem Pfad *HKEY_CURRENT_USER\Control Panel\Desktop* finden.

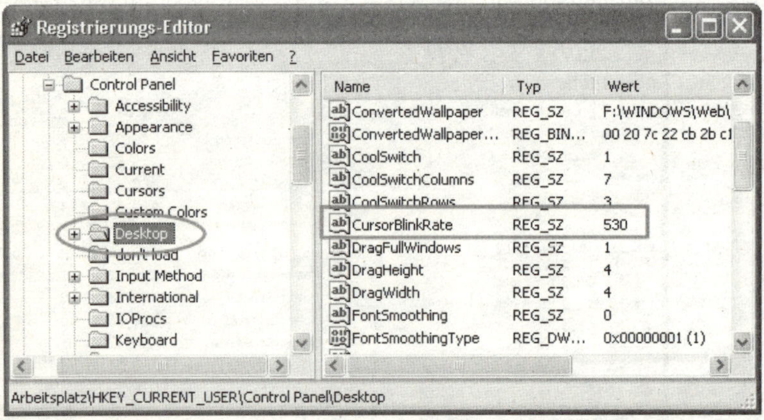

2 Dieser Zeichenfolge können Sie jeden beliebigen Wert zwischen 1 und 60000 zuordnen. Beim Höchstwert 60000 ist dabei faktisch kein Blinken des Cursors mehr erkennbar.

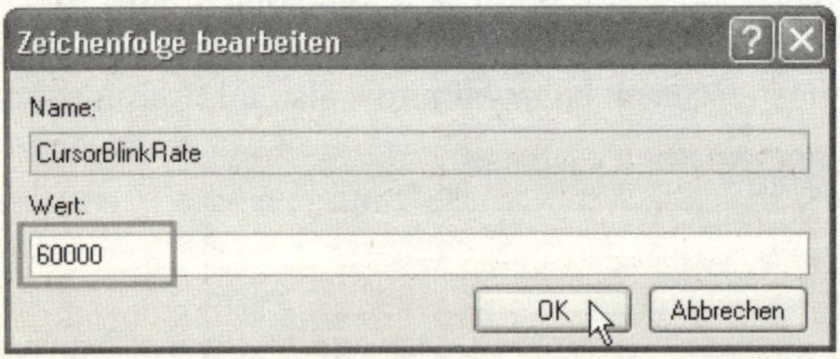

Windows 98-Bug endlich behoben: Kontrollkästchen Dateiattribute in Detailansicht anzeigen wiederherstellen

Bei Windows 98 hat sich leider ein ärgerlicher Bug eingeschlichen: Unter den Ordneroptionen fehlt die Option *Dateiattribute in der Detailansicht anzeigen*, sodass Sie Attribute wie „versteckt“, „schreibgeschützt“ oder „Archiv“ nicht zu sehen bekommen, wenn Sie im Windows-Explorer unter *Ansicht* die Detailansicht einstellen. Sie können die Option aber durch einen Eingriff in die Registry wiederherstellen:

1 Wechseln Sie im Registrierungs-Editor zum Pfad *HKEY_CURRENT_USER\Software\Microsoft\Windows\CurrentVersion\Explorer\Advanced*. Hier finden Sie auf der rechten Seite den DWORD-Wert *ShowAttribCol*. Klicken Sie mit der rechten Maustaste auf den DWORD-Wert und wählen Sie aus dem Kontextmenü den Befehl *Ändern*, um ihm einen neuen Wert zuzuweisen.

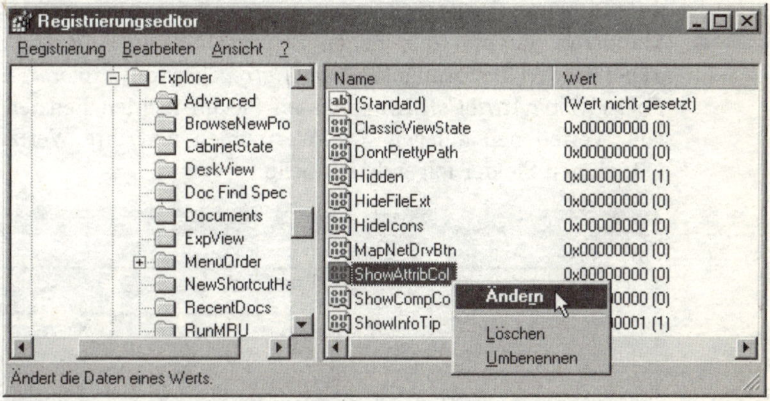

2 Weisen Sie dem DWORD-Wert *ShowAttribCol* nun den Wert 1 zu und bestätigen Sie die Änderung mit *OK*.

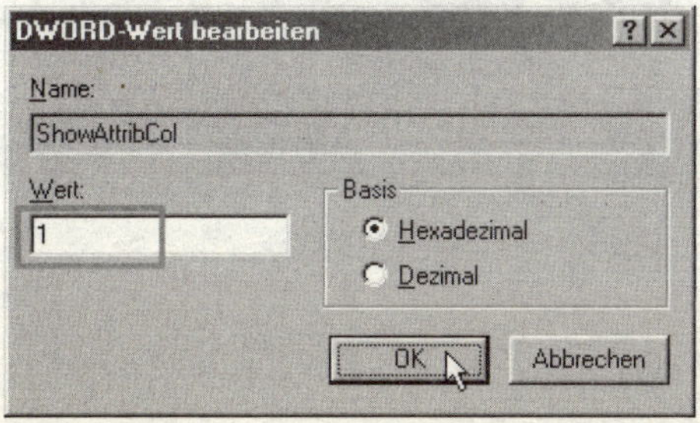

3 Wechseln Sie nun zum Pfad *HKEY_LOCAL_MACHINE\SOFTWARE\Microsoft\Windows\CurrentVersion\Explorer\Advanced\Folder*. Klicken Sie mit der rechten Maustaste auf *Folder* und wählen Sie aus dem Kontextmenü den Befehl *Neu/Schlüssel*, um einen neuen Unterschlüssel anzulegen. Benennen Sie den Unterschlüssel dann um in *ShowAttribCol*.

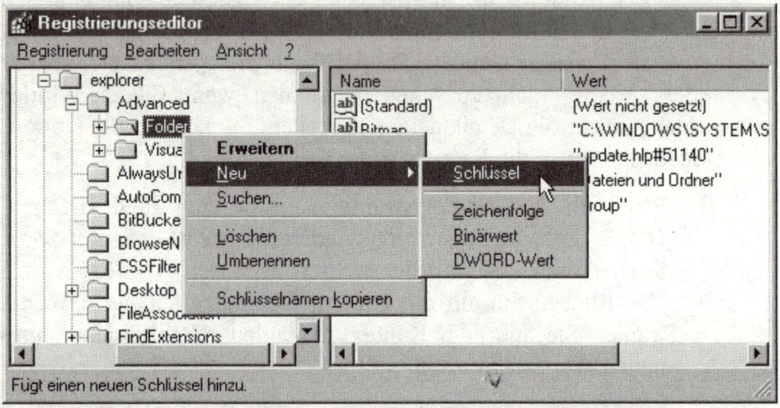

4 Markieren Sie nun den neuen Schlüssel *HKEY_LOCAL_MACHINE\SOFTWARE\Microsoft\Windows\CurrentVersion\Explorer\Advanced\Folder\ShowAttribCol*. Nun müssen Sie im rechten Fenster einc Reihe von Werten neu anlegen. Die Wertnamen und ihre Wertzuweisungen entnehmen Sie der folgenden Tabelle.

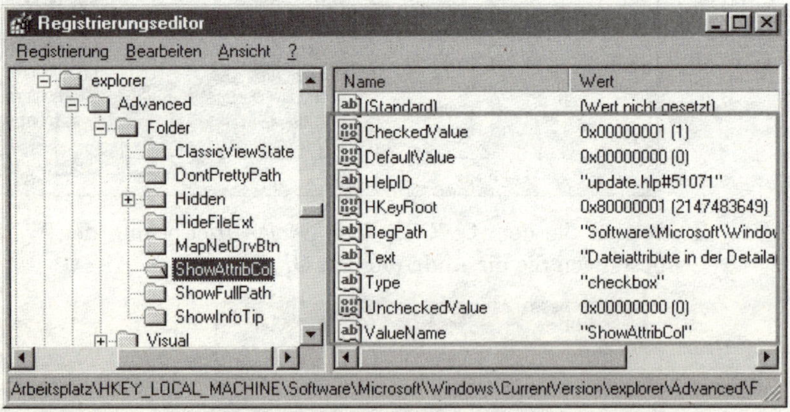

Wertname	Datentyp	Einzutragender Wert
Type	Zeichenfolge	checkbox
Text	Zeichenfolge	Dateiattribute in der Detailansicht anzeigen
HKeyRoot	DWORD-Wert	80000001
RegPath	Zeichenfolge	Software\Microsoft\CurrentVersion\Explorer\Advanced
ValueName	Zeichenfolge	ShowAttribCol
CheckedValue	DWORD-Wert	1
UncheckedValue	DWORD-Wert	0
DefaultValue	DWORD-Wert	0
HelpID	Zeichenfolge	update.hlp#51071

Haben Sie alle Werte angelegt, ist eventuell noch ein Neustart des Rechners erforderlich.

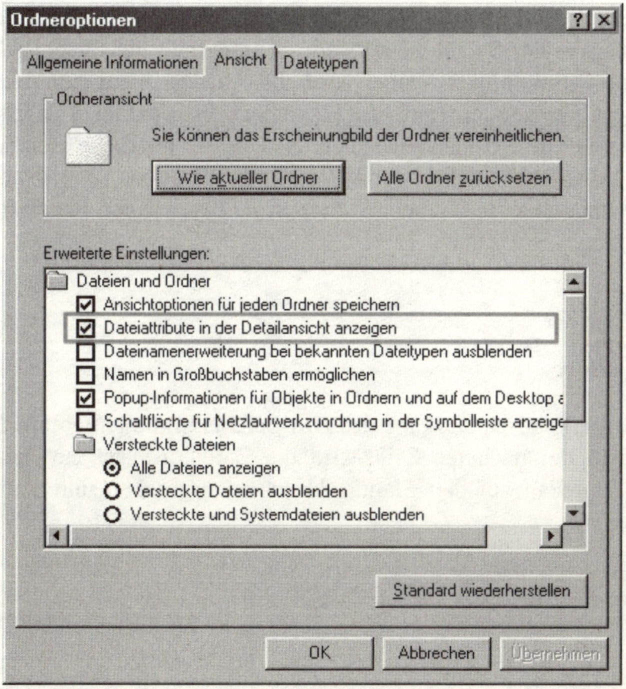

Durch einen Registry-Eingriff wiederhergestellt: das Kontrollkästchen Dateiattribute in der Detailansicht anzeigen in den Ordneroptionen.

Wenn Sie nun im Windows-Explorer den Befehl *Ansicht/Ordneroptionen* wählen und zur Registerkarte *Ansicht* wechseln, steht Ihnen das Kontrollkästchen *Dateiattribute in der Detailansicht anzeigen* wieder zur Verfügung.

Ganz einfach schwarz auf weiß: Dateiliste eines Ordners drucken

Leider gibt es unter Windows keine Möglichkeit, die Dateiliste des aktuellen Ordners auszudrucken. Sie können dieses nützliche Feature aber „herbeitricksen". Hierzu öffnen Sie den Editor und schreiben folgende Zeilen:

```
@echo off
DIR >LPT1
```

Die erste Zeile *@echo off* hat nur kosmetische Zwecke: Sie unterdrückt die Bildschirmausgabe der Befehle. Die zweite Zeile enthält den Befehl *DIR* zum Anzeigen des Ordnerinhalts. Dabei wird die Anzeige nicht auf dem Bildschirm ausgegeben, sondern mit *>LPT1* auf die erste parallele Schnittstelle umgeleitet, an der in den meisten Fällen der Drucker angeschlossen ist. Dies funktioniert allerdings nicht, wenn Sie Ihren Drucker über eine USB-Schnittstelle angeschlossen haben. In diesem Fall verwenden Sie stattdessen folgende Zeilen:

```
@echo off
DIR >Liste.txt
Notepad /p Liste.txt
DEL Liste.txt
```

In diesem Fall erfolgt die Ausgabe des *DIR*-Befehls in die temporäre Textdatei *Liste.txt*. In der nächsten Zeile wird die Datei *Liste.txt* mit dem Windows-Editor NotePad auf den Standarddrucker ausgegeben und schließlich gelöscht.

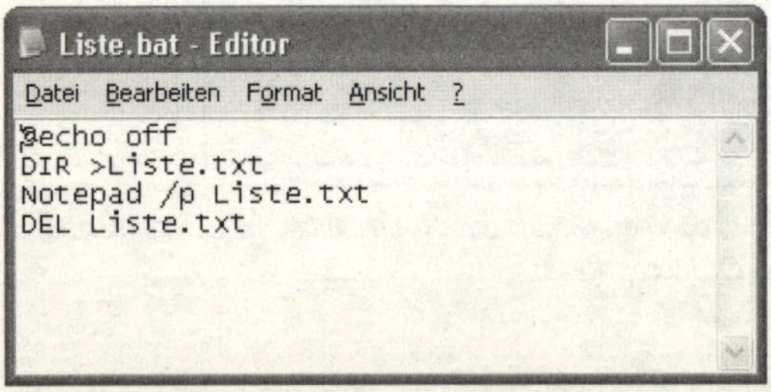

Trickreich: Eine kleine Batch-Datei kümmert sich um den Ausdruck von Ordnerinhalten.

Speichern Sie die Datei unter dem Namen „Liste.bat" im Verzeichnis *C:\Windows\Command* ab. Setzen Sie dabei im Speichern-Dialog den Namen in Anführungszeichen, damit der Editor nicht noch die Endung *.txt* anhängt. Wenn Sie mit Windows 98/ME arbeiten, wechseln Sie anschließend in dieses Verzeichnis, klicken die Datei mit der rechten Maustaste an und wählen aus dem Kontextmenü *Eigenschaften*. Setzen Sie hier ein Häkchen vor die Option *Fenster beim Beenden schließen*. Unter Windows XP ist dieser Schritt nicht erforderlich. Zuletzt müssen Sie die neu erstellte Batch-Datei *Liste.bat* noch so in der Registry eintragen, dass sie im Kontextmenü von Ordnern erscheint:

1 Klicken Sie im Registrierungs-Editor mit der rechten Maustaste auf den Schlüssel *HKEY_CLASSES_ROOT\Directory\shell* und wählen Sie aus dem Kontextmenü den Befehl *Neu/Schlüssel*. Benennen Sie den neuen Schlüssel anschließend um in *Print*.

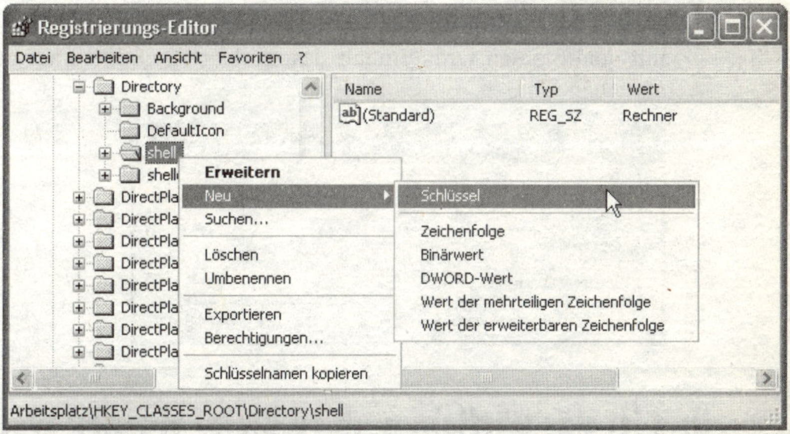

2 Legen Sie nun unterhalb des neuen Schlüssels *HKEY_CLASSES_ROOT\Directory\shell\Print* einen weiteren Schlüssel an und benennen Sie diesen um in *command*. Doppelklicken Sie dann auf der rechten Seite auf die Zeichenfolge *(Standard)* bzw. wählen Sie aus dem Kontextmenü den Befehl *Ändern*, um der Zeichenfolge einen neuen Wert zuzuweisen.

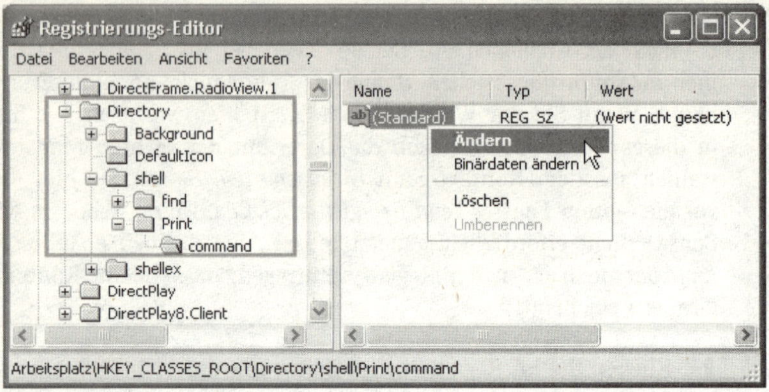

3 Als Wert tragen Sie nun den Pfad zu der vorher angelegten Batch-Datei ein, also „C:\Windows\Command\Liste.bat" (ohne Anführungszeichen). Wenn Sie nun das nächste Mal mit der rechten Maustaste auf einen Ordner klicken, finden Sie im Kontextmenü den neuen Befehl *Drucken*, mit dem Sie den Ordnerinhalt des markierten Ordners auf den Drucker ausgeben können.

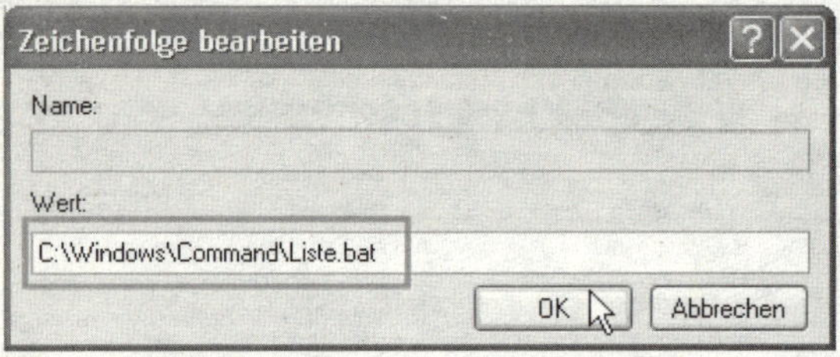

Und ist das Dörflein noch so klein: eigenen Wohnort im Zeitzonenfenster anzeigen lassen

Zugegeben: Es ist eigentlich nur eine neckische Spielerei. Aber warum nicht einfach unter Windows 98/ME die Anzeige *(GMZ +01:00) Amsterdam, Berlin, Bern, Rom, Stockholm, Wien*, die in der Systemsteuerung unter *Datum/Uhrzeit* im Zeitzonenfenster erscheint, durch die Anzeige des eigenen Wohnorts ersetzen? Da die Info darüber, was im Display-Fenster erscheint, in einer Zeichenfolge in der Registry verankert ist, ist das kein Problem:

1 Wechseln Sie zum Pfad *HKEY_LOCAL_MACHINE\SOFTWARE\Microsoft\Windows\CurrentVersion\Time Zones\W.Europe* und doppelklicken Sie auf die Zeichenfolge *Display*. Hier können Sie die Ortsangabe *Amsterdam, Berlin ...* durch den Ort ersetzen, in dem Sie leben.

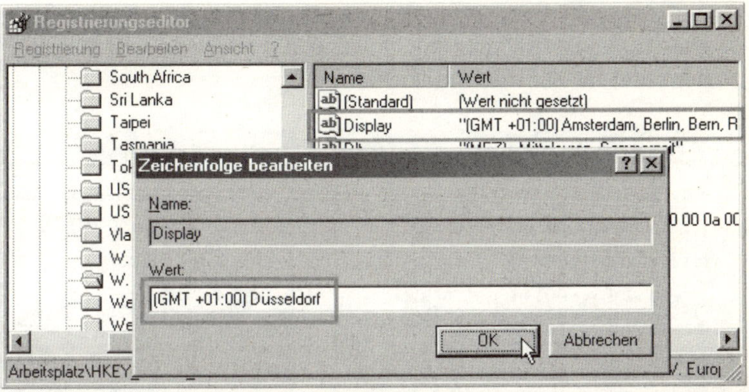

2 Die Änderung wird sofort wirksam: Sie können sich davon überzeugen, indem Sie mit *Start/Einstellungen/Systemsteuerung* die Systemsteuerung aufrufen und auf den Eintrag *Datum/Uhrzeit* doppelklicken. Im Bereich *Zeitzone* erscheint nun Ihr Wohnort.

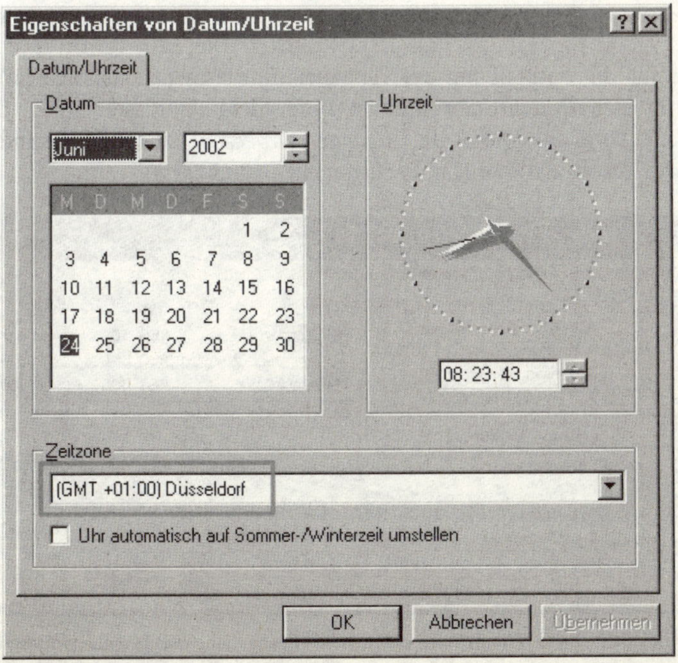

Weiß-auf-Schwarz-Tristesse muss nicht sein: Jetzt wird auch das MS-DOS-Fenster farbig!

Das MS-DOS-Fenster der Eingabeaufforderung ist unter Windows XP gestaltet wie eh und je: weiße Schrift auf schwarzem Grund. Dieses eher triste Erscheinungsbild können Sie aber über die Registry schnell ändern und für ein wenig mehr Farbe sorgen.

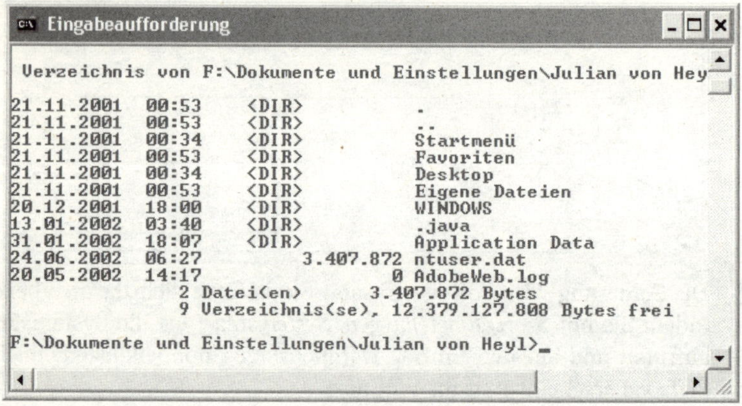

Eingabeaufforderung einmal anders: Warum nicht etwas Farbe ins Spiel bringen?

Der für die Farbgebung der Eingabeaufforderung zuständige DWORD-Wert nennt sich *DefaultColor* und ist unter dem Schlüssel *HKEY_CURRENT_USER\Software\Microsoft\Command Processor* zu finden. Standardwert ist 0, was für weiße Schrift auf schwarzem Grund sorgt.

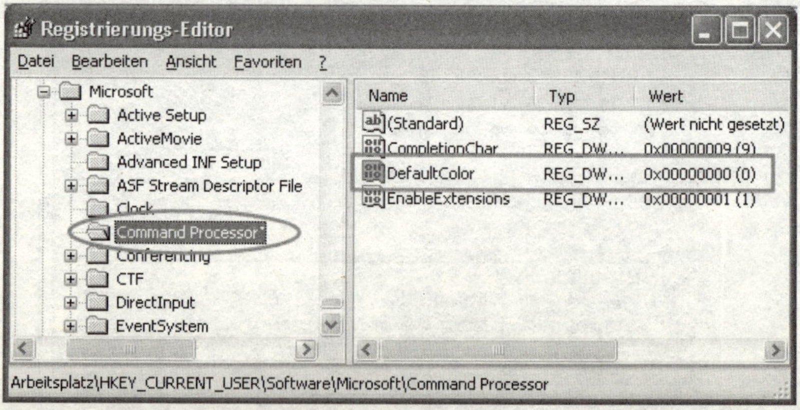

Der DWORD-Wert DefaultColor definiert die Farbgebung der Eingabeaufforderung.

Sie geben den Code für die Farben mittels eines zweistelligen Hex-Wertes ein, wobei die erste Stelle für die Hintergrundfarbe und die zweite Stelle für die Schriftfarbe steht. Welche Werte welchen Farben entsprechen, können Sie dabei folgender Tabelle entnehmen:

Wert	Farbe
0	Schwarz
1	Dunkelblau
2	Dunkelgrün
3	Blaugrün
4	Dunkelrot
5	Violett
6	Ocker
7	Hellgrau
8	Dunkelgrau
9	Blau
A	Grün
B	Cyan
C	Rot
D	Magenta
E	Gelb
F	Weiß

Für schwarze Schrift auf weißem Grund geben Sie also „F0" ein, während E9 blaue Schrift auf gelbem Grund ergibt. Bei der Wahl der Farben sollten Sie allerdings darauf achten, dass sich die Schriftfarbe genügend kontrastreich von der Hintergrundfarbe abhebt - eine Eingabe wie „4C" für rote Schrift auf dunkelrotem Grund ist sicher wenig sinnvoll.

Wenn die Meldung Zu wenig Speicherplatz nervt: einfach deaktivieren

XP Wenn auf der Festplatte nur noch 10 % Speicherplatz frei sind, gibt Windows XP eine Warnmeldung heraus. Sollte diese Warnmeldung bei Ihnen zu oft erscheinen, können Sie den Prozentwert in der Registry auch ändern:

1 Wechseln Sie in der Registry zum Pfad *HKEY_LOCAL_MACHINE\SYSTEM\CurrentControlSet\Services\lanmanserver\parameters*. Erstellen Sie hier einen neuen DWORD-Wert, indem Sie mit der rechten Maustaste ins rechte Fenster klicken und aus dem Kontextmenü den Befehl *Neu/DWORD-Wert* wählen.

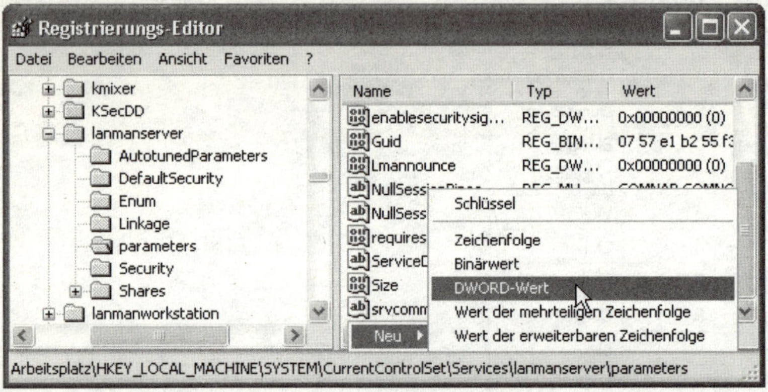

2 Benennen Sie den DWORD-Wert um in *DiskSpaceThreshold* und doppelklicken Sie darauf, um ihn zu bearbeiten. Wählen Sie bei *Basis* die Option *Dezimal* und geben Sie eine Zahl zwischen 1 und 99 als Prozentwert des freien Speicherplatzes ein, ab wann Windows XP eine Warnmeldung ausgeben soll. Geben Sie beispielsweise „5“ ein, warnt Windows, wenn nur noch 5 % Speicherplatz frei sind, wenn die Festplatte also zu 95 % belegt ist.

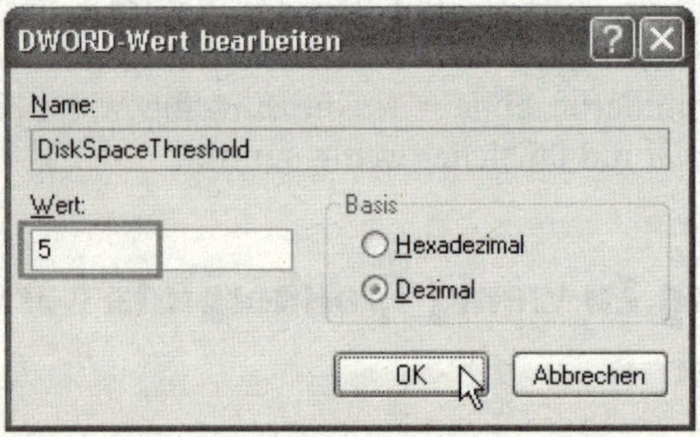

Hilfe, die Taskleiste ist verschwunden? Kein Grund zur Panik!

Es ist der Albtraum jedes Windows-Users: Die Taskleiste ist plötzlich weg und Windows so praktisch nicht mehr bedienbar. Meistens ist der Grund dafür profan: Sie oder jemand anders hat die Taskleiste mit der Maus versehentlich nach unten verschoben. In diesem Fall ist die Abhilfe einfach: Bewegen Sie den Mauszeiger ganz an den unteren Bildschirmrand, bis sich der Mauszeiger in einen vertikalen Doppelpfeil verwandelt. Nun können Sie die Taskleiste bei gedrückter linker Maustaste wieder nach oben ziehen. Um die Taskleiste zukünftig vor ungewollten Änderungen zu schützen, klicken Sie mit der rechten Maustaste auf eine freie Fläche der Taskleiste und wählen aus dem Kontextmenü die Option *Taskleiste fixieren*.

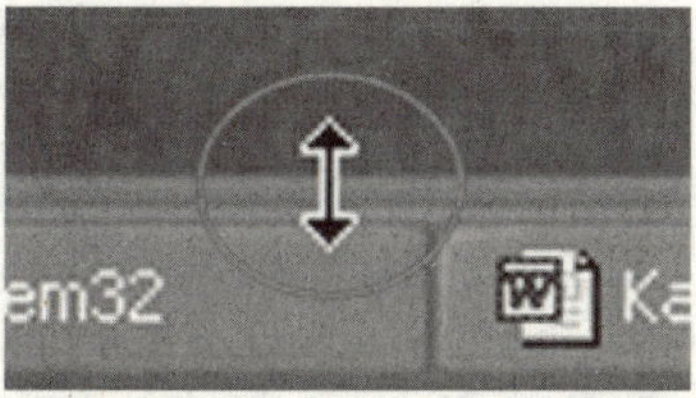

Die Taskleiste können Sie mit der Maus vertikal verschieben.

Manchmal hat es allerdings gravierendere Gründe, dass die Taskleiste verschwunden ist: Beispielsweise kann dies auf einen fehlerhaften Registry-Schlüssel zurückzuführen sein.

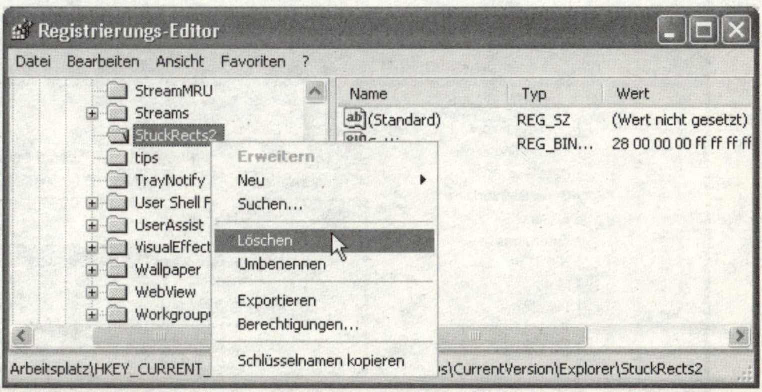

Ein fehlerhafter Registry-Schlüssel kann die Ursache dafür sein, dass die Taskleiste nicht mehr angezeigt wird.

Kommen Sie mit der oben beschriebenen Methode also nicht weiter, starten Sie den Registrierungs-Editor (den *Ausführen*-Dialog erreichen Sie mit der Tastenkombination [Win]+[R]) und wechseln zum Schlüssel *HKEY_CURRENT_USER\Software\Microsoft\Windows\CurrentVersion\Explorer\Stuck Rects* - eventuell heißt der Schlüssel auch *HKEY_CURRENT_USER\Software\Microsoft\Windows\CurrentVersion\Explorer\StuckRects2*. Löschen Sie diesen Schlüssel. Er wird beim nächsten Rechner-Neustart automatisch neu angelegt und die Taskleiste sollte dann wieder zu sehen sein.

Wenn Windows die Symbole durcheinander puzzelt: Symbol-Cache-Größe erhöhen

Es ist ein ärgerlicher Bug, der zumeist unter Windows 98 und ME, manchmal aber auch unter Windows XP auftritt: Die Symbole auf dem Desktop und in der Schnellstartleiste werden plötzlich wild durcheinander gepuzzelt und falsch angezeigt. Der Grund dafür ist, dass die Symbole für eine schnellere Anzeige in einer Cache-Datei „zwischengelagert“ werden, die sich *ShellIconCache* nennt und im Windows-Verzeichnis zu finden ist. Dieser Cache ist oft ein wenig zu knapp bemessen, sodass es zu Darstellungsfehlern kommt, wenn Sie besonders viele unterschiedliche Symbole auf dem Desktop abgelegt haben. Um das Problem zu lösen, gehen Sie folgendermaßen vor:

1 Wechseln Sie in der Registry zum Pfad *HKEY_LOCAL_MACHINE\SOFTWARE\Microsoft\Windows\CurrentVersion\Explorer* und legen Sie im rechten Fenster mit dem Kontextmenü-Befehl *Neu/Zeichenfolge* eine neue Zeichenfolge an.

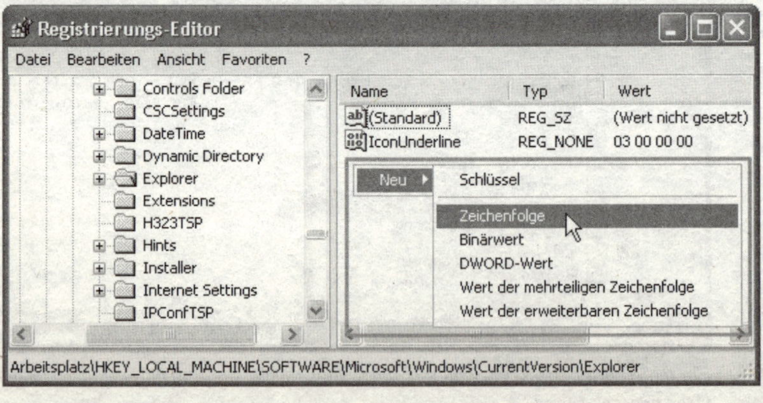

2 Benennen Sie die Zeichenfolge um in *Max Cached Icons* und weisen Sie ihr den Wert 4096 zu. Gegenüber dem Standardwert von 512 reicht dieser Cache-Wert auf jeden Fall aus, um eine fehlerfreie Darstellung der Symbole auf dem Desktop zu gewährleisten.

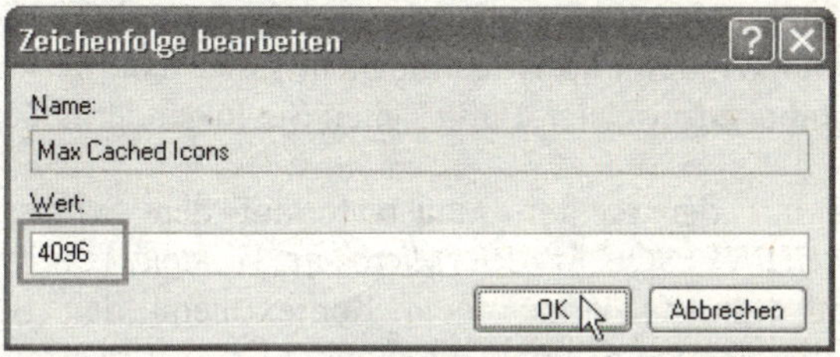

3 Zuletzt müssen Sie noch die Datei *ShellIconCache* in Ihrem Windows-Verzeichnis löschen. Beachten Sie, dass es sich um eine versteckte Datei handelt: Eventuell müssen Sie also vorher unter *Extras/Ordneroptionen*, Registerkarte *Ansicht* die Option *Alle Dateien und Ordner anzeigen* aktivieren.

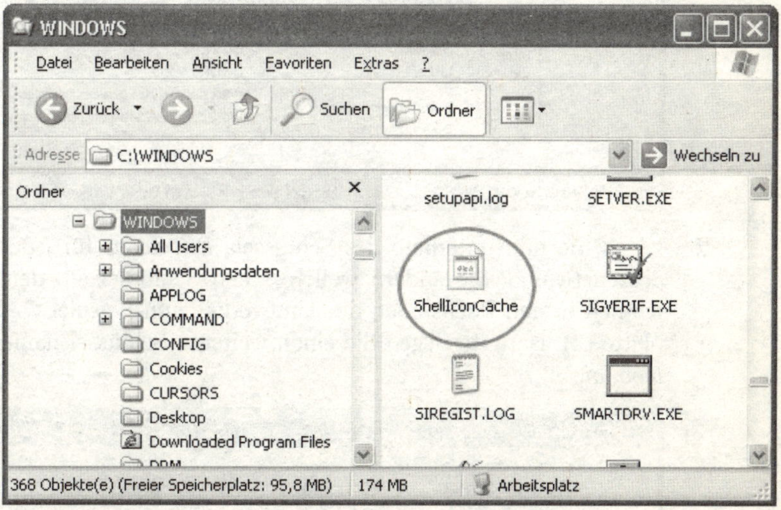

Ein geheimer Eingriff macht's möglich: individuelles Symbol für jedes Laufwerk

Gestalten Sie Ihren Arbeitsplatz doch ein wenig abwechslungsreicher! Ab installiertem Internet Explorer 4.0 beziehungsweise ab Windows 98 ist es möglich, jedem Laufwerk ein eigenes Symbol zuzuweisen. Dafür gehen Sie folgendermaßen vor:

1 Klicken Sie mit der rechten Maustaste auf den Schlüssel *HKEY_LOCAL_MACHINE\SOFTWARE\Microsoft\Windows\CurrentVersion\Explorer* und wählen Sie aus dem Kontextmenü den Befehl *Neu/Schlüssel*. Benennen Sie den neuen Schlüssel um in *DriveIcons*.

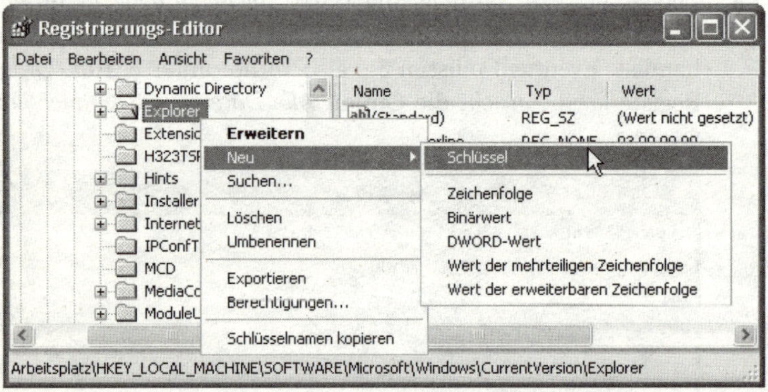

2 Legen Sie nun unterhalb des Schlüssels *DriveIcons* für jedes Laufwerk, dessen Symbol Sie ändern wollen, einen Schlüssel an, den Sie umbenennen in den Buchstaben des Laufwerks (zum Beispiel *C* für die Festplatte C:). Darunter legen Sie einen weiteren Schlüssel namens *DefaultIcon* an.

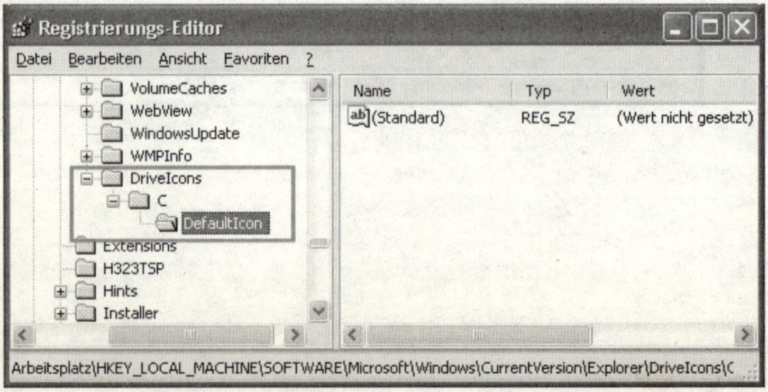

3 Unter *DefaultIcon* doppelklicken Sie nun auf die Zeichenfolge *(Standard)* und weisen ihr als Wert den Pfad zur Symboldatei zu. Handelt es sich um eine Symboldatei mit mehreren Symbolen, beispielsweise des Typs EXE oder DLL, müssen Sie dahinter durch ein Komma getrennt noch die Nummer des Symbols angeben, wobei die Zählung bei 0 beginnt (Beispiel: *C:\Windows\Explorer.exe,11*).

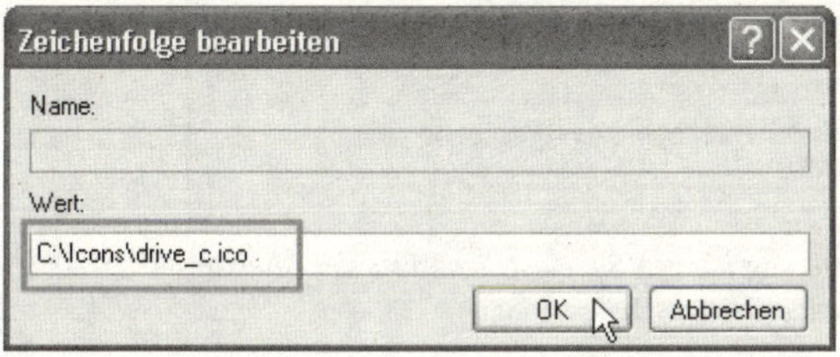

Laufwerksymbol mit AUTORUN.INF festlegen

Alternativ zu der oben beschriebenen Methode können Sie ein Laufwerksymbol auch durch die Datei *AUTORUN.INF* festlegen. Erstellen Sie hierzu im Root-Verzeichnis des entsprechenden Laufwerks eine Textdatei namens *AUTORUN.INF* und schreiben Sie folgende zwei Zeilen hinein:

```
[autorun]
ICON=C:\Icons\drivec.ico
```

Nach einem Neustart wird das hinter *ICON=* angegebene Symbol für das betreffende Laufwerk angezeigt.

Jetzt klicken Sie mit Turbo-Speed: Mauszeiger automatisch auf die Default-Schaltfläche setzen

Haben Sie sich eigentlich schon einmal überlegt, wie viele Kilometer Ihre Maus so in der Woche zurücklegt? Dabei dienen die meisten Mausbewegungen nur dazu, den Mauszeiger über die richtige Schaltfläche zu positionieren. Die meisten Maustreiber können Ihnen diese Arbeit aber abnehmen, indem sie die Option bieten, den Mauszeiger in Dialogfeldern automatisch über der Standardschaltfläche zu positionieren, sodass Sie nur noch klicken müssen. Mit „Standardschaltfläche" ist dabei die Schaltfläche gemeint, die vormarkiert ist, die man also auch mit einem Druck auf die Taste [Enter] aktivieren kann. Zumeist finden Sie - abhängig vom Maustreiber - in der Systemsteuerung unter dem Eintrag *Maus* die Möglichkeit, diese Option zu aktivieren oder zu deaktivieren.

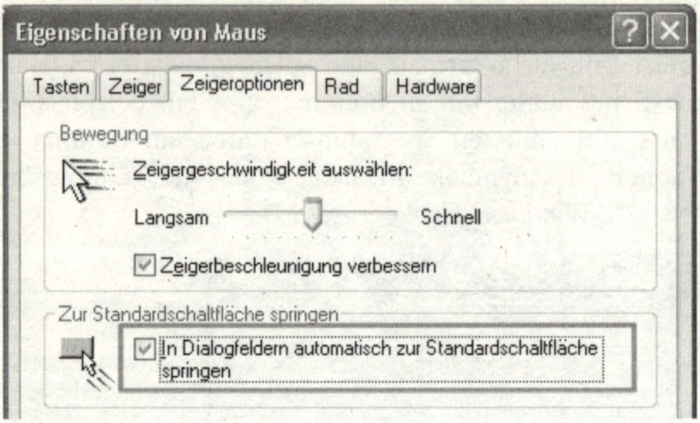

Über die Systemsteuerung können Sie einstellen, dass der Mauszeiger in Dialogfeldern automatisch zur Standardschaltfläche springt.

Sollten Sie in der Systemsteuerung nicht fündig werden, können Sie die Option aber auch direkt über die Registry aktivieren:

1 Wechseln Sie zum Schlüssel *HKEY_CURRENT_USER\Control Panel\Mouse*. Auf der rechten Seite finden Sie die Zeichenfolge *SnapToDefaultButton*.

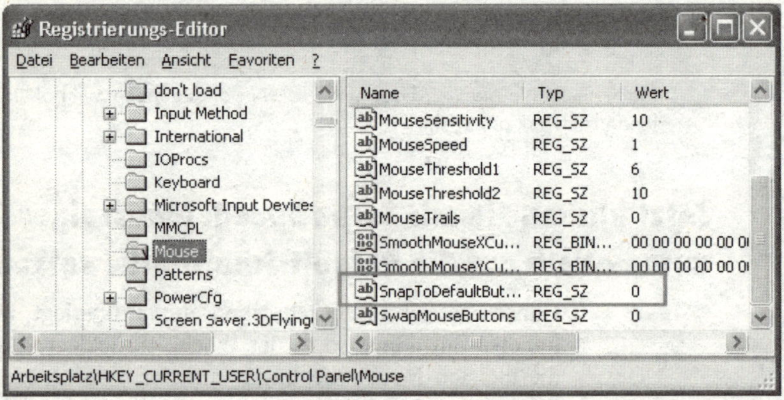

2 Doppelklicken Sie auf die Zeichenfolge, um sie zu bearbeiten, und weisen Sie ihr den Wert 1 zu. Die Option ist damit aktiviert.

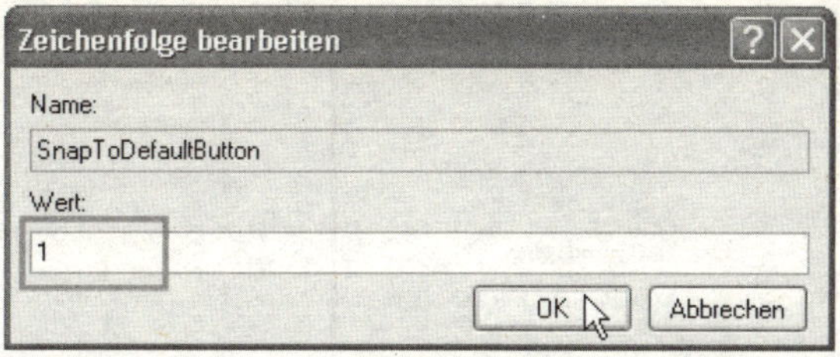

Es muss nicht immer 15 sein: die maximale Anzahl der Einträge unter Zuletzt verwendete Dokumente

Haben Sie unter Windows XP schon einmal die Anzahl der Menüeinträge unter *Start/Zuletzt verwendete Dokumente* gezählt? Es sind genau 15. Kommen weitere Einträge dazu, werden dafür die ältesten Einträge gelöscht. Sie können die maximale Anzahl der Einträge aber auch selbst festlegen:

1 Wechseln Sie zum Schlüssel *HKEY_CURRENT_USER\Software\Microsoft\Windows\CurrentVersion\Policies\Explorer* und legen Sie einen neuen DWORD-Wert an, indem Sie mit der rechten Maustaste ins rechte Fenster klicken und aus dem Kontextmenü den Befehl *Neu/DWORD-Wert* wählen.

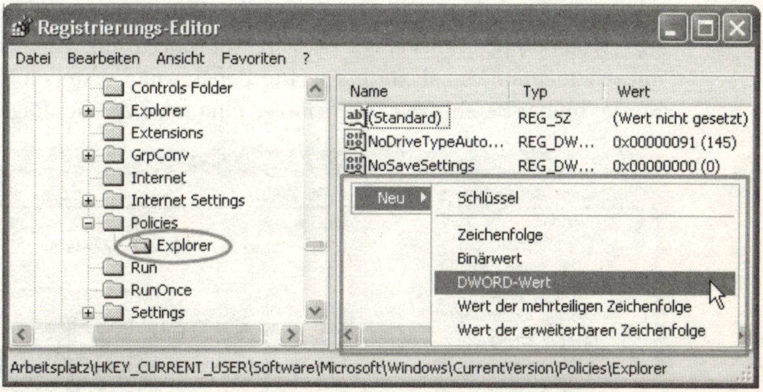

2 Benennen Sie den DWORD-Wert um in *MaxRecentDocs* und doppelklicken Sie auf ihn zur Bearbeitung. Stellen Sie unter *Basis* die Option *Dezimal* ein. Als Wert weisen Sie die gewünschte Anzahl der Einträge unter *Zuletzt bearbeitete Dokumente* zu.

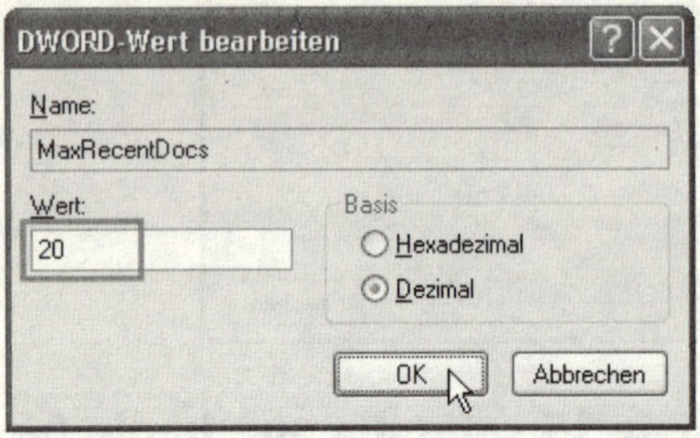

Wo sind meine Einträge geblieben? Mehrspaltige Darstellung im Startmenü erzwingen

98ME Sind auf einer Ebene des Startmenüs mehr Einträge vorhanden, als vertikal auf den Bildschirm passen, lässt sich die betreffende Ebene unter Windows 98/ME mittels zwei kleiner Pfeilchen hoch- oder runterscrollen. Viele Anwender finden das umständlich und hätten lieber das frühere Verhalten unter Windows 95, bei dem die „überzähligen" Einträge einfach in einer weiteren Spalte dargestellt wurden. Mit einem Eingriff in die Registry können Sie genau dieses Verhalten wiederherstellen:

1 Rufen Sie den Schlüssel *HKEY_LOCAL_MACHINE\Software\Microsoft\Windows\CurrentVersion\explorer\advanced* auf. Klicken Sie dann mit der rechten Maustaste ins rechte Fenster und erstellen Sie mit dem Kontextmenü-Befehl *Neu/Zeichenfolge* eine neue Zeichenfolge.

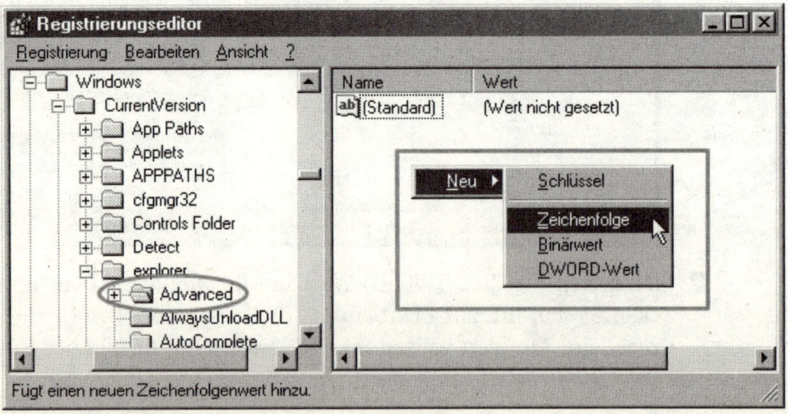

2 Benennen Sie die neue Zeichenfolge um in *StartMenuScrollPrograms*. Doppelklicken Sie auf die neue Zeichenfolge und weisen Sie ihr den Wert *FALSE* zu. Ab sofort haben Sie wieder die von Windows 95 gewohnte mehrspaltige Darstellung des Startmenüs.

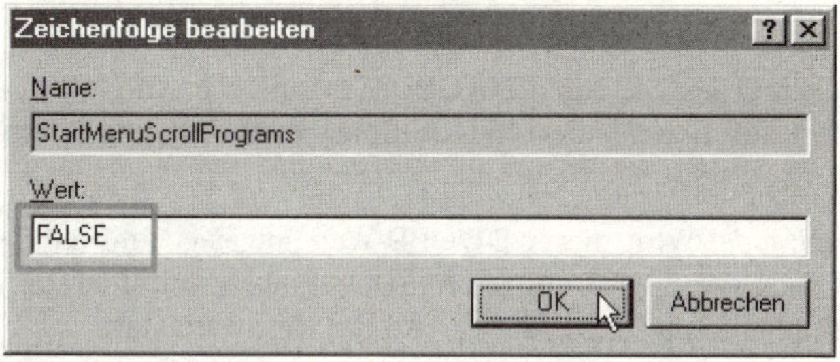

DOS ist tot, es lebe Windows: MS-DOS-Eingabeaufforderung einfach ganz deaktivieren

Obgleich Windows 98 und ME noch auf dem MS-DOS-Fundament aufbauen, hat MS-DOS als Betriebssystem für den Anwender kaum noch eine Bedeutung. Über die MS-DOS-Eingabeaufforderung lässt sich im Gegenteil von unbedarften Anwendern recht viel Schaden anrichten. Teilen Sie Ihren Rechner mit anderen, sollten Sie die MS-DOS-Eingabeaufforderung daher aus Sicherheitsgründen so konfigurieren, dass keine Zugriffe mehr auf die Hardware möglich sind, oder sie einfach ganz deaktivieren.

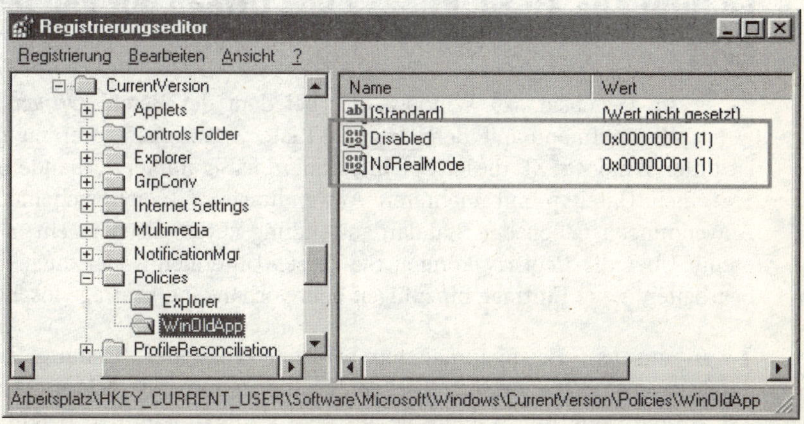

Im Schlüssel WinOldApp können Sie die Funktionalität der MS-DOS-Eingabeaufforderung einschränken oder diese ganz deaktivieren.

Hierzu wechseln Sie zum Schlüssel *HKEY_CURRENT_USER\Software\Microsoft\Windows\CurrentVersion\Policies\WinOldApp*. Sollte der Unterschlüssel *WinOldApp* nicht existieren, legen Sie ihn mit dem Befehl *Bearbeiten/Neu/Schlüssel* neu an. Folgende beiden DWORD-Werte sind nun möglich:

- *Disabled*: Legen Sie einen DWORD-Wert mit diesem Namen an und setzen ihn auf 1, wird die MS-DOS-Eingabeaufforderung komplett deaktiviert.
- *NoRealMode*: Wird dieser DWORD-Wert angelegt und auf 1 gesetzt, ist zwar noch der Zugriff auf die MS-DOS-Eingabeaufforderung möglich, es finden aber keine Zugriffe mehr auf die Hardware statt.

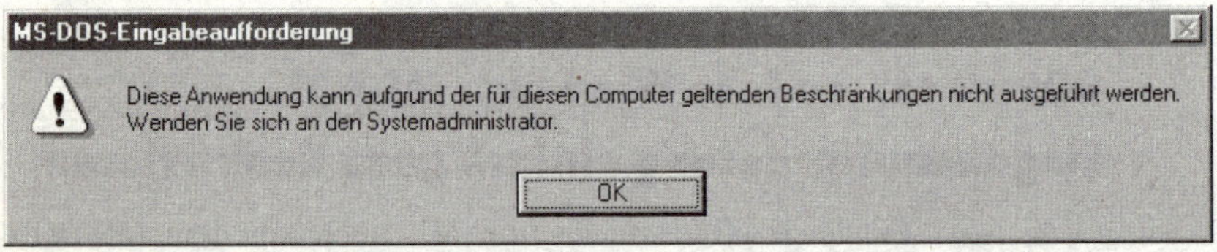

MS-DOS-Eingabeaufforderung gesperrt: So kann bestimmt nichts anbrennen.

Wenn Sie einen DWORD-Wert *Disabled* anlegen und auf 1 setzen, erscheint beim Anwählen des Befehls *Start/Programme/MS-DOS-Eingabeaufforderung* nur noch der lapidare Hinweis *Diese Anwendung kann aufgrund der für diesen Computer geltenden Beschränkungen nicht ausgeführt werden.*

Endlich! Alle XP-Funktionen von Öffnen mit voll im Griff

Im Gegensatz zu Windows 98, bei dem der Befehl *Öffnen mit* im Kontextmenü mit der [Umschalt]-Taste „erzwungen" werden musste, ist unter Windows XP dieser Befehl standardmäßig immer vorhanden. Wenn Sie einen Dateityp mit mehreren Anwendungen öffnen, erscheinen diese Anwendungen neben der Standardanwendung automatisch in einem Untermenü. Über die Registry können Sie dieses Untermenü aber auch manuell bearbeiten, neue Einträge hinzufügen oder vorhandene Einträge löschen:

1 In unserem Beispiel möchten wir eine Textdatei (Endung *.txt*) mit Microsoft Word öffnen. Klicken Sie hierzu mit der rechten Maustaste auf die Datei und wählen Sie aus dem Kontextmenü den Befehl *Öffnen mit*. Sollte hier schon ein Untermenü erscheinen, wählen Sie den Befehl *Öffnen mit/Programm auswählen*.

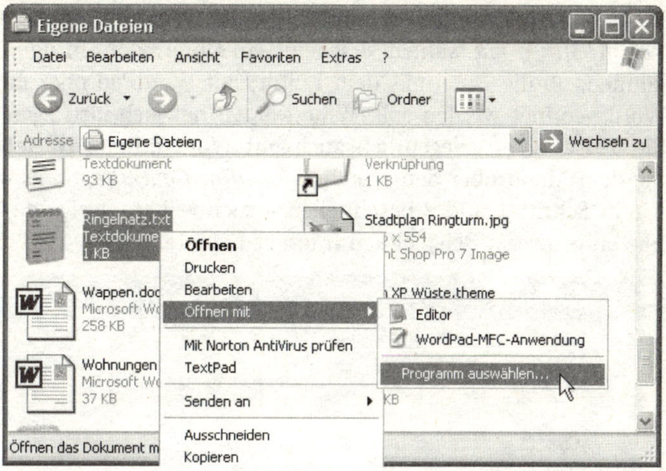

2 Es erscheint eine Liste mit Programmen. Markieren Sie das gewünschte Programm - in unserem Beispiel *Microsoft Word* - und klicken Sie auf *OK*. Wenn das gewünschte Programm in der Liste nicht dabei ist, können Sie über *Durchsuchen* auch direkt die zugehörige Programmdatei auswählen. Achten Sie darauf, dass vor der Option *Dateityp immer mit dem ausgewählten Programm öffnen* kein Häkchen gesetzt ist. Nun wird die Textdatei in Word geöffnet.

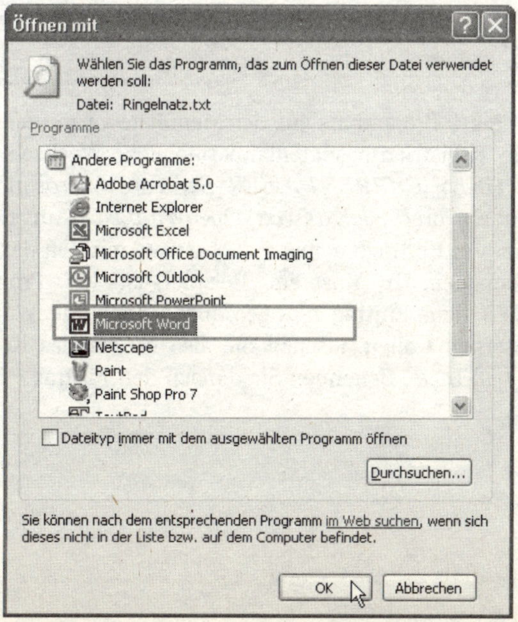

3 Wenn Sie nun das nächste Mal bei einer Textdatei den Kontextmenü-Befehl *Öffnen mit* wählen, erscheint ein Untermenü, in dem Sie wählen können, ob die Datei mit dem Editor, mit WordPad oder mit Microsoft Word geöffnet werden soll. Windows XP hat sich also „gemerkt", dass Sie Textdateien gelegentlich auch mit Word öffnen. Natürlich können Sie dem Menü über den Menüpunkt *Öffnen mit/Programm auswählen* - wie in Schritt 1 und 2 beschrieben - auch weitere geeignete Programme hinzufügen, zum Beispiel den Internet Explorer.

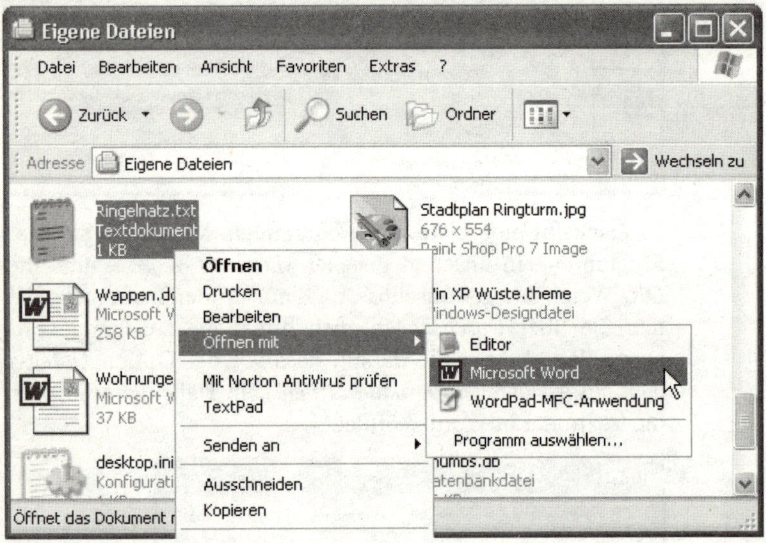

4 Das Entfernen eines Programms aus der Menüliste ist mit einem kleinen Eingriff in die Registrierungsdatenbank möglich: Wechseln Sie dafür zum Pfad *HKEY_CURRENT_USER\Software\Microsoft\Windows\CurrentVersion\Explorer\FileExts\.txt\OpenWithList*. Auf der rechten Seite sehen Sie nun Einträge namens *a*, *b*, *c* usw. mit den dazugehörigen Programmdateinamen. In unserem Beispiel ist die Programmdatei *WINWORD.EXE* dem Eintrag *b* zugeordnet. Wenn Sie Word aus der Menüliste entfernen wollen, löschen Sie also *b* über das Kontextmenü oder mit der [Entf]-Taste. Benennen Sie danach den Eintrag *c* in *b* um.

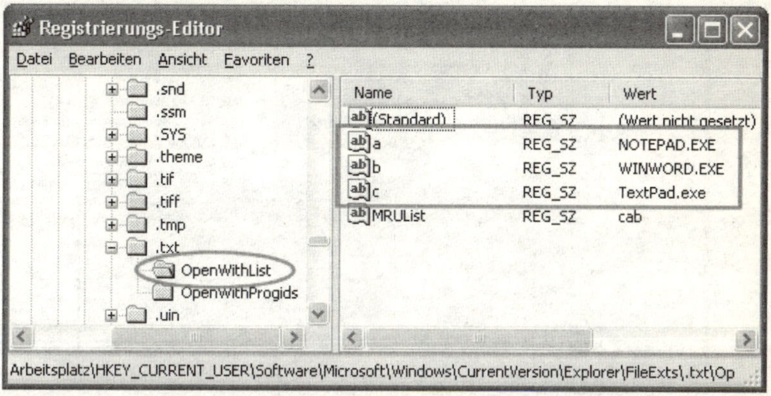

5 Der unterste Eintrag *MRUList* legt schließlich die Reihenfolge fest, in der die Programme im Menü erscheinen - dabei werden die am häufigsten benutzten Programme jeweils nach vorn sortiert. Doppelklicken Sie auf diesen Eintrag und löschen Sie aus der Liste *cab* den Buchstaben *b*. Bestätigen Sie den neuen Wert *ab* mit *OK*. Die Änderungen werden im Kontextmenü sofort - ohne Neustart - wirksam.

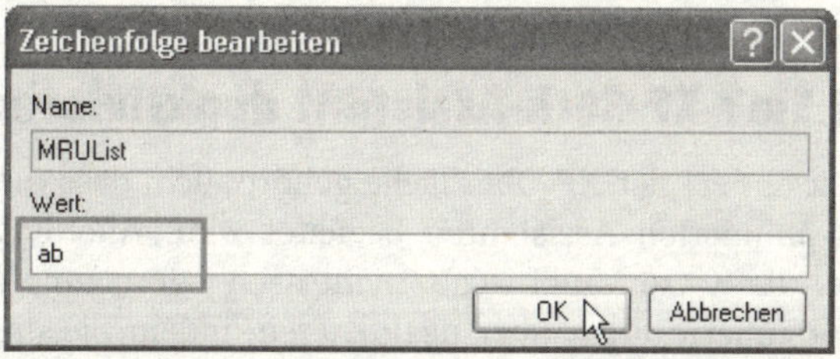

Auch das geht über die Registry: Pfad für Multimedia-Dateien ändern

98 ME XP

Multimedia-Dateien wie etwa den Windows-Startsound speichert und sucht das Betriebssystem standardmäßig unter *C:\Windows\Media*. Sie können aber über die Registry auch einen anderen Speicherort zuweisen. Hierzu verschieben Sie den Ordner *Media* zunächst an den gewünschten Ort. Anschließend müssen Sie den neuen Pfad für die Multimedia-Dateien in der Registry eintragen.

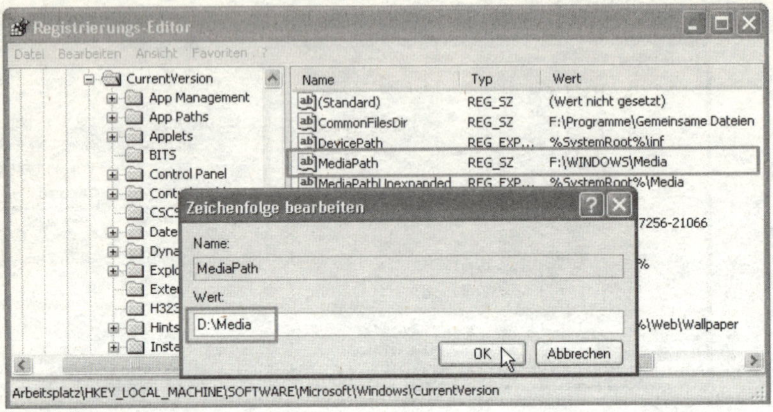

Für bestimmte Standardordner sind die Pfade in der Registry hinterlegt und können dort geändert werden.

Sie finden die Pfadangabe unter dem Schlüssel *HKEY_LOCAL_MACHINE\SOFTWARE\Microsoft\Windows\CurrentVersion*. Doppelklicken Sie auf der rechten Seite auf die Zeichenfolge *MediaPath* und tragen Sie den neuen Pfad ein. Fortan sucht Windows Multimedia-Dateien unter diesem Pfad.

Fredo nervt Sie? XP-Such-Assistent deaktivieren

XP Zum Look & Feel der XP-Oberfläche gehört auch, dass die Suchfunktion von animierten Assistenten begleitet wird. Allerdings sind der Hund Fredo oder die Katze Minki sicher nicht nach jedermanns Geschmack. Sie können die animierte Figur aber deaktivieren, indem Sie direkt auf die Figur klicken und dann den Befehl *Animierte Figur deaktivieren* wählen.

Die animierten Figuren in der Suchfunktion sind nicht jedermanns Sache.

Darüber hinaus können Sie über die Registry den Such-Assistenten auch ganz abschalten, sodass wieder direkt die aus Windows 98/ME bekannte Eingabemaske erscheint:

1 Wechseln Sie im Registrierungs-Editor zum Schlüssel *HKEY_CURRENT_USER\Software\Microsoft\Windows\CurrentVersion\Explorer\CabinetState*. Legen Sie hier eine neue Zeichenfolge an, indem Sie mit der rechten Maustaste ins rechte Fenster klicken und aus dem Kontextmenü den Befehl *Neu/Zeichenfolge* wählen.

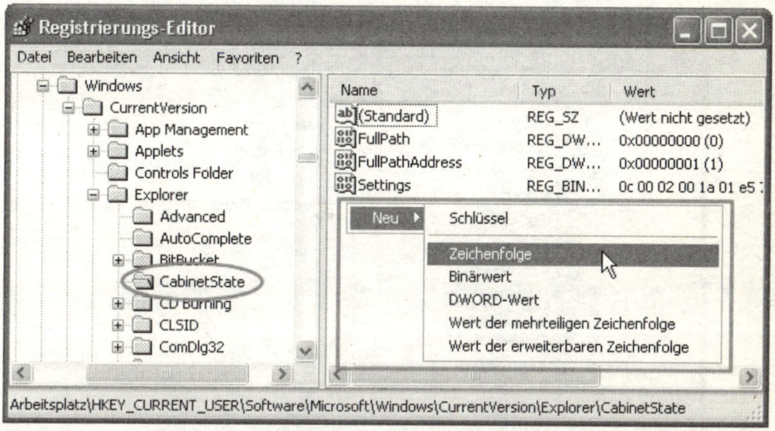

2 Benennen Sie die Zeichenfolge um in *Use Search Asst* und doppelklicken Sie darauf, um sie zu bearbeiten. Weisen Sie ihr den Wert *no* zu. Beim nächsten Aufruf der Suchfunktion erscheint diese mit dem aus Windows 98/ME vertrauten Suchformular.

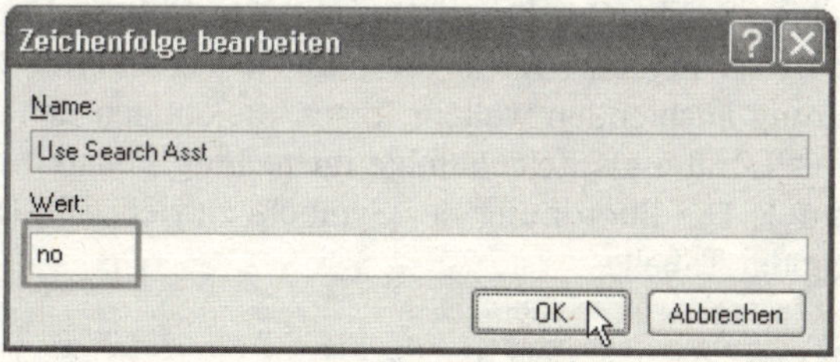

Da muss nicht jeder rankönnen: Symbole aus der Systemsteuerung ausblenden

Die Systemsteuerung ist ein äußerst mächtiges Werkzeug zum Verändern Ihrer aktuellen Windows-Konfiguration: Demzufolge lässt sich hier von unbedarften Geistern auch viel Schaden anrichten. Wenn Sie Ihren Rechner mit anderen teilen, haben Sie aber die Möglichkeit, bestimmte sensible Bestandteile der Systemsteuerung einfach auszublenden.

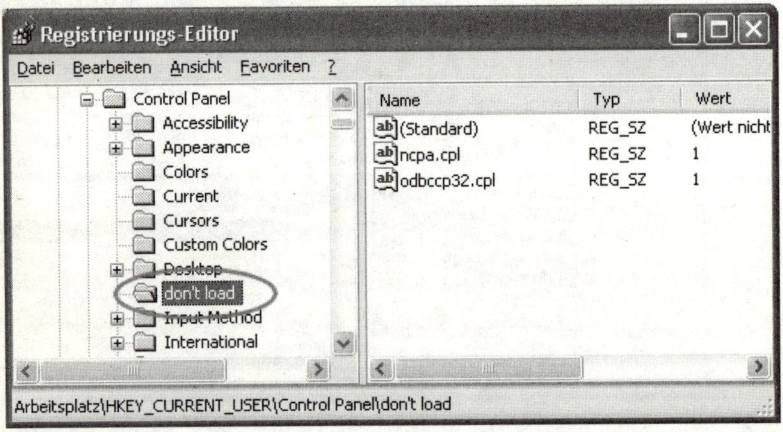

Unter dem Schlüssel don't load können Sie Module der Systemsteuerung eintragen, die dem Anwender verborgen bleiben sollen.

Hierzu wechseln Sie zum Schlüssel *HKEY_CURRENT_USER\Control Panel* und legen mit dem Befehl *Bearbeiten/Neu/Schlüssel* einen Unterschlüssel an, den Sie *don't load* nennen. Wenn Sie nun ein bestimmtes Symbol aus der Systemsteuerung ausblenden wollen, tragen Sie einfach den Namen der entsprechenden CPL-Datei als Zeichenfolge im rechten Fenster ein und setzen den Wert auf 1. Die Zuordnung der Symbole zu den CPL-Dateien entnehmen Sie folgender Tabelle:

Bezeichnung in der Systemsteuerung	**CPL-Datei**
Anzeige	*DESK.CPL*
BDE-Verwaltung	*BDEADMIN.CPL*
Benutzerkonten	*NUSRMGR.CPL*
Datum und Uhrzeit	*TIMEDATE.CPL*

Bezeichnung in der Systemsteuerung	CPL-Datei
Eingabehilfen	*ACCESS.CPL*
Energieoptionen	*POWERCFG.CPL*
Gamecontroller	*JOY.CPL*
Hardware-Assistent	*HDWWIZ.CPL*
Internetoptionen	*INETCPL.CPL*
Maus	*MAIN.CPL*
Netzwerkverbindungen	*NCPA.CPL*
ODBC-Einstellungen	*ODBCCP32.CPL*
Regions- und Sprachoptionen	*INTL.CPL*
Software	*APPWIZ.CPL*
Sounds und Audiogeräte	*MMSYS.CPL*
System	*SYSDM.CPL*
Telefon- und Modemoptionen	*TELEPHON.CPL*

Hinzu kommen eventuell CPL-Dateien von Fremdanbietern - den besten Überblick verschaffen Sie sich, wenn Sie mit der Windows-Suche nach Dateien mit der Endung *.cpl* suchen und im Suchergebnis probeweise auf die Dateien doppelklicken.

Schon wieder verklickt? Toleranz für Drag & Drop einstellen

XP

Wenn Sie unter Windows XP mit der Maus arbeiten, kann es schon einmal passieren, dass Ihnen die Maus beim Doppelklick ein wenig wegrutscht. Die Folge: Windows hält Ihren Doppelklick fälschlich für eine Drag & Drop-Aktion - und schon ist irrtümlich irgendetwas verschoben oder kopiert. Über die Registry können Sie aber die Toleranz für Drag & Drop-Aktionen erhöhen: Gemeint ist damit die Strecke, die die Maus während eines Doppelklicks „verrutschen“ darf, ohne dass Windows eine Drag & Drop-Aktion annimmt.

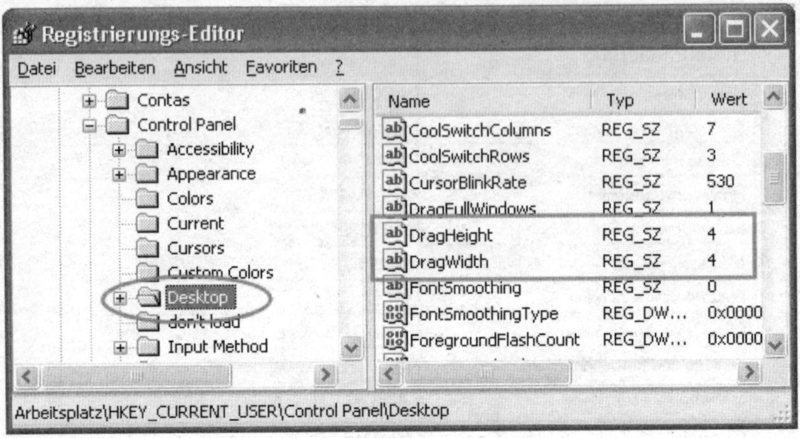

Über zwei Werte stellen Sie die Toleranz für den Doppelklick ein.

Sie finden die beiden Werte als Zeichenfolgen unter dem Schlüssel *HKEY_CURRENT_USER\Control Panel\Desktop*:

- *DragHeight*: gibt in Pixel an, wie weit die Maus in vertikaler Richtung bewegt werden darf, bevor Windows es für eine Drag & Drop-Aktion hält.
- *DragWidth*: gibt in Pixel an, wie weit die Maus in horizontaler Richtung bewegt werden darf, bevor Windows es für eine Drag & Drop-Aktion hält.

Wenn Sie die Werte leicht erhöhen, darf Ihnen die Maus auch schon mal ein wenig wegrutschen, ohne dass das Folgen hat.

Welches Update war es denn jetzt gleich? Versionsnummer auf dem Desktop

Bei all den Updates und Upgrades von Windows kann man schon durcheinander kommen, welche Version man selbst gerade auf dem Rechner hat. Sie können aber über einen Registry-Eintrag erreichen, dass die Versionsnummer direkt auf dem Desktop über der Uhr angezeigt wird.

Immer im Bilde: Die Versionsnummer auf dem Desktop.

Wechseln Sie dafür im Registrierungs-Editor zum Schlüssel *HKEY_CURRENT_USER\Control Panel\Desktop*. Hier finden Sie den DWORD-Wert *PaintDesktopVersion*.

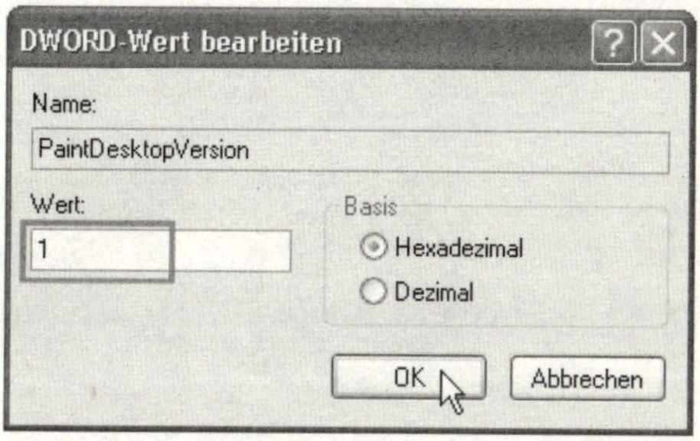

Mit PaintDesktopVersion = 1 erscheint die Versionsnummer auf dem Desktop.

Wenn Sie diesen Wert auf 1 setzen, können Sie beim nächsten Neustart die Bezeichnung Ihrer Windows-Version direkt auf dem Desktop ablesen. Übrigens: Noch etwas genauere Informationen erhalten Sie, wenn Sie mit *Start/Ausführen* das Programm Winver starten.

7. HKEY_LOCAL_MACHINE: perfektes Zusammenspiel mit der Hardware

Im Registry-Zweig *HKEY_LOCAL_MACHINE* sowie im Unterzweig *HARDWARE* hinterlegt Windows Infos zu Ihrem PC und der installierten Hardware. Wenn einmal ein Peripheriegerät „bockt“, können Sie es oft mit einem undokumentierten Eingriff in diesem Bereich ans Laufen bringen.

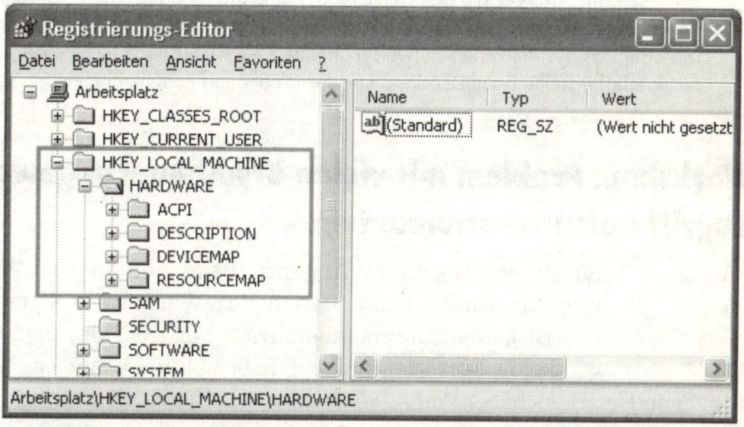

Unter dem Schlüssel HKEY_LOCAL_MACHINE\HARDWARE sind wichtige Informationen zu Ihrer Computerhardware verankert.

Darüber hinaus lassen sich in diesem Bereich etliche Feineinstellungen tätigen, die die Zusammenarbeit von Hardware, Betriebssystem und Anwendungsprogrammen deutlich optimieren.

7.1 Harmonisches Zusammenspiel: Hardware und Peripherie

In den letzten Jahren ist dank immer weiter standardisierter Schnittstellen das Zusammenspiel zwischen Hardware und Betriebssystem immer weiter verbessert worden. Dennoch: Jeder Computer ist anders, und gerade bei älteren Systemen, bei deren Peripheriegeräten Windows XP etwa auf nicht aktuelle Treiber zurückgreifen muss, kann es immer wieder zu Problemen kommen. Die bekanntesten Ärgernisse und ihre Lösungen finden Sie in den nächsten Abschnitten behandelt.

INFO

Welche Rolle spielt die Treibersignatur unter Windows XP?

Neu unter Windows XP ist, dass das Betriebssystem bei der Installation neuer Treiber prüft, ob der Treiber über eine digitale Signatur verfügt, ob er also für Windows XP zertifiziert wurde. Nur für Treiber, bei denen das der Fall ist, garantiert Microsoft die volle Funktionsfähigkeit. Andernfalls wird ein Warnhinweis eingeblendet, der Sie darauf aufmerksam macht, dass keine digitale Signatur gefunden wurde und dass bei Installation des Treibers das System beeinträchtigt werden könnte. Wenn Sie für das entsprechende Gerät keinen aktuelleren Treiber haben und auch auf der Website des Herstellers kein Update angeboten wird, sollten Sie allerdings dennoch die Installation wagen. Sollte der Treiber dann nicht funktionieren oder das System Fehler aufweisen, können Sie immer noch mithilfe der Systemwiederherstellung zum Zustand vor der Installation zurückgehen.

Workshop: Problem mit vielen Ursachen – ungewollter Zugriff aufs Diskettenlaufwerk

Es ist ein bekanntes Ärgernis: Beim Starten von Windows bzw. spätestens beim Starten des Windows-Explorer rattert das Diskettenlaufwerk unmotiviert vor sich hin, obgleich Sie gar keine Diskette eingelegt haben. Ein Phänomen, das verschiedene Ursachen haben kann, von denen wir Ihnen die wichtigsten aufzeigen wollen:

- Eine simple Ursache ist oft, dass Sie beim Beenden von Windows ein Ordnerfenster offen gelassen haben, das den Inhalt des Diskettenlaufwerks anzeigte. Fahren Sie den Rechner nun neu hoch und ist Windows so konfiguriert, dass die letzten Ordnerfenster beim Start wiederhergestellt werden, sucht das Betriebssystem im Diskettenlaufwerk nach der zuletzt angezeigten Diskette, die Sie aber eventuell schon längst entfernt haben. Abhilfe: vor dem Herunterfahren alle Ordnerfenster schließen oder den Rechner so konfigurieren, dass die Ordnerfenster beim Neustart nicht wiederhergestellt werden (siehe Seite 105).
- Sehr oft rührt das unschöne Rattern des Diskettenlaufwerks beim Start auch von einem Virenscanner, der so konfiguriert wurde, dass beim Systemstart eine Überprüfung des Laufwerks A: erfolgt. In diesem Falle sollten Sie diese Option abstellen.

- Es kann auch sein, dass ein anderes Programm automatisch startet und auf das Diskettenlaufwerk zugreift, beispielsweise die Indexerstellung von Microsoft Office. Sie sollten also die Gruppe *Autostart* auf Programme überprüfen, die eventuell auf Laufwerk A: Zugriff haben.
- Möglich ist auch, dass Sie einmal eine Datei direkt vom Laufwerk A: per Doppelklick geöffnet haben und diese nun als Verknüpfung im Menü *Zuletzt verwendete Dokumente* liegt. Um diese Fehlerquelle auszuschließen, sollten Sie die Liste der zuletzt verwendeten Dokumente löschen: Klicken Sie mit der rechten Maustaste auf die *Start*-Schaltfläche und wählen Sie *Eigenschaften*. Klicken Sie dann auf *Anpassen*, wechseln Sie zur Registerkarte *Erweitert* und klicken Sie im Bereich *Zuletzt verwendete Dokumente* auf *Liste löschen*.

Ist keine der oben genannten Ursachen für das Phänomen verantwortlich, ist möglicherweise die Autostart-Funktion, die beim CD-ROM-Laufwerk dafür sorgt, dass beim Einlegen einer Programm-CD direkt das Installationsprogramm startet, auch fürs Diskettenlaufwerk A: aktiviert. Durch das Ändern eines Registry-Eintrags können Sie dies ändern:

1 Wechseln Sie im Registrierungs-Editor zum Pfad *HKEY_ CURRENT_ USER\Software\Microsoft\Windows\CurrentVersion\Policies\Explorer*. Im rechten Fenster finden Sie einen DWORD-Wert namens *NoDrive TypeAutoRun*. Steht dieser Wert auf 0, sollten Sie ihn ändern.

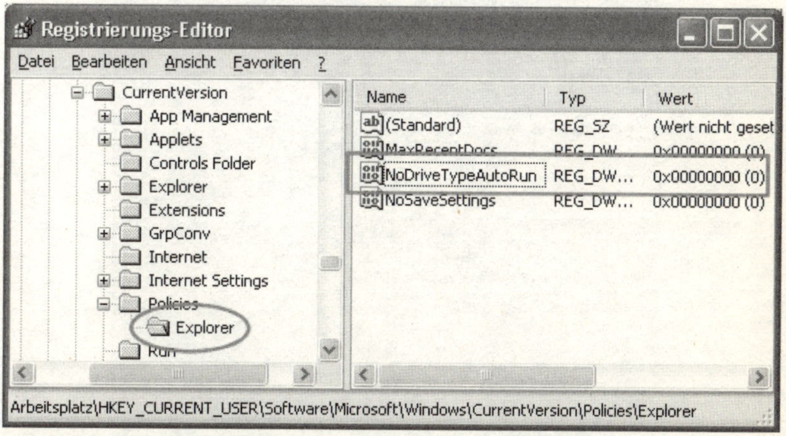

2 Doppelklicken Sie auf den DWORD-Wert zur Bearbeitung. Achten Sie darauf, dass unter *Basis* die Option *Hexadezimal* eingestellt ist, und ändern Sie den Wert dann auf 91 (für Windows XP) oder auf 95 (für Windows 98/ME).

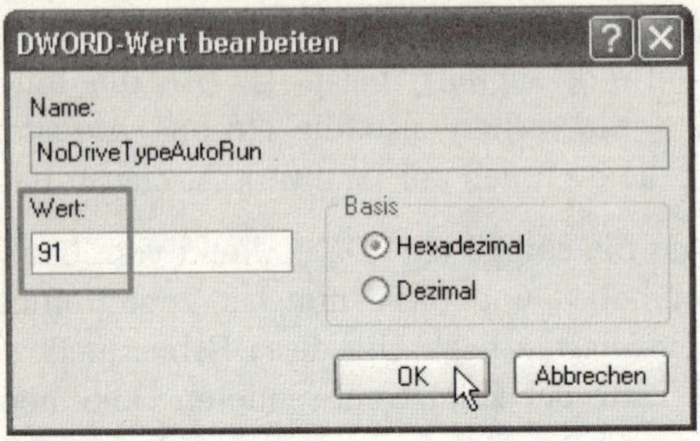

Unter Windows 98/ME kann es auch sein, dass die automatische Suche nach neuen Diskettenlaufwerken bei jedem Systemstart aktiviert ist. Diese Option ist durchaus sinnvoll bei Laptops mit auswechselbaren Laufwerken, bei denen je nach Bedarf im entsprechenden Geräteschacht ein Diskettenlaufwerk, ein CD-ROM-Laufwerk oder ein zusätzliches Akku steckt. Bei stationären PCs mit fest verdrahteter Hardware ist diese Option hingegen wenig sinnvoll und Sie sollten sie abschalten:

1 Rufen Sie die Systemsteuerung auf und doppelklicken Sie auf das Symbol *System*. Alternativ können Sie auch mit der rechten Maustaste auf *Arbeitsplatz* klicken und aus dem Kontextmenü *Eigenschaften* wählen. Wechseln Sie dann zur Registerkarte *Leistungsmerkmale* und klicken Sie im Bereich *Erweiterte Einstellungen* auf die Schaltfläche *Dateisystem*.

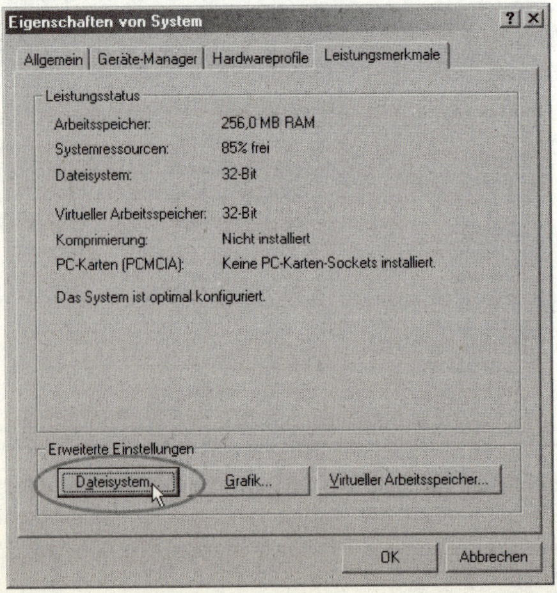

2 Wechseln Sie nun zur Registerkarte *Diskette* und entfernen Sie das Häkchen vor der Option *Bei jedem Start nach neuen Diskettenlaufwerken suchen*. Schließen Sie danach alle offenen Dialogboxen mit einem Klick auf *OK*.

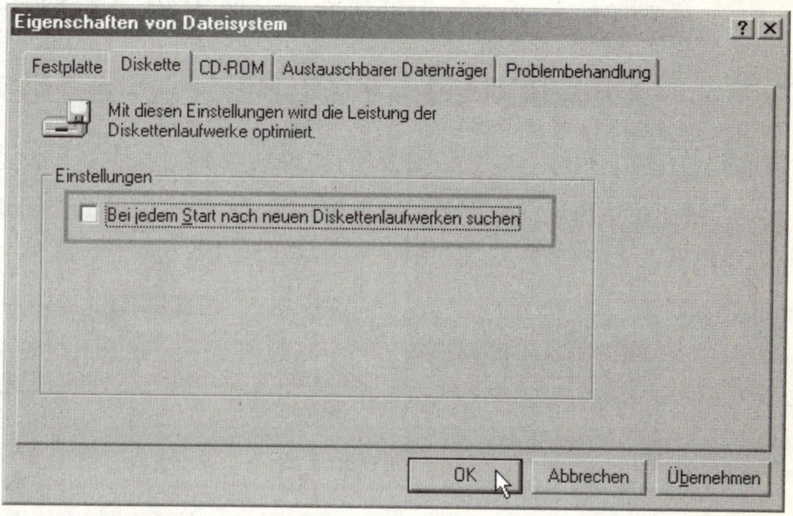

Geht nicht gibt's nicht: AGP-Konflikt bei Installation einer PCI-Grafikkarte auflösen

98ME Die meisten modernen Rechner verfügen für die Grafikkarte über eine so genannte AGP-Schnittstelle, in der bei fast allen vorkonfigurierten Systemen auch schon eine passende Grafikkarte eingebaut ist. Benutzen Sie stattdessen eine PCI-Grafikkarte und bleibt der AGP-Slot also leer, kann es unter Windows 98/ME zu folgender Fehlermeldung kommen:

```
Bei der Initialisierung von Gerät VGARTD: Windows-Schutzfehler.
Sie müssen einen Neustart durchführen.
```

Der Haken an der Sache: Ein Neustart hilft Ihnen herzlich wenig, die lästige Fehlermeldung kommt immer wieder, auch wenn die Grafikkarte funktioniert. Verursacht wird die Fehlermeldung durch die Systemdatei *VGARTD.VXD*, die für die Unterstützung von AGP-Karten zuständig ist. So lösen Sie den Konflikt auf:

1 Starten Sie den Windows-Explorer und wechseln Sie zum Ordner *C:\Windows\System*. Hier finden Sie die Datei *VGARTD.VXD*. Machen Sie eine Sicherheitskopie von der Datei, indem Sie sie markieren und dann den Befehl *Bearbeiten/Kopieren*, gefolgt von *Bearbeiten/Einfügen*, wählen. Anschließend löschen Sie die Datei mit dem Befehl *Datei/Löschen*.

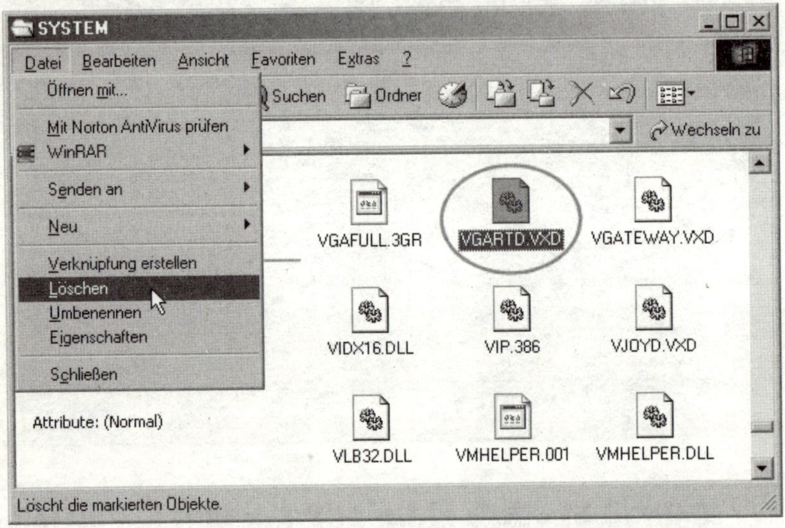

2 Nach einem Neustart erscheint nun die Fehlermeldung, dass die Datei *VGARTD.VXD* nicht gefunden werden konnte. Bestätigen Sie die Fehlermeldung und starten Sie den Registrierungs-Editor. Wählen Sie den Befehl *Bearbeiten/Suchen* und geben Sie als Suchbegriff den Dateinamen „vgartd.vxd" ein. Klicken Sie dann auf *Weitersuchen*.

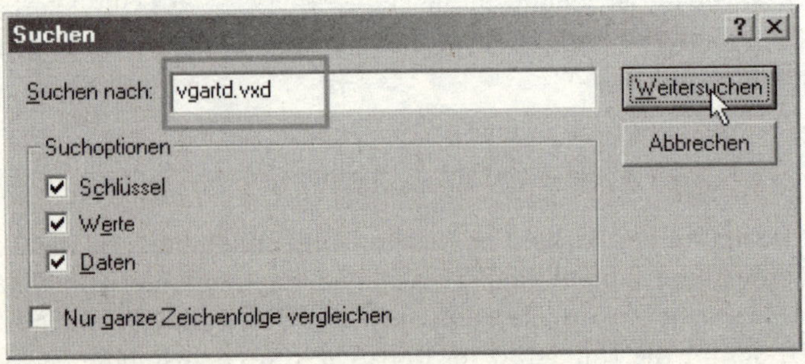

3 Haben Sie einen gleichnamigen Eintrag gefunden, löschen Sie ihn einfach, indem Sie mit der rechten Maustaste draufklicken und aus dem Kontextmenü den Befehl *Löschen* wählen. Nun sollten Sie von den lästigen Fehlermeldungen verschont bleiben.

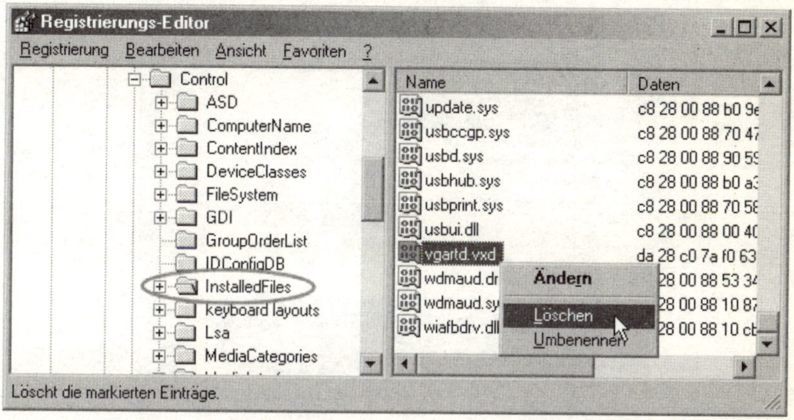

Wenn sich immer wieder das Installationsprogramm meldet: Autostart von CD-ROMs deaktivieren

98ME Wenn Sie unter Windows 98/ME eine CD-ROM einlegen, startet diese in der Regel automatisch, d. h., bei einer Programm-CD erscheint das Installationsprogramm und eine Audio-CD wird automatisch abgespielt. Sie können dieses Verhalten von Fall zu Fall abstellen, indem Sie während des Einlegens der CD oder CD-ROM die [Umschalt]-Taste gedrückt halten. Wollen Sie die Autostart-Funktion für CDs und CD-ROMs hingegen dauerhaft deaktivieren, gehen Sie wie folgt vor:

1 Klicken Sie mit der rechten Maustaste auf *Arbeitsplatz* und wählen Sie aus dem Kontextmenü *Eigenschaften*. Doppelklicken Sie dann auf den Eintrag *CD-ROM*, sodass dieser aufklappt, und öffnen Sie dann entweder mit einem weiteren Doppelklick oder mit dem Befehl *Eigenschaften* aus dem Kontextmenü das betreffende CD-ROM-Laufwerk.

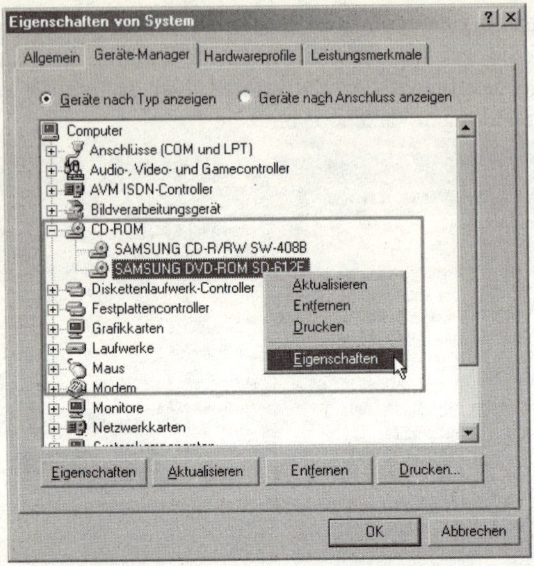

2 Wechseln Sie nun zur Registerkarte *Einstellungen* und deaktivieren Sie die Option *Automatische Benachrichtigung beim Wechsel*, indem Sie das Häkchen vor der Option entfernen. Schließen Sie alle Dialogboxen mit einem Klick auf *OK*.

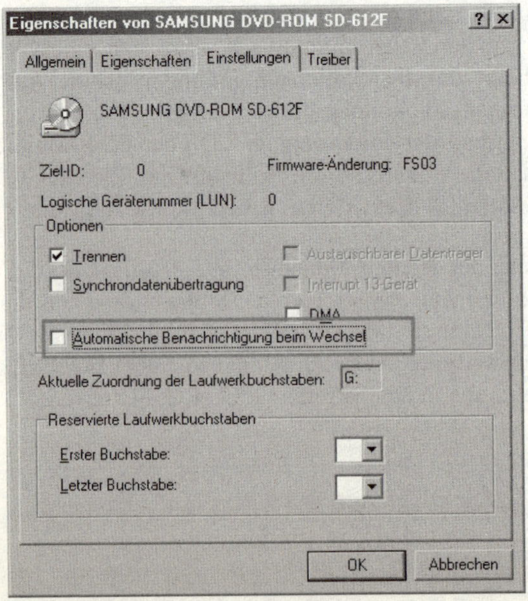

3 Mit den obigen beiden Schritten erreichen Sie, dass generell keine Benachrichtigung mehr beim Wechsel einer CD erfolgt. Dies kann dazu führen, dass auch der Windows-Explorer einen Wechsel nicht mehr erkennt und Sie wie beim Wechsel von 3,5-Zoll-Disketten explizit den Befehl *Ansicht/Aktualisieren* wählen müssen, um den neuen Laufwerkinhalt zu sehen. Wollen Sie hingegen nur den automatischen Start von CD-ROMs verhindern, auf denen eine Datei *AUTORUN.INF* existiert, können Sie das durch eine Änderung in der Registry erreichen. Starten Sie den Registrierungs-Editor und wechseln Sie zum Schlüssel *HKEY_LOCAL_MACHINE\SOFTWARE\CLASSES\AudioCD\shell*. Doppelklicken Sie auf die Zeichenfolge *(Standard)* und löschen Sie den vorgegebenen Wert *play*.

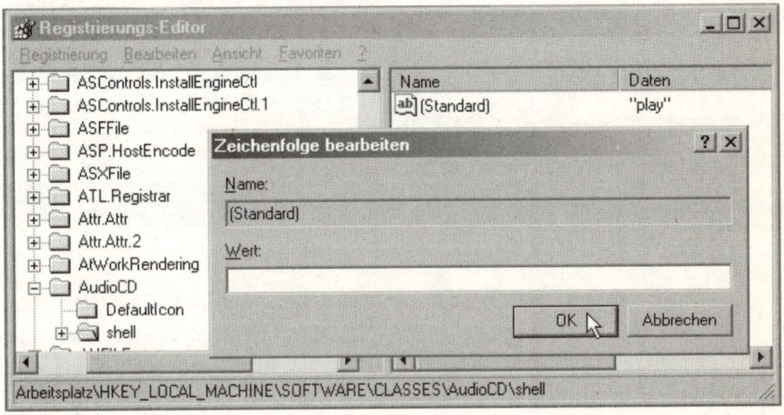

Auch aus älteren Grafikkarten das Letzte holen: Bildwiederholfrequenz über die Registry ändern

Bei älteren Grafikkarten kann es vorkommen, dass der Grafikkartentreiber die Änderung der Bildwiederholfrequenz über die Registerkarte *Einstellungen* des Moduls Anzeige in der Systemsteuerung nicht unterstützt. Um dennoch zu einer augenfreundlichen Bildwiederholfrequenz - einigermaßen flimmerfrei wird es ab 70 Hertz - zu kommen, können Sie diesen Wert auch direkt in der Registry ändern. Hierzu wechseln Sie zum Bandwurmpfad *HKEY_LOCAL_MACHINE\SYSTEM\CurrentControlSet\HardwareProfiles\Current\System\CurrentControlSet\Control\VIDEO\{829E502E-A058-49F4-AD60-53F9C4FC40D2}\0000*, wobei die kryptische Zahlenfolge in geschweiften Klammern bei Ihnen auch eine andere sein kann. Möglicherweise werden Sie auch unter dem Schlüssel *HKEY_LOCAL_MACHINE\SYSTEM\Current ControlSet\Hardware Profiles\Current\System\CurrentControlSet\Services\[TREIBERNAME]\Device0* fündig, wobei anstelle von *[TREIBERNAME]* die Bezeichnung für Ihren Grafikkartentreiber stehen muss.

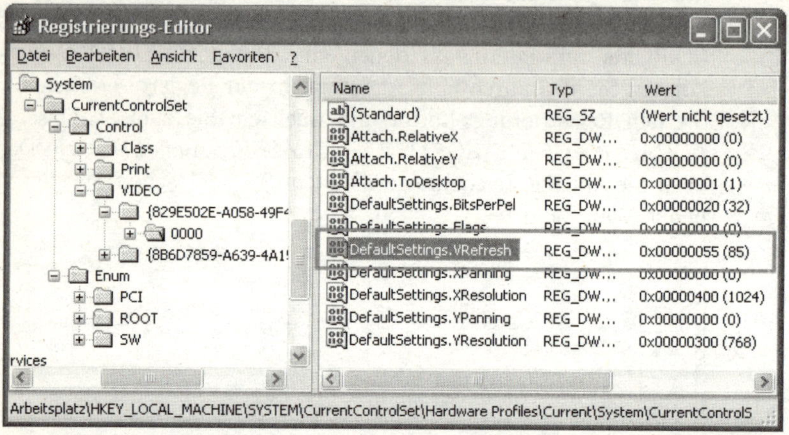

Wenn's über die Systemsteuerung nicht geht, können Sie die Bildwiederholfrequenz auch über die Registry ändern.

Unter einem der beiden angegebenen Schlüssel sollten Sie nun einen DWORD-Wert namens *DefaultSettings.VRefresh* finden. Hier tragen Sie die gewünschte Bildwiederholfrequenz als hexadezimalen Wert ein, wobei Sie die Zuordnung der Frequenzen in Hertz zu ihren hexadezimalen Werten folgender Tabelle entnehmen:

Frequenz in Hertz	Hexadezimaler Wert
50	32
55	37
60	3C
65	41
70	46
75	4B
80	50
85	55

Ein Registry-Eintrag von 55 entspricht also nicht etwa 55 Hertz, sondern 85 Hertz. Bei der Zuweisung des gewünschten Wertes sollten Sie sicher sein, dass Ihr Monitor einen solchen Wert auch verarbeiten kann - entsprechende

Angaben finden Sie in den Unterlagen zu Ihrem Monitor. Andernfalls kann es nämlich passieren, dass beim nächsten Neustart der Bildschirm schwarz bleibt.

Wenn Windows einfach nicht zur Ruhe kommt: ständigen Zugriff auf die Festplatte unterbinden

In Windows XP hat sich leider ein kleiner Bug eingeschlichen: Alle fünf Minuten schreibt Windows einen „Zeitstempel" auf die Festplatte. Diese Funktion war eigentlich nur für die Server-Version von Windows XP gedacht, wurde aber irrtümlich auch unter den Workstation-Versionen aktiviert. Um die sinnlosen Festplattenzugriffe abzuschalten, gehen Sie folgendermaßen vor:

1 Wechseln Sie zum Schlüssel *HKEY_LOCAL_MACHINE\SOFTWARE\Microsoft\Windows\CurrentVersion\Reliability* und klicken Sie mit der rechten Maustaste ins rechte Fenster. Erstellen Sie hier mit dem Kontextmenü-Befehl *Neu/DWORD-Wert* einen neuen DWORD-Wert.

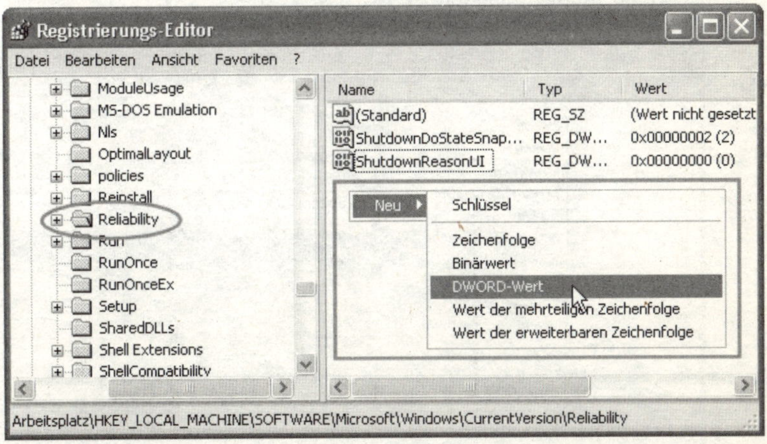

2 Benennen Sie den neuen DWORD-Wert um in *TimeStampInterval*. Einen Wert müssen Sie nicht zuweisen, mit dem Standardwert 0 ist die „Zeitstempel"-Funktion nämlich abgeschaltet. Eingeschaltet ist sie lediglich, wenn der beschriebene DWORD-Wert nicht existiert.

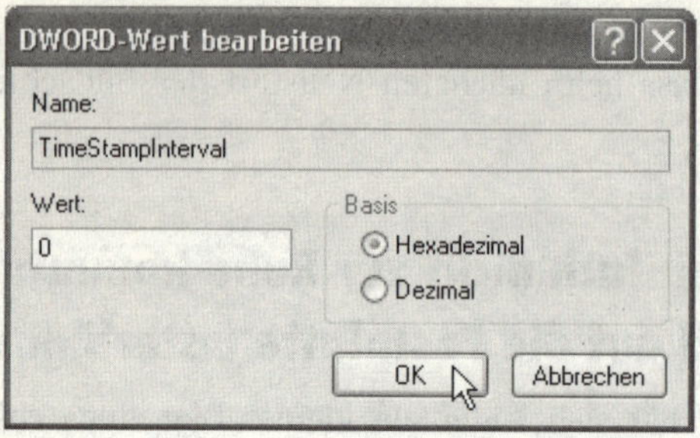

Nerviges Piepsen unterbinden: Windows-Systemlautsprecher deaktivieren

Obwohl die meisten Programme ihre akustischen Meldungen heute vornehm über Soundkarte, Soundboxen und mehr oder minder originelle WAV-Dateien ausgeben - bereits legendär beispielsweise AOLs „Sie haben Post!" -, meldet sich hin und wieder auch noch der im Computer eingebaute Systemlautsprecher mit nervtötenden Piepgeräuschen zu Wort.

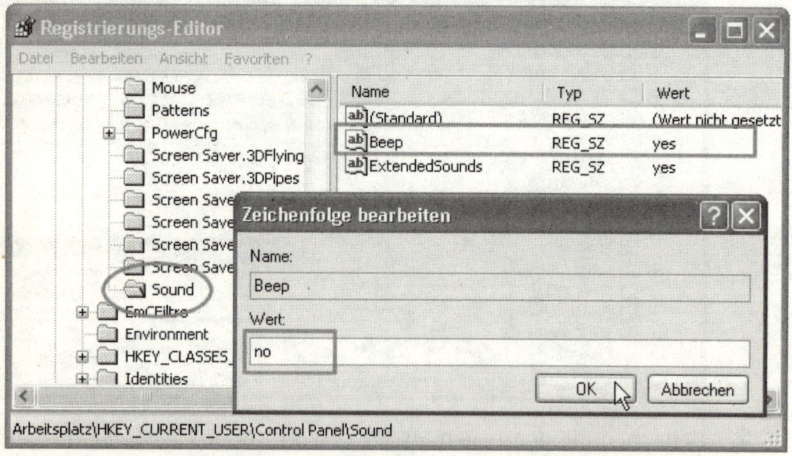

Adieu, Gepiepse! Ein Registry-Eintrag deaktiviert den Systemlautsprecher.

Wollen Sie den Systemlautsprecher unter Windows ganz deaktivieren, wechseln Sie zum Pfad *HKEY_CURRENT_USER\Control Panel\Sound* und doppelklicken auf die Zeichenfolge *Beep* - sollte die Zeichenfolge nicht vorhanden sein, erstellen Sie sie mit *Bearbeiten/Neu/Zeichenfolge* einfach neu.

Weisen Sie der Zeichenfolge dann den Wert *no* zu. Mit der Zuweisung des Wertes *yes* können Sie den Systemlautsprecher jederzeit wieder aktivieren.

Einlesen dauert ewig? Zugriff auf das Diskettenlaufwerk beschleunigen

98ME Gerade bei Disketten, die sehr viele kleine Dateien enthalten, kann das Einlesen im Windows-Explorer unter Windows 98/ME manchmal sehr lange dauern. Sie können den Zugriff auf das Diskettenlaufwerk aber mit einem kleinen Registry-Trick merklich beschleunigen:

1 Starten Sie den Registrierungs-Editor und wechseln Sie zum Schlüssel *HKEY_LOCAL_MACHINE\SYSTEM\CurrentControlSet\Services\Class\FDC\0000*. Wählen Sie nun den Befehl *Bearbeiten/Neu/Zeichenfolge*, um eine neue Zeichenfolge anzulegen.

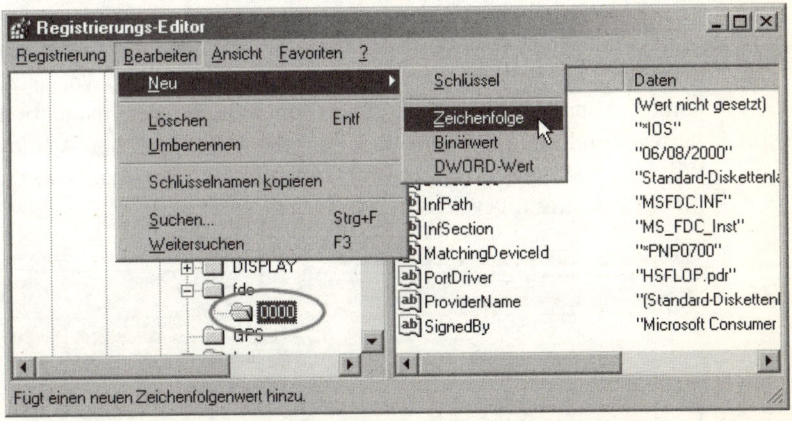

2 Die neue Zeichenfolge benennen Sie um in *ForceFIFO*. Doppelklicken Sie dann auf die Zeichenfolge und weisen Sie ihr den Wert 0 zu.

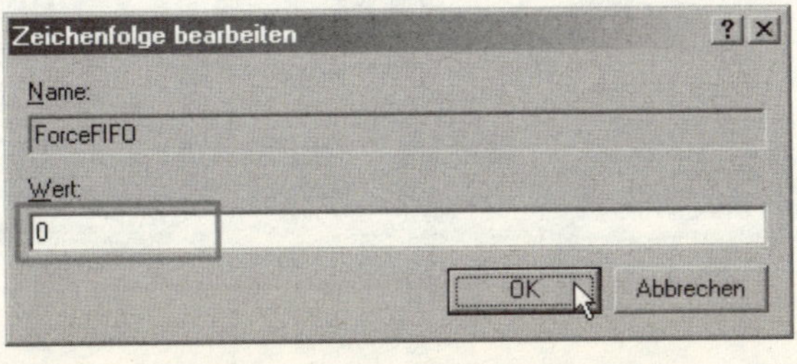

7.2 Installation und Deinstallation ganz reibungslos

Gerade bei der Installation und Deinstallation von Windows oder von Anwendungen kommt es leider immer wieder zu Fehlern, und manchmal läuft danach gar nichts mehr. Ein Tipp vorweg: Nutzen Sie vor gravierenden Änderungen Ihres Systems unter Windows ME/XP die Systemwiederherstellung, die Sie unter *Start/Alle Programme/Zubehör/Systemprogramme/Systemwiederherstellung* finden, und erstellen Sie einen Wiederherstellungspunkt. Wie das genau geht, lesen Sie auf Seite 35. Weitere interessante Insidertipps rund um die Installation und Deinstallation von Windows oder von Anwendungen lesen Sie in den folgenden Abschnitten.

Workshop: Seriennummer verloren? So installieren Sie Windows 98/ME trotzdem!

98ME

Natürlich wollen wir niemanden aufmuntern, Raubkopien zu installieren - aber immerhin kann es doch sein, dass Sie zwar noch Ihre Windows-CD besitzen, aber das Cover mit der aufgedruckten Seriennummer leider verloren gegangen ist. Was jetzt? Nun, Sie können Microsoft überlisten und schon während der Installation ein registriertes Windows vortäuschen. Dies geht leider nur bei Windows 98 oder Windows ME; gegen die „Zwangsregistrierung" von Windows XP ist leider (noch) kein Kraut gewachsen.

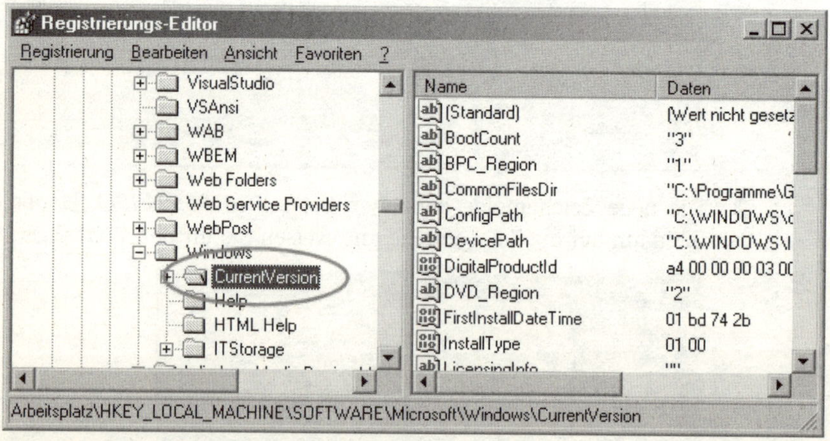

Mit einem kleinen Trick umgehen Sie die Eingabe der Seriennummer.

Die Eingabe der Seriennummer erfolgt während der Installation normalerweise nach dem ersten Neustart. Nun heißt es schnell sein: Drücken Sie während des Boot-Vorgangs [F8] und starten Sie den Rechner dann im abgesicherten Modus. Dadurch umgehen Sie die Fortsetzung der Installationsroutine. Starten Sie nun mit *Start/Ausführen* und der Eingabe von „Reg Edit“ den Registrierungs-Editor und wechseln Sie zum Schlüssel *HKEY_LOCAL_MACHINE\SOFTWARE\Microsoft\Windows\CurrentVersion*. Rechts finden Sie nun eine Reihe von Zeichenfolgen, denen Sie per Doppelklick bestimmte Werte zuweisen müssen. Die Werte entnehmen Sie folgender Tabelle:

Zeichenfolge	Wert
BootCount	1
ProductID	Beliebiger 20-stelliger Wert, z. B. 12345-678-9012345-67890
RegDone	1
RegisteredOrganization	Beliebiger Firmenname
RegisteredOwner	Beliebiger Name

Schließen Sie nach Eintragung der Werte den Registrierungs-Editor und starten Sie Windows neu. Die Installation wird nun ohne Abfrage der Seriennummer fortgesetzt.

Wenn D: längst F: heißt – Laufwerkbuchstabe für Windows-CD nachträglich ändern

Wenn Sie unter Windows 98 häufig Komponenten oder Treiber hinzufügen oder entfernen, kennen Sie sicher die Aufforderung, nun doch bitte die Windows 98-CD einzulegen. Dumm nur, wenn sich unterdessen der Laufwerkbuchstabe geändert hat, weil Sie eine neue Festplatte eingebaut haben, und Sie in der Dialogbox mühsam erst den neuen Pfad einstellen müssen - beispielsweise *F:\Win98* statt *D:\Win98*. Über einen Registry-Eintrag können Sie das System aber davon „unterrichten“, dass sich der Pfad für die Windows-Installationsdateien geändert hat. Sehr praktisch ist das auch unter Windows ME, wenn Sie aus Platzgründen die Installationsdateien unter *C:\Windows\Options\Install* gelöscht haben und das System wieder direkt auf die CD verweisen soll:

1 Wechseln Sie zum Schlüssel *HKEY_LOCAL_MACHINE\SOFTWARE\Microsoft\Windows\CurrentVersion\Setup*. Der Pfad zu den Windows-Installationsdateien ist in der Zeichenfolge *SourcePath* eingetragen, die Sie im rechten Fenster finden.

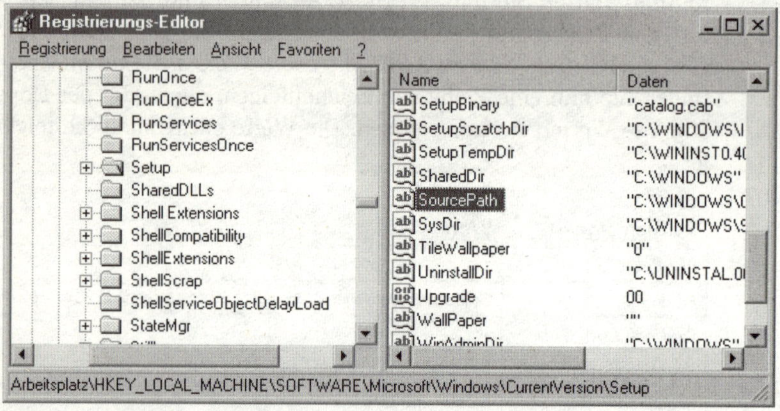

2 Mit einem Doppelklick öffnen Sie die Zeichenfolge zur Bearbeitung und können ihr als neuen Wert den aktuellen Pfad zu den Windows-Installationsdateien zuweisen.

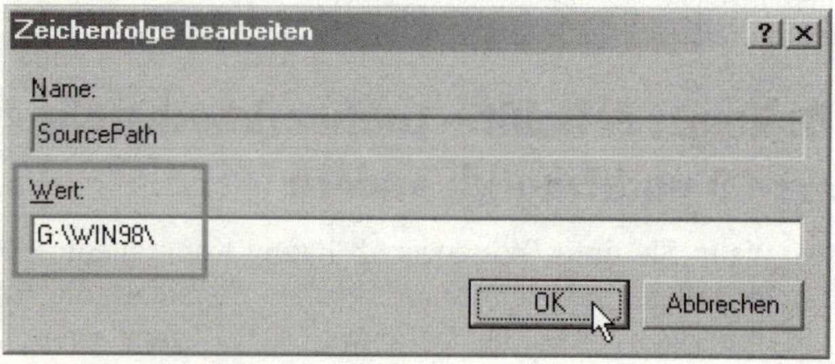

INFO

Windows 98: Installationsdateien auf der Festplatte

Wenn Sie unter Windows 98 sehr häufig Komponenten oder Treiber installieren oder deinstallieren, sollten Sie sich einfach den kompletten Ordner *Win98* von Ihrer Windows-CD auf die Festplatte kopieren. Anschließend tragen Sie den neuen Pfad wie oben beschrieben in der Registry unter *SourcePath* ein. Wenn Sie nun neue Komponenten installieren, fragt Windows erst gar nicht nach den Installationsdateien, sondern greift direkt auf den entsprechenden Ordner auf der Festplatte zu.

Diesen Trick liest Microsoft gar nicht gern: Windows Update ohne Registrierung nutzen

Die in Windows 98 und Windows ME neu integrierte Funktion Windows Update ist eine praktische Sache, leider ist die Funktion aber nur zugänglich, wenn Sie sich vorher bei Microsoft haben registrieren lassen. Wenn Sie dies - aus welchen Gründen auch immer - nicht möchten, können Sie dem Windows Update durch einen kleinen Eingriff in die Registry dennoch ein registriertes System vorgaukeln:

1 Wechseln Sie zum Schlüssel *HKEY_LOCAL_MACHINE\SOFTWARE\Microsoft\Windows\CurrentVersion*. Hier finden Sie die Zeichenfolge *RegDone*, die den Status der Registrierung beherbergt.

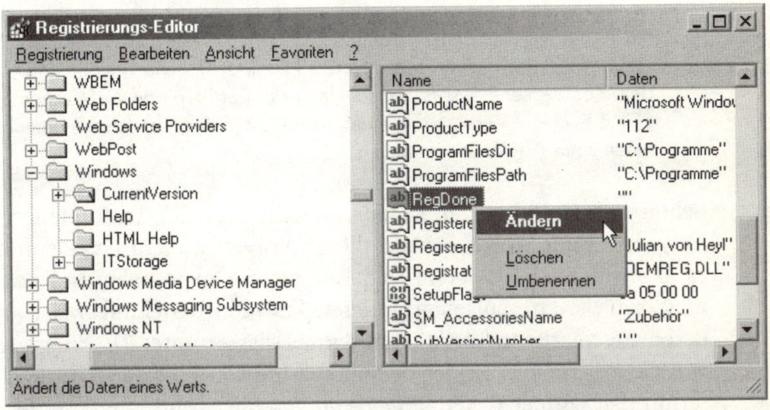

2 Doppelklicken Sie auf die Zeichenfolge oder wählen Sie aus dem Kontextmenü *Ändern*. Weisen Sie der Zeichenfolge dann 1 als Wert zu.

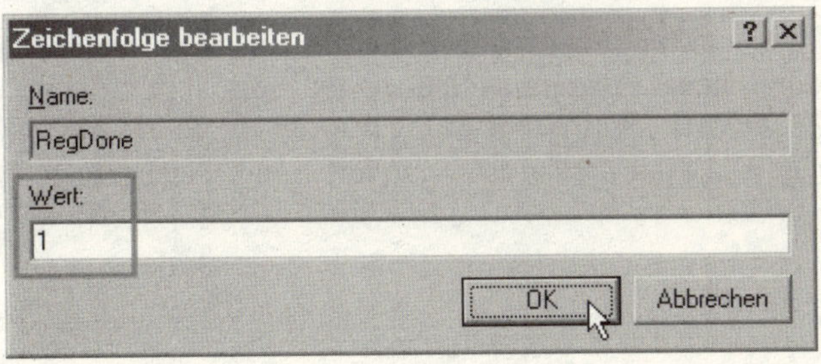

Unter C:\Programme ist nichts los: Pfadvorgabe für Installationsroutinen ändern

Um dem Anfänger den Umgang mit Windows zu erleichtern und um ein Ordner-Chaos zu vermeiden, haben die Programmierer von Microsoft einige Ordner bereits angelegt. So werden neue Programme unter *C:\Programme* installiert und der Ordner *C:\Eigene Dateien* ist, wie der Name schon sagt, für eigene Dateien vorgesehen.

INFO

Zielordner für Eigene Dateien unter Windows XP ändern

Bei dem Ordner *Eigene Dateien* unterhalb von *Desktop* handelt es sich nur um eine Verknüpfung, die auf einen beliebigen Zielordner – Standard ist *C:\Eigene Dateien* – verweisen kann. Um den Zielordner zu ändern, klicken Sie im Windows-Explorer mit der rechten Maustaste auf *Desktop\Eigene Dateien* und wählen aus dem Kontextmenü *Eigenschaften*. Unter der Registerkarte *Ziel* können Sie nun mit einem Klick auf *Verschieben* einen neuen Zielordner selektieren beziehungsweise einen neuen Zielordner erstellen.

Schon aus Gründen der Datensicherheit und der Performance geben sich fortgeschrittene Anwender mit diesen Vorgaben nicht lange zufrieden. So ist es sinnvoll, Betriebssystem und Programme zu trennen und neue Programme beispielsweise auf einer anderen Partition beziehungsweise auf einer anderen Festplatte zu installieren, zum Beispiel unter *D:\Programme* anstelle von *C:\Programme*. Leider bekommen Sie von Installationsprogrammen weiterhin den Ordner *C:\Programme* vorgeschlagen und müssen die Vorgabe jedes Mal mühsam per Hand ändern. Sie können Windows den neuen Speicherort für Programme aber auch über die Registry mitteilen:

1 Wie die meisten Pfadvorgaben finden Sie auch die Information, wo Windows neue Programme installieren soll, unter dem Registry-Pfad *HKEY_LOCAL_MACHINE\SOFTWARE\Microsoft\Windows\CurrentVersion*. Die Pfadvorgabe ist verankert in der Zeichenfolge *ProgramFilesDir*.

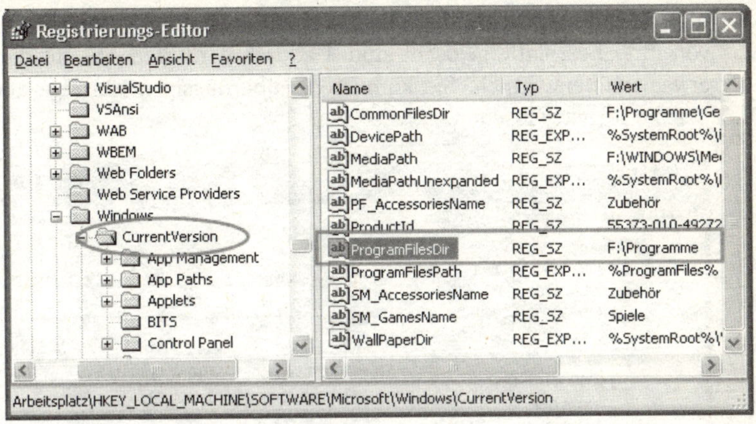

2 Mit einem Doppelklick können Sie nun einen neuen Pfad für den Programmordner eintragen, zum Beispiel „D:\Programme". Anschließend sollten Sie auch noch die Zeichenfolge *CommonFilesDir* ändern, in der der Pfad zu den „gemeinsamen Dateien" steht, etwa von *C:\Programme\Gemeinsame Dateien* in *D:\Programme\Gemeinsame Dateien*. Nun bekommen Sie von den meisten Installationsroutinen den neuen Pfad vorgeschlagen - allerdings lesen nicht alle Installationsprogramme den Registry-Wert *ProgramFilesDir* aus, manche haben auch ganz eigene Vorstellungen über ihre Installationsordner.

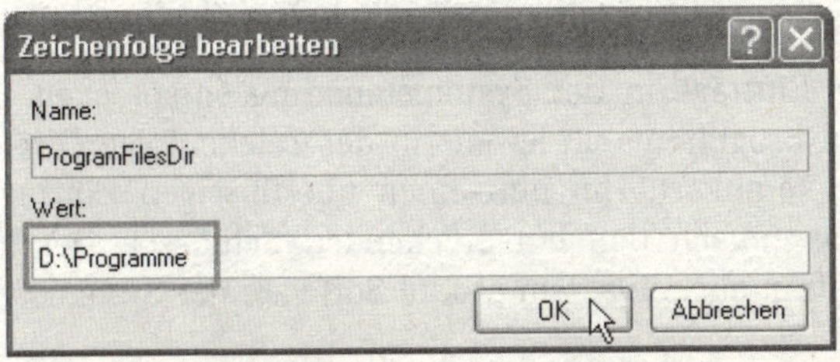

So werden Sie „Karteileichen" los: Programme aus der Uninstall-Liste entfernen

XP 98 ME

Wenn Sie in der Systemsteuerung auf das Symbol *Software* klicken, erhalten Sie eine übersichtliche Liste mit allen Programmen, die auf Ihrem Computer installiert sind. Allerdings kommt es oft vor, dass diese Liste einige „Karteileichen" enthält, also Programme, die hier noch als „installiert" vermerkt, aber längst von ihrer Festplatte gelöscht sind. Dadurch wird die Liste mit der Zeit leider etwas unübersichtlich. Sie können die überflüssigen Einträge aber leicht über die Registry löschen.

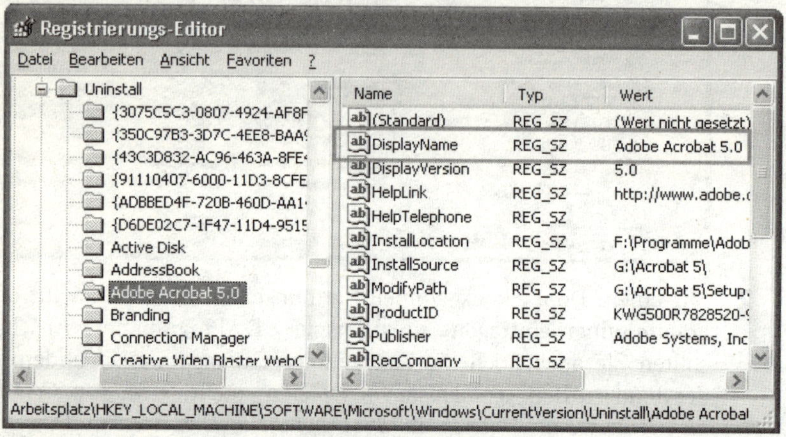

In der Registry findet sich die Programmliste aus dem Modul Software der Systemsteuerung wieder und kann dort bearbeitet werden.

Hierfür wechseln Sie zum Schlüssel *HKEY_LOCAL_MACHINE\SOFTWARE\Microsoft\Windows\CurrentVersion\Uninstall*. Unterhalb dieses Schlüssels finden Sie weitere Schlüssel, wobei die Schlüsselnamen in etwa den Namen der Einträge in der Systemsteuerung entsprechen. Die genaue Bezeichnung des Programms ist jeweils in der Zeichenfolge *DisplayName* im rechten Fenster verankert. Um nun einen überflüssigen Eintrag zu entfernen, löschen Sie einfach den entsprechenden Schlüssel. Der Eintrag verschwindet daraufhin auch aus dem Modul Software der Systemsteuerung.

INFO

Programme immer über die Systemsteuerung entfernen!

Wenn Sie ein Programm nicht mehr benutzen, sollten Sie es nie einfach löschen, sondern stets über das Modul Software der Systemsteuerung entfernen. Nur so ist sichergestellt, dass neben dem Programm selbst auch zum Beispiel alle zugehörigen Registry-Einträge oder Einträge unter dem Ordner *Gemeinsame Dateien* entfernt werden. Ausnahme: Das Programm bietet über das Startmenü einen eigenen Menüpunkt *Deinstallieren* an – in diesem Falle sollten Sie diesen Menüpunkt benutzen.

Auch das steht in der Registry: Registrierungs-Infos nachträglich ändern

Der eigene Name ändert sich bekanntlich nicht so oft - es sei denn, Sie haben geheiratet und den Nachnamen des Partners angenommen. In Zeiten einer unsteten Wirtschaft ist es eher wahrscheinlich, dass sich der Firmenname einmal ändert. Wie auch immer: Beide Angaben, die Sie bei der Installation von Windows eingegeben haben und die Sie unter *Systemsteuerung/System* unter der Registerkarte *Allgemein* nachlesen können, lassen sich über die Registry auch nachträglich leicht ändern.

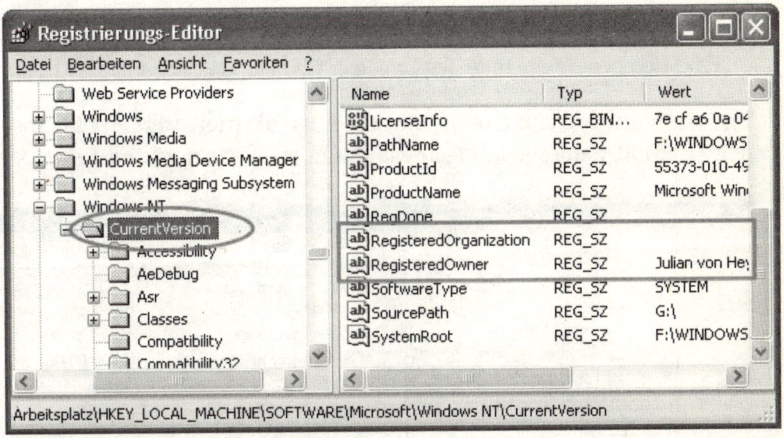

Die Registrierungs-Infos von Windows können Sie in der Registry schnell ändern.

Hierfür wechseln Sie für Windows 98/ME zum Pfad *HKEY_LOCAL_MACHINE\SOFTWARE\Microsoft\Windows\CurrentVersion*, wenn Sie mit Windows XP arbeiten, wählen Sie den Pfad *HKEY_LOCAL_MACHINE\SOFTWARE\Microsoft\Windows NT\CurrentVersion*. Im rechten Fenster finden Sie nun die Zeichenfolgen *RegisteredOrganization* für den eingegebenen Firmennamen und *RegisteredOwner* für den eingegebenen persönlichen Namen. Beide Zeichenfolgen können Sie per Doppelklick schnell ändern und den neuen Gegebenheiten anpassen.

Kauderwelsch à la Microsoft: rätselhafte Fehlermeldung beim ME-Update

98 Ein Update von Windows 98 SE auf Windows ME wird normalerweise nicht empfohlen - besser ist es, gleich reinen Tisch zu machen und Windows ME komplett neu zu installieren. Wollen Sie aber doch lieber updaten, etwa weil Sie die Mühe scheuen, alle Programme neu zu installieren, oder weil Sie bestimmte Programme oder Treiber gar nicht mehr auf ihren Original-Datenträgern zur Verfügung haben, kann es Ihnen passieren, dass Windows den Update-Versuch mit folgender kurioser Fehlermeldung quittiert:

```
Für Dateinamen, die länger als 8 Zeichen sind, müssen kurze
Dateinamen mit numerischer Erweiterung erstellt werden können.
Aktivieren Sie diese Option und führen Sie Setup erneut aus.
```

Tja, was nun? Welche Option muss hier wo aktiviert werden? Microsoft lässt den User mit Fehlermeldungen wie dieser ziemlich ratlos im Regen stehen.

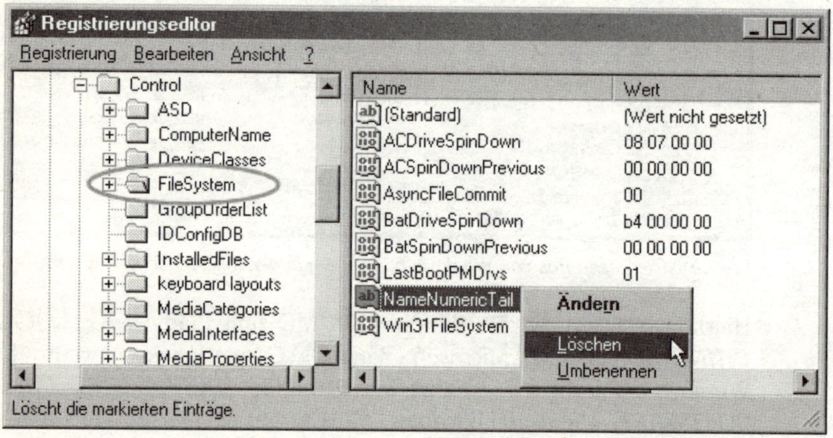

Was es auch immer mit dem Wert NameNumericTail auf sich hat: weg damit!

Des Rätsels Lösung: Unter dem Registry-Pfad *HKEY_LOCAL_MACHINE\System\CurrentControlSet\Control\FileSystem* finden Sie den Wert *NameNumericTail*, den Sie löschen müssen. Denn erst, wenn dieser gelöscht ist, kann Windows Ordner wie *C:\Eigene Dateien* intern in der MS-DOS-Schreibweise *C:\Eigene~1* verwalten - unabdingbar für das Update. Tja - bloß kommen muss man drauf ...

7.3 Mit wenigen Mausklicks zum Super-Windows: Tuning und System-Performance

In den folgenden Abschnitten soll es rund ums Feintuning gehen: für Spezialisten, die ihr Windows längst voll nach den eigenen Wünschen konfiguriert haben und denen es darum geht, hier und da noch das allerletzte Quäntchen an Leistung oder Systemstabilität herauszukitzeln.

Workshop: Virtuelles Laufwerk Z: (Ramdisk) unter Windows XP anlegen, konfigurieren und nutzen

Vielleicht erinnern Sie sich noch aus alten MS-DOS- und Windows-3.1-Zeiten an die Möglichkeit, mit dem DOS-Treiber *RAMDRIVE.SYS* eine so genannte Ramdisk anzulegen: ein virtuelles Laufwerk also, das vom Arbeitsspeicher abgezwackt wurde und etwa den schnellen Zugriff auf temporäre Dateien erlaubte. Vorteil eines solchen Laufwerks ist der superschnelle Zugriff auf die dortigen Dateien, den auch die allerschnellste Festplatte nicht toppen kann, Nachteil ist natürlich, dass beim Beenden von Windows - und auch bei einem Absturz - sämtliche sich dort befindenden Dateien unwiederbringlich verloren sind.

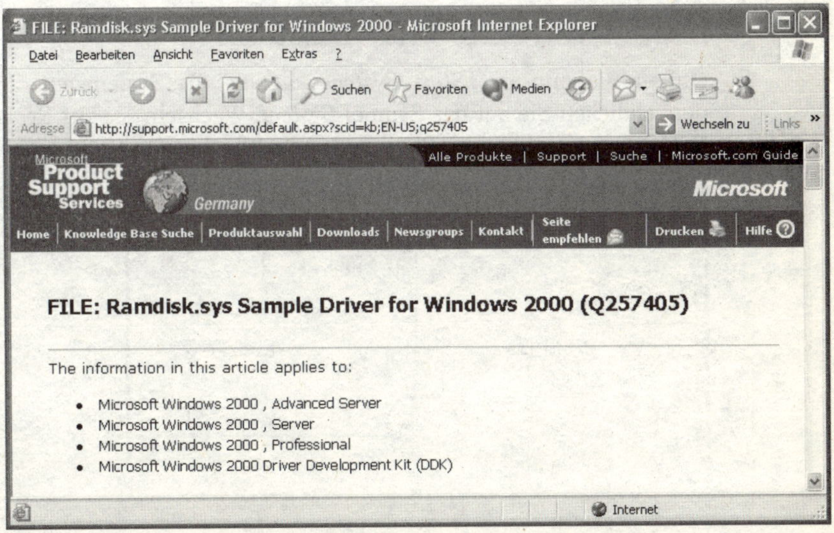

Ramdisk für Windows 2000/XP: Ein Microsoft-Treiber macht's möglich.

Mit einem neuen Treiber von Microsoft haben Sie nun auch unter Windows 2000 oder Windows XP die Möglichkeit, eine solche Ramdisk als Laufwerk Z: anzulegen. Hierfür müssen Sie zunächst unter der Internetadresse *http://support.microsoft.com/default.aspx?scid=kb;EN-US;q257405* das selbstentpackende Archiv *Ramdisk.exe* (ca. 54 KByte) in einen beliebigen Ordner, beispielsweise *Desktop*, herunterladen. Gehen Sie danach wie folgt vor:

1 Doppelklicken Sie auf die heruntergeladene Datei *Ramdisk.exe*. In der Dialogbox *WinZip Self-Extractor* können Sie nun den Zielordner *C:\RAMDISK* übernehmen oder einen anderen Zielordner eintragen. Klicken Sie dann auf *Unzip*, um die Dateien zu entpacken. Es sollte die Meldung erscheinen, dass zehn Dateien erfolgreich entpackt wurden (*10 file(s) unzipped successfully*). Klicken Sie dann auf *Close*. Die Ursprungsdatei *Ramdisk.exe* können Sie anschließend löschen.

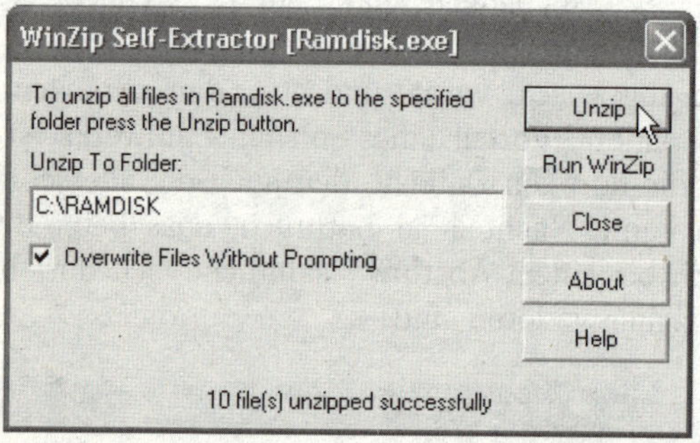

2 Öffnen Sie nun mit *Start/Systemsteuerung* die Systemsteuerung und doppelklicken Sie auf das Symbol *System*. Wechseln Sie zur Registerkarte *Hardware* und klicken Sie auf die Schaltfläche *Hardware-Assistent*.

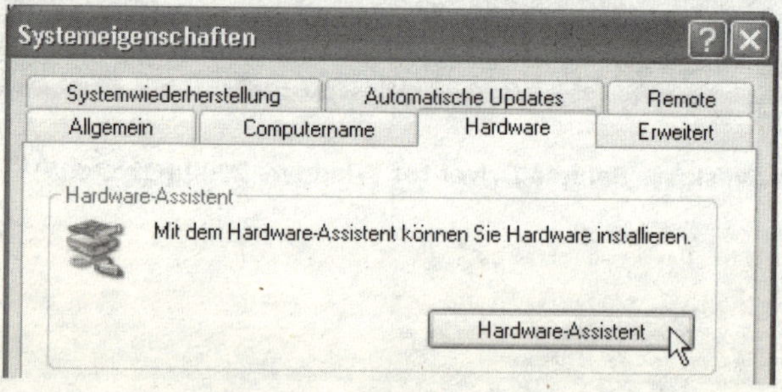

3 Es erscheint der Hardware-Assistent mit einem Begrüßungsbildschirm. Klicken Sie auf *Weiter*, wählen Sie die Option *Ja, die Hardware wurde bereits angeschlossen* und klicken Sie wieder auf *Weiter*.

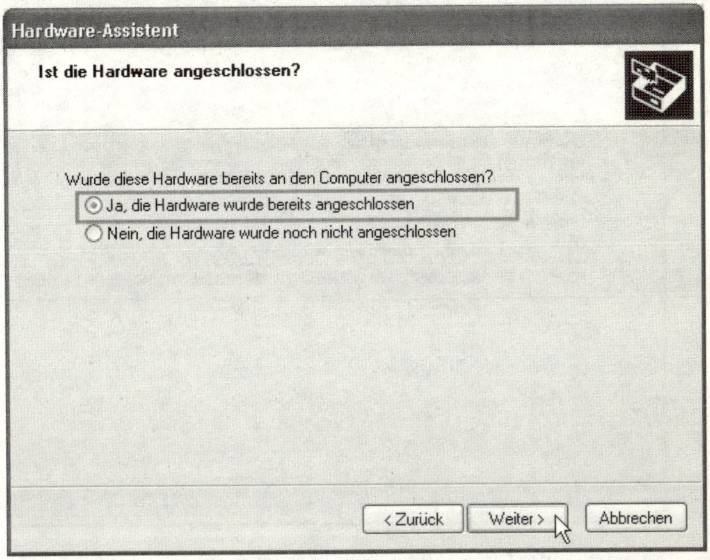

4 Wählen Sie im nächsten Schritt aus der Liste *Installierte Hardware* den Eintrag *Neue Hardware hinzufügen* und klicken Sie wieder auf *Weiter*.

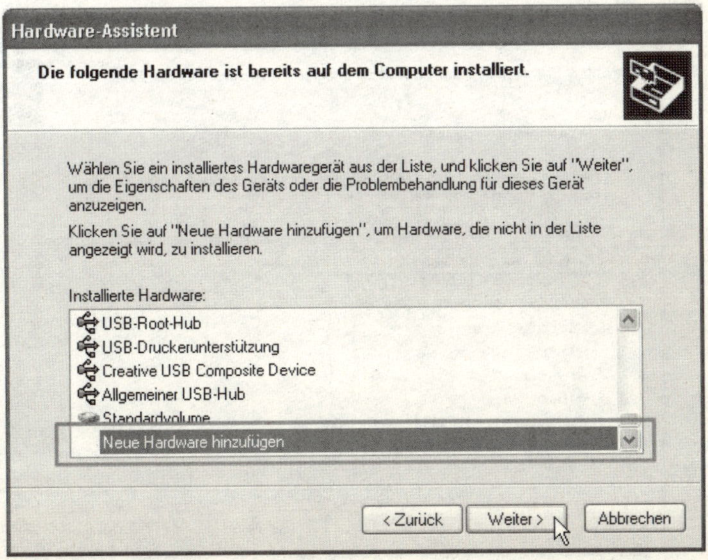

5 Im darauf folgenden Schritt wählen Sie die Option *Hardware manuell aus einer Liste wählen und installieren* und klicken auf *Weiter*.

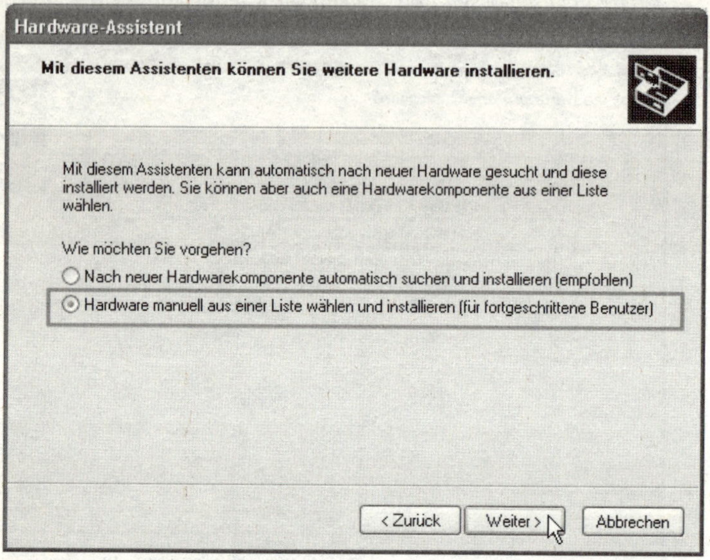

6 Es wird eine Liste *Allgemeine Hardwaretypen* angezeigt. Markieren Sie hier den obersten Eintrag *Alle Geräte anzeigen* und klicken Sie auf *Weiter*.

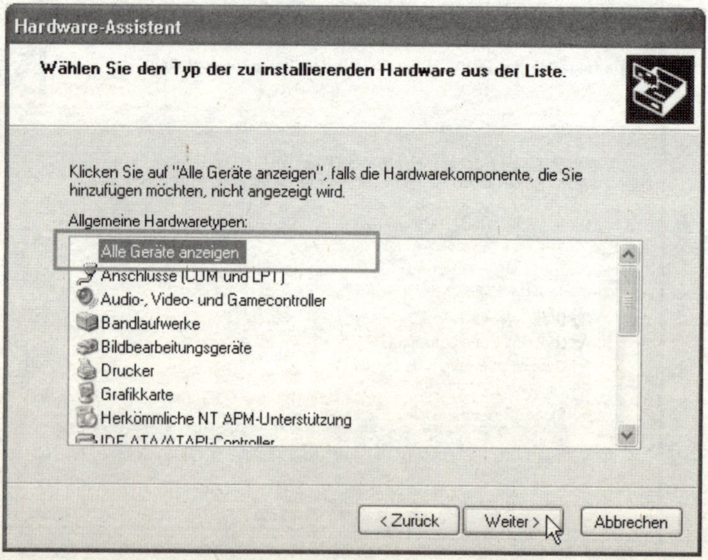

7 Nun werden verschiedene Hersteller und Modelle angezeigt. Klicken Sie auf die Schaltfläche *Datenträger*.

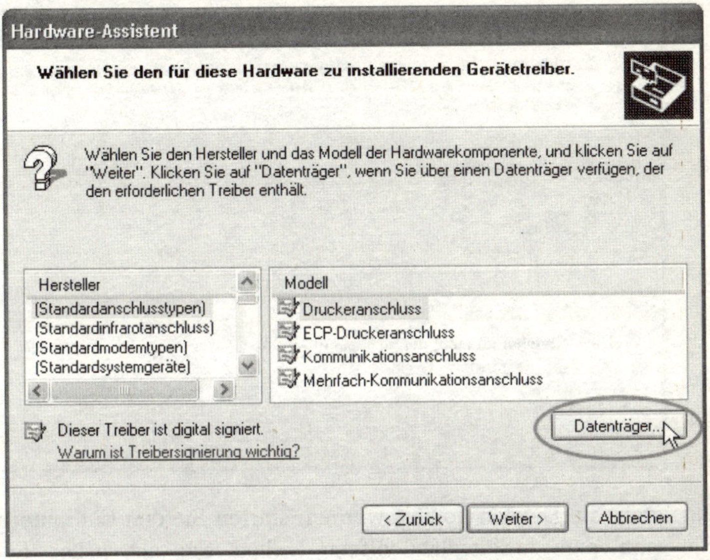

8 Tragen Sie im unteren Feld *Dateien des Herstellers kopieren von* nun den Ordner ein, in den Sie die heruntergeladenen Dateien kopiert haben (Vorgabe war *C:\RAMDISK*), beziehungsweise selektieren Sie den richtigen Ordner über *Durchsuchen*. Klicken Sie anschließend auf *OK*.

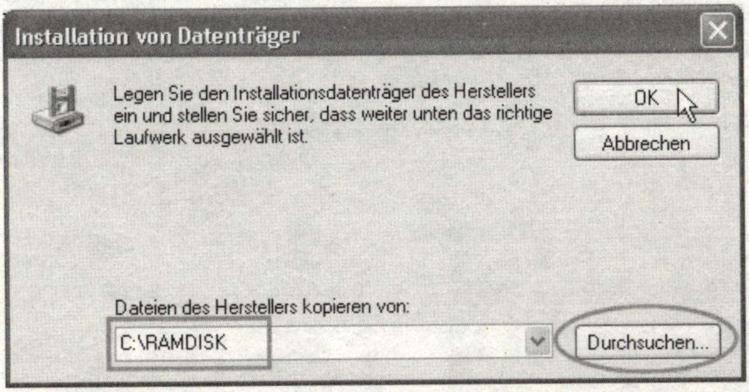

9 Es erscheint wieder der Hardware-Assistent. Markieren Sie in der Liste *Modell* den einzigen Eintrag *Ramdisk Driver* und klicken Sie auf *Weiter*. Anschließend müssen Sie nochmals auf *Weiter* und dann auf *Fertig stellen* klicken, damit der Ramdisk-Treiber installiert wird.

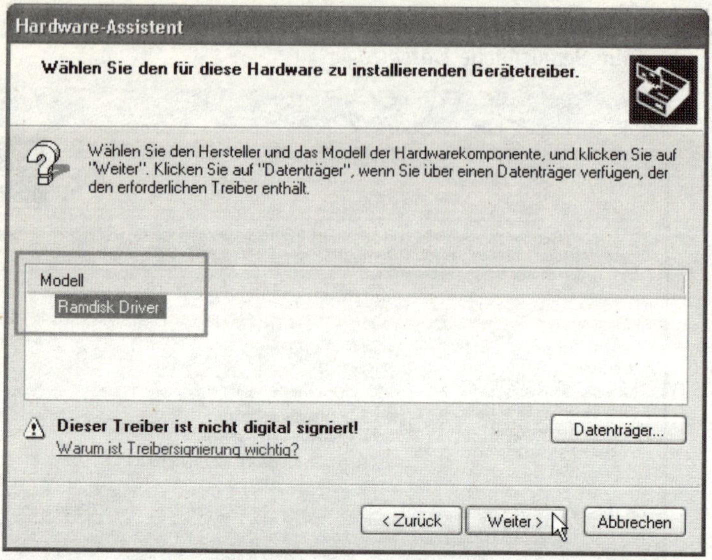

Nachdem die Dateien kopiert wurden, starten Sie den Computer neu. Wenn Sie nun den Arbeitsplatz öffnen, sehen Sie als neues Symbol *MS-RAMDRIVE (Z:)*. Dieses „Laufwerk" lässt sich nun ansprechen wie jede Festplatte: Sie können Dateien darauf kopieren und auch Ordner anlegen. Bedenken Sie nur, dass nach einem Neustart oder einem Absturz alle Dateien verloren sind.

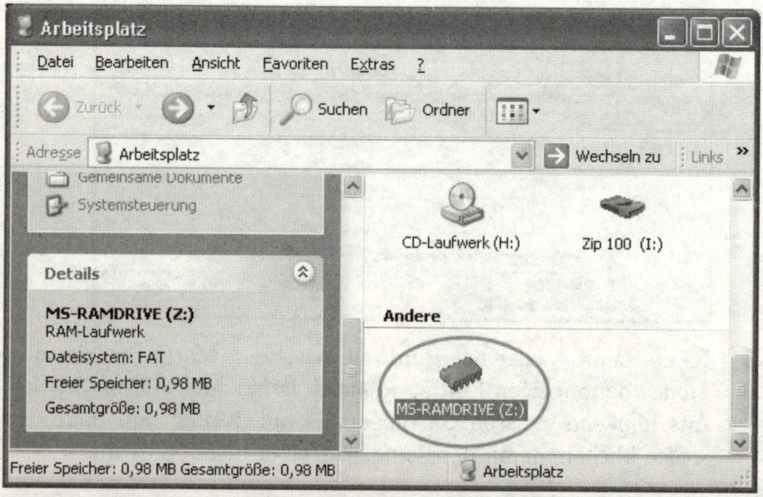

Neuer Eintrag im Arbeitsplatz: das Ramdrive Z:.

Das Ramdrive ist außerdem standardmäßig auf eine Größe von 1 MByte beschränkt, ein Wert, mit dem sich in der Praxis nur wenig anfangen lässt. Die Konfiguration erfolgt komplett über die Registry: Unter dem Pfad *HKEY_LOCAL_MACHINE\SYSTEM\ControlSet001\Services\Ramdisk\Parameters* finden Sie die Zeichenfolge *DriveLetter*. Hier können Sie den Laufwerkbuchstaben *Z:* in einen anderen Buchstaben abändern - der natürlich noch nicht durch ein anderes Laufwerk belegt sein sollte.

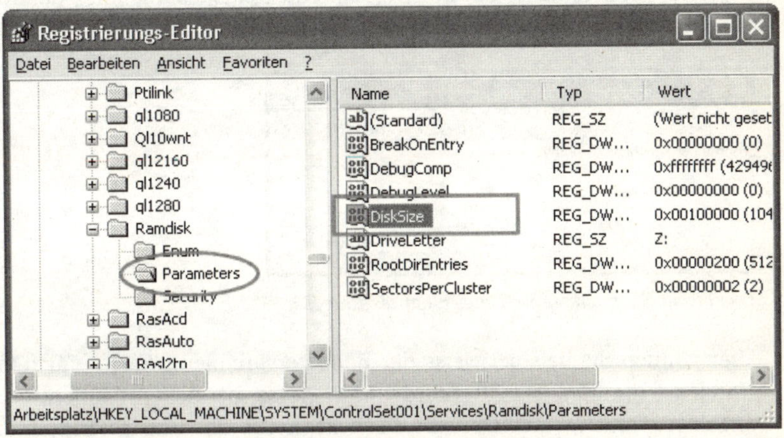

Der Parameter DiskSize bestimmt die Größe der Ramdisk.

Interessanter noch ist der DWORD-Wert *DiskSize*: Hier können Sie hexadezimal die gewünschte Größe der Ramdisk eingeben, wobei das Limit beim Hex-Wert 1F00000 liegt. Die folgende Tabelle enthält einige übliche Größen in MByte und die hexadezimalen Entsprechungen:

MByte (ca.)	Hex-Wert
1 MByte (Vorgabe)	100000
2 MByte	200000
3 MByte	300000
4 MByte	400000
8 MByte	800000
12 MByte	C00000
16 MByte	1000000
24 MByte	1800000
31 MByte	1F00000

Sämtliche Änderungen greifen erst nach einem Neustart. Wenn Sie für *DiskSize* versehentlich eine ungültige Größe eingeben, macht das übrigens nicht viel: Die Ramdisk funktioniert dann schlichtweg nicht, was aber keine weiteren Auswirkungen auf das Gesamtsystem hat. Wie lässt sich eine solche Ramdisk aber nun in der Praxis einsetzen? Wenn Sie über viel Arbeitsspeicher (mindestens 256, besser 512 MByte) verfügen, weisen Sie der Ramdisk den Höchstwert von 31 MByte zu. Rufen Sie dann die Systemsteuerung auf und doppelklicken Sie auf *System*. Klicken Sie nun unter der Registerkarte *Erweitert* auf die Schaltfläche *Umgebungsvariablen*.

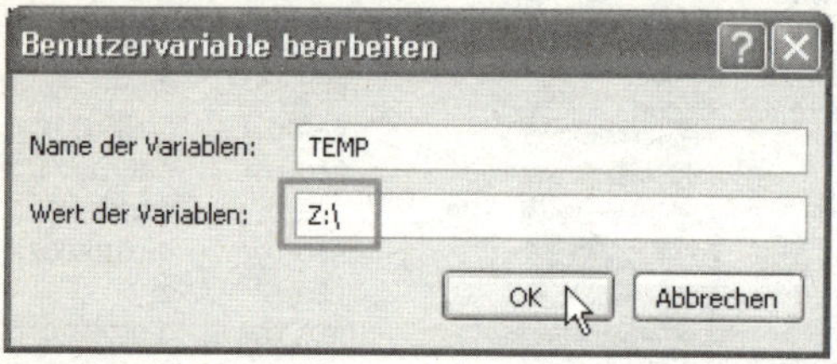

Das macht Sinn: temporäre Dateien auf die Ramdisk.

Hier können Sie beispielsweise der Benutzervariablen *TEMP* - für temporäre Dateien - die Ramdisk *Z:* zuordnen. Prozesse, bei denen temporäre Dateien angelegt werden, laufen so drastisch schneller ab. Einzige Einschränkung: Das Limit von 31 MByte könnte beispielsweise bei größeren Installationen oder Updates überschritten werden. Für diese Einzelfälle müssten Sie die *TEMP*-Variable wieder auf den Standard *%USERPROFILE%\Lokale Einstellungen\Temp* zurücksetzen.

Jetzt klappt's endlich mit dem Stromsparmodus: ACPI-Funktion von Windows aktivieren

Seit Windows ME und Windows 2000 gibt es die neue Funktion ACPI: Die Abkürzung steht für **A**dvanced **C**onfiguration and **P**ower **I**nterface“ und ist eine Weiterentwicklung von APM (**A**dvanced **P**ower **M**anagement). Neben dem bereits bekannten Standby-Modus ist unter ACPI auch der so genannte Ruhezustand möglich. Dabei wird der aktuelle Speicherinhalt komplett auf die Festplatte geschrieben und der Computer ausgeschaltet. Wird er wieder eingeschaltet, wird der Speicherinhalt wieder von der Festplatte in den Arbeitsspeicher zurückgeschrieben und so der identische Zustand wie vor dem Ausschalten wiederhergestellt - und dies wesentlich schneller, als ein Neustart benötigen würde.

Was weitgehend unbekannt ist: Auch in Windows 98 sind schon die ACPI-Funktionen integriert. Allerdings ist hier einige manuelle Nacharbeit vonnöten, um die Stromsparfunktionen zu aktivieren. Voraussetzung ist weiterhin, dass das Motherboard ACPI unterstützt - was bei allen modernen Motherboards ab etwa 1999 der Fall sein sollte. Einschränkend muss auch gesagt werden, dass unter Windows 98 ACPI nur auf FAT16-Partitionen richtig funktioniert. Bevor ACPI genutzt werden kann, muss außerdem eine Neu-Installation (Wartungsinstallation) von Windows 98 mit dem Aufruf *Setup/pj* unter *Start/Ausführen* erfolgen. Sind diese Bedingungen alle erfüllt, aktivieren Sie ACPI unter Windows 98 folgendermaßen:

1 Wechseln Sie unter RegEdit zum Schlüssel *HKEY_LOCAL_MACHINE\SOFTWARE\Microsoft\Windows\CurrentVersion\Detect* und fügen Sie mit dem Kontextmenü-Befehl *Neu/DWORD-Wert* einen neuen DWORD-Wert hinzu.

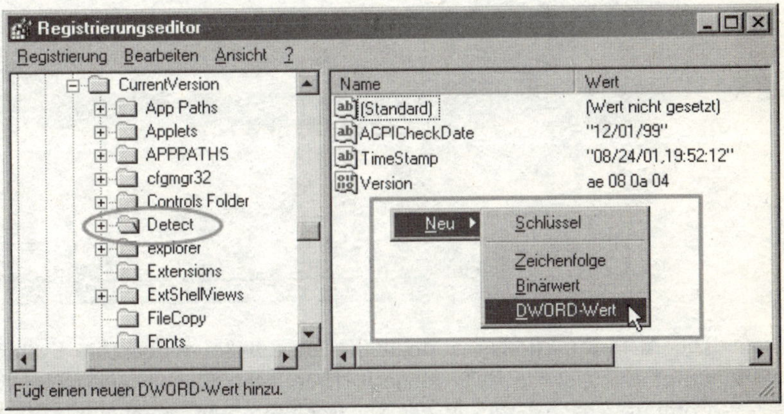

2 Benennen Sie den neuen DWORD-Wert um in *ACPIOption* und weisen Sie ihm den Wert 1 zu.

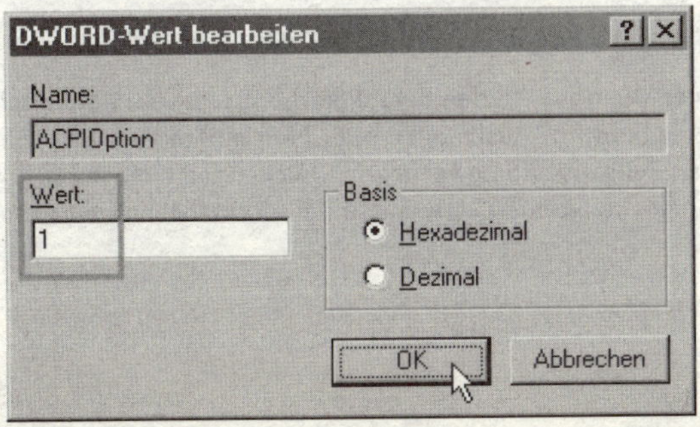

3 Rufen Sie die Systemsteuerung auf und doppelklicken Sie auf *Hardware*. Klicken Sie mehrmals auf *Weiter*, bis die automatische Hardwareerkennung startet. Anschließend sollte die neue Hardwarekomponente Advanced Configuration and Power Interface (ACPI) BIOS erkannt und installiert werden.

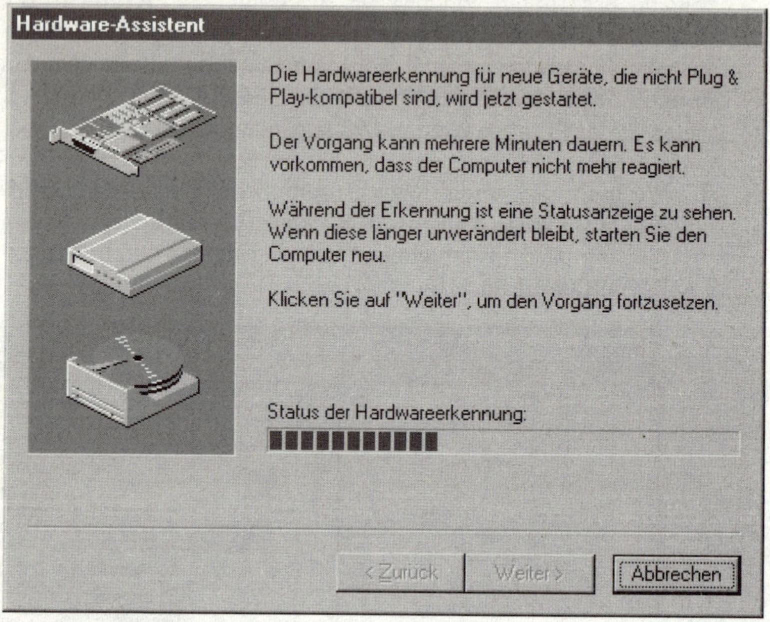

Die ACPI-Funktionen können Sie anschließend über die Systemsteuerung unter *Energieverwaltung* steuern: Hier legen Sie beispielsweise fest, ob der Computer nach Drücken des Netzschalters heruntergefahren, in den Stand-by-Modus oder in den Ruhezustand versetzt werden soll.

INFO

Computer unter Windows XP in den Ruhezustand versetzen

Wählen Sie unter Windows XP den Befehl *Start/Ausschalten*, stehen scheinbar nur die drei Optionen *Standby*, *Ausschalten* oder *Neu starten* zur Auswahl. Um den Computer in den Ruhezustand zu versetzen, drücken Sie einfach die Umschalt-Taste: Die Schaltfläche *Standby* verwandelt sich daraufhin in *Ruhezustand*.

Effektives RAM-Management: belegten Speicher sofort wieder freigeben

Wenn Sie unter Windows ein Programm starten, werden auch zugehörige DLLs (**D**ynamic **L**ink **L**ibraries) in den Arbeitsspeicher geladen. Beenden Sie das Programm wieder, verbleiben diese DLLs noch einige Zeit im Speicher. Damit soll erreicht werden, dass der Startvorgang schneller erfolgt, sollten Sie das Programm erneut starten. Verfügt Ihr Rechner allerdings über nur wenig Arbeitsspeicher (64 MByte oder weniger) und starten Sie oft verschiedene Programme, kann sich dieses Verhalten von Windows eher nachteilig auswirken und Ihren Rechner ziemlich ausbremsen. Sie können Windows aber über die Registry zwingen, nicht mehr benötigte DLLs sofort aus dem Speicher zu entfernen:

1 Klicken Sie mit der rechten Maustaste auf den Schlüssel *HKEY_LOCAL_MACHINE\SOFTWARE\Microsoft\Windows\CurrentVersion\Explorer* und wählen Sie aus dem Kontextmenü den Befehl *Neu/Schlüssel*, um einen neuen Unterschlüssel anzulegen.

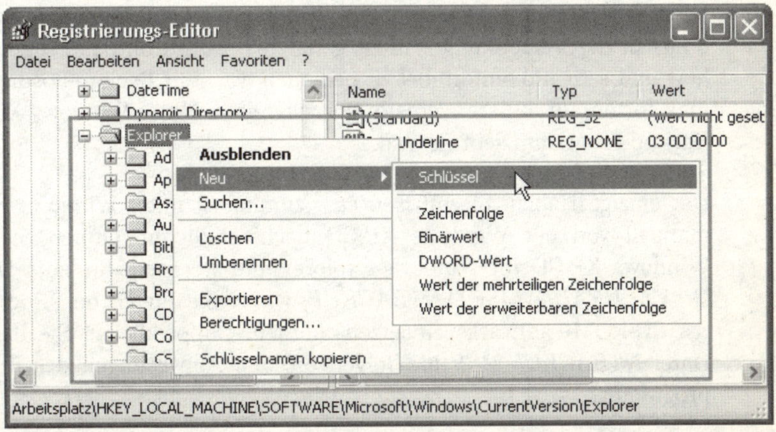

2 Benennen Sie den neuen Unterschlüssel um in *AlwaysUnloadDLL*. Doppelklicken Sie dann auf der rechten Seite auf die Zeichenfolge *(Standard)* und weisen Sie ihr den Wert 1 zu.

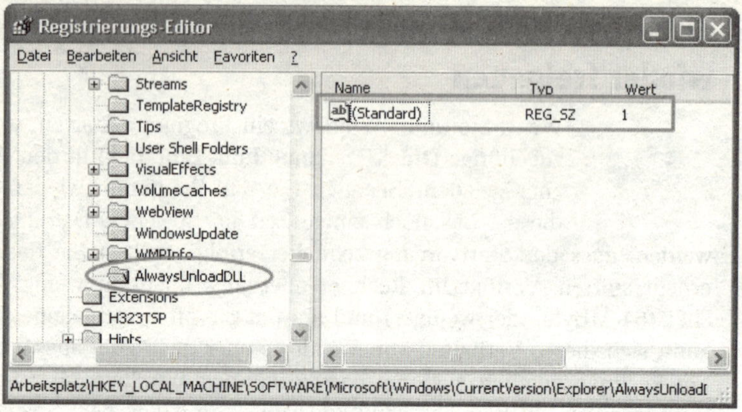

Das verrät die Windows-Hilfe nicht: Wartezeit beim Windows-Backup verkürzen

Ältere Anwender erinnern sich: Unter Windows 95 gab es noch das Zubehör-Programm MS-Backup, mit dem man ein Backup seiner Dateien fahren konnte. In späteren Windows-Versionen verschwand es allerdings in der Versenkung - nicht ganz zu Unrecht, da das Programm fehlerhaft und sehr unkomfortabel zu bedienen war. Für Backup-Lösungen musste man fortan auf andere Anbieter zurückgreifen. Unter Windows XP feiert das Backup-Programm sein Revival.

Der einzige Haken: Sie müssen es - zumindest unter Windows XP Home - manuell von der Windows XP-CD nachinstallieren. Öffnen Sie dafür die Windows XP-CD im Windows-Explorer und wechseln Sie zum Unterordner *G:\VALUEADD\MSFT\NTBACKUP*, wobei Sie für *G:* den Buchstaben Ihres CD-ROM-Laufwerks einsetzen müssen. Doppelklicken Sie dann auf die Datei *NTBACKUP.MSI* und folgen Sie den Anweisungen des Installationsprogramms.

Anschließend finden Sie das Backup-Programm unter *Start/Alle Programme/Zubehör/Systemprogramme/ Sicherung.*

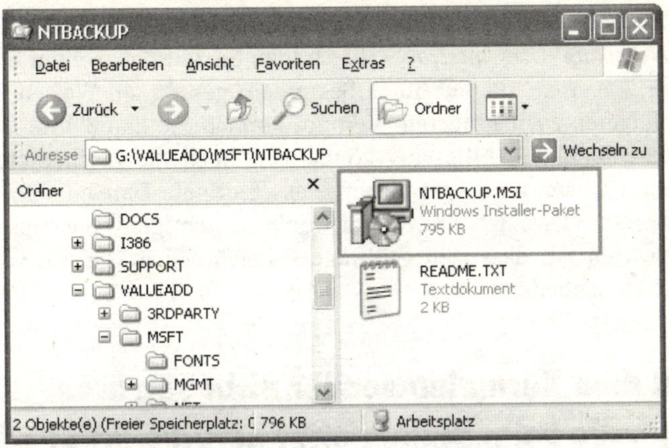

Undokumentiert: Das Backup-Programm von Windows XP Home müssen Sie von der CD nachinstallieren.

Allerdings hat das Backup-Programm einen gravierenden Nachteil: Bei jeder Datei, die gerade geöffnet und daher nicht gesichert ist, wartet das Programm geschlagene 30 Sekunden lang, bevor es die entsprechende Datei überspringt. Sind viele Dateien geöffnet, kann das die Gesamtdauer des Backup-Vorgangs drastisch verlängern. Über die Registry können Sie die Wartezeit aber beeinflussen.

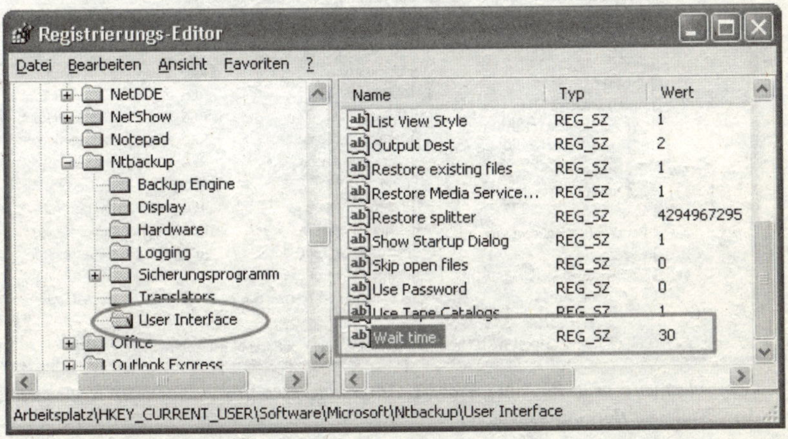

Die Zeichenfolge Wait time definiert die Wartezeit des XP-Backup-Programms bei geöffneten Dateien.

Wechseln Sie hierzu zum Schlüssel *HKEY_CURRENT_USER\Software\Microsoft\Ntbackup\User Interface*. Hier finden Sie auf der rechten Seite die Zeichenfolge *Wait time*, die auf 30 (= Sekunden) gesetzt ist. Weisen Sie dieser Zeichenfolge einen niedrigeren Wert zu, können Sie damit Ihre Backups erheblich beschleunigen. Alternativ können Sie auch die Zeichenfolge *Skip open files* auf 1 setzen und so erreichen, dass geöffnete Dateien sofort übersprungen werden. Dies ist sinnvoll bei unbeaufsichtigten Backups, da ja nicht zu erwarten ist, dass sich geöffnete Dateien selbsttätig wie von Zauberhand wieder schließen.

Das wird dem Normalanwender nicht verraten: Dateiliste, die beim Backup nicht berücksichtigt wird

XP

Und noch einmal zum Backup-Programm: Wer glaubt, dass bei einem Backup tatsächlich alle ausgewählten Dateien und Einstellungen gesichert werden, hat sich gründlich geschnitten: Tatsächlich sind in der Registry Ausnahmelisten definiert, die bestimmte systemnahe Dateien und Registry-Zweige vom Backup- bzw. vom Restore-Vorgang ausschließen.

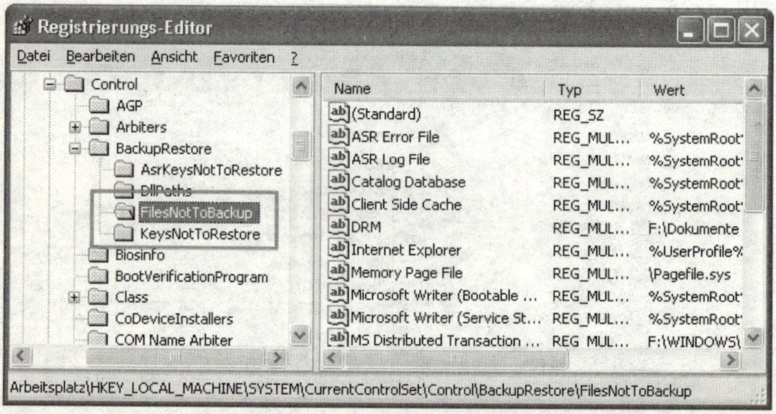

Nicht alles wird beim Backup gesichert: Ausnahmelisten finden Sie in der Registry unterhalb des Schlüssels BackupRestore.

Dabei ist unterhalb des Schlüssels *HKEY_LOCAL_MACHINE\SYSTEM\CurrentControlSet\Control\BackupRestore\FilesNotToBackup* definiert, welche Dateien nicht mitgesichert werden, während unterhalb des Schlüssels *HKEY_LOCAL_MACHINE\SYSTEM\CurrentControlSet\Control\Backup-*

Restore\KeysNotToRestore festgelegt wird, welche Registry-Zweige bei einem Restore-Vorgang nicht zurückgeschrieben werden sollen. Normalerweise sind diese Listen auch sinnvoll, da es sich größtenteils um temporäre Dateien und Einstellungen handelt, die allein vom System verwaltet und permanent geändert werden. Wollen Sie hier dennoch Dateien oder Einstellungen aus den Ausnahmelisten ausschließen, löschen Sie einfach den entsprechenden Eintrag.

Mehr Absturzsicherheit durch geheimen Patch: Explorer im eigenen Adressraum starten

Bis einschließlich der Version 5.0 des Internet Explorer konnten Sie unter *Extras/Internetoptionen*, Registerkarte *Erweitert* die Option *In einem neuen Prozess* aktivieren oder deaktivieren. Bei aktivierter Option wurde jedes Explorer-Fenster in einem eigenen Task gestartet. Dies verlangte zwar mehr Speicher, dafür war die Systemsicherheit erhöht, weil der Absturz eines Browser-Fensters nicht zwingend alle anderen Browser-Fenster mit in den Abgrund riss. In allen neueren Versionen des Internet Explorer fehlt die manuelle Einstellungsmöglichkeit dieser Option - stattdessen trifft Windows die Entscheidung selbst: Bei Systemen ab 32 MByte Arbeitsspeicher wird die Option automatisch aktiviert, bei unter 32 MByte Arbeitsspeicher automatisch deaktiviert. Der Haken an der Sache: Die automatische Erkennung des Arbeitsspeichers arbeitet leider nicht immer ganz zuverlässig. Sie sollten also auf jeden Fall in der Registry den Status dieser Option kontrollieren.

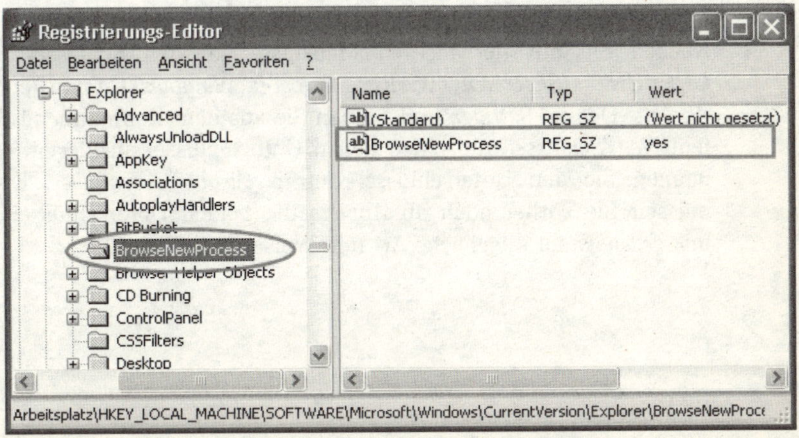

Für jedes Explorer-Fenster ein eigener Task? Unter BrowseNewProcess ist dies festgelegt.

Wechseln Sie dafür zum Schlüssel *HKEY_LOCAL_MACHINE\SOFTWARE\Microsoft\Windows\CurrentVersion\Explorer\BrowseNewProcess*. Hier finden Sie auf der rechten Seite die Zeichenfolge *BrowseNewProcess*.

Wenn Ihr System 32 MByte Arbeitsspeicher oder mehr hat, sollte diese Zeichenfolge unbedingt auf *yes* gesetzt sein. Ist dies nicht der Fall, holen Sie dies nach, indem Sie auf die Zeichenfolge doppelklicken und den Wert *no* in *yes* ändern. Sollte Ihr System weniger als 32 MByte haben und sollten Sie sehr oft von Browser-Abstürzen geplagt werden, sollten Sie übrigens probeweise die Zeichenfolge auch auf *yes* setzen.

Wenn die Festplatte ewig rödelt: Bildschirmschoner bei Defragmentierung unterdrücken

98ME Obgleich die technische Funktion von Bildschirmschonern - das Verhindern des Einbrennens eines lange Zeit unbewegten Bilds in den Monitor - schon längst überholt ist, erfreuen sich die bewegten Pausenbilder ungebrochener Beliebtheit. Ärgerlich wird es nur, wenn Sie über den Systemdienst von Windows 98/ME festgelegt haben, dass zu bestimmten Zeiten automatisch die Festplatte defragmentiert werden soll. Schaltet sich nämlich während des Defragmentierungs-Vorgangs der Schoner dazu, stören sich die beiden Tasks gegenseitig und die Defragmentierung wird arg verlangsamt. Wollen Sie dennoch auf Ihren Lieblingsschoner nicht ganz verzichten, können Sie aber über die Registry einstellen, dass sich der Bildschirmschoner während des Defragmentierens nicht einschaltet:

1 Klicken Sie mit der rechten Maustaste auf den Schlüssel *HKEY_CURRENT_USER\SOFTWARE\Microsoft\Windows\CurrentVersion\Applets\Defrag\Settings* und wählen Sie aus dem Kontextmenü den Befehl *Neu/Schlüssel*, um einen neuen Unterschlüssel anzulegen, und benennen Sie den Unterschlüssel um in *DisableScreenSaver*. Eventuell müssen Sie vorher auch ab *Applets* die beiden Unterschlüssel *Defrag* und *Settings* auf die gleiche Art und Weise neu anlegen.

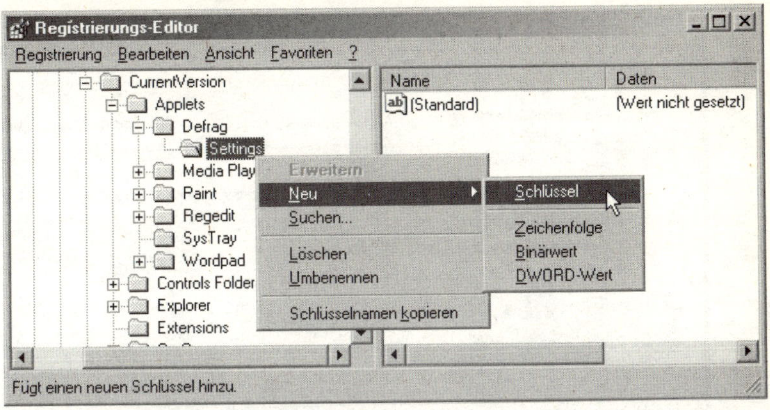

2 Doppelklicken Sie auf der rechten Seite des neu angelegten Schlüssels *DisableScreenSaver* auf die Zeichenfolge *(Standard)* und weisen Sie ihr den Wert *yes* zu. Ab sofort schaltet sich der Bildschirmschoner während des Defragmentierens nicht mehr ein.

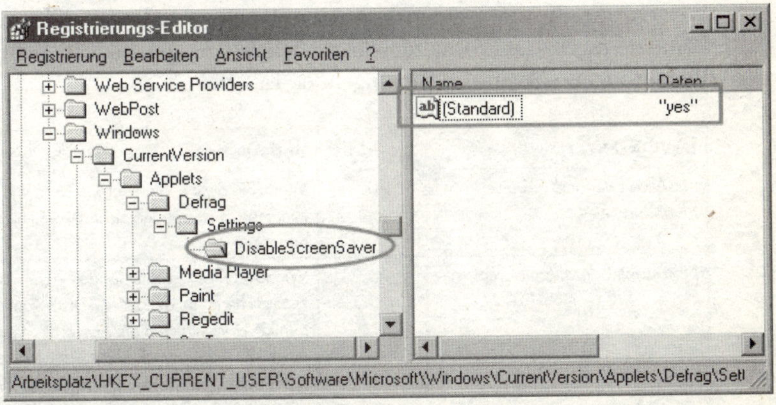

Feintuning für Profis I: NTFS- und FAT-Dateisystem optimieren

XP Unter Windows XP können Sie während der Installation bekanntlich wählen, ob Sie als Dateisystem das althergebrachte FAT16 oder FAT32 oder das seit Windows NT eingeführte NTFS verwenden wollen. Weniger bekannt ist, dass Sie auch nachträglich mittels Registry-Feintuning noch ein wenig mehr an Performance und Geschwindigkeit aus dem verwendeten Dateisystem herausholen können.

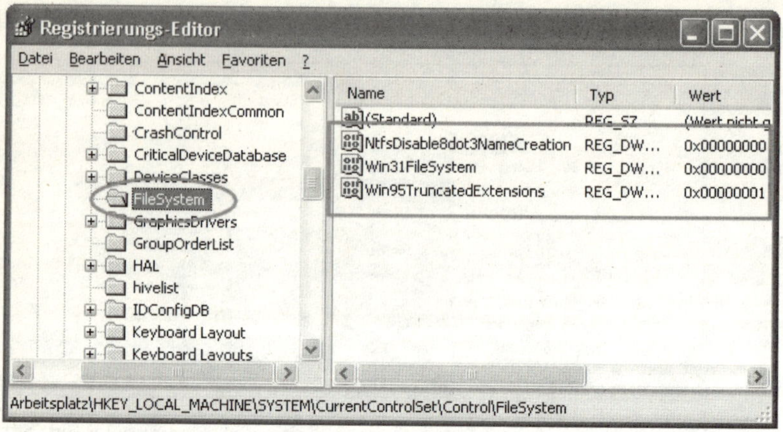

Über die Registry lässt sich das verwendete Dateisystem noch weiter optimieren.

Zuständig ist dafür der Registry-Schlüssel *HKEY_LOCAL_MACHINE\SYSTEM\CurrentControlSet\Control\FileSystem*. Eine Reihe von DWORD-Werten, die Sie im rechten Fenster entweder bearbeiten oder neu anlegen können, regelt das Verhalten des Dateisystems genau. Die Werte und ihre Bedeutungen entnehmen Sie folgender Tabelle:

DWORD-Wert	Standard	Bedeutung
NtfsAllowExtendedCharacterIn8Dot3Name	0	Wenn Sie diesen Wert auf 1 setzen, sind in kurzen Dateinamen auch Sonderzeichen wie Umlaute oder das ß erlaubt.
NtfsDisable8dot3NameCreation	0	Windows XP erzeugt für lange NTFS-Dateinamen eine zusätzliche Form, die der MS-DOS-Konvention „8+3" genügt. Dadurch wird die Abwärtskompatibilität zu älteren 16-Bit-Programmen, die mit den langen Dateinamen nichts anfangen können, gewährleistet. Wenn Sie nur noch 16-Bit-Programme verwenden, können Sie den Wert auf „1" setzen. Dadurch wird der abwärtskompatible Name nicht mehr erzeugt, was die Performance verbessert.
NtfsDisableLastAccessUpdate	0	Rufen Sie mit dem Windows-Explorer ein NTFS-Verzeichnis auf, setzt Windows XP einen „Zeitstempel", der den letzten Zugriff dokumentiert. Setzen Sie diesen Wert auf 1, wird kein Zeitstempel gesetzt, wodurch die Anzeige gerade bei umfangreichen Verzeichnissen sehr viel schneller erfolgt.
Win31FileSystem	0	Wenn Sie diesen Wert auf 1 setzen, können zukünftig nur noch kurze Dateinamen nach DOS- bzw. Windows-3.1-Norm erzeugt werden.

Feintuning für Profis II: Speicherwert für Dateisystemoperationen erhöhen

Für Operationen, die das Dateisystem betreffen, reserviert Windows XP standardmäßig 512 KByte. Haben Sie einen Arbeitsspeicher von 32 MByte oder mehr zur Verfügung, kann es sinnvoll sein, den für Ein- und Ausgabeoperationen reservierten Speicher zu erhöhen und so die Performance zu verbessern. Gehen Sie hierfür folgendermaßen vor:

1 Wechseln Sie zum Schlüssel *HKEY_LOCAL_MACHINE\SYSTEM\CurrentControlSet\Control\Session Manager\Memory Management* und ändern Sie den Wert von *LargeSystemCache* von 0 auf 2.

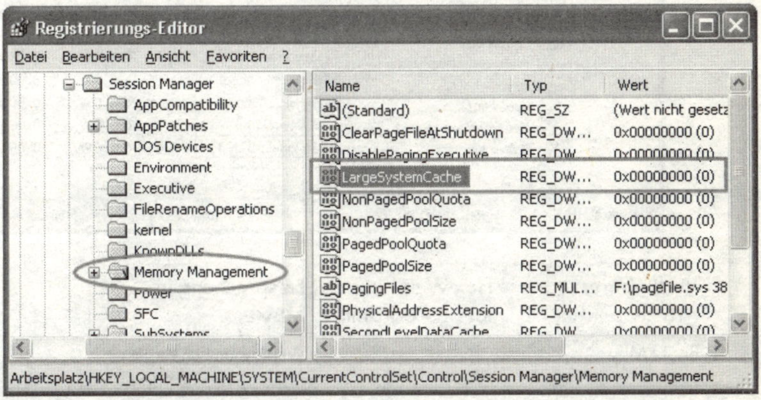

2 Wechseln Sie anschließend zum Schlüssel *HKEY_LOCAL_MACHINE\SYSTEM\CurrentControlSet\Services\lanmanserver\parameters* und ändern Sie hier den Wert *Size* von 1 auf 3.

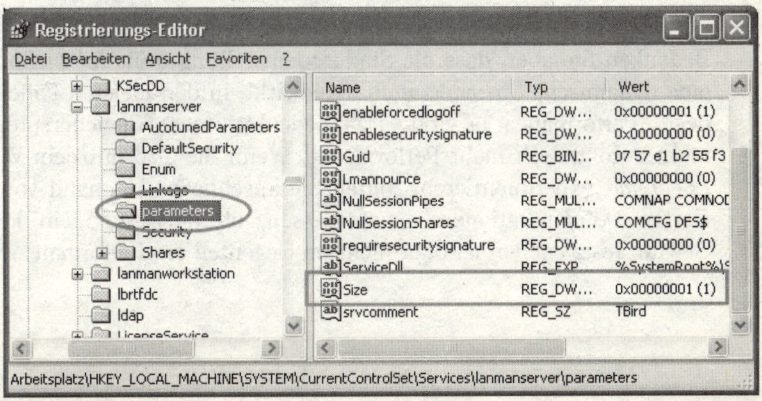

3 Zuletzt wechseln Sie erneut zum Schlüssel *HKEY_LOCAL_MACHINE\ SYSTEM\CurrentControlSet\Control\Session Manager\Memory Management* und erstellen dort mit dem Befehl *Bearbeiten/Neu/DWORD-Wert* einen neuen DWORD-Wert. Benennen Sie den DWORD-Wert dann um in IoPageLockLimit. Welchen Wert Sie - abhängig von der Größe Ihres Arbeitsspeichers - für diesen DWORD-Wert eintragen, entnehmen Sie unten stehender Tabelle.

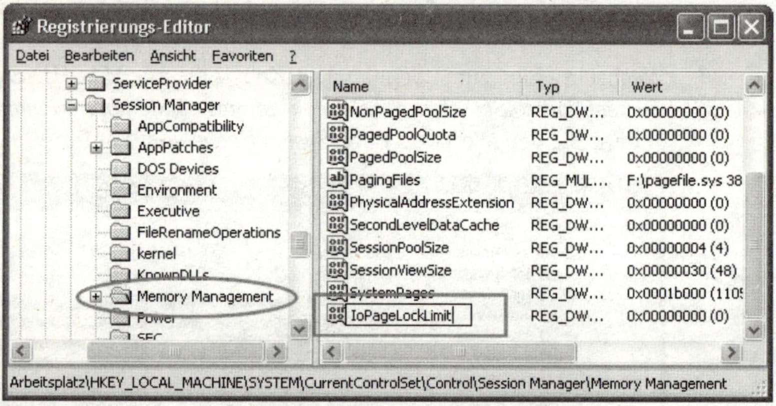

Verfügbarer Arbeitsspeicher	Hex-Wert für IoPageLockLimit	Entsprechung in MByte
Bis 32 MByte	0	Wird dynamisch vergeben, Standard ist 512 KByte
32 MByte	1000	4 MByte
64 MByte	2000	8 MByte
128 MByte	4000	16 MByte
256 MByte	10000	64 MByte

Bedenken Sie aber, dass die Standardeinstellung 0 für *IoPageLockLimit*, die eine dynamische Speicherzuteilung bewirkt, in den meisten Fällen schon die beste Performance bewirkt. Das bedeutet, mehr Speicherzuteilung heißt nicht automatisch mehr Performance. Wenn Sie also mit dem Wert *IoPageLockLimit* experimentieren, sollten Sie anschließend anhand von standardisierten Dateioperationen genau messen, ob tatsächlich ein Performance-Gewinn festzustellen ist oder nicht im Gegenteil ein Performance-Verlust.

Programm nicht gefunden? Path-Variablen werden nicht erkannt

XP Alte MS-DOS-Hasen erinnern sich sicher noch gut an die Bedeutung der Umgebungsvariablen *Path*: Ordnerpfade, die man dieser Variablen zuwies, wurden beim Aufruf eines Programms automatisch zuerst durchsucht, sodass man weder im betreffenden Verzeichnis sein noch dem Programmaufruf explizit den Ordnerpfad mitgeben musste, damit das Programm startete. Nun, unter Windows XP gibt es die Variable *Path* immer noch und auch ihre Bedeutung ist gleich geblieben - nur wird sie jetzt natürlich nicht mehr in der *AUTOEXEC.BAT* verwaltet, sondern in der Registry. Standardmäßig sind der Variablen *Path* neben dem Windows-Verzeichnis selbst die Windows-Unterverzeichnisse *System32* sowie *System32\Wbem* zugewiesen. Wenn Sie nun plötzlich unter der Eingabeaufforderung oder über *Start/Ausführen* Programme wie RegEdit nicht mehr starten können und auch Standardbefehle nicht mehr ausgeführt werden, kann das daran liegen, dass manche Installationsprogramme den Datentyp von *Path* in der Registry von *REG_EXPAND_SZ* (= erweiterbare Zeichenfolge) auf *REG_SZ* (= einfache Zeichenfolge) ändern. Die Folge: Windows kann die in *Path* verwendeten Variablen wie *%SystemRoot%* (steht für das Windows-Verzeichnis) nicht mehr interpretieren. Zur Problemlösung gehen Sie folgendermaßen vor:

1 Wechseln Sie zum Schlüssel *HKEY_LOCAL_MACHINE\SYSTEM\CurrentControlSet\Control\Session Manager\Environment*. Auf der rechten Seite finden Sie nun den Eintrag *Path*. Steht rechts daneben *REG_SZ* und nicht *REG_EXPAND_SZ*, haben Sie den Fehler gefunden.

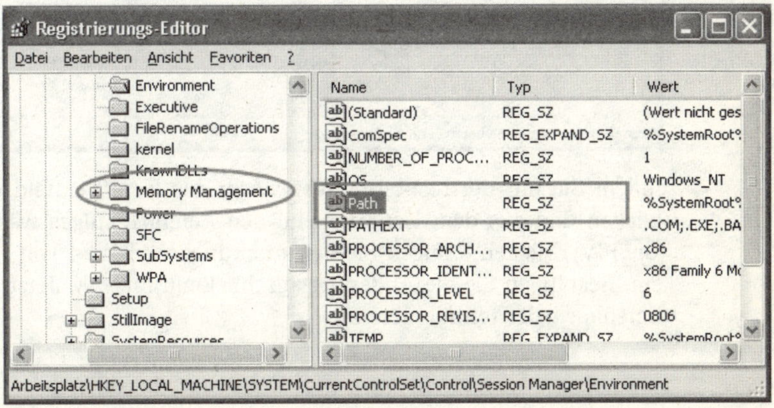

2 Doppelklicken Sie auf *Path*. Markieren Sie alles im Feld *Wert* und klicken Sie mit der rechten Maustaste auf den markierten Text. Wählen Sie dann aus dem Kontextmenü den Befehl *Kopieren*. Alternativ können Sie auch Strg+C drücken. Schließen Sie die Dialogbox *Zeichenfolge bearbeiten* dann mit *Abbrechen*.

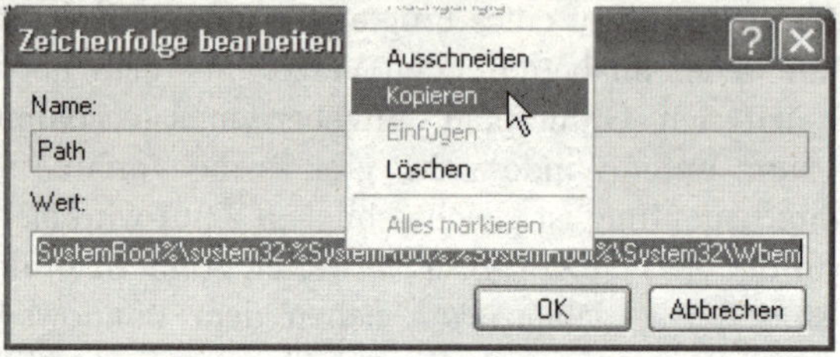

3 Löschen Sie nun den Eintrag *Path* und wählen Sie anschließend den Befehl *Bearbeiten/Neu/Wert der erweiterbaren Zeichenfolge*, um einen neuen Wert vom Datentyp *REG_EXPAND_SZ* anzulegen. Benennen Sie diese erweiterbare Zeichenfolge um in *Path* und doppelklicken Sie darauf.

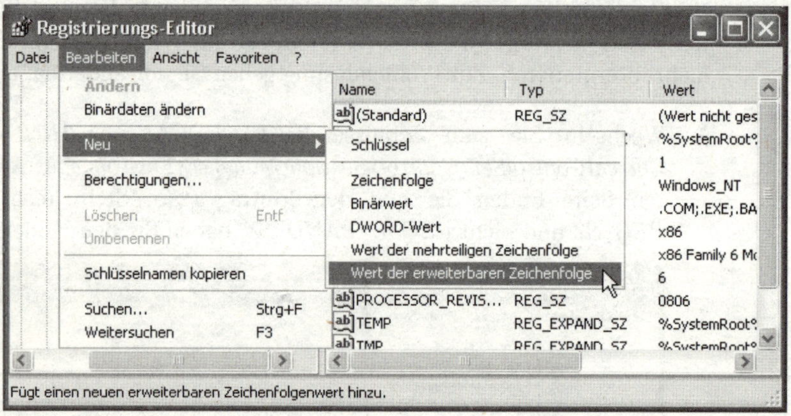

4 Indem Sie mit der rechten Maustaste in das leere Textfeld unter *Wert* klicken und aus dem Kontextmenü den Befehl *Einfügen* wählen - oder Strg+V drücken -, fügen Sie den ursprünglichen Wert von *Path* wieder ein. Bestätigen Sie die Änderung anschließend mit *OK*. Jetzt sollten alle Befehle wieder funktionieren.

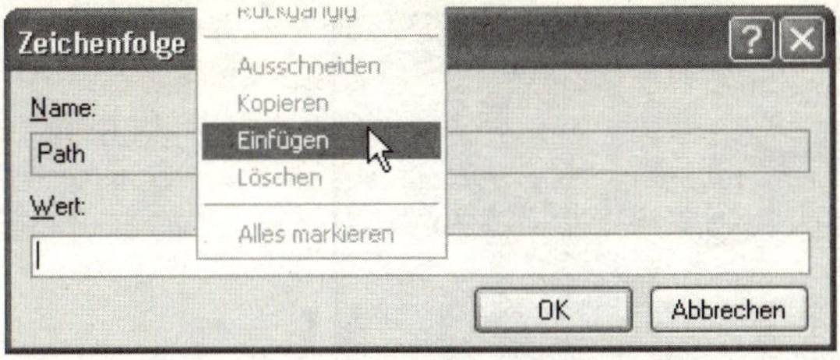

Vorfahrt für den Drucker I: Priorität des Drucker-Spoolers erhöhen

Wenn Sie sehr viele Druckaufträge abzuarbeiten haben und es auf einen schnellen Ausdruck ankommt, sollten Sie über die Registry die Priorität des Druckertreibers erhöhen, auch wenn dies leicht zu Lasten anderer Tasks geht:

1 Den entsprechenden Eintrag finden Sie unter dem Schlüssel *HKEY_LOCAL_MACHINE\SYSTEM\CurrentControlSet\Control\Print* unter dem Namen *SchedulerThreadPriority*. Doppelklicken Sie auf diesen Eintrag oder wählen Sie aus dem Kontextmenü den Befehl *Ändern*, um dem Eintrag einen neuen Wert zuzuweisen.

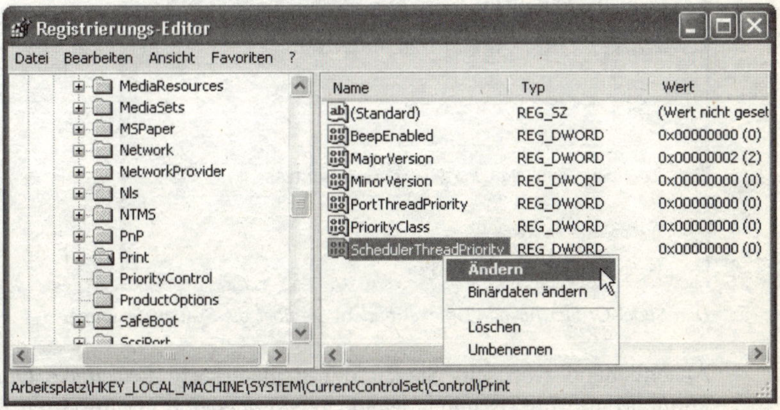

2 Mögliche Hexadezimal-Werte für *SchedulerThreadPriority* sind FFFFFFFF für niedrige Priorität, 0 für mittlere Priorität (Standard) und 1 für hohe Priorität. Um den Druckvorgang zu beschleunigen, setzen Sie also den Wert 1 ein.

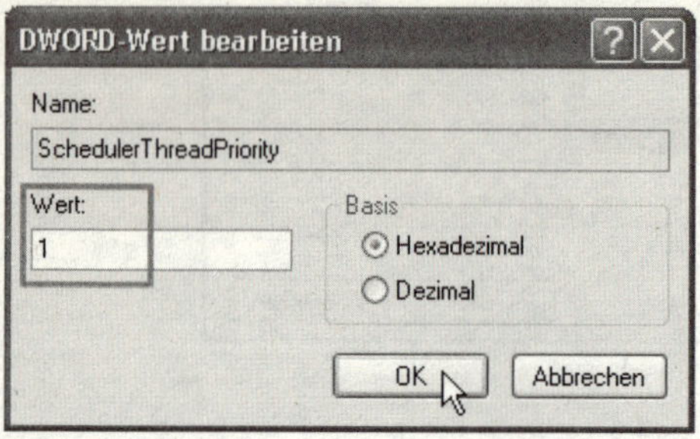

Vorfahrt für den Drucker II: Spooler-Verzeichnis für Drucker auf schnellere Festplatte legen

XP Windows XP richtet für alle Drucker ein Spooler-Verzeichnis ein, auf dem die Druckaufträge „zwischengelagert“ werden, bevor sie endgültig an den Drucker geschickt werden. Normalerweise lautet dieses Verzeichnis *C:\Windows\System32\spool\PRINTERS*. Sie können das Verzeichnis ändern, indem Sie in der Systemsteuerung auf das Symbol *Drucker und Faxgeräte* doppelklicken und dann den Befehl *Datei/Servereigenschaften* wählen.

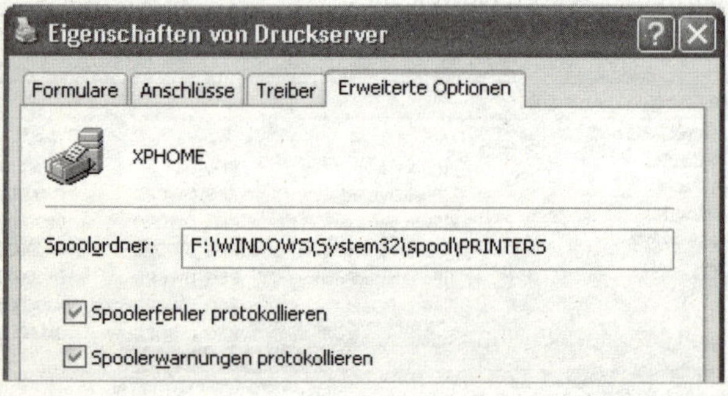

Den Spool-Ordner für alle Drucker ändern Sie über die Systemsteuerung.

Anschließend wechseln Sie zu der Registerkarte *Erweiterte Optionen* und können dann im Texteingabefeld *Spoolordner* den gewünschten Pfad eintragen - den Ordner sollten Sie allerdings vorher erstellt haben.

In der Registry finden Sie den Pfad zum Spool-Ordner unter dem Schlüssel *HKEY_LOCAL_MACHINE\SYSTEM\CurrentControlSet\Control\Print\Printers* als Wert in der Zeichenfolge *DefaultSpoolDirectory* verankert. Hier sind im Gegensatz zur Systemsteuerung auch noch feinere Einstellungen möglich:

Denn unterhalb des Schlüssels *Printers* finden Sie alle auf Ihrem System installierten Drucker nochmals als Unterschlüssel wieder.

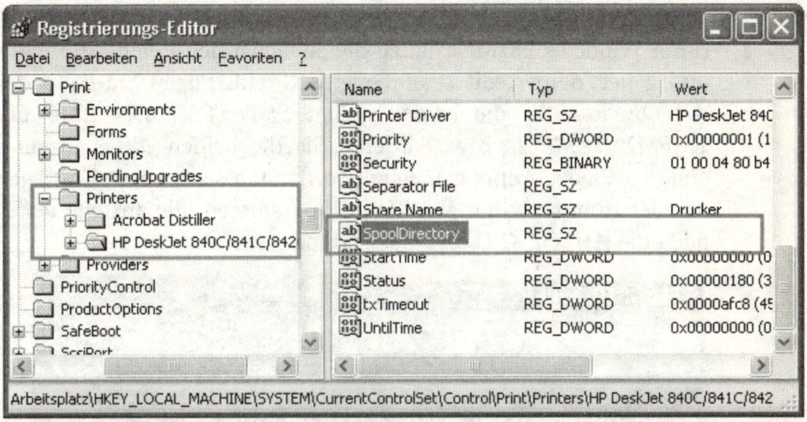

Über die Registry können Sie jedem Drucker ein eigenes Spool-Verzeichnis zuweisen.

Indem Sie den entsprechenden Unterschlüssel auswählen und darin die Zeichenfolge *SpoolDirectory* bearbeiten, können Sie nun jedem einzelnen Drucker ein eigenes Spool-Verzeichnis zuweisen - der druckerspezifische Wert *SpoolDirectory* hat nämlich, sofern er nicht leer ist, Vorfahrt vor dem Wert *DefaultSpoolDirectory*. Wenn Sie zweien auf Ihrem System installierten Druckern - oder Drucker und Faxtreiber - so verschiedene Spool-Verzeichnisse zuordnen, die auf getrennten Festplatten liegen, können Sie bei gleichzeitig oder kurz hintereinander abgeschickten Druckaufträgen ein kleines Geschwindigkeitsplus herauskitzeln, da die Festplattenzugriffe gleichmäßiger verteilt werden.

Mehr Speed für Anwendungen: temporäre Dateien auf schnelleres Laufwerk legen

Der Ordner, in dem temporäre Dateien angelegt werden, heißt seit MS-DOS-Zeiten unverändert *Temp*. Unter Windows 98 und Windows ME liegt er standardmäßig unterhalb des Windows-Verzeichnisses, lautet also *C:\Windows\Temp*. Windows XP kennt gar gleich zwei *Temp*-Ordner, einen benutzerbezogenen unter *C:\Dokumente und Einstellungen\<Benutzername>\Lokale Einstellungen\Temp* und einen zweiten, systembezogenen unter *C:\Windows\Temp*. Sinnvoll ist es nun, den Ordner *Temp* auf die schnellste Festplatte zu legen, die ja nicht unbedingt C: sein muss. Wollen Sie beispielsweise temporäre Dateien fortan unter *D:\Temp* abgelegt haben, legen Sie diesen Ordner zunächst an und gehen dann folgendermaßen vor:

1 Unter Windows 98/ME wählen Sie zunächst den Befehl *Start/Ausführen* und geben dann „edit c:\autoexec.bat" ein. Fügen Sie dann der Datei *AUTOEXEC.BAT* die beiden Zeilen *SET TEMP=D:\TEMP* und *SET TMP=D:\TEMP* zu bzw. editieren Sie die beiden Zeilen, wenn sie mit anderen Pfadzuordnungen schon vorhanden sind. Diese Einträge dienen nur der Kompatibilität zu älteren Programmen, die anstelle der Registry noch die *AUTOEXEC.BAT* auswerten.

2 Nun muss der neue Pfad auch in der Registry eingetragen werden. Wechseln Sie hierfür zum Schlüssel *HKEY_LOCAL_MACHINE\SOFTWARE\Microsoft\Windows\CurrentVersion\Explorer\VolumeCaches\Temporary files*. Doppelklicken Sie dann auf der rechten Seite auf die Zeichenfolge *folder*, um sie zu bearbeiten.

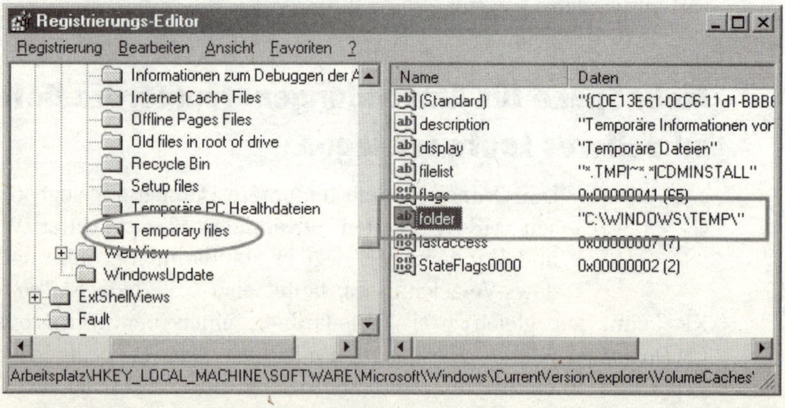

3 Jetzt können Sie der Zeichenfolge als Wert den gewünschten Pfad zuweisen, in unserem Beispiel *D:\TEMP*.

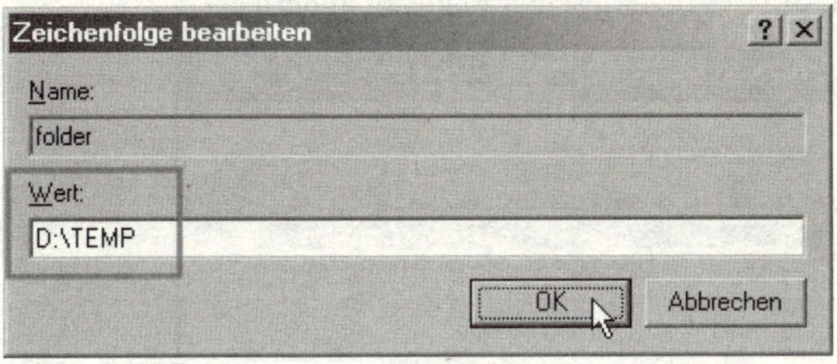

4 Unter Windows XP führt Sie die oben genannte Vorgehensweise nicht weiter, unter der Zeichenfolge *folder* ist hier nur die Variable *%TEMP%* eingetragen. Öffnen Sie stattdessen die Systemsteuerung und doppelklicken Sie auf *System*. Wechseln Sie dann zur Registerkarte *Erweitert* und klicken Sie auf die Schaltfläche *Umgebungsvariablen*.

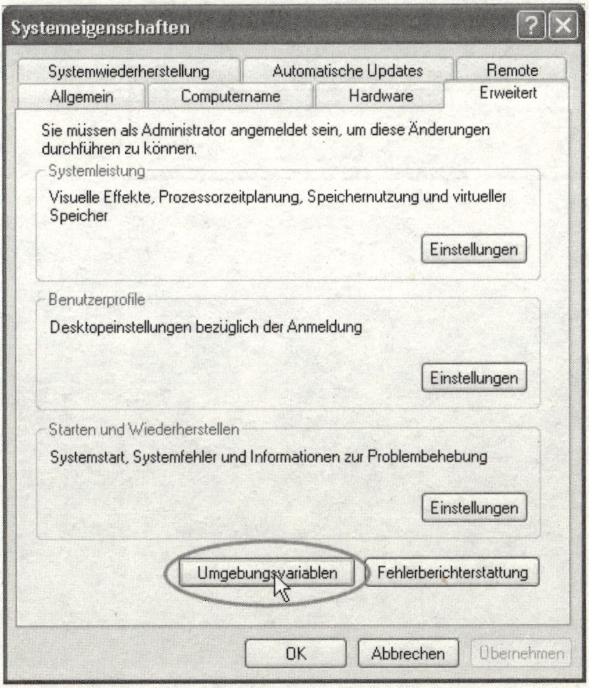

5 Hier finden Sie den Pfad zu den temporären Dateien gleich viermal zugewiesen: zweimal im Bereich *Benutzervariablen für <Benutzername>* als *TEMP* und *TMP* sowie zweimal im Bereich *Systemvariablen*, wieder als

TEMP und *TMP*. Markieren Sie die vier Einträge nacheinander und klicken Sie jeweils auf die Schaltfläche *Bearbeiten* im entsprechenden Bereich, um die zugewiesenen Pfade zu ändern.

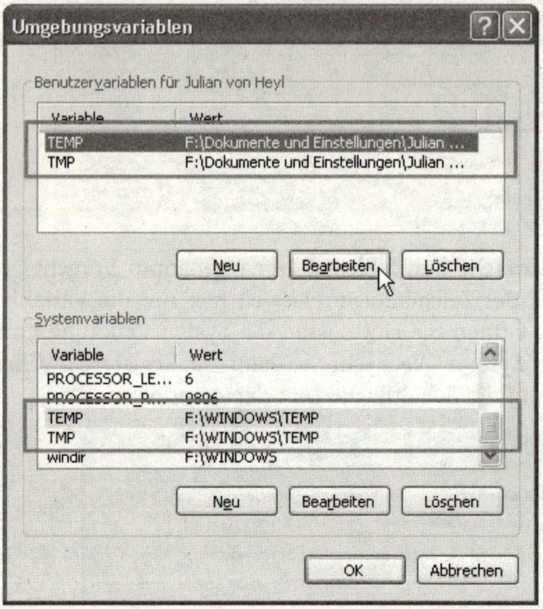

8. Windows-Feinschliff mit dem Gruppenrichtlinien-Editor

Bekanntlich unterscheiden sich die beiden Versionen Windows XP Home und Windows XP Professional vor allem dadurch, dass letzteres Betriebssystem deutlich erweiterte Netzwerkfähigkeiten mit sich bringt. Unter anderem steht dem System-Administrator unter Windows XP Professional mit dem Gruppenrichtlinien-Editor ein äußerst mächtiges Tool zur Verfügung, mit dem unzählige Feineinstellungen möglich sind, die zum einen die System-Sicherheit betreffen - mit denen also verhindert werden soll, dass innerhalb eines Netzwerks Benutzer gewollt oder ungewollt wichtige Einstellungen verändern können -, die zum anderen aber auch auf das Look & Feel von Windows Einfluss nehmen.

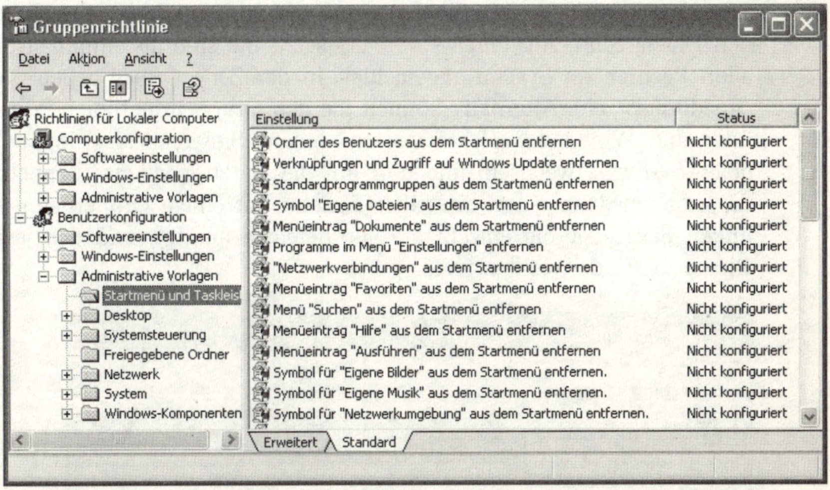

Mit dem Gruppenrichtlinien-Editor sind unzählige Feineinstellungen im System möglich.

Beim Gruppenrichtlinien-Editor handelt es sich um ein so genanntes Snap-In der **M**icrosoft **M**anagement **C**onsole (MMC), weitere Snap-Ins erreichen Sie, indem Sie in der Systemsteuerung das Modul Verwaltung aufrufen.

8.1 Gruppenrichtlinien: Aufruf und Aufbau

Wie startet man aber nun das geheimnisvolle Tool? Wie auch beim Registrierungs-Editor hat Microsoft bewusst darauf verzichtet, den Gruppenrichtlinien-Editor simpel übers Startmenü zur Verfügung zu stellen: Denn einige Einstellungen zu viel an dieser Stelle, und das Betriebssystem ist schnell bis hin zur Unbrauchbarkeit „verkonfiguriert“, sodass nur noch eine Neu-Installation weiterhilft.

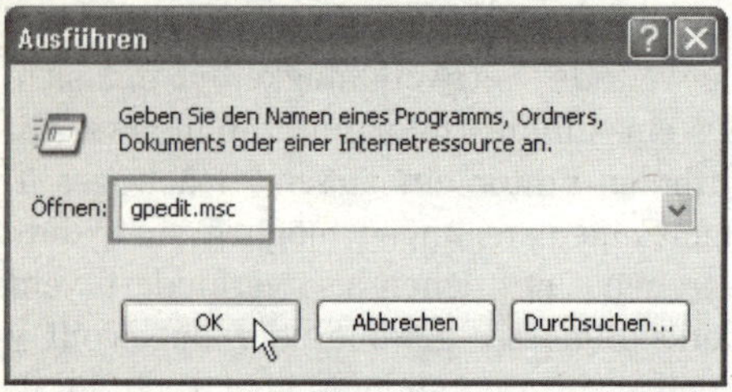

Der Gruppenrichtlinien-Editor wird über den Ausführen-Dialog gestartet.

Wie auch RegEdit starten Sie den Gruppenrichtlinien-Editor also direkt über den Dialog *Start/Ausführen* - vorausgesetzt, Sie sind als Administrator mit allen Rechten im System angemeldet. In der Zeile *Öffnen* geben Sie dann „gpedit.msc“ ein. Alternativ können Sie den Gruppenrichtlinien-Editor auch über den Windows-Explorer starten, indem Sie ins Verzeichnis *C:\Windows\System32* wechseln und dort auf die Datei *gpedit.msc* doppelklicken. Sie erhalten dann ein zweigeteiltes Fenster mit einem Ordnerbaum auf der linken Seite, der die einzelnen Hauptbereiche anzeigt, und den jeweiligen Optionen auf der rechten Seite.

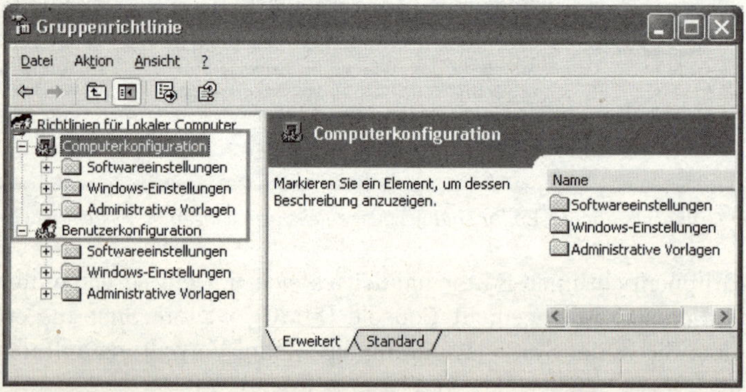

Die Gruppenrichtlinien schlüsseln sich auf in Computerkonfiguration und Benutzerkonfiguration.

Unterhalb des Roots *Richtlinien für Lokaler Computer* finden Sie hier die beiden Hauptbereiche *Computerkonfiguration* und *Benutzerkonfiguration* vor. Wie die Namen schon sagen, bezieht sich der erste Hauptbereich auf den Computer allgemein - also auf alle Benutzer -, während der zweite Hauptbereich den gerade angemeldeten Benutzer betrifft. Vergleichbar ist das in etwa mit den Registry-Zweigen *HKEY_LOCAL_MACHINE* und *HKEY_CURRENT_USER*. Allerdings ist der Unterschied hier eher akademischer Natur, da die Benutzerkonfiguration in der Praxis stets als lokale Konfiguration dem gerade angemeldeten Benutzer zugewiesen wird. Beide Hauptbereiche haben jeweils drei Unterbereiche:

- Der Bereich *Softwareeinstellungen* dient nicht etwa, wie der Name vermuten ließe, dazu, spezielle Optionen für installierte Software festzulegen - dies geschieht immer noch über die Anwendungen selbst -, sondern hier können Installationen vom Microsoft Installer (Dateinamenerweiterung *.msi*) hinterlegt werden, die dann beim nächsten Rechner-Neustart durchgeführt werden.
- Im Bereich *Windows-Einstellungen* können Skripts hinterlegt werden, die beim Starten oder beim Herunterfahren abgearbeitet werden. Außerdem sind hier verschiedene Sicherheitseinstellungen möglich. Zum Anpassen der Oberfläche ist hier allein der Bereich *Benutzerkonfiguration/Windows-Einstellungen/Internet Explorer-Wartung* interessant, der unter anderem erlaubt, die Benutzeroberfläche des Internet Explorer zu verändern.
- Die weitreichendsten Einstellungsmöglichkeiten finden Sie im Bereich *Administrative Vorlagen* - und hier in erster Linie unter dem Hauptbereich *Benutzerkonfiguration*. Es handelt sich bei diesem Bereich um eine „Spiegelung“ der so genannten ADM-Dateien, das sind reine Textdateien im Windows-Ordner *inf*, über die direkt Einfluss auf viele Registry-Einstellungen genommen werden kann.

In den nächsten Abschnitten stellen wir Ihnen die Highlights der Änderungsmöglichkeiten speziell des letzten Abschnitts *Administrative Vorlagen* vor.

Internet Explorer ganz persönlich: eigene Symbole und eigener Hintergrund

Wie bereits gesagt: Im Bereich *Benutzerkonfiguration/Windows-Einstellungen/Internet Explorer-Wartung* haben Sie die Möglichkeit, das Look & Feel des Internet Explorer zu ändern. Hierzu wechseln Sie in diesen Bereich und klicken dann zunächst auf den Unterbereich *Benutzeroberfläche des Browsers*. Hier finden Sie wiederum drei Unterbereiche:

1 Im ersten Unterbereich *Browsertitel*, den Sie wie die anderen Unterbereiche auch mit einem Doppelklick öffnen, haben Sie die Möglichkeit, die Fenstertitelleiste des Browsers anzupassen. Geben Sie hier etwa Ihren Firmennamen ein, zum Beispiel „MyCompany", erscheint als Fenstertitel später *Microsoft Internet Explorer bereitgestellt von MyCompany*. Zuvor müssen Sie natürlich ein Häkchen vor die Option *Titelleiste anpassen* setzen.

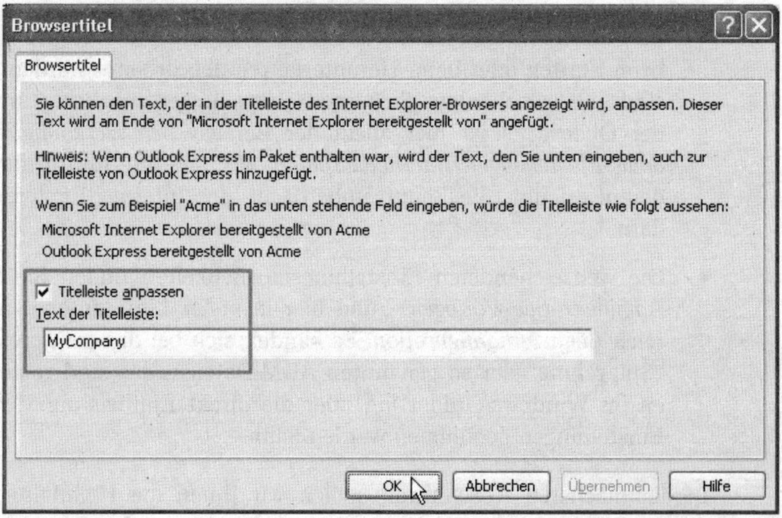

2 Unter *Benutzerdefiniertes Logo* können Sie sowohl das statische als auch das animierte Logo, das in der rechten oberen Ecke des Internet Explorer angezeigt wird, anpassen. Wie genau Sie die Bilddateien hierzu erstellen, können Sie auf Seite 197 nachlesen.

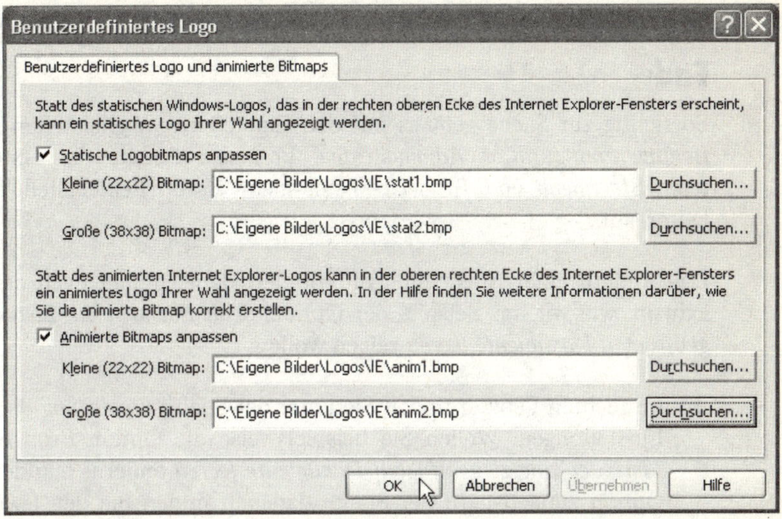

3 Schließlich steht Ihnen noch der Bereich *Anpassung der Browsersymbolleiste* zur Verfügung. Hier können Sie ein Bitmap (BMP-Datei) hinterlegen, das dann als Hintergrund für die Symbol- und Menüleisten angezeigt wird. Im Bereich *Schaltflächen* können Sie benutzerdefiniert der Internet Explorer-Symbolleiste weitere Schaltflächen hinzufügen, beispielsweise um von dort aus schnell Programme zu starten.

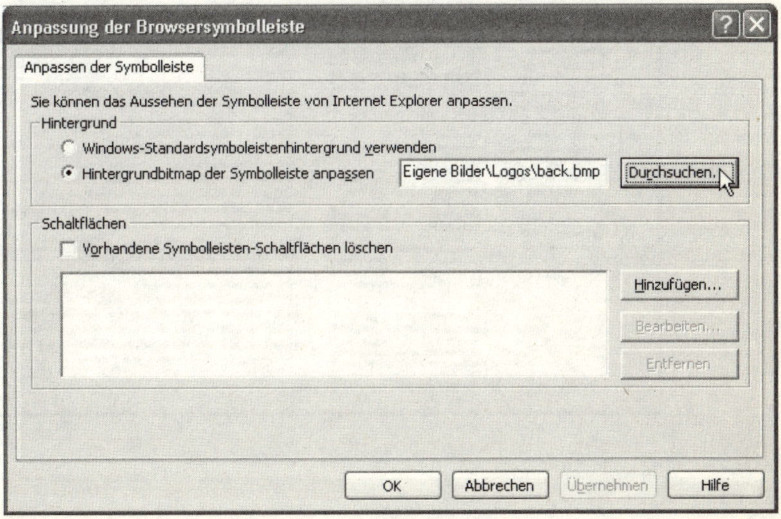

Startmenü und Taskleiste: Feineinstellungen ohne Ende

So richtig zur Sache geht es mit den Einstellungsmöglichkeiten im Bereich *Benutzerkonfiguration/Administrative Vorlagen*: Bereits der erste Unterbereich *Startmenü und Taskleiste* listet mehr als 40 Feineinstellungsmöglichkeiten auf.

Das Ändern einer Einstellung funktioniert dabei immer nach dem gleichen Prinzip, wie wir am Beispiel der Option *Beim Beenden die Liste der zuletzt geöffneten Dokumente leeren* zeigen wollen:

1 Im rechten Fenster finden Sie unter der Spalte *Einstellung* die möglichen Einstellungen. Wollen Sie beispielsweise die Option *Beim Beenden die Liste der zuletzt geöffneten Dokumente leeren* ändern, markieren Sie die Option zunächst. In der Spalte daneben finden Sie den jeweiligen Status, standardmäßig *Nicht konfiguriert*. Haben Sie eine Option markiert, sehen Sie in der Ansicht *Erweitert* links daneben eine kurze Erklärung. Doppelklicken Sie auf die Option, um ihren Status zu ändern. Alternativ können Sie die Option auch mit der rechten Maustaste anklicken und aus dem Kontextmenü *Eigenschaften* wählen.

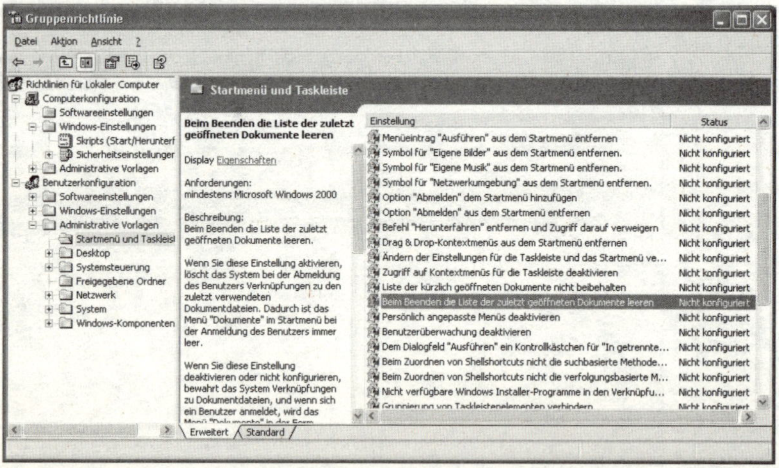

2 Nun öffnet sich ein neues Fenster mit Einzelheiten zu der geöffneten Option. Wenn Sie weitere Erklärungen zu der Option brauchen, klicken Sie auf die Registerkarte *Erklärung*: Hier finden Sie in der Regel einen ausführlichen Hilfetext.

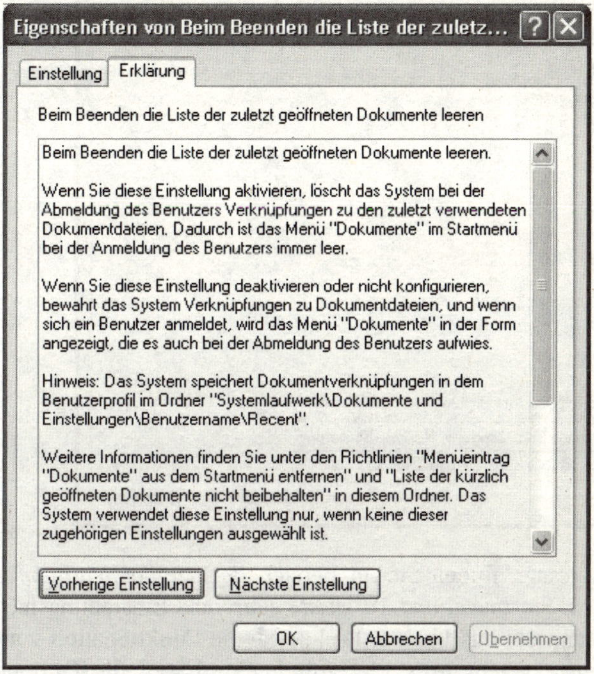

3 Die Option selbst ändern Sie über die Registerkarte *Einstellung*. Hier finden Sie die drei Einstellungsmöglichkeiten *Nicht konfiguriert*, das heißt, es gelten die Windows-Standardeinstellungen, *Aktiviert* oder *Deaktiviert*. Klicken Sie auf *Aktiviert*, um die Option zu aktivieren. In unserem Beispiel erreichen Sie dadurch, dass die Liste der zuletzt geöffneten Dokumente im Startmenü bei jedem Beenden von Windows automatisch gelöscht wird. Schließlich finden Sie hier noch die beiden Schaltflächen *Vorherige Einstellung* und *Nächste Einstellung*, über die Sie schnell die Einstellung in der Liste darüber oder darunter erreichen können, ohne das Konfigurationsfenster verlassen zu müssen.

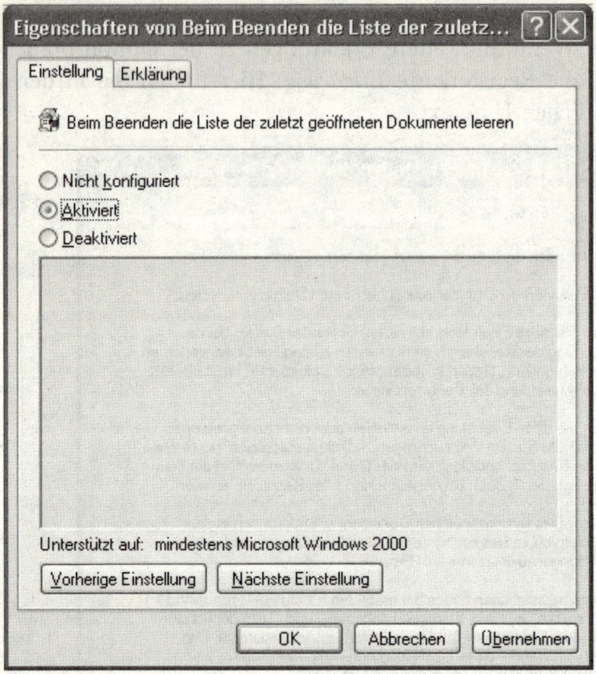

Wie schon gesagt, finden Sie im Bereich *Benutzerkonfiguration/Administrative Vorlagen/Startmenü und Taskleiste* sehr viele Einstellungsmöglichkeiten, die aufs Genaueste das Look & Feel sowie die Funktionalität von Startmenü und Taskleiste regeln. Aus Platzgründen und weil die Optionen im Programm selbst schon sehr gut dokumentiert sind, wollen wir hier nur die Hauptbereiche und wichtigsten Optionen aufführen:

- Entfernen und Hinzufügen verschiedener Einträge aus dem Startmenü, beispielsweise die Menüeinträge *Dokumente*, *Suchen*, *Hilfe und Support* oder *Favoriten*.
- Entfernen des Befehls *Ausschalten* und Zugriff auf diesen Befehl verweigern.
- Verändern der Einstellungen von Taskleiste und Startmenü nicht zulassen.
- Persönlich angepasste Menüs deaktivieren, d. h., lange nicht angewählte Menüpunkte werden nicht mehr ausgeblendet.

- Klassisches Startmenü erzwingen: Es wird nicht mehr das neue Windows XP-Startmenü angezeigt, sondern das aus Windows 98/ME bekannte - die Einstellung kann über die normalen Dialogboxen nicht mehr geändert werden.
- Infobereich ausblenden: Der so genannte Systray links neben der Uhr wird nicht mehr angezeigt, es erscheinen keine Benachrichtigungssymbole mehr.

Der Bereich Desktop: weitreichender Systemschutz

Über den Bereich *Desktop* regeln Sie unter anderem, welche System-Symbole auf dem Desktop erscheinen sollen und welche nicht. Hier können Sie beispielsweise die Symbole *Arbeitsplatz*, *Eigene Dateien* oder *Papierkorb* entfernen.

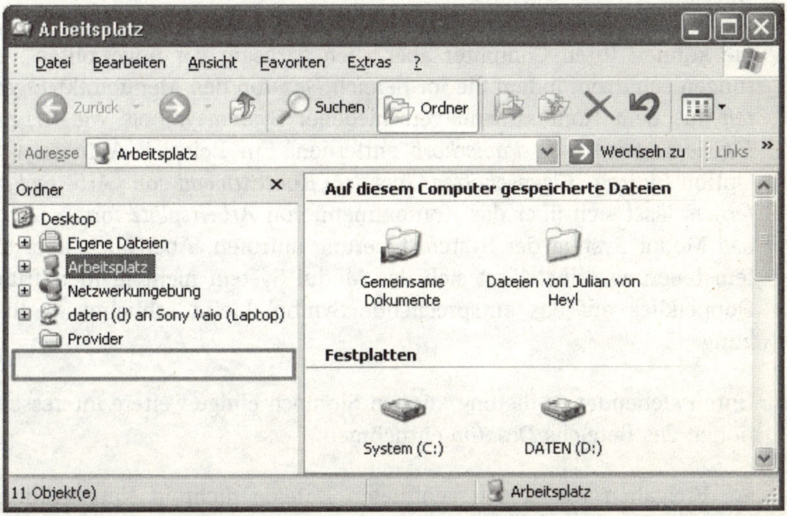

Hier fehlt der Papierkorb! Über den Unterbereich Desktop blenden Sie Symbole nicht nur vom Desktop, sondern auch aus dem Windows-Explorer aus.

Aber Vorsicht! Im Gegensatz zur Registerkarte *Anzeige* der Systemsteuerung (Registerkarte *Desktop*, Schaltfläche *Desktop anpassen*), über die Sie die Anzeige der genannten Symbole lediglich für den Desktop selbst steuern, wird hier auch die Anzeige im Arbeitsplatz bzw. im Windows-Explorer deaktiviert. Wählen Sie beispielsweise die Option *Symbol „Arbeitsplatz" vom Desktop entfernen*, wird zwar noch ein Ordner *Arbeitsplatz* im Windows-Explorer angezeigt, er ist aber leer, wenn Sie darauf klicken.

Systemsteuerung/System: Das Symbol ist noch da, ein Doppelklick bleibt aber ohne Wirkung.

Sie können Ihren Computer aber auch wirksam vor ungewollten Veränderungen schützen, indem Sie im Bereich *Desktop* den Menüpunkt *Eigenschaften* aus dem Kontextmenü verschiedener Systemsymbole wie *Arbeitsplatz, Eigene Dateien* oder *Papierkorb* entfernen. Ein Beispiel: Aktivieren Sie die Option *Eintrag „Eigenschaften“ aus dem Kontextmenü von „Arbeitsplatz“ entfernen*, lässt sich über das Kontextmenü von *Arbeitsplatz* fortan nicht mehr das Modul System der Systemsteuerung aufrufen. Aber auch über die Systemsteuerung selbst lässt sich das Modul System nicht mehr aufrufen, ein Doppelklick auf das entsprechende Symbol bleibt schlichtweg ohne Wirkung.

Unten stehender Auflistung können Sie noch einige weitere interessante Optionen des Bereichs *Desktop* entnehmen:

- Freigaben von zuletzt geöffneten Dateien nicht in Netzwerkumgebung hinzufügen.
- Pfadänderung für den Ordner *Eigene Dateien* nicht zulassen.
- Hinzufügen, Verschieben und Schließen von Symbolleisten der Taskleiste nicht zulassen.
- Einstellungen beim Beenden nicht speichern.
- Desktop-Bereinigungs-Assistent entfernen.

Unterhalb des Bereichs *Desktop* finden Sie noch die beiden Unterbereiche *Active Desktop* und *Active Directory*: Während letzterer Unterbereich nur für Windows 2000 interessant ist, können Sie mittels des ersteren Unterbereichs sehr genau festlegen, inwieweit der Active Desktop, dessen Optionen Sie über *Systemsteuerung/Anzeige*, Registerkarte *Desktop*, Schaltfläche *Desktop anpassen*, Registerkarte *Web* steuern, veränderbar sein darf.

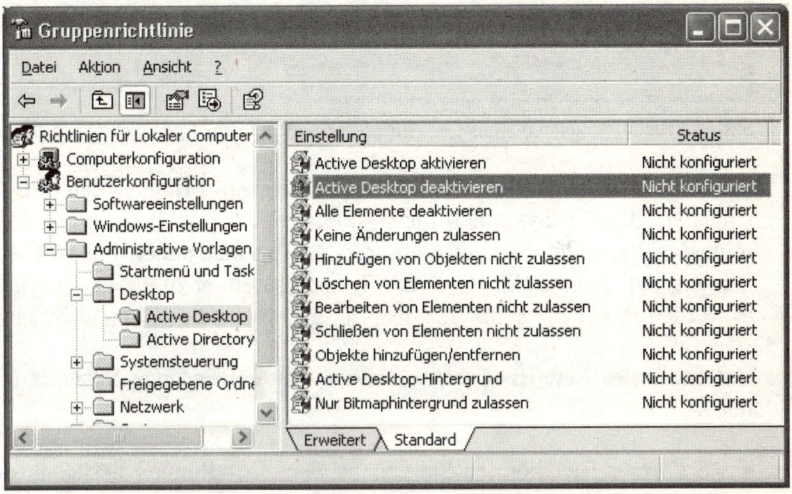

Im Bereich Active Desktop können Sie u. a. einen einmal konfigurierten Active Desktop vor Veränderungen schützen.

Neben der Möglichkeit, den Active Desktop ganz zu deaktivieren, haben Sie hier beispielsweise die Möglichkeit, das Hinzufügen, Verändern, Schließen oder Löschen von Elementen zu unterbinden, außerdem können Sie hier einen Active Desktop-Hintergrund festlegen oder einstellen, dass nur Bitmaps, also BMP-Dateien, als Hintergrund zugelassen werden.

Der Bereich Systemsteuerung: Nur Sie bestimmen, was geändert werden darf!

Effektiver noch als über den Bereich *Desktop* können Sie über den Bereich *Systemsteuerung* Restriktionen greifen lassen. Hier können Sie - als radikalste Maßnahme - den Zugriff auf die Systemsteuerung ganz sperren. Sie können aber auch eine Liste der Module definieren, die in der Systemsteuerung noch angezeigt werden dürfen, oder umgekehrt eine Liste der Module festlegen, die ausgeblendet werden sollen.

Systemsteuerung radikal abgespeckt: Nur noch das Modul Anzeige wird eingeblendet.

In den jeweiligen Optionen müssen Sie hierzu die Namen der CPL-Dateien eingeben, die den Symbolen der Systemsteuerung entsprechen: Eine Zuordnungstabelle finden Sie auf Seite 276. Schließlich haben Sie hier die Möglichkeit, den „klassischen Stil" der Systemsteuerung zu erzwingen, das heißt, es werden direkt die Symbole angezeigt und nicht die Themenbereiche.

Unterhalb des Bereichs *Systemsteuerung* finden Sie noch folgende Unterbereiche:

- *Software*: Hier können Sie genaue Feineinstellungen bezüglich des Moduls Software der Systemsteuerung tätigen. So können Sie beispielsweise erreichen, dass keine Windows-Komponenten mehr hinzugefügt oder entfernt werden können oder dass bereits installierte Software nicht mehr deinstalliert werden kann.
- *Anzeige*: Hier können Sie festlegen, was über das Modul Anzeige alles geändert werden darf und was nicht. Sie können etwa einzelne Registerkarten wie *Bildschirmschoner* ganz ausblenden oder verhindern, dass Fenster- und Schaltflächenstile geändert werden.
- *Drucker*: An dieser Stelle können Sie das Hinzufügen oder das Löschen von Druckern verhindern oder die Pfade ändern, in denen nach neuen Druckern gesucht wird.
- *Regions- und Sprachoptionen*: Hier können Sie das gleichnamige Modul der Systemsteuerung deaktivieren und so verhindern, dass die eingestellte Sprache des Computers geändert wird.

Der Bereich Netzwerk: rund um Offlinedateien und Netzwerkverbindungen

Der Bereich *Netzwerk* teilt sich in die beiden Unterbereiche *Offlinedateien* und *Netzwerkverbindungen* auf. Im ersteren Bereich geht es vor allem um die Synchronisation von Offlinedateien und -objekten. Dies kann sich aufs Netzwerk oder auch aufs Internet beziehen.

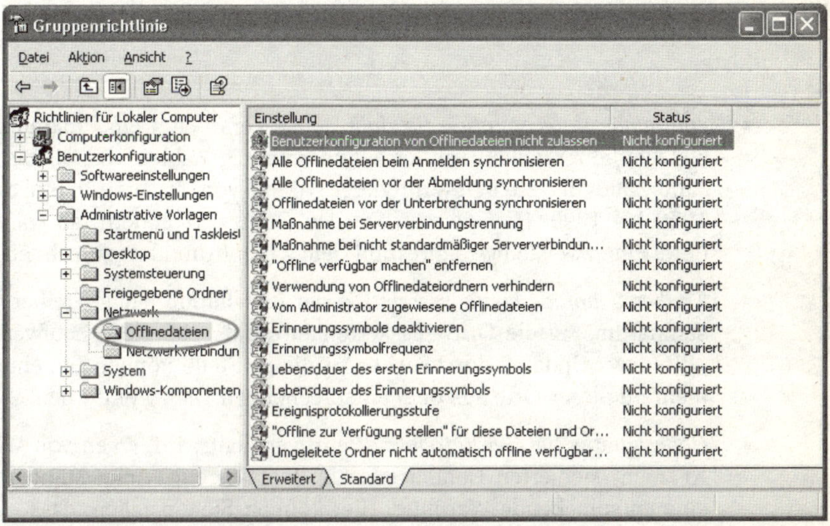

Der Bereich Offlinedateien regelt alle Details zur Synchronisation.

Im Bereich *Netzwerkverbindungen* wird hingegen genauestens geregelt, inwieweit User Zugriff aufs Netzwerk haben und inwieweit sie Netzwerkeinstellungen ändern dürfen.

8.2 Hier geht's ans Eingemachte: der Bereich System

Der Bereich *System* verwaltet systemnahe Einstellungen. Beispielsweise können Sie hier verhindern, dass die Eingabeaufforderung gestartet wird, und auch das Programm RegEdit können Sie in diesem Bereich sperren.

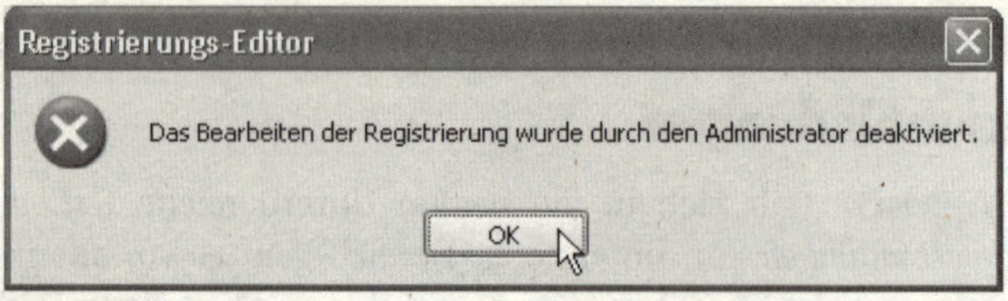

Mit der entsprechenden Richtlinieneinstellung kann RegEdit auch nicht mehr über den Start/Ausführen-Dialog gestartet werden.

Die interessantesten Optionen dieses Bereichs entnehmen Sie der folgenden Liste:

- *Jahrhundertinterpretation für Jahr 2000*: Verarbeitet ein Programm zweistellige Jahreszahlen, werden standardmäßig Zahlen von 00 bis 29 als Jahr 2000 bis 2029 interpretiert, Zahlen von 30 bis 99 hingegen als 1930 bis 1999. Hier können Sie den Grenzwert ändern, ab wann Windows eine zweistellige Jahreszahl dem 21. Jahrhundert zurechnen soll.
- *Treibersuchpfade konfigurieren*: Bei der Installation neuer Treiber werden standardmäßig die Orte „Diskettenlaufwerk", „CD-ROM-Laufwerk" und „Windows Update" durchsucht. An dieser Stelle können Sie einen oder mehrere dieser Orte aus dem entsprechenden Dialog entfernen.
- *Codesignatur für Gerätetreiber*: Wenn versucht wird, einen von Windows XP nicht signierten Gerätetreiber zu installieren, erfolgt standardmäßig eine entsprechende Warnung. Hier können Sie einstellen, dass - mit *Ignorieren* - keine Warnung erfolgt oder - mit *Blockieren* - eine Installation unsignierter Treiber überhaupt nicht möglich ist.
- *Benutzerdefinierte Benutzerschnittstelle*: An dieser Stelle können Sie die Shell ändern, also das Programm, das Windows standardmäßig als Benutzeroberfläche hochfährt (Standard: Explorer). Geben Sie etwa „Winword.exe" ein, startet Windows stets mit MS-Word - das Starten von anderen Programmen ist dann allerdings nicht mehr möglich.
- *Zugriff auf Eingabeaufforderung verhindern*: Hier stellen Sie ein, ob die Eingabeaufforderung gestartet werden darf, also das Programm *CMD.exe*. Zusätzlich können Sie hier festlegen, ob Batch-Dateien noch ausgeführt werden dürfen (per Doppelklick oder über *Start/Ausführen*).
- *Zugriff auf Programme zum Bearbeiten der Registrierung verhindern*: verhindert, dass der Registrierungs-Editor, also „RegEdit.exe", gestartet werden kann. Wird es dennoch versucht, erscheint eine entsprechende Fehlermeldung.

- *Nur zugelassene Windows-Anwendungen ausführen*: Hier können Sie eine Liste von Programmen anlegen, die ausgeführt werden dürfen. Alle nicht auf der Liste auftauchenden Programme können nicht gestartet werden.
- *Angegebene Windows-Anwendungen nicht ausführen*: Hier definieren Sie umgekehrt eine Liste von Programmen, die nicht ausgeführt werden dürfen.
- *Autoplay deaktivieren*: Deaktiviert die Autoplay-Funktion für alle Laufwerke oder nur für CD-ROM-Laufwerke.
- *Ausführen aus der Hilfe für folgende Programme nicht zulassen*: An dieser Stelle können Sie Programme in eine Liste eintragen, die nicht von der Onlinehilfe aus gestartet werden sollen.

Unterhalb des Bereichs *System* stehen Ihnen noch folgende Unterbereiche zur Verfügung:

- *Benutzerprofile*: Verschiedene Einstellungen zu den Benutzerprofilen, beispielsweise Beschränkung der maximal zulässigen Profilgröße.
- *Skripts*: Optionen zu eventuell eingerichteten Anmelde- und Abmeldeskripts, etwa ob sie sichtbar oder im Hintergrund ausgeführt werden sollen.
- *Strg+Alt+Entf-Optionen*: Hier können Sie den Task-Manager deaktivieren, der normalerweise mit der Tastenkombination Strg+Alt+Entf aufrufbar ist, oder ihn in seiner Funktionalität einschränken.
- *Anmelden*: Hier legen Sie etwa Programme fest, die beim Anmeldevorgang automatisch ausgeführt werden sollen.
- *Gruppenrichtlinien*: Verschiedene Optionen zu den Gruppenrichtlinien selbst.
- *Energieverwaltung*: An dieser Stelle können Sie erzwingen, dass beim „Aufwecken" des Rechners aus dem Standby-Modus oder aus dem Ruhezustand ein Kennwort eingegeben werden muss.

8.3 Rund ums Zubehör: der Bereich Windows-Komponenten

Verschiedene Zubehör-Programme können Sie im Bereich *Windows-Komponenten* konfigurieren, allen voran natürlich den Windows-Explorer.

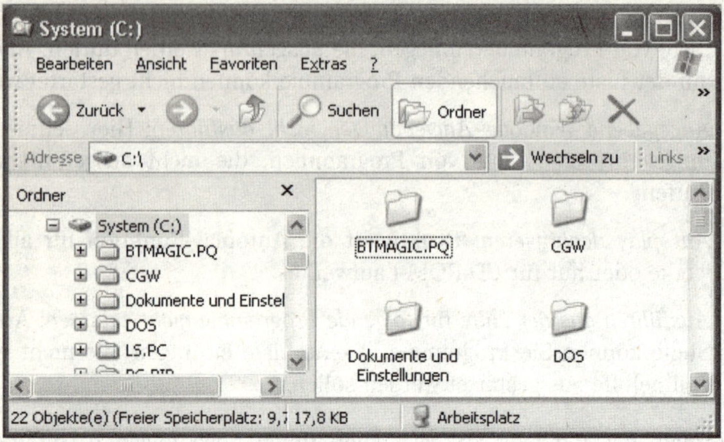

Das Menü Datei können Sie ganz einfach aus dem Windows-Explorer entfernen.

Im Einzelnen treffen Sie hier auf folgende Unterbereiche:

- *Windows-Explorer*: Auch hier geht es vor allem um mögliche Restriktionen, also Einschränkungen. Beispielsweise können Sie hier ganze Menüpunkte wie *Datei* entfernen, bestimmte Menübefehle wie *Extras/Ordneroptionen* oder Symbole aus der Symbolleiste wie *Suchen*. Interessant ist hier der Unterbereich *Standarddialog Datei öffnen*, in dem Sie die Öffnen- und Speichern-Dialoge individuell anpassen können.
- *Microsoft Management Console*: verwaltet und konfiguriert die Snap-Ins der Microsoft Management Console, die Sie unter *Systemsteuerung/Verwaltung* finden.
- *Taskplaner*: Hier lassen sich die Möglichkeiten unter *Systemsteuerung/Geplante Tasks* einschränken, Sie können etwa verhindern, dass neue Tasks hinzugefügt oder bestehende Tasks gelöscht werden.
- *Terminaldienste*: verschiedene Einstellungen zur Remote-Überwachung.
- *Windows Installer*: Optionen zur Installation neuer Programme: Beispielsweise können Sie hier unterbinden, dass Benutzer neue Programme von Wechselmedien (Diskettenlaufwerk, CD-ROM-Laufwerk etc.) installieren.
- *Windows Messenger*: Hier können Sie den Windows Messenger komplett deaktivieren oder zumindest seinen automatischen Start unterbinden.
- *Windows Update*: Hier können Sie den Zugriff auf alle Windows Update-Funktionen sperren.

- *Internet Explorer*: Neben der Funktionalität des Internet Explorer selbst kann hier festgelegt werden, was alles über die Internetoptionen der Systemsteuerung eingestellt werden darf und was nicht.
- *NetMeeting*: aktiviert oder deaktiviert verschiedene mögliche Optionen unter NetMeeting, beispielsweise die Anwendungsfreigabe.
- *Windows Media Player*: Hier können Sie den Download von Codecs sperren oder dem Windows Media Player ein festes Aussehen (Skin) zuweisen, was dann nicht mehr geändert werden kann.

9. Die besten Registry-Tools

Natürlich gibt es in der Freeware- und Sharewareszene mittlerweile eine ganze Reihe von Tools, die sich mit der Registry beschäftigen und teilweise Möglichkeiten bieten, die weit über den Funktionsumfang des mitgelieferten RegEdit hinausgehen. Dabei sind verschiedene Arten von Tools zu unterscheiden:

- **Tweak-Tools**: Das sind Tools, die wie Microsofts Tweak UI (siehe Seite 373) Einstellungen der Registry menügesteuert über Dialogboxen ändern. Solche Tools klinken sich entweder als Erweiterung in die Systemsteuerung oder in bestehende Dialogboxen ein oder laufen als eigenständige Programme.
- **RegEdit-Erweiterungen**: Solche Tools erweitern als Add-Ins oder als eigenständige Programme die Funktionalität von RegEdit, beispielsweise durch verbesserte Suchfunktionen oder durch Funktionen zum Löschen überflüssiger Schlüssel.
- **Ersatz für RegEdit**: Das sind eigenständige Editoren zum Bearbeiten der Registrierungsdatenbank, die das mitgelieferte RegEdit komplett ersetzen.

Auf den nächsten Seiten stellen wir Ihnen die besten Registry-Tools vor, die entweder als Freeware oder als Shareware für wenig Geld im Internet zu bekommen sind.

9.1 Ein nützliches Gespann: RegEditX und der Registry Crawler

Obgleich die beiden Tools RegEditX und Registry Crawler nicht aus der gleichen Softwareschmiede stammen, ergänzen sie sich aufs Beste: Bei RegEditX handelt es sich um eine Erweiterung (= Extension, daher das X im Namen) für RegEdit, die den Registrierungs-Editor um eine Adressleiste erweitert. Diese zeigt nicht nur entsprechend der URL-Leiste im Internet Explorer den aktuell eingestellten Schlüssel an, sondern man kann die Leiste auch zu einer Liste aufklappen, die dann die zuletzt „besuchten“ Schlüssel auflistet. So lässt es sich mit RegEditX blitzschnell navigieren. Beim Registry Crawler handelt es sich hingegen um ein Such-Tool, das die Suchfunktion von RegEdit ersetzt und sehr viel mehr Features bietet.

Kleine Leiste mit großer Wirkung: RegEditX

Sie erhalten RegEditX als Freeware bei der Firma DC Software Design unter der Adresse *http://www.dcsoft.com/products/regeditx/regeditx.htm*. Nach dem Download der nur 329 KByte großen Datei und der Installation starten Sie das Programm mit dem Befehl *Start/Alle Programme/Registry Editor Extensions/RegEditX*.

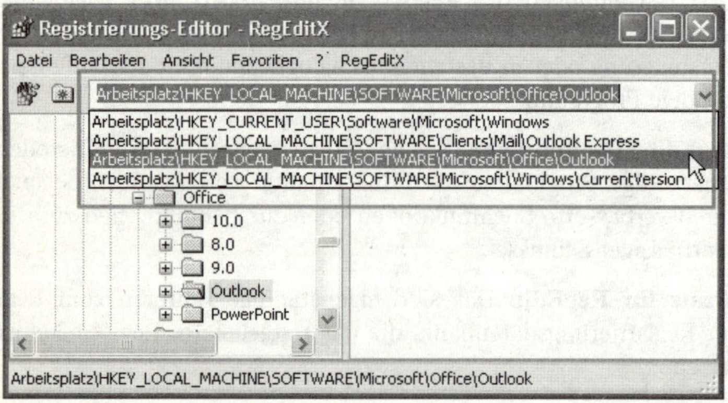

Blitzschnelles Navigieren: Die Adressleiste von RegEditX ermöglicht den direkten Rücksprung zu den zuletzt bearbeiteten Schlüsseln.

Nach dem Programmstart erwartet Sie ein vertrauter Anblick: RegEditX macht nämlich nichts anderes, als den Registrierungs-Editor RegEdit zu starten und sich selbst unterhalb der Menüleiste einzuklinken. Die Programmerweiterung ist praktisch selbsterklärend: In der RegEditX-Leiste wird nicht nur - parallel zur Anzeige in der Statusleiste - der aktuell eingestellte Schlüssel angezeigt, sondern, nachdem Sie die Leiste mit einem Klick auf den kleinen Abwärtspfeil rechts aufgeklappt haben, es erfolgt auch eine Anzeige der Schlüssel, die Sie zuvor eingestellt haben. Besonders wenn Sie immer wieder die gleichen Schlüssel bearbeiten, werden Sie den Komfort von RegEditX bald nicht mehr missen wollen. Praktisch ganz unverzichtbar ist das Tool unter Windows 98, da sich hier RegEdit beim Beenden nicht den zuletzt bearbeiteten Schlüssel merkt und da hier auch das *Favoriten*-Menü noch nicht zur Verfügung steht.

Zwei neue Symbole ermöglichen einen schnellen Zugriff auf die Registry Crawler-Suche und das bequeme Erweitern des neuen Bookmark-Menüs.

Links von der neuen Adressleiste stehen Ihnen noch zwei neue Symbole zur Verfügung: Mit dem rechten fügen Sie den aktuellen Schlüssel zur Bookmark-Liste des Registry Crawler hinzu, während das linke Symbol direkt die erweiterte Suchfunktion des Registry Crawler startet.

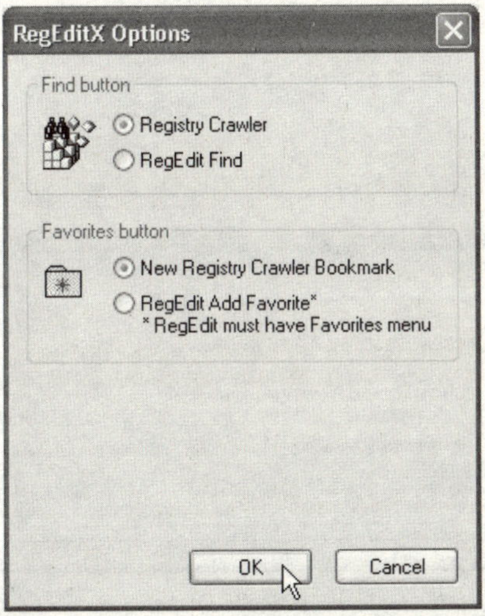

Mit den Options setzen Sie die beiden Symbole auf den RegEdit-Standard zurück.

Beide Symbole können Sie über den neuen Menübefehl *RegEditX/Options* auch zurücksetzen: In dem Fall wird über das linke Symbol die RegEdit-Suchfunktion gestartet und mit dem rechten fügen Sie den aktuellen Schlüssel den RegEdit-Favoriten hinzu - vorausgesetzt, dass in Ihrer RegEdit-Version der Menüpunkt *Favoriten* schon vorhanden ist (ab Windows ME).

Rattenschnelle Power-Suche: der Registry Crawler

Den Registry Crawler erhalten Sie bei der Firma 4 Developers unter der Internetadresse *http://www.4dev.com/regc/*. Zum Download angeboten wird eine kostenlose 30-Tage-Testversion: Wollen Sie das Programm nach dieser Zeit weiter nutzen, können Sie es gegen eine Registrierungsgebühr von 29,95 US-Dollar freischalten lassen. Nach der Installation starten Sie das Programm entweder über den neuen Startmenü-Befehl *Start/Alle Programme/Registry Crawler/Registry Crawler* oder - falls Sie zuvor schon RegEditX installiert haben - über das neue Symbol ganz links bzw. über den Befehl *RegEditX/Launch Registry Crawler*. Es erscheint zunächst ein Registrierungsfenster, das Sie mit einem Klick auf *Try It* überspringen.

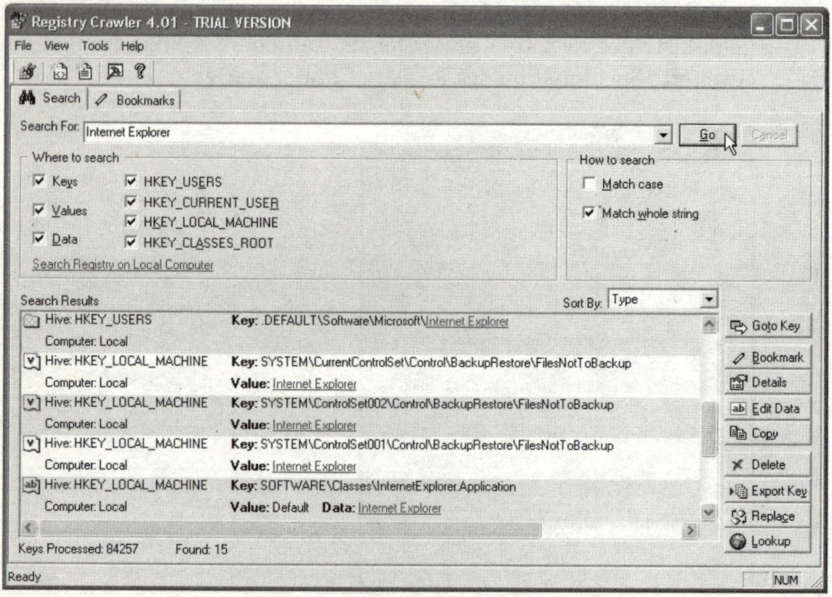

Der Registry Crawler erlaubt eine komfortable und sehr schnelle Suche.

Anschließend sehen Sie das Hauptfenster des Registry Crawler, die Suchmaske unter der Registerkarte *Search*. Hier geben Sie einen oder mehrere Suchbegriffe ein. Im Feld *How to search* aktivieren Sie die Option *Match case*, wenn Groß- und Kleinschreibung beachtet werden soll, und die Option *Match whole string*, wenn mehrere Suchbegriffe als ganze Zeichenfolge behandelt werden sollen. Im Bereich *Where to search* haben Sie noch folgende Optionen, die Sie natürlich beliebig kombinieren können:

- *Keys*: Es werden nur Schlüssel durchsucht.
- *Values*: Es werden nur Wertnamen durchsucht.
- *Data*: Es werden nur Wertdaten durchsucht.

Nachdem Sie die Suche mit einem Klick auf *Go* gestartet haben, werden alle Fundstellen in einer Liste aufgelistet, die Sie nach verschiedenen Kriterien sortieren können. Auffallend ist hier die enorme Geschwindigkeit, in der die Suche stattfindet: Auch bei komplexen Suchanfragen haben Sie die Suchergebnisse in wenigen Sekunden, oft schon in Sekundenbruchteilen auf dem Bildschirm. Sie können die gewünschte Fundstelle nun mit einem Doppelklick direkt in RegEdit öffnen. Darüber hinaus stehen Ihnen über die Schaltflächen auf der rechten Seite oder übers Kontextmenü folgende Optionen zur Verfügung:

- *Goto Key* öffnet den markierten Schlüssel in RegEdit (entspricht in der Standardeinstellung dem Doppelklick).
- *Bookmark* fügt den markierten Schlüssel der Bookmark-Liste vom Registry Crawler hinzu.
- *Details* zeigt ein Fenster mit weiteren Details zum markierten Schlüssel an.
- *Edit Data* ändert den Namen des markierten Schlüssels.
- *Copy* kopiert den/die Namen des/der markierten Schlüssel(s) in die Zwischenablage.
- *Delete* löscht den/die markierten Schlüssel.
- *Export Key* exportiert den markierten Schlüssel mit allen Unterschlüsseln in eine REG-Datei.
- *Replace* ersetzt den Namen von einem oder mehreren markierten Schlüsseln durch eine andere Bezeichnung.
- *Lookup* führt bei bestehender Internetverbindung eine Onlinesuche im Usenet (= Newsgroups) nach der Bezeichnung des markierten Schlüssels durch.

Als zusätzliches Feature finden Sie unter der Registerkarte *Bookmarks* eine Bookmark-Liste, die allerdings gegenüber des Menüs *Favoriten* von RegEdit keine besonderen Vorteile bietet. Mit den Schaltflächen *New*, *Edit* und *Remove* können Sie Bookmarks hinzufügen, bearbeiten oder löschen, mit *Goto Key* oder mit einem Doppelklick öffnen Sie den Bookmark in RegEdit. Wirklich nützlich ist diese Funktion nur, wenn Sie noch mit Windows 98 arbeiten, bei dem RegEdit noch nicht über den Menüpunkt *Favoriten* verfügt.

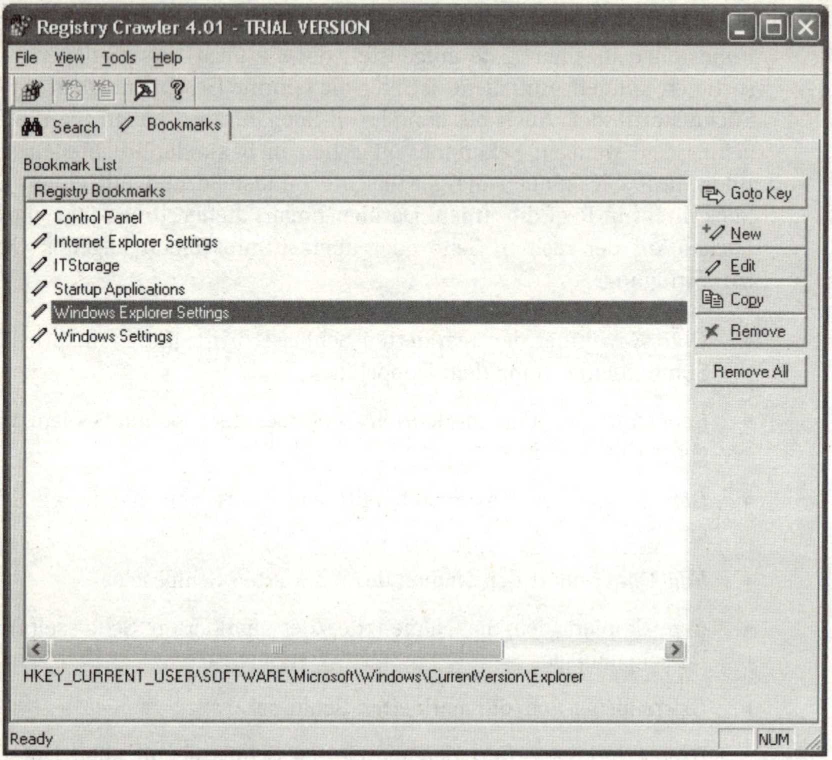

Die Bookmark-Liste entspricht in ihrem Funktionsumfang dem Favoriten-Menü von RegEdit.

9.2 Clevere Alternative zu RegEdit: RegCool

Neben RegEdit selbst gibt es eine ganze Reihe an Registrierungs-Editoren, die sich in Qualität, Funktionsumfang und Preis teils sehr unterscheiden. Eine interessante Alternative ist RegCool, ein deutschsprachiges Programm des Softwareautors Kurt Zimmermann, das Sie als kostenlose Freeware unter der Adresse *http://www.zsoftware.de/regcool.htm* herunterladen können.

Vom Windows-Explorer bekanntes Look & Feel

Hat man RegCool installiert und über den Befehl *Start/Alle Programme/RegCool/RegCool* gestartet, fühlt man sich eigentlich gleich zu Hause: Der Aufbau des Programms ist stark an den Windows-Explorer angelehnt.

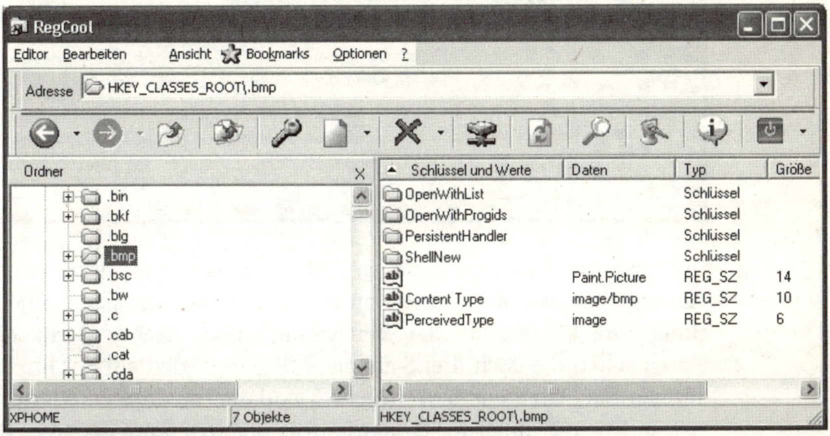

Die Bedienung von RegCool erschließt sich sofort intuitiv.

Dadurch erschließt sich die Bedienung sofort intuitiv. Praktisch: Im Gegensatz zu RegEdit werden die Schlüssel nicht nur im linken, sondern zusätzlich im rechten Fenster angezeigt, was ein schnelleres und leichteres Navigieren ermöglicht. Weiter erleichtert wird die Navigation durch die aus dem Explorer bekannten Symbole *Ebene höher*, *Vor* und *Zurück*, wobei die letzten beiden mit einer aufklappbaren History-Liste ausgestattet sind.

Neuer Wert im Handumdrehen angelegt

Komfortabler gestaltet sich auch das Anlegen eines neuen Wertes. Die umständlichen drei Schritte in RegEdit - 1.) Wertname anlegen, 2.) Wertname umbenennen, 3.) Wert zuweisen - lassen sich hier in einer Dialogbox erledigen:

1 Wechseln Sie zunächst zum gewünschten Schlüssel und wählen Sie den Befehl *Editor/Neuer Wert* und dann den gewünschten Werttyp, also beispielsweise *Editor/Neuer Wert/REG_SZ (String)* für eine neue Zeichenfolge.

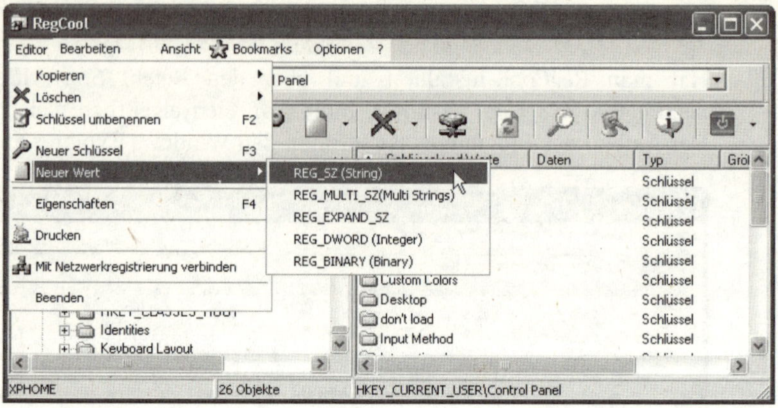

2 Unter *Schlüssel* ist nun der eingestellte Schlüssel vorgegeben, unter *Name* tragen Sie die Wertnamen ein und unter *Text* den eigentlichen Wert. Unter *Type* können Sie den Werttyp auch noch nachträglich verändern. Unten sehen Sie noch drei Symbole: Mit den beiden auf der linken Seite können Sie Daten aus bzw. in eine Textdatei importieren oder exportieren, mit dem Symbol rechts starten Sie den Windows-Rechner, falls Sie mal schnell einen Hex-Wert errechnen müssen.

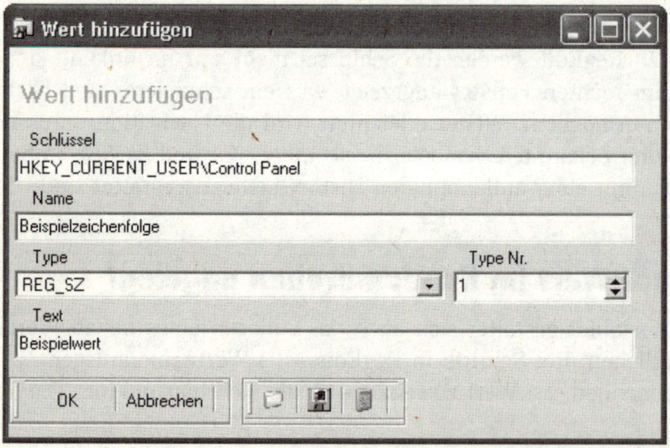

RegCool bietet für ein Freewareprogramm einen sehr guten Leistungsumfang und muss den Vergleich mit kommerziellen Registrierungs-Editoren nicht scheuen. Nicht zuletzt die komfortable Suchfunktion, die Bookmark-Verwaltung und die besseren Navigationsmöglichkeiten sprechen dafür, das Programm anstelle von RegEdit zu verwenden.

9.3 Alles aufgeräumt mit dem RegCleaner

Im Laufe der Zeit sammeln sich in der Registrierungsdatenbank sehr viele unnötige und verwaiste Einträge an, etwa von Programmen, die nicht sauber deinstalliert wurden. Diese alle von Hand aufzuspüren und zu entfernen ist ein mühsames Unterfangen. Schneller und einfacher geht's mit dem RegCleaner, der als „digitale Reinemachfrau" funktioniert und die Registry gründlich aufräumt. Sie erhalten die pfiffige Freeware des finnischen Programmierers Jouni Vuorio als kostenlosen Download unter der Adresse *http:// www.jv16.org*.

In sechs Schritten zu einer aufgeräumten Registry

Einmal installiert, präsentiert sich das kleine Tool, nachdem Sie es über die Desktop-Verknüpfung gestartet haben, übersichtlich mit sieben Registerkarten. Sie sollten die ersten sechs dieser Karten der Reihe nach durcharbeiten, um die Registry aufzuräumen:

1 Unter der ersten Registerkarte *Software* sind alle Anwendungen aufgeführt, die in der Registry registriert sind. Wenn Sie mit der rechten Maustaste auf einen Eintrag klicken, können Sie sich über *Advanced Info* ausführlichere Informationen zu weiteren Unterschlüsseln anzeigen lassen. Hier können Sie alle Einträge zu Programmen löschen, von denen Sie wissen, dass sie einmal auf Ihrem Rechner installiert waren, jetzt aber nicht mehr sind. Setzen Sie dafür ein Häkchen vor die Einträge, die Sie löschen möchten, und klicken Sie auf die Schaltfläche *Remove Selected*.

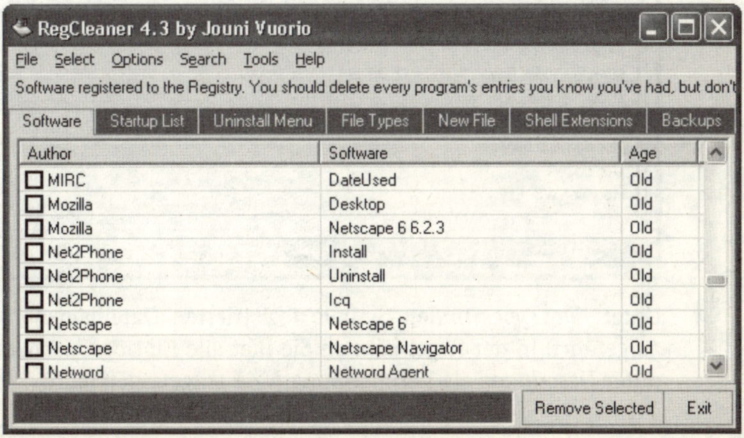

2 Unter *Startup List* sind alle Programme aufgelistet, die automatisch beim Windows-Start mitgestartet werden. Löschen Sie hier alle Programme, von denen Sie sicher sind, dass Sie sie nicht brauchen.

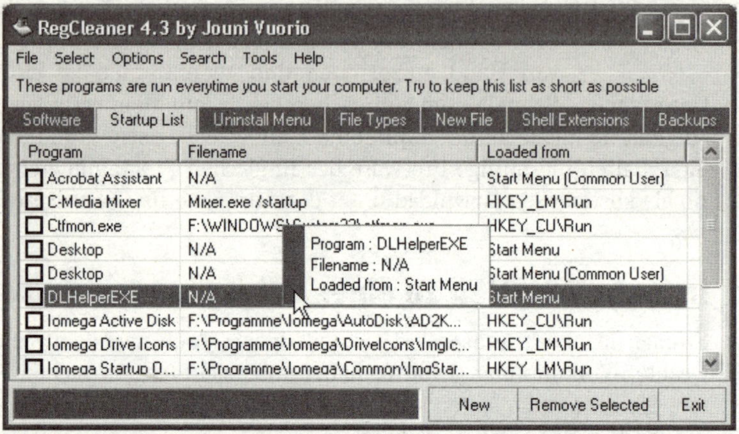

3 Weiter geht's unter *Uninstall Menu*. Hier finden sich alle Einträge, die Sie auch sehen, wenn Sie in der Systemsteuerung mit dem Modul Software die Liste der installierten Programme aufrufen. Hier können Sie alle Einträge löschen, die sich auf Programme beziehen, die auf Ihrem System nicht mehr installiert sind.

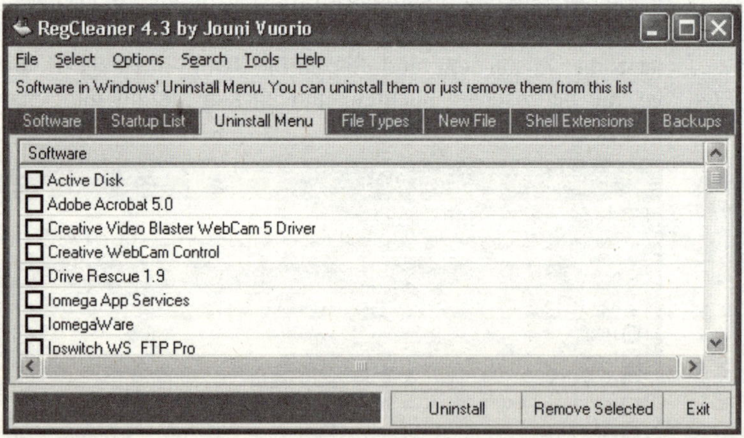

4 Unter *File Types* finden Sie alle registrierten Dateinamenerweiterungen aufgeführt. In der Regel können Sie hier alle Einträge löschen, bei denen unter *Description* als Beschreibung *N/A* eingetragen ist.

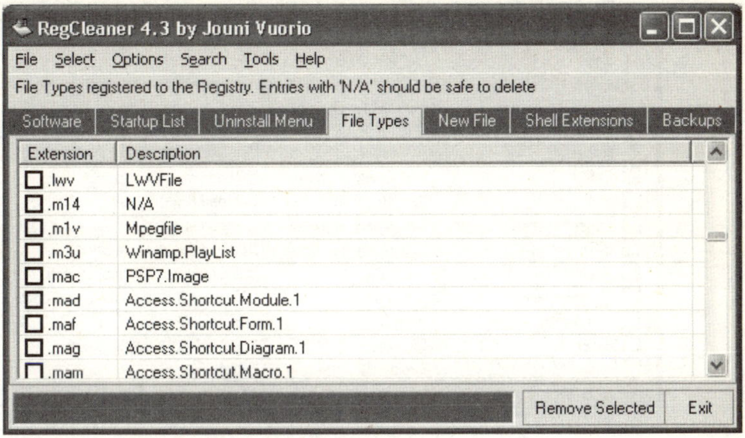

5 Weiter geht's unter der Registerkarte *New File*. Hier finden Sie als Dateinamenerweiterungen und Beschreibungen die Einträge, die Ihnen unter dem Kontextmenü *Neu* angeboten werden. Löschen Sie hier alle Einträge, die Sie nie brauchen, um das Kontextmenü übersichtlich zu halten.

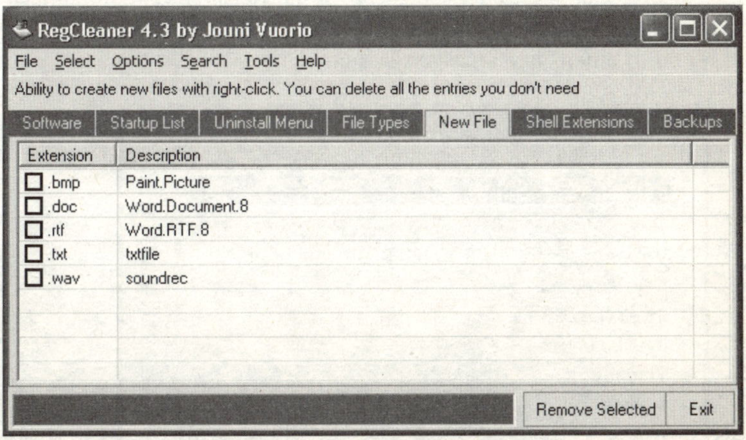

6 Die Registerkarte *Shell Extensions* listet alle Dateitypen auf, die auf Ihrem Rechner installiert sind und die wiederum mit bestimmten Dateinamenerweiterungen verknüpft sind: Die Dateinamenerweiterung *.txt* ist beispielsweise dem Dateityp *txtfile* zugeordnet. Löschen Sie hier alle Einträge, die sich auf Programme beziehen, die auf Ihrem Rechner nicht mehr installiert sind.

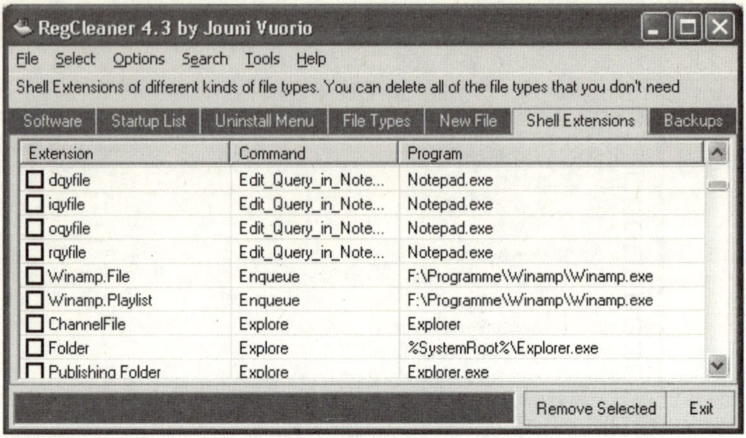

Es geht auch vollautomatisch!

Neben den sechs Haupt-Registerkarten bietet das Programm unter dem Menü *Tools* noch einige interessante Optionen. So können Sie mit dem Befehl *Tools/Registry Cleanup/Do them All* die Registry vollautomatisch nach überflüssigen Einträgen absuchen und sich die gefundenen Einträge anschließend in einer Liste anzeigen lassen.

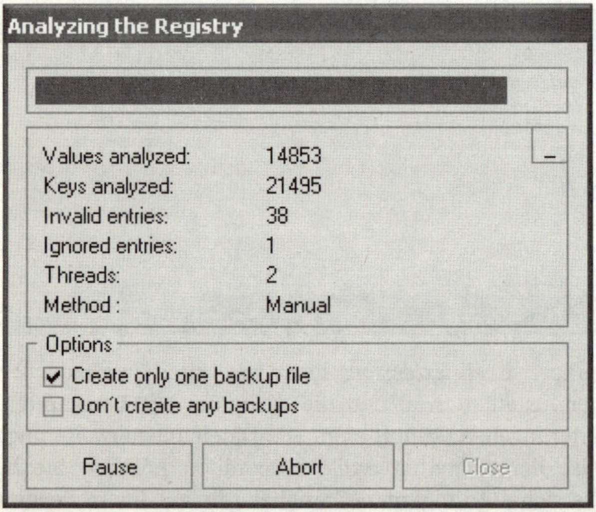

Zu den Optionen des RegCleaner gehört auch eine vollautomatische Analyse.

Allerdings sollten Sie diese Liste, bevor Sie Einträge endgültig löschen, nochmals gründlich überprüfen, da kein Programm 100%ig fehlerfrei arbeitet. Im Zweifel ist ein zu wenig gelöschter Schlüssel immer noch besser als ein zu viel gelöschter.

9.4 WinRescue XP: Vier Tools in einem

Ganz der Datenrettung und -sicherung widmet sich das Tool WinRescue XP: Streng genommen handelt es sich um vier Tools in einem:

- **Crash Fixer**: Im Falle eines Windows-Crash, etwa wenn die Registry versehentlich „zerschossen“ wurde, kann WinRescue XP das System schnell und unkompliziert wiederherstellen.
- **RegPack**: Mit dieser Funktion können Sie die Registry verkleinern, sodass sie weniger Speicherplatz braucht und schneller geladen wird.
- **Backup**: sichert die Registry und die wichtigsten Systemdateien.
- **Bootdisk**: Hier können Sie Boot-Disketten anfertigen und damit das System retten, wenn sich Windows gar nicht mehr starten lässt.

WinRescue XP erhalten Sie als 30-Tage-Testversion unter der Webadresse *http://superwin.com/rescuexp.htm*. Wollen Sie das Programm nach Ablauf der Testphase weiternutzen, kostet es 24,95 US-Dollar. Unter der gleichen Adresse erhalten Sie auch angepasste Versionen für Windows 98 und ME.

WinRescue Backup: Systemsicherung leicht gemacht

Wenn Sie WinRescue XP über *Start/Alle Programme/WinRescue XP/Win Rescue XP* das erste Mal starten, werden Sie in einer Dialogbox gefragt, ob das Programm automatisch mit Windows starten und täglich ein automatisches Backup der Registry und anderer wichtiger Systemdateien fahren soll. Klicken Sie hier auf *Ja*, um diese Option einzuschalten.

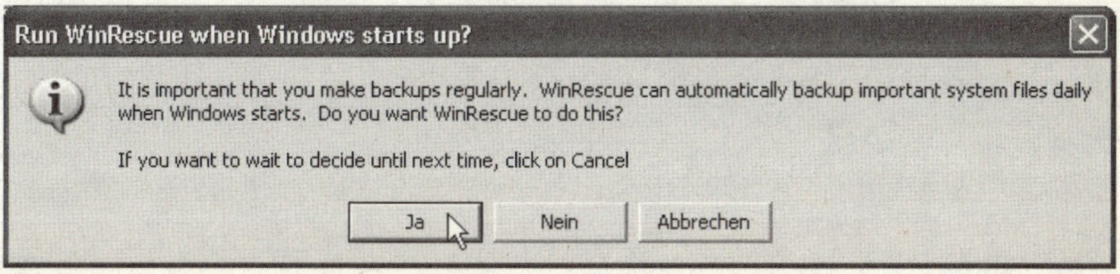

WinRescue sichert wichtige Systemdateien täglich automatisch.

Als Nächstes kommt die Frage, ob Sie Boot-Disketten erzeugen lassen wollen. Klicken Sie hier ebenfalls auf *Ja* oder auf *Abbrechen*, wenn Sie gerade keine Disketten zur Hand haben, beim nächsten Start aber erneut gefragt werden wollen. Anschließend erscheint die Programmoberfläche mit der ersten Registerkarte *Backup*:

1 Um zunächst ein Backup mit den Standardeinstellungen durchzuführen, klicken Sie auf *Backup*. Wollen Sie die Backup-Einstellungen an Ihre Bedürfnisse anpassen, klicken Sie auf die Schaltfläche *Change Backup Properties*.

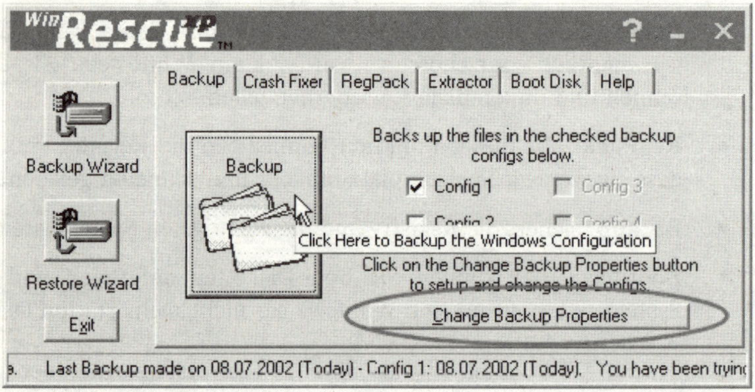

2 Unter der Registerkarte *Settings* legen Sie nun grundlegende Einstellungen fürs Backup fest. Über *Backup Config* verwalten Sie unabhängig voneinander vier Backup-Konfigurationen - beispielsweise für kleinere tägliche Backups und größere Backups jede Woche oder jeden Monat. Unter *Backup Type* wählen Sie den gewünschten Typ aus: *Full* (alle Dateien), *Incremental* (nur geänderte Dateien mit gesetztem Archiv-Bit, Archiv-Bit wird zurückgesetzt), *Differential* (nur geänderte Dateien mit gesetztem Archiv-Bit, Archiv-Bit wird nicht zurückgesetzt) oder *Replace* (nur seit dem letzten Backup geänderte Dateien). Unter *Target* stellen Sie das Backup-Ziel ein und unter *Compression Level* den gewünschten Kompressionsgrad.

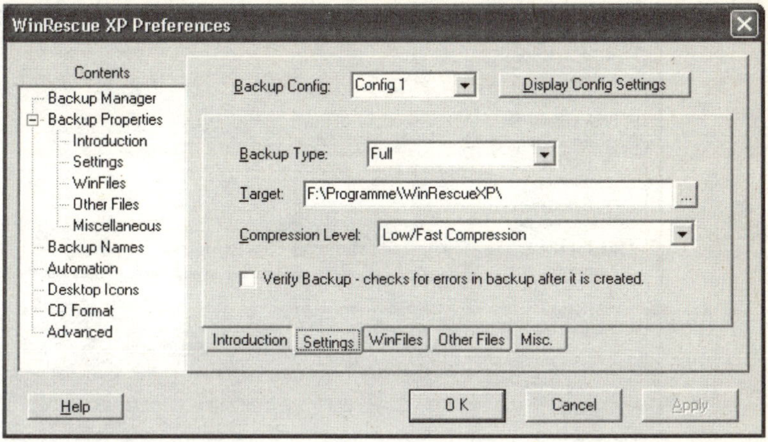

3 Die nächste Registerkarte *WinFiles* enthält eine Liste der Systemdateien, die mitgesichert werden. Setzen Sie ein Häkchen vor die Dateien, die mitgesichert werden sollen, beziehungsweise entfernen Sie das Häkchen vor den Dateien, die von der Sicherung ausgeschlossen werden sollen.

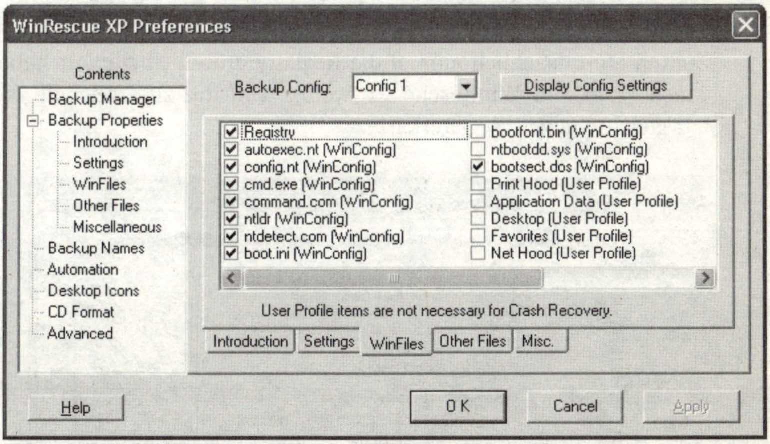

4 Unter der Registerkarte *Other Files* können Sie über die Schaltfläche *New* eigene Ordner oder Dateien auswählen, die dann in einer separaten ZIP-Datei gesichert werden. Bereits angelegte ZIP-Dateien können Sie über *Edit* bearbeiten oder mit *Delete* löschen. Unter *Misc* legen Sie schließlich noch verschiedene kleinere Optionen fest, etwa ob WinRescue nach dem Backup beendet werden soll.

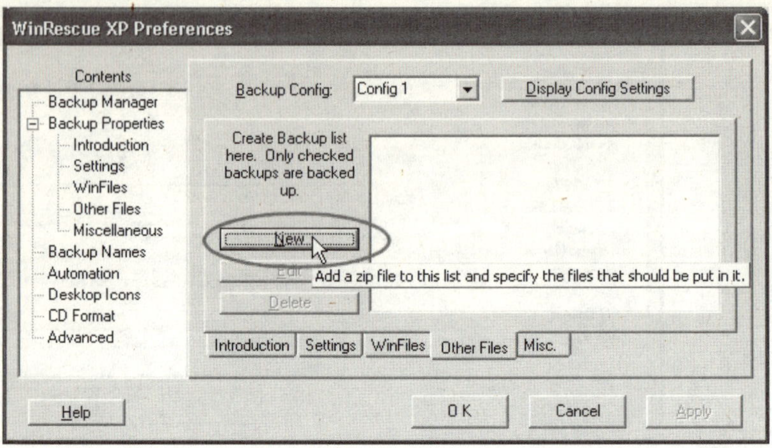

Um ein Backup zurückzuspielen, klicken Sie auf *Restore Wizard*. Sie werden dann Schritt für Schritt durch den Restore-Vorgang geleitet.

Wenn alles (fast) zu spät ist: der Crash Fixer

Sollten Sie tatsächlich einmal die Registry gründlich ruiniert haben, hilft der Crash Fixer von WinRescue XP weiter. Um ihn zu erreichen, wechseln Sie zur gleichnamigen Registerkarte.

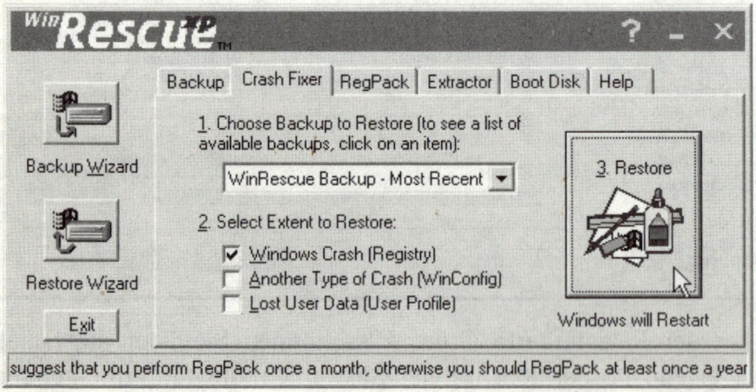

Der Crash Fixer führt Sie in drei Schritten zu einer funktionierenden Konfiguration zurück.

In einem ersten Schritt wählen Sie nun das gewünschte Backup aus: In den meisten Fällen sind Sie hier mit der Einstellung *Most Recent Backup* am besten bedient, die auf das jüngste Backup verweist. Im zweiten Schritt wählen Sie die Dateien aus, die zurückgeschrieben werden sollen:

- *Windows Crash (Registry)*: Wählen Sie diese Option, werden lediglich die Registry-Dateien zurückgeschrieben.
- *Another Type of Crash (WinConfig)*: Mit dieser Option werden die Dateien zurückgeschrieben, die unter der Registerkarte *WinFiles* der Backup-Konfiguration mit „WinConfig" bezeichnet sind.
- *Lost User Data (User Profile)*: schreibt Dateien zurück, die sich auf Ihr Benutzerprofil beziehen und die unter der Registerkarte *WinFiles* der Backup-Konfiguration mit *User Profile* bezeichnet sind.

Nun klicken Sie einfach auf den Button *Restore*. Die ausgewählten Dateien werden zurückgeschrieben, danach wird ein Windows-Neustart durchgeführt - und wenn Sie Glück haben, funktioniert alles wieder.

RegPack: die Registrierungsdatenbank optimal zusammengeschnürt

Unter der Registerkarte *RegPack* finden Sie die Option, die Registry neu zu organisieren: Dabei werden unnötige Leerzeilen entfernt und die Registry-Einträge so neu gestaltet, dass die Registry im Anschluss schlanker und fehlerfreier funktioniert. Gehen Sie wie folgt vor, um die Registry zu optimieren:

1 Wechseln Sie zur Registerkarte *RegPack* und klicken Sie auf *RegPack*. Die Registry wird nun optimiert, was eine Zeit lang dauern kann. Beachten Sie, dass Sie über den Verlauf der Optimierung nicht informiert werden. Lediglich die Sanduhr zeigt an, dass die Optimierung noch im Gang ist.

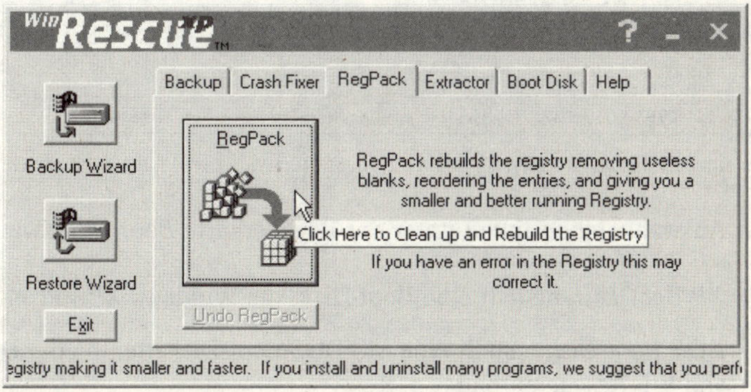

2 Anschließend werden Sie aufgefordert, den Rechner neu zu starten. Sollten beim Neustart die Registry betreffende Fehlermeldungen erscheinen, sollten Sie unter der Registerkarte *RegPack* auf *Undo RegPack* klicken, um die Aktion rückgängig zu machen.

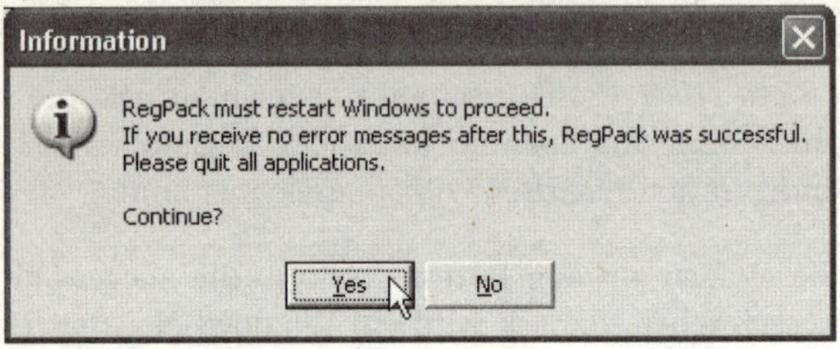

Windows startet nicht mehr? Die Rettung heißt Boot Disk

Wie bereits erwähnt, werden Sie schon beim ersten Start von WinRescue XP aufgefordert, eine Startdiskette zu erstellen. Haben Sie dies zu diesem Zeitpunkt noch nicht gemacht, können Sie es unter der Registerkarte *Boot Disk* nachholen.

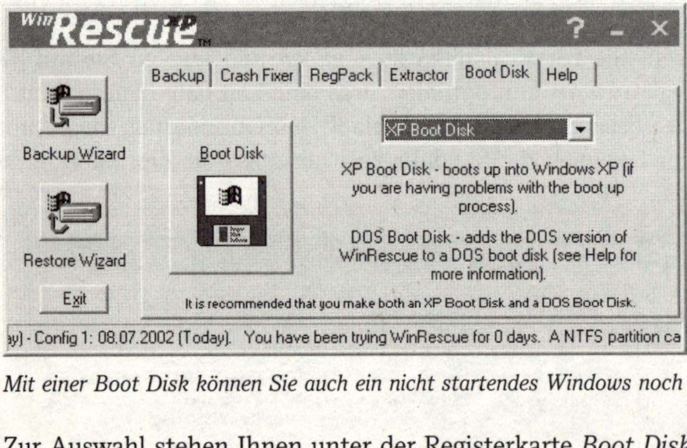

Mit einer Boot Disk können Sie auch ein nicht startendes Windows noch retten.

Zur Auswahl stehen Ihnen unter der Registerkarte *Boot Disk* zwei Optionen:

- *XP Boot Disk* erstellt eine Boot-Disk, die Windows XP startet.
- *DOS Boot Disk* erstellt eine MS-DOS-Boot-Diskette, die die DOS-Version von WinRescue enthält.

Wenn Windows einmal nicht starten sollte, starten Sie den Rechner einfach mit einer der beiden Bootdisketten. Achten Sie darauf, dass im BIOS-Setup die Boot-Reihenfolge *A:, C:* eingestellt ist.

9.5 Xteq Systems X-Setup: „Tweaking" bis der Arzt kommt

Mit Sicherheit eines der leistungsstärksten Tools zum „Tweaking", also zum Feineinstellen von Windows, ist Xteq Systems X-Setup. Und das Schönste: Dieses Wunder-Tool ist komplett kostenlos! Sie erhalten die etwa 4,5 MByte große Version 6.2 unter der Internetadresse *http://www.xteq.com*.

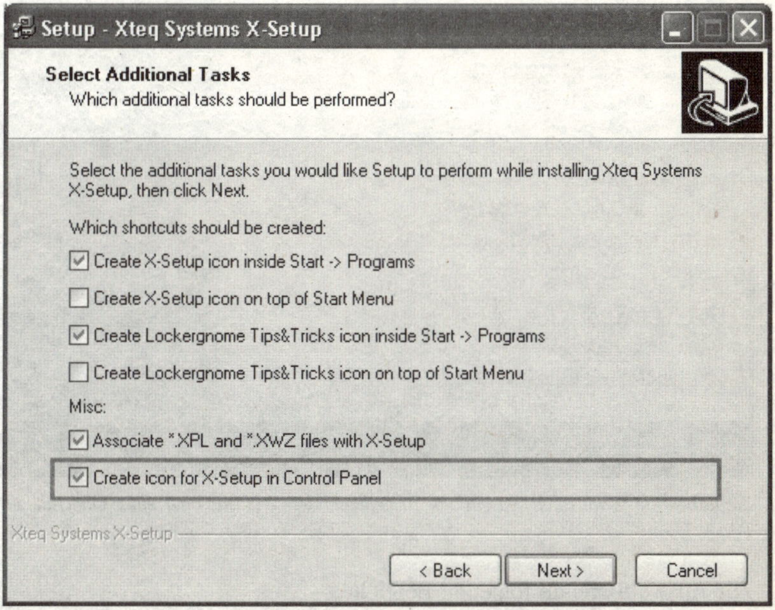

Auf Wunsch klinkt sich X-Setup als Modul in die Systemsteuerung ein.

Bei der Installation haben Sie die Auswahl, ob X-Setup nur ins Startmenü oder zusätzlich auch in die Systemsteuerung integriert werden soll. Wünschen Sie dies, setzen Sie im Installationsprogramm ein Häkchen vor die Option *Create icon für X-Setup in Control Panel*.

Sie haben die Wahl: Baumstruktur oder Wizards

Einmal gestartet, haben Sie die Auswahl zwischen einer Reihe von Links, die das jeweilige Unterprogramm aktivieren.

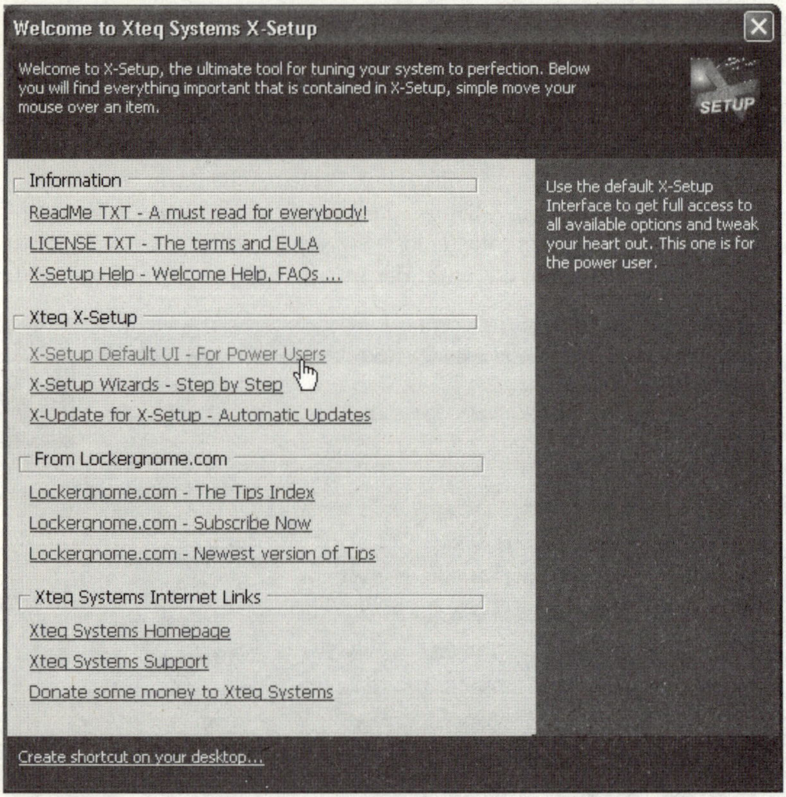

Sie haben die Wahl zwischen einfach zu bedienenden Wizards oder einer Oberfläche für Power User.

Zur Auswahl stehen folgende Bereiche:

- *Information*: Hier finden sich die aktuelle *README.TXT*, außerdem Informationen zur Registrierung - für Privatanwender nicht erforderlich! - sowie verschiedene Hilfedateien und häufig gestellte Fragen (FAQs).

- *Xteq X-Setup*: der Hauptbereich: Hier starten Sie entweder die Hauptoberfläche oder die einzelnen Wizards, also Assistenten, mit denen Sie Änderungen Schritt für Schritt durchführen können. Außerdem können Sie hier eine automatische Update-Funktion aktivieren.
- *From Lockergnome.com*: Hier finden Sie zahlreiche Tipps und Tricks rund um Windows und Internet, außerdem können Sie hier den aktuellen Newsletter bestellen.
- *Xteq Systems Internet Links*: verschiedene Links zu Webseiten von Xteq Systems.

Wollen Sie erst einmal spielerisch Erfahrungen mit X-Setup sammeln, sollten Sie den Menüpunkt *X-Setup Wizards - Step by Step* wählen. Daraufhin erscheint ein Fenster mit der Schaltfläche *Select Wizard*.

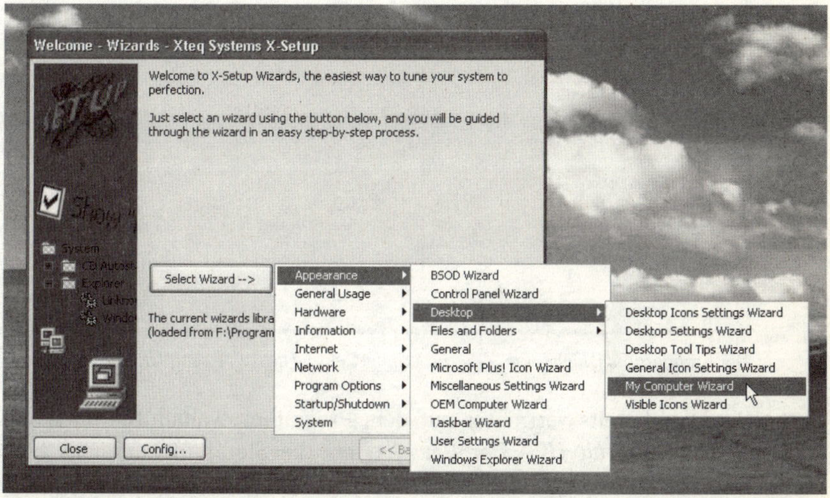

Eine große Anzahl von Wizards führt Sie Schritt für Schritt durch die unzähligen Einstellungsmöglichkeiten.

Klicken Sie auf diese Schaltfläche, können Sie über Menüs und Untermenüs den passenden Wizard auswählen. Wählen Sie beispielsweise *Select Wizard/Appearance/Desktop/My Computer Wizard*, um Optionen rund um den Arbeitsplatz festzulegen.

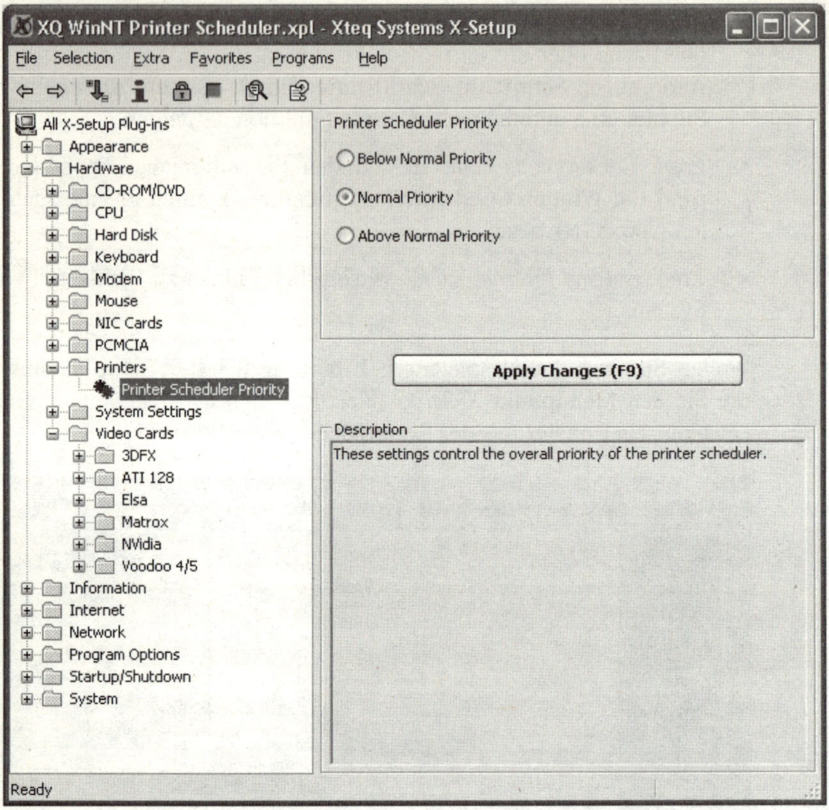

Die Standardoberfläche von X-Setup erinnert ein wenig an Tweak UI.

Sind Sie bereits vertrauter mit dem Programm, wählen Sie über den Befehl *X-Setup Default UI - For Power Users* die Standardoberfläche. Sie werden sich sofort an Programme wie Tweak UI for Windows XP oder auch an den in Kapitel 8 ab Seite 331 vorgestellten Gruppenrichtlinien-Editor erinnert fühlen: Auf der linken Seite finden Sie in einem hierarchisch gestaffelten „Ordnerbaum" alle Bereiche und Unterbereiche dargestellt, auf der rechten Seite die zugehörigen Optionen. Lassen Sie sich nicht durch die Fülle der Einträge verwirren: Sie werden schnell feststellen, dass sich alles sehr logisch gliedert. Eine Spezialität von X-Setup ist hierbei, dass Sie hier nicht nur fast alle Einstellungsmöglichkeiten finden, die auch Tweak UI beherrscht, sondern auch Einstellungen zu bekannten Standardprogrammen wie dem E-Mailer Eudora oder dem Messaging-Programm ICQ. Um eine bestimmte Option schnell wiederzufinden, können Sie sie übrigens mit dem Befehl *Favorites/Add to Favorites* in eine Favoritenliste aufnehmen.

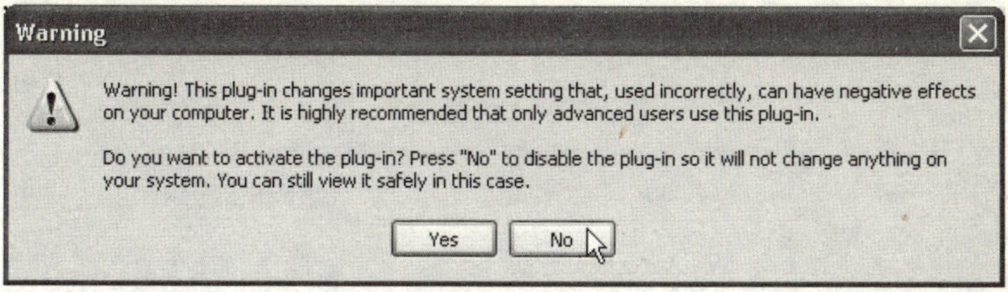

Ein Warnfenster macht auf Aktionen aufmerksam, die negative Auswirkungen aufs System haben könnten.

Wählen Sie eine Aktion aus, die - falsch angewandt - negative Auswirkungen aufs System haben könnte, werden Sie übrigens mit einem Warnfenster darauf aufmerksam gemacht. Sind Sie sich nicht völlig sicher, was die Option bewirkt, sollten Sie spätestens dann die Änderungen mit einem Klick auf *No* abbrechen.

10. Von Microsoft nachgeliefert: PowerToys und Tweak UI

Einen bereits legendären Ruf besitzen die PowerToys und das darin enthaltene Tweak UI: Es handelt sich um eine Sammlung kleinerer Tools direkt aus dem Hause Microsoft, die teilweise wirklich nützlich sind. Dass Microsoft diese Tools - zuerst für Windows 98/ME, jetzt auch in einer neuen Version für Windows XP - zum kostenlosen Download anbietet, wirkt fast so, als hätten die Programmierer ein schlechtes Gewissen, weil sie die hier versammelte geballte Funktionalität nicht schon gleich in Windows eingebaut haben. Allerdings sind die PowerToys nur englischsprachig zu haben und Microsoft bietet keinerlei Support an. Was soll's: An Nutzen bietet diese kostenlose Programmsammlung allemal mehr als beispielsweise das für viel Geld feilgebotene Plus!-Paket für Windows XP.

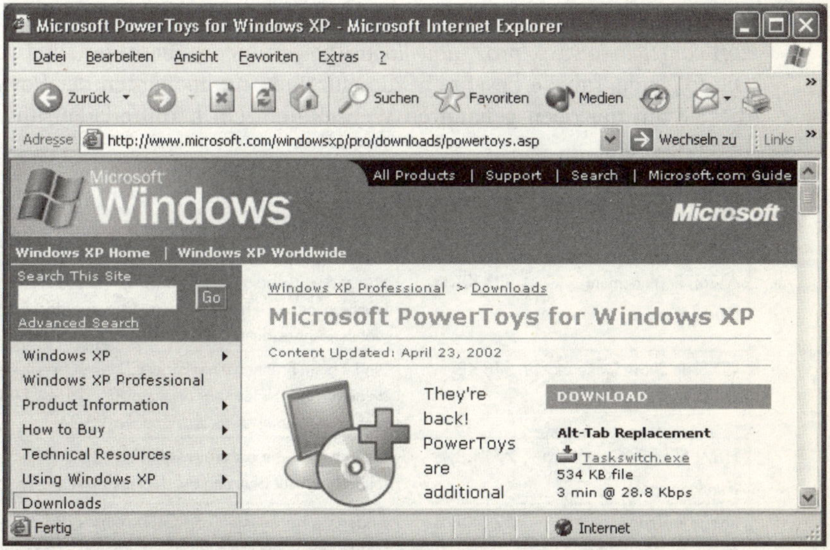

Genial: Die PowerToys, bei Microsoft kostenlos zum Download erhältlich, erweitern Windows um eine Reihe nützlicher Funktionen.

Eines der Highlights der PowerToys ist Tweak UI - der Name setzt sich übrigens zusammen aus Englisch „to tweak“, zu Deutsch etwa „zwicken“, und der Abkürzung UI für **U**ser **I**nterface, also „Benutzeroberfläche“, und heißt also frei übersetzt so viel wie „die Benutzeroberfläche spielerisch verändern“. Während sich Tweak UI unter Windows 98/ME noch in die Systemsteuerung einklinkte, erscheint es unter Windows XP als eigenständiges Programm. Mit Tweak UI werden eine ganze Reihe von Feintuning-Maßnahmen möglich, die ansonsten nur - wenn überhaupt - durch direkte Eingriffe in die Registry realisierbar sind. In den folgenden Kapiteln stellen wir die PowerToys in den beiden Versionen für Windows XP und für Windows 98/ME vor.

10.1 Sie sind wieder da! PowerToys für Windows XP

XP Nachdem viele Monate Funkstille um die PowerToys herrschte und eigentlich niemand daran glaubte, dass jemals eine Version für Windows XP erscheinen würde, geschah genau dies fast zeitgleich mit dem Release des neuen Betriebssystems, nämlich im Oktober 2001. Derzeit aktuell ist die etwas modifizierte und verbesserte zweite Fassung vom 23. April 2002, die Sie bei Microsoft unter der Webseite *http://www. microsoft.com/windowsxp/pro/ downloads/powertoys.asp* herunterladen können. Die folgende Tabelle beschreibt die einzelnen Komponenten der PowerToys, die Sie auf der oben genannten Webseite einzeln herunterladen und installieren können:

PowerToy (Dateiname)	Download-Größe	Beschreibung
Alt-Tab Replacement (*Taskswitch.exe*)	534 KByte	Ersetzt die Symbolansicht beim Task-Wechsel mit der Tastenkombination Alt+Tab durch eine Miniaturansicht der angewählten Anwendung.
CD Slide Show Generator (*Slideshow.exe*)	548 KByte	Bindet beim Brennen einer Bilder-CD einen Grafik-Viewer mit automatischer Slideshow-Funktionalität ein (die CD-ROMs sind abwärtskompatibel zu Windows 98/ME).
HTML Slide Show Wizard (*Htmlgen.exe*)	771 KByte	Erzeugt aus einer Bilderauswahl eine HTML-Bildpräsentation (Slideshow) zur Nutzung auf dem lokalen PC oder im Web.
Image Resizer (*ImageResizer.exe*)	521 KByte	Ändert via Kontextmenü die Größe einer oder mehrerer Abbildungen, wobei auch Bildschirmstandardgrößen wie 800 x 600 zur Auswahl stehen.
Open Command Window Here (*CmdHere.exe*)	514 KByte	Startet die Eingabeaufforderung übers Kontextmenü direkt im ausgewählten Ordner.

PowerToy (Dateiname)	Download-Größe	Beschreibung
Power Calculator (*PowerCalc.exe*)	624 KByte	Anspruchsvoller wissenschaftlicher Rechner mit grafischer Funktionsdarstellung und Einheiten-Umwandler.
Taskbar Magnifier (*Magnifier.exe*)	515 KByte	Eine Bildschirmlupe, die dem Mauszeiger folgend jeweils einen vergrößerten Ausschnitt des Bildschirms anzeigt.
Tweak UI (*TweakUI.exe*)	564 KByte	Ermöglicht die Feinanpassung von weit über 100 Windows-Einstellungen aus allen Windows-Bereichen.
Virtual Desktop Manager (*Deskman.exe*)	550 KByte	Verwaltet vier virtuelle Desktops, die über die Taskleiste aktivierbar sind – mit jeweils eigenen Applikationen und eigenem Erscheinungsbild.
Webcam Timershot (*Timershot.exe*)	610 KByte	Nimmt per Webcam in frei definierbaren Zeitintervallen Schnappschüsse auf, speichert diese lokal oder lädt sie hoch ins Web.

In den folgenden Abschnitten gehen wir genauer auf die Funktionen von Tweak UI ein, da dieses Tool eng mit den Feineinstellungsmöglichkeiten über die Registry verwoben ist.

Tweak UI: aufgeräumte Programmoberfläche

Nach Download und Installation können Sie Tweak UI mit dem Befehl *Start/Alle Programme/Powertoys for Windows XP/Tweak UI for Windows XP* starten. Als Erstes fällt dabei die etwas nüchterne, dafür aber sehr aufgeräumte Programmoberfläche ins Auge, die sich weitgehend an die Konventionen zum Beispiel des Windows-Explorer, von Outlook oder des Registrierungs-Editors hält: Auf der linken Seite sind in einem Ordnerbaum alle Bereiche untergebracht, wobei man mit den bekannten Plus- und Minus-Symbolen Unter- und Unter-Unterbereiche auf- und zuklappen kann. Die Bereiche sind logisch nach Themen geordnet, etwa „Maus“, „Explorer“ oder „Taskleiste“. Einen regulären „Beenden“-Befehl sucht man allerdings vergebens, die Bedienung folgt eher den Konventionen einer Windows-Dialogbox als denen eines Programms. Das bedeutet, Sie finden im unteren Bereich des Programmfensters drei Schaltflächen:

- *OK*: Mit *OK* beenden Sie das Programm und übernehmen gleichzeitig alle eventuell vorher getätigten Änderungen.
- *Cancel*: Ein Klick auf *Cancel* („Abbrechen“) beendet das Programm sofort, wobei eventuell vorher getätigte Änderungen verworfen werden.

- *Apply*: Die Schaltfläche *Apply* („Übernehmen") kann erst angeklickt werden, wenn Sie mindestens eine Änderung vorgenommen haben. Mit einem Klick auf *Apply* übernehmen Sie alle bis dahin getätigten Änderungen sofort, das Programm bleibt dabei geöffnet.

Insgesamt findet man sich in Tweak UI sofort intuitiv zurecht, wobei zumindest minimale Grundkenntnisse in Englisch Voraussetzung sind. Negativ ins Auge fällt höchstens, dass es keine Undo-Funktion zum Rückgängigmachen von Änderungen gibt und auch keine Schaltflächen, mit denen man auf einen Klick die Standardeinstellungen des jeweiligen Bereichs wiederherstellen könnte. Sie sollten also nie zu viel Änderungen auf einmal durchführen, sondern immer nur einige wenige und dann erst einmal schauen, wie sich diese auswirken. Sollten Sie einmal die Übersicht darüber verloren haben, wo Sie was geändert haben, sollten Sie zur Sicherheit das Programm mit *Cancel* beenden und neu starten.

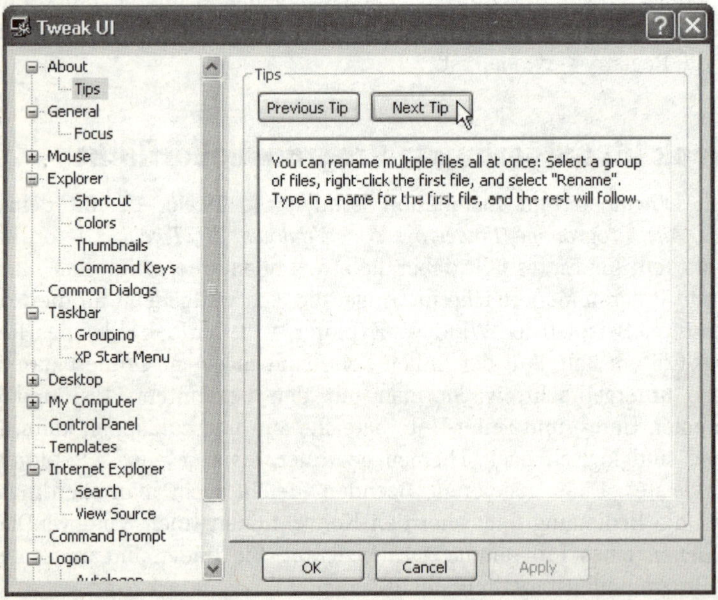

Die aufgeräumte Oberfläche von Tweak UI begrüßt einen zunächst mit einer Reihe guter Tipps zur Windows-Bedienung.

Als kleines „Schmanckerl“ wird der User im Bereich *About* zunächst mit einigen Tipps zur Windows-Bedienung begrüßt, wobei es sich teils um wirklich unbekannte Funktionen und Tastaturkürzel handelt (zum Beispiel, dass man mit der Tastenkombination Win+L direkt in den Begrüßungsbildschirm gelangt).

Der Bereich General: rund um Effekte und Animationen

Im ersten Bereich *General* geht es vor allem um Effekte und Animationen, die Sie hier gezielt ausschalten können. So lässt sich gerade bei schwächeren Computern die Performance in der Bildschirmdarstellung deutlich verbessern.

INFO

Was heißt eigentlich „per-user setting“?

Bei vielen Einstellungen von Tweak UI finden Sie den Hinweis, dass es sich um eine „per-user setting“ handelt. Gemeint ist damit, dass die Einstellung nur für den gerade angemeldeten Benutzer greift, nicht aber systemweit für alle Benutzer.

Im oberen Bereich *Settings* aktivieren („to enable“) Sie eine Einstellung, indem Sie ein Häkchen vor die entsprechende Option setzen, oder Sie deaktivieren („to disable“) die Einstellung, indem Sie das Häkchen entfernen. Im unteren Bereich *Description* wird für die im oberen Bereich gerade markierte Option jeweils eine kurze Erklärung eingeblendet. Die Optionen und ihre Bedeutungen entnehmen Sie der folgenden Tabelle:

Option	Bedeutung
Beep on errors	Aktiviert einen Warnton, wenn ein Systemfehler auftritt.
Enable combo box animation	Lässt in Dialogboxen Klapplisten animiert herunterfahren.
Enable cursor shadow	Blendet unterhalb des Mauszeigers einen kleinen Schatten ein.
Enable list box animation	Ermöglicht „sanftes Scrollen“ in Auswahllisten.
Enable menu animation	Lässt aufklappende Menüs animiert herunterfahren.
Enable menu fading	Verfeinert die Animation von Menüs. Soll diese Option aktiviert werden, muss auch *enable menu animation* aktiviert sein.
Enable menu selection fading	Aktiviert eine „Fade-out“-Animation bei der Auswahl eines Menüpunkts.
Enable mouse hot tracking effects	Aktiviert zusätzliche Mauseffekte wie etwa die gelben Popup-Hilfen beim Anwählen bestimmter Symbole.

Option	Bedeutung
Enable tooltip animation	Lässt die gelben Popup-Hilfsfenster (etwa, wenn Sie mit der Maus auf Desktop-Symbolen verharren) weich einblenden.
Enable tooltip fade	Lässt die gelben Popup-Hilfsfenster weich ausblenden.
Enable window animation	Bewirkt einen Animationseffekt beim Minimieren, Maximieren oder Wiederherstellen von Programm- oder Ordnerfenstern.
Show Windows version on desktop	Blendet auf dem Desktop die Versionsnummer des installierten Windows ein.

Versierte User haben es längst gemerkt: Nicht alle der oben aufgeführten Optionen lassen sich nur über Tweak UI einstellen, einige Optionen finden Sie auch wieder, wenn Sie in der Systemsteuerung auf *System* doppelklicken, zur Registerkarte *Erweitert* wechseln und dort im Bereich *Systemleistung* auf *Einstellungen* klicken.

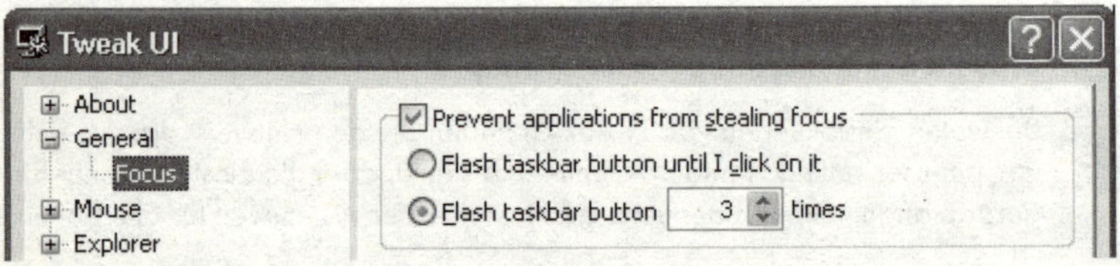

Feintuning: Im Bereich Focus wird festgelegt, wie sich Anwendungen verhalten sollen, die im Hintergrund auf eine Eingabe warten.

Unterhalb des Bereichs *General* finden Sie den Bereich *Focus*, der das Verhalten von Anwendungen regelt, die im Hintergrund auf eine Eingabe warten. Ist die Option *Prevent applications from stealing focus* aktiviert, drängeln sich solche Anwendungen nicht in den Vordergrund, sondern machen nur mit einem Blinken ihres Symbols in der Taskleiste auf sich aufmerksam. Darunter können Sie festlegen, ob das Symbol so lange blinken soll, bis Sie draufklicken, oder nur einige Male, wobei einstellbar ist, wie oft.

Für Zeigekünstler: der Bereich Mouse

Im Bereich *Mouse* können Sie einige Feineinstellungen bezüglich des Mausverhaltens tätigen, die weit über das hinausgehen, was Ihnen das Modul Maus in der Systemsteuerung bietet. Hier haben Sie folgende Möglichkeiten:

- *Menu speed*: Über einen Schieberegler legen Sie fest, wie schnell - zum Beispiel im Startmenü - das dazugehörige Untermenü aufklappt, wenn Sie mit dem Mauszeiger über einem Menüpunkt verharren. Die schnells te Einstellung bewirkt dabei, dass das Untermenü sofort aufklappt, die langsamste Einstellung bewirkt, dass es gar nicht aufklappt (d. h., Sie müssen mit der Maus klicken).

- *Mouse sensitivity*: Unter *Double-click* legen Sie in Pixel fest, wie weit die beiden einzelnen Klicks voneinander entfernt sein dürfen, damit die Aktion noch als Doppelklick erkannt wird. Unter *Drag* legen Sie in Pixel fest, wie weit die Entfernung zwischen Drücken und Loslassen der linken Maustaste mindestens sein muss, damit die Aktion bereits als Drag & Drop-Aktion erkannt wird.

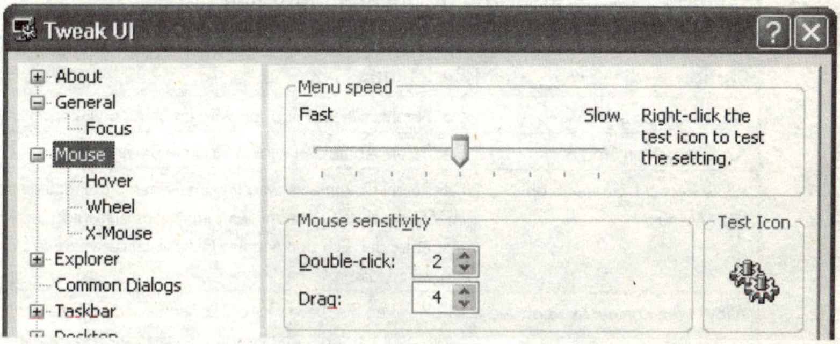

Der Bereich Mouse bietet ausgeklügelte Feinabstimmungen bezüglich der Maussensibilität und des Mausverhaltens.

Übrigens: Anhand von Test-Symbolen oder von Text-Menüs können Sie in den meisten Bereichen Ihre Änderungen auch ohne Übernehmen sofort überprüfen. Unterhalb des Bereichs *Mouse* finden Sie noch folgende drei Bereiche:

- *Hover*: Als Hover-Effekt bezeichnet man, dass eine bestimmte Aktion ausgelöst wird, wenn man den Mauszeiger an einer Stelle verharren lässt – etwa das Aufpoppen eines Hilfsfensters. Hier legen Sie zum einen in Pixel fest, in welchem Radius (versehentliche) Mausbewegungen ignoriert werden, sowie in Millisekunden, wie lange es dauern soll, bis der Hover-Effekt ausgelöst werden soll.

- *Wheel*: Hat Ihre Maus ein Mausrad, können Sie hier festlegen, ob es zum Scrollen benutzt werden soll und ob eine Radbewegung eine Seite weiter scrollen soll oder eine einstellbare Anzahl von Zeilen.

- *X-Mouse*: Der Bereich *X-Mouse* nennt sich nach einem Hilfsprogramm, das es schon unter Windows 3.1 gab: Sie können hier das Mausverhalten dergestalt ändern, dass im Hintergrund liegende Fenster oder Programme bereits aktiviert - und auf Wunsch auch in den Vordergrund geholt - werden, wenn Sie mit der Maus nur darauf zeigen.

Ihr Windows maßgeschneidert: der Bereich Explorer

Menüpunkte aus dem Startmenü ausblenden, die Liste *Zuletzt verwendete Dokumente* beim Beenden löschen, den Such-Assistenten deaktivieren: Viele der im Bereich *Explorer* angebotenen Möglichkeiten kennen Sie schon aus den vorangegangenen Kapiteln durch direkte Eingriffe in die Registry. Die folgende Tabelle listet die möglichen Optionen auf:

Option	Bedeutung
Allow Help on Start Menu	Der Befehl *Hilfe und Support* wird im Startmenü eingeblendet.
Allow Logoff on Start Menu	Der Befehl *Abmelden* wird in Startmenü eingeblendet.
Allow Recent Documents on Start Menu	Der Befehl *Dokumente* wird im klassischen Startmenü eingeblendet – im Windows XP-Startmenü wird im *Anpassen*-Dialog die Möglichkeit eingeblendet, sich den Menüpunkt *Zuletzt verwendete Dokumente* anzeigen zu lassen.
Allow Web content to be added to the desktop	Deaktivieren Sie diese Option, können auf dem Desktop keine Webinhalte mehr eingeblendet werden (sonst über *Systemsteuerung/Anzeige*, Registerkarte *Desktop*, Schaltfläche *Desktop anpassen*, Registerkarte *Web*).
Clear document history on exit	Beim Beenden von Windows wird die Liste der zuletzt verwendeten Dokumente gelöscht, außerdem die Liste der zuletzt in *Start/Ausführen* eingegebenen Befehle und die Liste der zuletzt eingegebenen URLs.
Detect accidental double-clicks	Diese Option ist nur sinnvoll, wenn Sie unter *Systemsteuerung/Ordneroptionen* die Option *Öffnen durch einfachen Klick* eingestellt haben. Sie bewirkt, dass Doppelklicks als einzelne Klicks bewertet werden.
Enable smooth scrolling	Hierdurch wird im Internet Explorer und in anderen Programmen animiertes Scrollen aktiviert.
Enable Windows+X hotkeys	Deaktivieren Sie diese Option, sind keine Tastenkombinationen mehr mit der [Win]-Taste möglich (z. B. Aufruf des Explorer mit [Win]+[E]).
Lock Web content	In den Desktop integrierte Webinhalte können nicht mehr entfernt werden und es können auch keine neuen Webinhalte mehr hinzugefügt werden.
Maintain document history	Deaktivieren Sie diese Option, werden dem Menü *Zuletzt verwendete Dokumente* keine Einträge mehr hinzugefügt, und bei den meisten Anwendungen erscheinen unterhalb des *Datei*-Menüs auch nicht mehr die zuletzt geöffneten Dateien.
Maintain network history	Deaktivieren Sie diese Option, werden im Netzwerk-Ordner nicht mehr die zuletzt geöffneten Dateien und Ordner angezeigt.

Option	Bedeutung
Manipulate connected files as a unit	Wenn Sie ein HTML-Dokument wie *Document.html* verschieben oder löschen, wird auch der dazugehörige Ordner *Document_files* verschoben oder gelöscht.
Prefix "Shortcut to" on new shortcuts	Hier können Sie abstellen, dass beim Erstellen neuer Verknüpfungen dem Dateinamen immer der Text *Verknüpfung mit* vorangestellt wird.
Show "View workgroup computers" in Net Places	Legt fest, ob in der Netzwerkumgebung im Bereich *Netzwerkaufgaben* der Befehl *Arbeitsgruppencomputer anzeigen* angezeigt wird oder nicht.
Show Links on Favorites Menu	Legt fest, ob im *Favoriten*-Menü des Internet Explorer der vorgegebene Ordner *Links* mit angezeigt werden soll oder nicht.
Show My Documents on classic Start Menu	Legt fest, ob im klassischen Startmenü unter *Dokumente* auch der Menüpunkt *Eigene Dateien* angezeigt werden soll.
Show My Pictures on classic Start Menu	Legt fest, ob im klassischen Startmenü unter *Dokumente* auch der Menüpunkt *Eigene Bilder* angezeigt werden soll.
Show Network Connections on classic Start Menu	Legt fest, ob im klassischen Startmenü der Befehl *Netzwerkumgebung* angezeigt werden soll.
Use Classic Search in Explorer	Aktivieren Sie diese Option, wird der Such-Assistent in der Windows-Suchfunktion deaktiviert und es erscheint wieder die aus Windows 98/ME bekannte Suchmaske.
Use Classic Search in Internet Explorer	Aktivieren Sie diese Option, wird der Such-Assistent in der Suchfunktion des Internet Explorer deaktiviert und es erscheint wieder die aus Windows 98/ME bekannte Suchmaske.

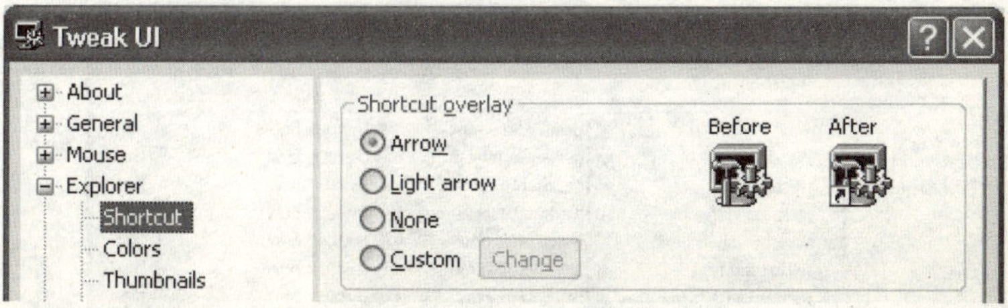

„Wegzaubern" des kleinen Pfeilchens: Unter Explorer/Shortcut legen Sie das Erscheinungsbild von Verknüpfungssymbolen fest.

Unterhalb des Bereichs *Explorer* finden Sie noch vier weitere Bereiche, die hier kurz beschrieben werden sollen:

- *Shortcut*: Hier können Sie bestimmen, wie Verknüpfungssymbole erscheinen sollen: entweder mit einem kleinen Pfeil links unten (Standard), einem noch kleineren Pfeil, mit gar keinem Pfeil, oder Sie können benutzerdefiniert ein eigenes Symbol auswählen, das anstelle des Pfeils erscheint.

- *Colors*: Hier legen Sie die Farbdarstellung von komprimierten Dateien und von verschlüsselten Dateien fest, außerdem können Sie hier die Farbe darstellen, in der der Explorer Elemente darstellt, wenn Sie mit dem Mauszeiger darüber verharren (nur im Explorer-Modus *Öffnen durch einfachen Klick*).
- *Thumbnails*: Hier können Sie die Darstellung der Thumbnails (Miniaturen) genau festlegen, die erscheinen, wenn Sie im Explorer den Befehl *Ansicht/Miniaturansicht* wählen.
- *Command Keys*: Diese Option ist nur interessant, wenn Sie eine erweiterte Tastatur mit Sondertasten besitzen. Hier können Sie auf einfache Weise die Sondertasten mit Standardfunktionen oder -programmen belegen.

Endlich Speichern- und Öffnen-Dialoge nach eigenem Wunsch: der Bereich Common Dialogs

Interessante Möglichkeiten bietet der Bereich *Common Dialogs*: Hier können Sie die vertikale Liste mit den fünf Standardordnern *Verlauf*, *Eigene Dateien*, *Desktop*, *Favoriten* und *Netzwerk*, die in den *Speichern*- und *Öffnen*-Dialogen erscheinen, entweder ausblenden -und damit mehr Platz für die eigentliche Dateiliste schaffen - oder an Ihre Bedürfnisse anpassen.

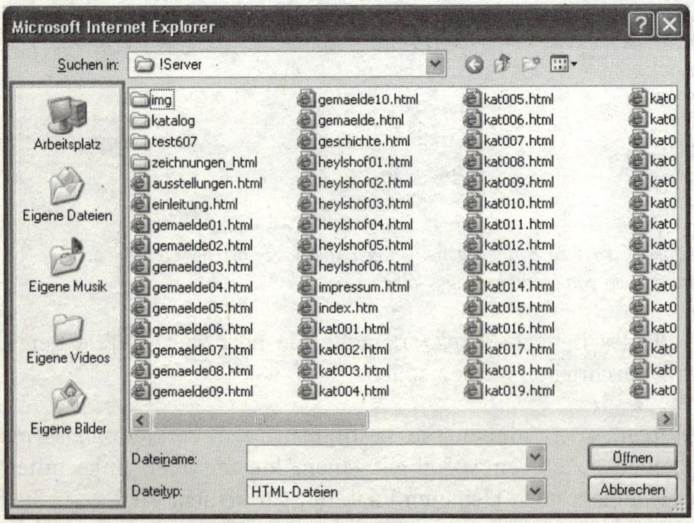

Dialogboxen selbst geschneidert: Die Speichern- und Öffnen-Dialoge lassen sich mit Tweak UI an die eigenen Bedürfnisse anpassen.

Schade nur, dass Tweak UI lediglich eine erweiterte Auswahl von Standardordnern anbietet. Um hier wirklich selbst erstellte Ordner einzubinden, müssen Sie schon selbst Hand in der Registry anlegen. Wie's geht, können Sie in unserem Workshop auf Seite 177 nachlesen.

Im Bereich *Common Dialogs* können Sie außerdem den *Zurück*-Pfeil aus den Dialogen ausblenden und festlegen, ob schon vorher genutzte Dateinamen als Vorschlag erscheinen sollen oder nicht.

Der Bereich Taskbar: Feinabstimmung für die Taskleiste

Rund um die Taskleiste geht es im Bereich *Taskbar*: Der Hauptbereich bietet dabei nur zwei Optionen: Mit *Enable balloon tips* können Sie die je nach Empfinden nützlichen oder lästigen gelben Popup-Hilfefensterchen deaktivieren, und mit *Warn when low on disk space* können Sie die Warnung bei zu wenig Speicherplatz deaktivieren.

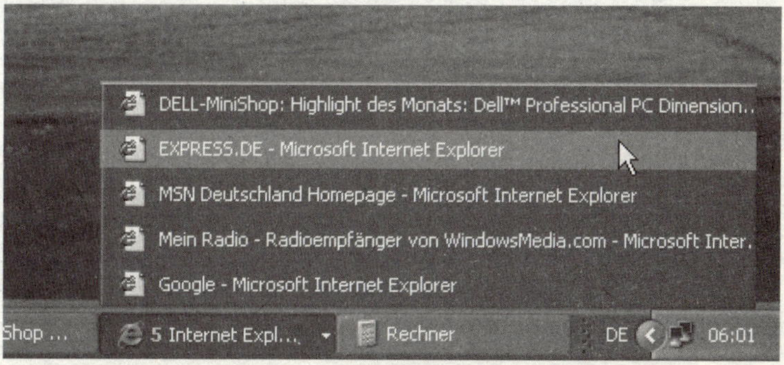

Die Option Ähnliche Elemente gruppieren schafft Platz in der Taskleiste.

Interessanter ist der Bereich *Grouping*, der aber nur greift, wenn Sie in den Eigenschaften der Taskleiste (mit der rechten Maustaste auf eine freie Fläche der Taskleiste klicken und aus dem Kontextmenü *Eigenschaften* wählen) die Option *Ähnliche Elemente gruppieren* aktiviert haben: Hier können Sie genauer festlegen, welche Fenster zuerst gruppiert werden sollen: Die Fenster der Anwendung, auf die am längsten nicht zugegriffen wurde, oder die Fenster der Anwendung, die am meisten Fenster geöffnet hat. Hier können Sie auch eine Mindestanzahl offener Fenster einstellen, ab der die Fenster gruppiert werden sollen.

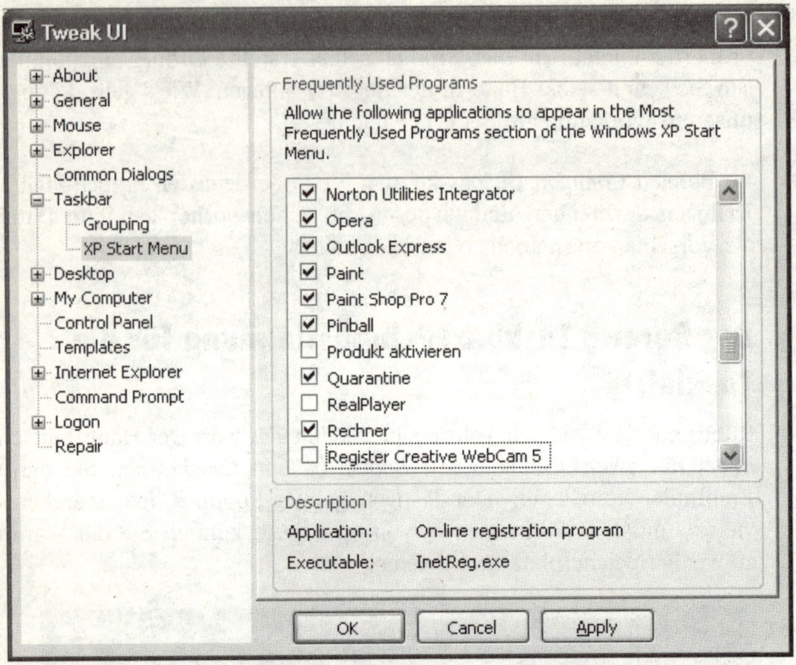

Unter Taskbar/XP Start Menu legen Sie fest, welche Programme in der Liste der am häufigsten benutzten Programme auftauchen dürfen und welche nicht.

Besonders nützlich ist der Bereich *Taskbar/XP Start Menu*: Hier wird eine Liste mit sämtlichen Programmen eingeblendet, die auf Ihrem Computer installiert sind. Entfernen Sie das Häkchen vor einer Anwendung, taucht diese im Windows XP-Startmenü fortan nicht mehr in der Liste der am häufigsten verwendeten Programme auf.

Dies ist praktisch, um dort beispielsweise das Erscheinen von Anwendungen wie Word oder Excel zu verhindern, die man üblicherweise nicht direkt startet, sondern durch einen Doppelklick auf ein mit der Anwendung verknüpftes Dokument.

Vorfahrt für bestimmte Symbole: der Bereich Desktop

Der Bereich *Desktop* bietet wenig Aufregendes: Hier können Sie bestimmte Symbole wie *Arbeitsplatz, Eigene Dateien, Netzwerkumgebung* oder *Internet Explorer* auf dem Desktop ein- oder ausblenden.

Das können Sie allerdings auch, wenn Sie den Befehl *Start/Systemsteuerung/Anzeige* wählen, zur Registerkarte *Desktop* wechseln und auf die Schaltfläche *Desktop anpassen* klicken. Zusätzlich können Sie hier allerdings auch das Symbol *Microsoft Outlook* aus- oder einblenden. Das wird zwar schon bei der Installation von Outlook auf dem Desktop integriert, die Tweak UI-Option ist aber nützlich, um es wiederherzustellen, falls Sie es einmal versehentlich gelöscht haben sollten. Außerdem können Sie hier auch den Papierkorb ausblenden und so im Extremfall für absolute Leere auf dem Desktop sorgen - wie das direkt über die Registry geht, lesen Sie übrigens auf Seite 119.

Unter *Desktop/First Icon* können Sie noch bestimmen, ob der Arbeitsplatz oder der Ordner *Eigene Dateien* als erstes Symbol - also ganz links oben - auf dem Desktop erscheinen soll. Sinnvoll ist das natürlich nur, wenn Sie die Symbole auf dem Desktop automatisch anordnen lassen.

Der Bereich My Computer: ein Arbeitsplatz ganz nach Ihren Wünschen

Im Bereich *My Computer* haben Sie einige Möglichkeiten, das Erscheinungsbild und die Funktionalität vom Arbeitsplatz zu beeinflussen. In der Hauptebene können Sie zwei Elemente innerhalb des Arbeitsplatzes ein- oder ausblenden:

- *Files Stored on This Computer* blendet den Bereich *Auf diesem Computer gespeicherte Dateien* im Arbeitsplatz ein, der in der Regel die beiden Ordner *Gemeinsame Dokumente* und *Dateien von <Benutzername>* enthält.
- *Control Panel* blendet die Systemsteuerung im Arbeitsplatz ein, wie von Windows 98/ME her gewohnt.

Meine geheime Festplatte: So verstecken Sie Laufwerke

Der Bereich *My Computer/Drives* enthält eine Liste aller möglichen Laufwerkbuchstaben von A: bis Z:, wobei die Laufwerkbuchstaben, die auf Ihrem System nicht aktiviert sind, mit einem Fragezeichen versehen sind. Sie können nun einzelne Laufwerke „verstecken“, indem Sie das Häkchen vor dem entsprechenden Laufwerkbuchstaben entfernen. Das dazugehörige Laufwerk wird nun im Arbeitsplatz und im Windows-Explorer nicht mehr angezeigt.

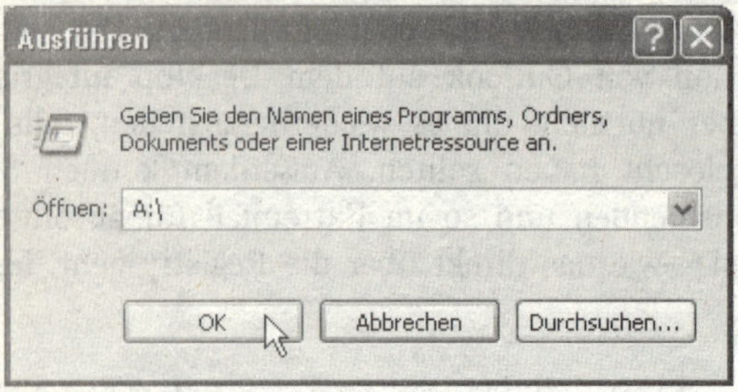

Tweak UI überlistet: Versteckte Laufwerke erreichen Sie immer noch über den Start/Ausführen-Dialog.

Beachten Sie aber, dass dieses „Verstecken" von Laufwerken keinen absoluten Datenschutz bietet: Haben Sie beispielsweise das Diskettenlaufwerk A: versteckt, um zu verhindern, dass andere Daten von Ihrem PC kopieren, lässt sich das Laufwerk immer noch ansprechen, indem man einfach den Befehl *Start/Ausführen* wählt und „A:\" in der Zeile *Öffnen* eingibt. Auch über die Eingabeaufforderung sind die versteckten Laufwerke weiterhin ansprechbar.

Systemordner, wo Sie sie haben wollen

Im Unterbereich *Special Folders* können Sie die Pfade fast aller Systemordner ändern. Bedenken Sie aber, dass manche Programme und Installationsroutinen bestimmte Systemordner an ihrem angestammten Ort erwarten, sodass es zu Komplikationen kommen kann, wenn Sie hier die Verschieberei übertreiben.

Die folgende Tabelle listet die Systemordner, die deutschen Entsprechungen und den Standard-Speicherort auf. Ersetzen Sie dabei *C:* gegebenenfalls durch den Buchstaben des Laufwerks, auf dem Sie Windows installiert haben, und *D:* durch den Buchstaben Ihres CD-ROM-Laufwerks. Die Variable *%USERPROFILE%* steht für den Pfad *C:\Dokumente und Einstellungen\<Benutzername>*:

Systemordner (engl.)	Systemordner (dt.)	Standardort
CD Burning	CD Burning	%USERPROFILE%\Lokale Einstellungen\Anwendungsdaten\Microsoft\CD Burning
Desktop	Desktop	%USERPROFILE%\Desktop
Document Templates	Vorlagen	%USERPROFILE%\Vorlagen
Favorites	Favoriten	%USERPROFILE%\Favoriten
Installation Path	Installationspfad	D:\
My Documents	Eigene Dateien	C:\Eigene Dateien
My Music	Eigene Musik	C:\Eigene Dateien\Eigene Musik
My Pictures	Eigene Bilder	C:\Eigene Dateien\Eigene Bilder
My Video	Eigene Videos	C:\Eigene Dateien\Eigene Videos
Programs	Programme	%USERPROFILE%\Startmenü\Programme
Send To	SendTo	%USERPROFILE%\SendTo
Shared Documents	Gemeinsame Dokumente	C:\Dokumente und Einstellungen\All Users\Gemeinsame Dokumente
Shared Music	Gemeinsame Musik	C:\Dokumente und Einstellungen\All Users\Gemeinsame Dokumente\Gemeinsame Musik
Shared Pictures	Gemeinsame Bilder	C:\Dokumente und Einstellungen\All Users\Gemeinsame Dokumente\Gemeinsame Bilder
Start Menu	Startmenü	%USERPROFILE%\Startmenü
Startup	Autostart	%USERPROFILE%\Startmenü\Programme\Autostart

Der Bereich *My Computer/Autoplay* bietet die Möglichkeit, die Autoplay-Eigenschaften für dafür geeignete Laufwerke - CD-ROM-Laufwerk, auswechselbare Datenträger - genau festzulegen. Zuvor sollten Sie aber die Grundkonfiguration überprüfen und gegebenenfalls ändern, indem Sie im Arbeitsplatz mit der rechten Maustaste auf das gewünschte Laufwerk klicken, aus dem Kontextmenü *Eigenschaften* wählen und dann zur Registerkarte *Autoplay* wechseln.

Unter *My Computer/Autoplay/Drives* können Sie in einer Liste von Laufwerkbuchstaben zunächst prinzipiell festlegen, für welche Laufwerke die Autoplay-Funktion aktiviert oder deaktiviert werden soll.

Unter *My Computer/Autoplay/Types* legen Sie alternativ generell fest, ob die Autoplay-Funktion generell für CD-ROM- und DVD-Laufwerke und/oder für auswechselbare Datenträger aktiviert werden soll. Interessant ist der Bereich *My Computer/Autoplay/Handlers*: Hier finden Sie eine Liste der verschiedenen Aktionen, die Ihnen beim Einlegen einer CD-ROM zur Auswahl angezeigt werden, beispielsweise *Diashow der Bilder anzeigen* oder *Audio-CD wiedergeben*. Mit der Schaltfläche *Create* können Sie hier auch eigene Aktionen erstellen und später über den Arbeitsplatz dem gewünschten Laufwerk zuordnen. So können Sie beispielsweise statt des Windows Media Player auch andere Programme wie Winamp zum Abspielen von Audio-CDs einbinden.

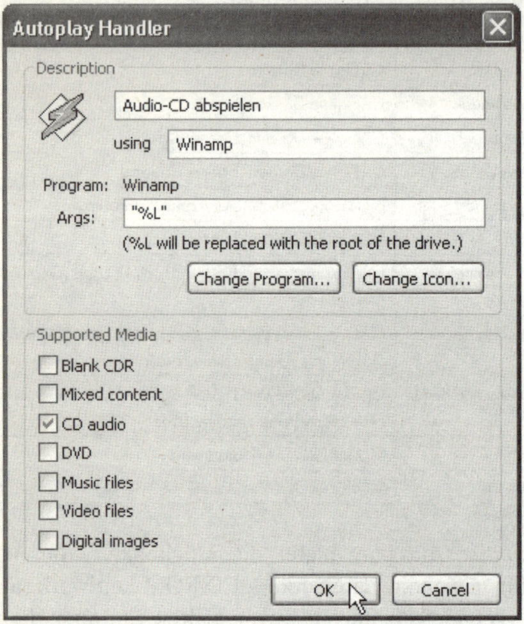

Erstellen Sie eigene Aktionen für die Autoplay-Funktion des CD-ROM-Laufwerks: Tweak UI macht's möglich.

Module der Systemsteuerung verstecken: der Bereich Control Panel

Die Möglichkeiten des Bereichs *Control Panel* sind schnell erklärt: Hier finden Sie eine Liste aller Module, die in Ihrer Systemsteuerung auftauchen, sowohl die Standardmodule als auch später hinzugefügte Module von Fremdanwendungen.

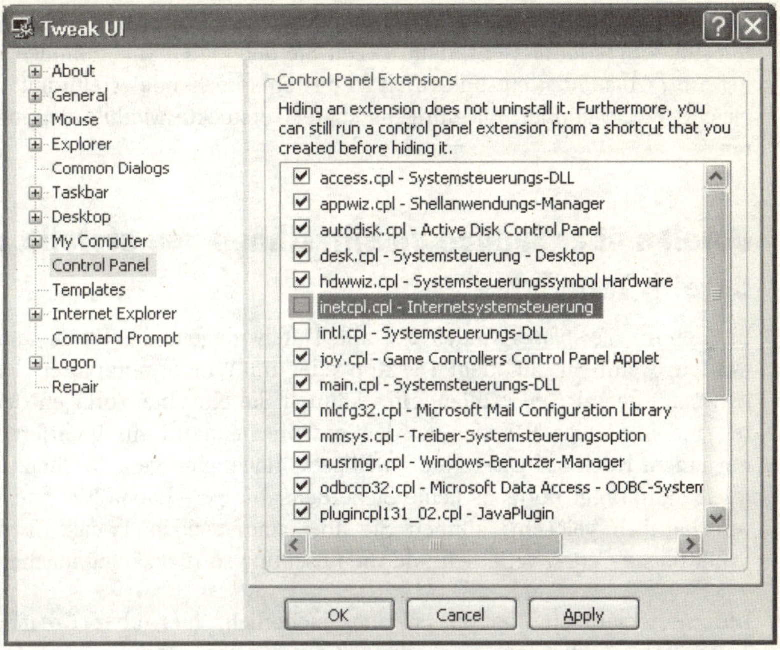

Im Bereich Control Panel können Sie Module der Systemsteuerung verstecken.

Wenn Sie das Häkchen vor einem der Module entfernen, wird dieses Modul in der Systemsteuerung nicht mehr angezeigt. Leider stimmen die Beschreibungen in Tweak UI nicht mit den Beschriftungen der Symbole in der Systemsteuerung überein.

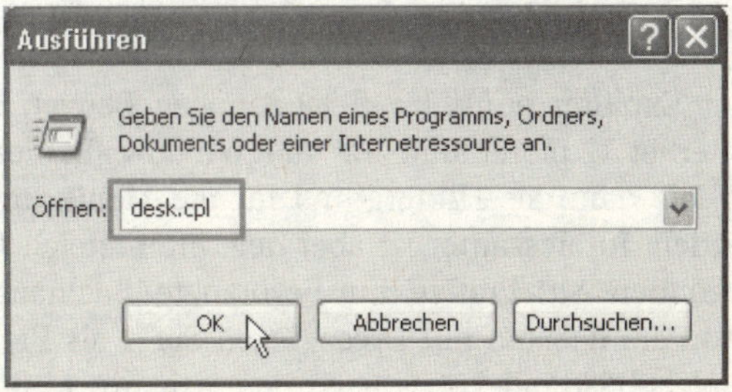

Einzelne Module der Systemsteuerung können Sie auch mit Start/Ausführen aufrufen.

Tipp: Wenn Sie sich nicht sicher sind, welche CPL-Datei für welches Systemsteuerung-Modul steht, dann geben Sie den Dateinamen einfach im Dialog *Start/Ausführen* ein und rufen so das entsprechende Modul auf. Auf die gleiche Weise können Sie übrigens später versteckte Module dennoch starten.

Dateien über Senden an blitzschnell neu erstellt: der Bereich Templates

Im Bereich *Templates* finden Sie alle Dateivorlagen, die Ihnen angeboten werden, wenn Sie auf dem Desktop oder im Windows-Explorer den Kontextmenü-Befehl *Neu* wählen. Hier können Sie einzelne Vorlagen deaktivieren, indem Sie das Häkchen vor dem entsprechenden Eintrag entfernen oder mit einem Klick auf *Delete* die jeweilige Vorlage auch ganz löschen. Im letzteren Fall erfolgt übrigens keine Sicherheitsabfrage - haben Sie eine Vorlage versehentlich gelöscht, können Sie aber immer noch Tweak UI mit der Schaltfläche *Cancel* verlassen und die Löschung so rückgängig machen.

Die interessanteste Option ist aber sicherlich, hier über *Create* eigene Templates einzubinden - wie's direkt über die Registry geht, können Sie übrigens auf Seite 150 nachlesen. Als Templates eignen sich dabei natürlich nur Dokumente von Anwendungen, mit denen man auch Dokumente erstellen kann - also Textdateien, Bilddateien, HTML-Dateien und so weiter.

Der Bereich Internet Explorer: Skins, Luxussuche und mehr

Machen Sie den Internet Explorer bunt! Im gleichnamigen Bereich können Sie getrennt für den Internet Explorer und für den Windows-Explorer Bitmap-Dateien auswählen, die dann als Hintergrund für die Menü- und Symbolleisten verwendet werden. Interessanter ist aber der Unterbereich *Internet Explorer/Search*: Hier können Sie Präfixe für bevorzugte Suchmaschinen festlegen: Suchen Sie etwa am liebsten mit Lycos, legen Sie *ly* als Präfix fest und können fortan beispielsweise mit Lycos nach dem Stichwort „Registry" suchen, indem Sie in der Adresszeile des Internet Explorer einfach „ly Registry" eingeben. Wie die Einbindung neuer Präfixe genau geht, zeigen wir Ihnen hier am Beispiel von Lycos:

1 Starten Sie bei bestehender Internetverbindung den Internet Explorer und rufen Sie mit der Eingabe von *http://www.lycos.de* die Suchmaschine Lycos auf. Geben Sie dann einen beliebigen Suchbegriff ein, zum Beispiel „Dummy“, und schicken Sie die Suche ab.

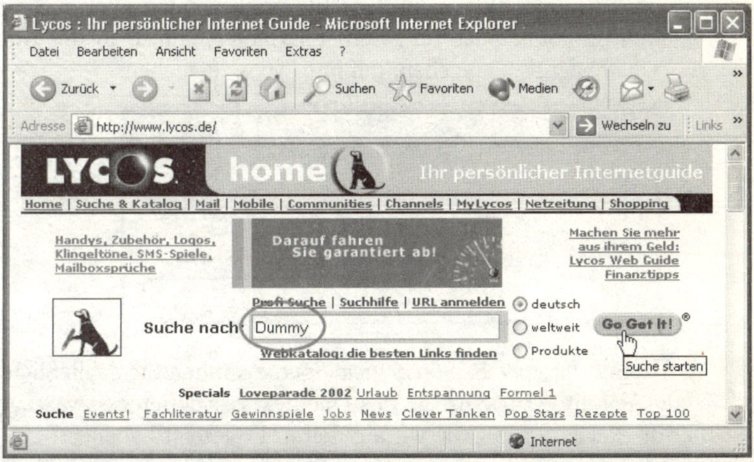

2 Sie werden nun feststellen, dass sich die URL in der Adresszeile in einen kryptisch langen String verwandelt hat, in unserem Beispiel *http://suche.lycos.de/cgi-bin/pursuit?matchmode=and&mtemp=main& etemp=error&query=Dummy&cat=de_spkr&x=21&y=7*. Markieren Sie diese URL und kopieren Sie sie, indem Sie aus dem Kontextmenü den Befehl *Kopieren* wählen oder einfach [Strg]+[C] drücken.

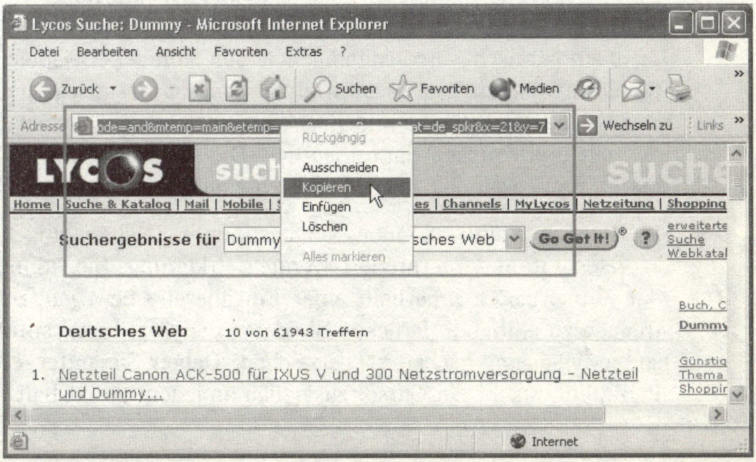

3 Klicken Sie nun in Tweak UI im Bereich *Internet Explorer/Search* auf *Create*. Unter *Prefix* tragen Sie das gewünschte Präfix ein, zum Beispiel „ly“. In das Feld *URL* fügen Sie mit der Tastenkombination [Strg]+[V] die vorher aus dem Internet Explorer kopierte URL ein. Ersetzen Sie nun das Suchwort *Dummy* in der URL durch *%s* und klicken Sie auf *OK*. Zukünftig können Sie im Internet Explorer einfach in der Adresszeile „ly <Suchbegriff>“ eingeben, um mit Lycos zu suchen.

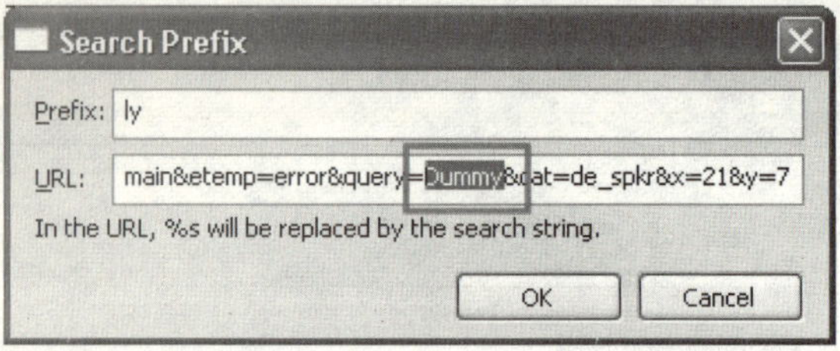

Im Bereich *Internet Explorer/View Source* können Sie schließlich noch einen anderen Editor zur Anzeige des Quelltexts selektieren - was auch direkt über die Registry geht, wie wir auf Seite 211 gezeigt haben.

Mehr Luxus für DOS: Der Bereich Command Prompt

Nur wenige, dafür aber nützliche Optionen finden Sie unter *Command Prompt* für die Eingabeaufforderung:

- Unter *Completion* können Sie für Dateinamen und für Ordnernamen jeweils ein Tastaturkürzel festlegen, mit dem Sie Datei- oder Ordnernamen automatisch vervollständigen lassen können. Beispiel: Haben Sie für Ordnernamen das Tastaturkürzel [Strg]+[O] festgelegt und wollen in den Ordner *Dokumente und Einstellungen* wechseln, geben Sie nur „cd do“ ein und drücken dann [Strg]+[O]. Die Eingabezeile wird dann automatisch umgewandelt in *cd ‚Dokumente und Einstellungen'*.

- Im Bereich *Editing* können Sie bestimmte Zeichen eingeben, die als Wortseparatoren interpretiert werden. Erklärung: Sie können sich mit den Cursortasten innerhalb einer Eingabezeile bewegen, um sie nachträglich zu editieren. Drücken Sie dabei die [Strg]-Taste, springt der Cursor jeweils zum nächsten Leerzeichen. Geben Sie unter *Editing* einen Punkt ein, macht der Cursor zusätzlich an jedem Punkt halt.

Alles klar direkt beim Start: der Bereich Logon

Im Bereich *Logon* können Sie das Verhalten von Windows beim Hochfahren beeinflussen. Die Option *Parse Autoexec.bat at Logon* bewirkt, dass die MS-DOS-Startdatei *Autoexec.bat* nach *SET*-Kommandos durchsucht wird und dort eingetragene Variablen als Umgebungsvariablen für Windows registriert werden. Mit *Show <Username> on Welcome screen* können Sie bestimmte Benutzer aus dem Willkommen-Bildschirm ausblenden - ihr Account bleibt dadurch allerdings bestehen.

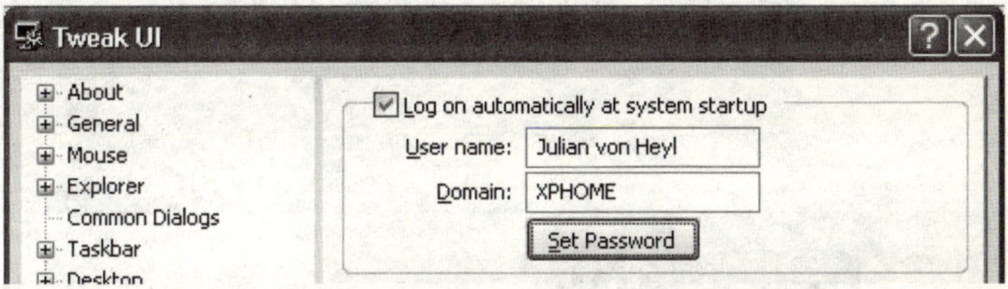

Automatisches Einloggen: Schneller kann die Anmeldung nicht sein.

Unter *Logon/Autologon* können Sie eine automatische Anmeldung konfigurieren, das heißt, Windows fährt standardmäßig mit dem hier eingetragenen Benutzer hoch. Sie können diese automatische Anmeldung umgehen, indem Sie beim Start die [Umschalt]-Taste gedrückt halten. Diese Option ist sinnvoll, wenn Sie den Rechner mit anderen teilen, aber Sie selbst der überwiegende Hauptnutzer sind. Unter *Logon/Unread Mail* legen Sie schließlich fest, ob und wie viele Tage lang nicht gelesene E-Mails am Willkommen-Bildschirm angezeigt werden sollen und ob die Einstellung nur für den gerade aktuellen Benutzer oder für alle Benutzer gelten soll.

Wenn Windows quer schießt: der Bereich Repair

Der letzte Bereich *Repair* ist fürs Troubleshooting gedacht: Schießt Windows quer und zeigt plötzlich auf dem Desktop, in der Schnellstartleiste oder für bestimmte Systemordner falsche Symbole an, können Sie hier das Problem mit einem Klick auf die Schaltfläche *Repair Now* eventuell lösen.

10.2 Der Klassiker: PowerToys für Windows 98/ME

Auch für Windows 98/ME sind die PowerToys noch im Web zu haben: Sie finden sie unter der Adresse *http://www.microsoft.com/ntworkstation/ downloads/default.asp*. Sind Sie lediglich an Tweak UI interessiert, können Sie dies auch direkt unter *http://www.microsoft.com/ntworkstation/downloads/PowerToys/Networking/NTTweakUI.asp* herunterladen.

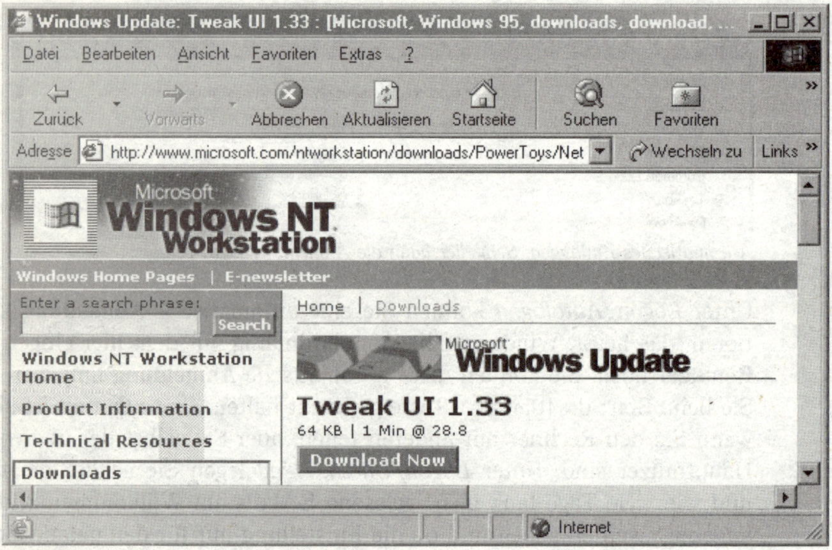

Tweak UI für Windows 98/ME versteckt Microsoft auf den NT-Seiten.

Auch unter Windows 98/ME stellen die PowerToys eine ganze Reihe nützlicher Features bereit: In den nächsten Abschnitten geben wir Ihnen einen kurzen Überblick.

Nützliche Helfer: die PowerToys

In der folgenden Tabelle finden Sie die einzelnen PowerToys mit Download-Größe und Kurzbeschreibung aufgelistet:

PowerToy	Download-Größe	Beschreibung
Command Prompt Here	8 KByte	Startet die Eingabeaufforderung übers Kontextmenü direkt im ausgewählten Ordner.
Desktop Menu	3 KByte	Integriert ein Menü in die Taskleiste, über das Sie alle Desktop-Symbole bequem erreichen, ohne Fenster minimieren zu müssen.
Explore From Here	625 KByte	Öffnet den Windows-Explorer gleichermaßen vom Netzwerk aus oder vom lokalen Computer aus.
Find X	1.479 KByte	Erweitert die Suchfunktion um Drag & Drop-Fähigkeiten.
Send to X	2.328 KByte	Erweitert das *Senden an*-Menü um die Möglichkeit, Dateien in einen beliebigen Ordner zu kopieren oder zu verschieben.
Tweak UI	64 KByte	Neues Modul für die Systemsteuerung mit unzähligen Möglichkeiten zur Windows-Feineinstellung.
Shortcut Target Menu	1.911 KByte	Von einer Verknüpfung aus direkt die Eigenschaften der verknüpften Datei aufrufen.

Tweak UI fügt sich nahtlos in die Systemsteuerung ein

Nach dem Download ist Tweak UI schnell installiert. Folgen Sie den unten stehenden Schritten:

1 Doppelklicken Sie auf die heruntergeladene Datei *tweakui.exe* und tragen Sie unter *Unzip To Folder* einen beliebigen Ordner ein. Klicken Sie auf *Unzip* und dann auf *Close*. Die Datei *tweakui.exe* können Sie anschließend löschen.

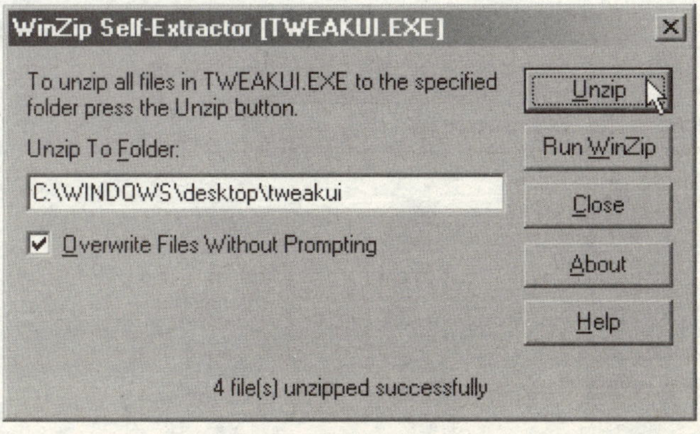

2 Wechseln Sie in den Ordner, in den Sie die Dateien entpackt haben, markieren Sie die Datei *tweakui.inf* und wählen Sie den Befehl *Datei/Installieren*.

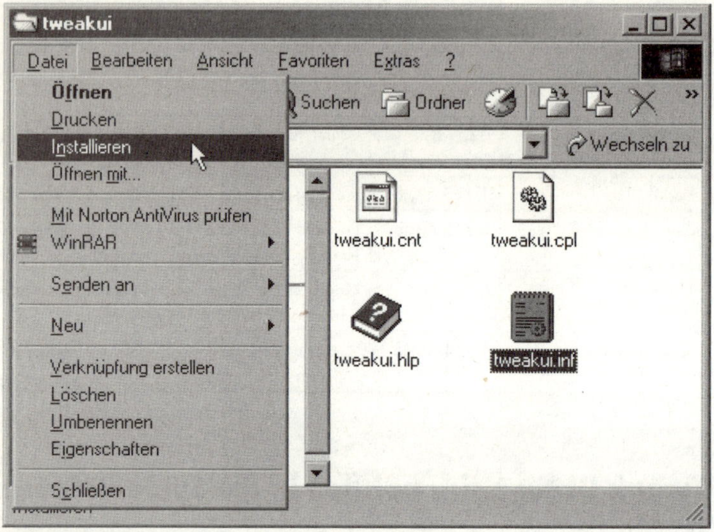

3 Tweak UI wird nun installiert. Beachten Sie, dass die Installation erst vollendet wird, wenn Sie die Hilfe-Datei schließen. Nach der Installation finden Sie Tweak UI als neues Modul in der Systemsteuerung. Den Ordner mit den entpackten Dateien können Sie anschließend löschen.

Von Desktop bis zu Paranoia: die einzelnen Bereiche von Tweak UI

Genau wie die Windows XP-Version ist auch Tweak UI für Windows 98/ME in einzelne Bereiche aufgeteilt, die thematisch strukturiert sind. Die Bereiche sind hier allerdings nicht über einen Verzeichnisbaum, sondern über Registerkarten erreichbar.

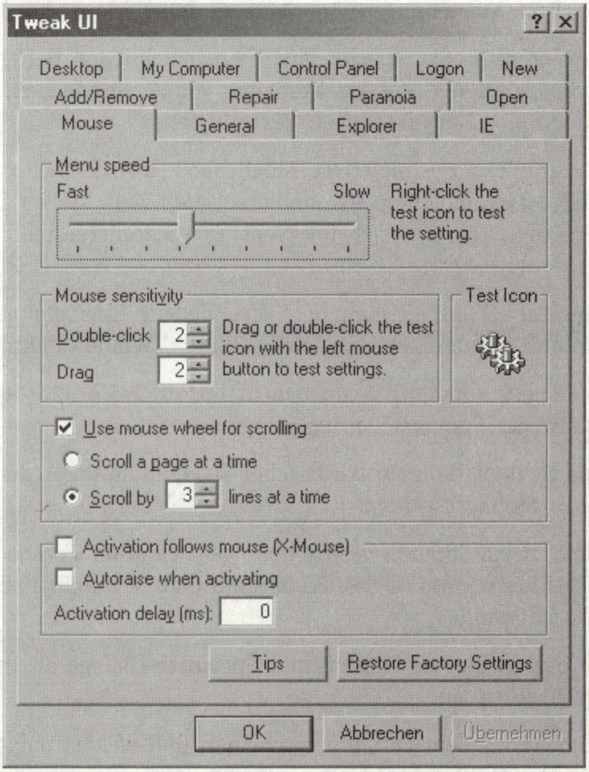

Die einzelnen Bereiche von Tweak UI verteilen sich thematisch auf Registerkarten.

Die folgende Auflistung soll Ihnen einen Überblick über die einzelnen Registerkarten von Tweak UI geben. Die Funktionen und Features entsprechen dabei im Wesentlichen der XP-Version - um Genaueres über eine Funktion nachzulesen, schauen Sie also einfach im entsprechenden Kapitel zu Windows XP nach:

- Unter *Mouse* finden Sie alle Feineinstellungsmöglichkeiten für die Maus: Aufklappgeschwindkeit der Menüs, Maussensitivität für Doppelklick und Drag & Drop, Einstellungen fürs Mausrad und X-Mouse-Funktion.
- Unter *General* können Sie verschiedene Feineinstellungen bezüglich Animationseffekten tätigen und das Verhalten von Anwendungen, die im Hintergrund auf eine Eingabe warten, beeinflussen.
- Die Registerkarte *Explorer* bietet die Möglichkeit, das Erscheinungsbild von Verknüpfungssymbolen zu manipulieren, außerdem stellen Sie hier ein, ob offene Fenster beim nächsten Neustart wiederhergestellt werden sollen.
- Die Registerkarte *IE* enthält nicht nur verschiedene Einstellungen zum Internet Explorer, sondern auch zu Startmenü und Windows-Explorer.
- Unter *Add/Remove* können Sie nicht mehr benötigte Einträge aus dem Modul Softwarc der Systemsteuerung entfernen.
- Verschiedene Symbole können bei falscher Darstellung unter der Registerkarte *Repair* repariert werden.
- Ganz um das Thema „Spuren verwischen" geht es unter *Paranoia*: Hier können Sie festlegen, dass diverse Listen und Ordner automatisch beim Neustart gelöscht werden.
- Unter *Open* passen Sie die Öffnen- und Speichern-Dialoge an Ihre persönlichen Bedürfnisse an.
- Welche Symbole auf dem Desktop erscheinen und welche nicht, legen Sie unter *Desktop* fest.
- Unter *My Computer* können Sie Laufwerke verstecken und den Speicherort von Systemordnern ändern.
- Unter *Control Panel* lassen sich einzelne Module der Systemsteuerung verbergen.

- *Logon* bietet Ihnen die Option, den Anmeldevorgang zu automatisieren.
- Die Registerkarte *New* gibt Ihnen die Möglichkeit, das Kontextmenü *Neu* an Ihre Bedürfnisse anzupassen - bestehende Einträge können gelöscht und neue hinzugefügt werden.

Stichwortverzeichnis

H

I

J

K

P

Q

R

X

Z

Z